高等院校公共管理类核心课程精品教材

公共关系学

第四版

赵 悦 孙鹏程 王光娟 ◎ 主 编
金升辉 赵珈瑶 孙 蕾 ◎ 副主编

上海财经大学出版社
SHANGHAI UNIVERSITY OF FINANCE & ECONOMICS PRESS
上海学术·经济学出版中心

图书在版编目(CIP)数据

公共关系学 / 赵悦, 孙鹏程, 王光娟主编. -- 4 版. 上海 : 上海财经大学出版社, 2025. 6. -- (高等院校公共管理类核心课程精品教材). -- ISBN 978-7-5642-4592-4

Ⅰ.C912. 31

中国国家版本馆 CIP 数据核字第 2025BS2098 号

□ 责任编辑　吴晓群
□ 封面设计　贺加贝

公共关系学
(第四版)

赵　悦　孙鹏程　王光娟　主　编
金升辉　赵珈瑶　孙　蕾　副主编

上海财经大学出版社出版发行
(上海市中山北一路 369 号　邮编 200083)
网　址:http://www.sufep.com
电子邮箱:webmaster@sufep.com
全国新华书店经销
上海景条印刷有限公司印刷装订
2025 年 6 月第 4 版　2025 年 6 月第 1 次印刷

787mm×1092mm　1/16　20 印张　512 千字
印数:100 001—104 000　定价:55.00 元

前　言

呈现给读者的这本《公共关系学》第四版，距首版已有十余年。经过长期的实践检验，本书获得广泛认可，产生了深远影响，数十所高校将本书用作本科生教材。

本书旨在系统地介绍公共关系的基本理论，从公共关系的基本概念、兴起与发展，公共关系的要素与职能，组织建设，公关人员的基本素质和基本能力，公共关系社交礼仪，公共关系调查，公共关系策划与实施，公共关系专题活动，危机公关等方面进行全面阐述。本书不仅注重理论知识的传授，更强调实践能力的培养，力求通过案例分析、任务导向、情境模拟等教学方法，使学生能够将所学知识应用于实际工作中，提高公关能力。

全书共设十一章，主要内容包括：导论、公共关系的产生与发展、公共关系的主体、公共关系的客体、公共关系传播、公共关系工作程序、公共关系专题活动、公共关系谈判与演讲、公共关系礼仪、CIS策划与导入、公共关系危机管理。

本书在修订过程中，注重以下几个方面的特色：

明确定位：以应用型高等教育培养目标为依据，注意教材的专业性、实践性、应用性，旨在培养适应社会发展需要的高素质应用型公关人才。

注重创新：妥善处理公共关系传统内容与现实内容的关系，将新观念、新思想、新知识、新案例适时地反映到教材中，体现应用型高等教育紧密联系生产、建设、服务和管理的要求，让学生接受并享受教学改革的最新理论和成果。

强调实践：公共关系是一门实践性、应用性很强的学科。本书在编写中注意将基本理论、案例分析与实际任务、实践训练等环节有机统一，再现了现实企业的公共关系工作的实际情景，使学生在学习时有身临其境的感觉，促使学生从掌握理论知识向提高动手能力转变，为学生走向社会打下良好的基础。

内容丰富：本书各章节均安排教学目标、导入案例、章节训练等内容，真正实现了“教、学、做”一体化，激发学生动脑和动手的兴趣，旨在强化、巩固理论知识的学习与实践能力的提高，具有较强的可操作性。

思政融入：教材中融入了大量思政元素，从爱国主义情感、传统美德、人文精神、探索精神和创新精神等方面不断深耕挖掘，以培养学生的爱国情怀、社会责任感、法治意识、创新精神和实践能力等。

重视素质：公共关系既是一门专业课，又是一门素质教育课。本书在内容安排上，注意把专业学习与素质训练融为一体，使学生通过这门课程的实践训练，培养自己的合作意识和团队精神。

本书由吉林农业科技学院老师组织编写，由赵悦、孙鹏程、王光娟担任主编，金升辉、赵珈瑶、孙蕾担任副主编，具体编写分工如下：第一、十章由赵悦编写；第二、九章由孙鹏程编写；第十一章由王光娟编写；第四、六、八章由金升辉编写；第五、七章由赵珈瑶编写；第三、十一章由孙蕾编写。

本书既可作为高等院校各专业学生的公共关系相关课程的教材，也可作为各界人士提高公共关系能力的优秀读物及自我训练手册，还是各企事业单位进行员工公共关系培训的创新型实用教材。在编写过程中，我们得到了许多领导和老师的大力支持，并参阅了大量近年来国内外公关界同仁的研究成果及公开发表的有关资料，在此一并表示诚挚的感谢。由于编者水平有限，书中难免有不妥和疏漏之处，恳请广大读者批评指正。

编　者

2025 年 5 月

目　录

第一章

公共关系概述

知识框架

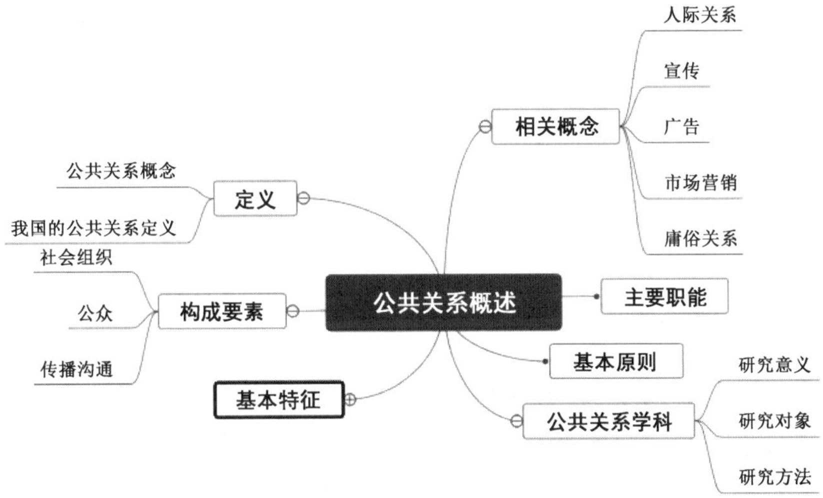

教学目标

1. 了解公共关系的内涵及基本要素；
2. 掌握公共关系的特征；
3. 掌握公共关系的主要职能和基本原则；
4. 辨析公共关系及其相关概念；
5. 了解公共关系学的研究对象和方法。

思政目标

培养学生良好的公关意识，提高学生明辨是非的能力。

核心概念

公共关系　人际关系　宣传　广告　市场营销　公共关系学

引导案例

品牌联名引发热度

芬迪(Fendi)居然和喜茶联名了！这一跨界合作在市场上引起了轰动，同时也引发了人们对于奢侈品与大众品牌联姻的思考。这次芬迪与喜茶的合作不仅有联名款式的推出，而且涉及店内的装饰和产品包装等方面。消费者在享用喜茶的同时，也能感受到芬迪品牌的奢华和品质。这种全方位的体验给消费者带来了全新的感受，增强了消费者对于品牌的认同感。

在这场联名合作中，谁才是真正的赢家呢？

芬迪想要粉丝，喜茶想提升形象，就这么简单。

芬迪作为一家奢侈品品牌，与喜茶这样的大众品牌的联合营销，无疑为其带来了更广泛的曝光度。喜茶作为当下年轻人钟爱的奶茶品牌，拥有庞大的粉丝群体，这使得芬迪品牌在年轻消费者中的知名度得以提升，客流自然导入了其私域。

事实上，芬迪与喜茶这样的品牌之间存在着一种互补的关系。芬迪作为奢侈品牌，以其高贵、典雅的形象而闻名，而喜茶则注重产品的创新和时尚感。这种合作使得芬迪品牌的高贵形象与喜茶的时尚形象相互融合，产生了新的品牌质感。

芬迪和喜茶联名不仅提升了产品曝光度和品牌形象，更重要的是消费者的购买体验更好了，19 元一杯，既能拍照打卡，又能发个朋友圈拉满社交属性。

从以上几个方面来看，芬迪与喜茶的联名合作可以说是一场双赢的合作，因为同行就怕对手强强联合强势“出圈”。

（资料来源：https://www.zhihu.com/question/601478181/answer/3032576227? utm_id=0.）

公共关系是现代社会的产物，随着商品经济和传播技术的发展，公共关系的客观性日益为人们所重视，对它的研究也越来越广泛和深入。我国公共关系事业逐渐从青涩走向成熟，公共关系理论从观念的启蒙、引进到构建中国特色的公关理论体系，公关实践从单纯模仿到逐渐形成自己的行业规范并走上职业化道路，社会对公关的认识也从误解回归到理性。公共关系的发展情况，反映了一个国家或地区经济和文明发达的程度。本章主要阐述公共关系的含义、特征、构成要素及公共关系学的研究对象、内容等问题，以便使人们认识公共关系的基本原理，达到学习入门的目的。

第一节　公共关系的定义

“公共关系”一词译自英文“public relations”两个词的组合。在英文里，“public”通常有两种含义：一是作为形容词，意为“公关的”“公众的”；二是作为名词，意为“公众”。中文译称“公共关系”中的“公共”一词实际上包含了这两种含义。“relations”为复数，意为“诸种联系、关系”，中文译为“关系”，但实际上含有“各种或各类关系”的意思。英文“public relations”本来是一个多义词，既用于表述公共关系，也用于表述与公共关系相关的事物和现象，最常见的是指代公共关系状态、公共关系活动、公共关系学科等。这样一来，这个词就具有了多层含义，我们应该对“公共关系”的概念加以界定和解释。

一、公共关系的基本概念

公共关系作为一门综合性的应用学科和一种正在发展中的管理功能，对其定义的讨论众说纷纭，已构成公共关系理论研究的一个部分。其中有代表性、权威性的国内外定义包括以下几种：

（一）管理职能论

“管理职能论”这类定义把公共关系看作与计划、财务一样的管理职能，其认为公共关系在组织管理中起着至关重要的作用，它是组织管理的“润滑油”和“催化剂”，发挥着管理的功能。

美国学者莱克斯·哈罗（Rex Harlow）博士的定义是这种观点的典型代表。1976年，他在收集和分析了472种定义后对公共关系所下的定义是：公共关系是一种特殊的管理职能，它帮助一个组织建立并保持与公众之间的交流、理解、认可与合作；它参与处理各种问题与事件；它帮助管理部门了解民意，并对之做出反应；它确定并强调企业为公众利益服务的责任；它作为社会趋势的监视者，帮助企业保持与社会变动同步；它使用有效的传播技能和研究方法作为基本工具。

国际公共关系协会同样认为公共关系是一种管理职能，其定义是：“公共关系是一种管理功能。它具有连续性和计划性。通过公共关系，公立的和私人的组织、机构试图赢得与其有关的人们的理解、同情和支持——借助对舆论的估价，以尽可能地协调它们自己的政策和做法，依靠有计划的、广泛的信息传播，赢得更有效的合作，更好地实现它们的共同利益。”

美国著名公共关系学者斯科特·卡特李普（Scott M. Cutlip）和阿伦·森特（Allen H. Centre）认为：公共关系是这样一种管理功能，它能建立和维护组织与公众之间的互利互惠关系，而一个组织的成功或失败取决于公众。

美国《公共关系新闻》杂志认为：“公共关系是一种管理职能，它评估公众的态度，检验组织的政策、活动与公众的利益相一致，并负责设计与执行，旨在争取公众理解与认可的行动计划。”

在我国，管理职能论的观点也得到了部分公共关系学者和研究人员的赞同。

（二）传播沟通论

这一类定义强调公共关系是组织一种特定的传播管理行为和职能，认为公共关系离不开传播沟通。我国中山大学的公共关系专业教授廖为建就持此种观点。其定义是：公共关系是一个组织与其相关公众之间的传播管理。

在国外，持这种观点的学者不在少数。在美国的大学中，公共关系专业往往设在新闻传播学院内。

英国人弗兰克·杰夫金斯（Frank Jefkins）也认为：公共关系是由为达到与相互理解有关的特定目标而进行的各种有计划的沟通联络所组成的，这种沟通联络处于组织与公众之间，既是内向的，也是外向的。国外一些大型的百科全书或综合词典也从传播或沟通的角度来定义公共关系。《美利坚百科全书》中的定义是：公共关系是关于建立一个组织同其既定公众之间相互了解的活动。《大英百科全书》中是这样定义的：公共关系是旨在传递关于个人、公司、政府机构或其他组织的信息，并改善公众对其态度的种种政策或行动。《韦伯斯特新国际词典》认为：公共关系是通过传播大量有说服力的材料，发展邻里的相互交往和估价公众的反应，从而促进个人、公司或机构同他人、各种公众以及社区之间的亲善友好关系。美国人约翰·马斯顿（John Marston）的表述更为直截了当：公共关系就是运用有说服力的传播去影响重要的公众。

可以看出，这些表述都强调了公共关系在运作方式和手段上依赖传播沟通的特点。

(三)社会关系论

社会关系论研究者避开了“管理学派”倾向于公共关系目标、“传播学派”偏重于公共关系手段的争论,认为“关系”体现公共关系的本质属性,公共关系是一种特定的社会关系,正确认识公众关系、处理公众关系是开展公共关系的出发点和归宿。

美国普林斯顿大学的资深公共关系教授希尔兹(H. L. Chils)认为:公共关系就是人们所从事的各种活动、所发生的各种关系的通称,这些活动与关系是公众性的,并且都有社会意义。

英国公共关系学会的定义是:公共关系的实施是一种积极的、有计划的及持久的努力,目的是建立和维护组织机构与公众之间的相互了解。

(四)现象描述论

现象描述论研究者往往倾向于公共关系实务。与“社会关系论”偏重理论、表述抽象正好相反,“现象描述论”则倾向于直观形象和浅显明了,通常抓住公共关系的某项功能或某种现象进行描述,非常具体实在。例如:

公关就是90%靠自己做得对,10%靠宣传。

公关就是争取对你有用的朋友。

公关就是促进善意。

公关是博取好感的技术。

公关是说服和左右社会大众的技术。

公关就是讨公众的喜欢。

PR(公共关系)=P(自己行动)+R(对外传播)。

公关,就是运用说服力的传播去影响重要的公众。

公共关系是经营管理的方法、广结人缘的艺术、走向社会的名片。

公共关系即通过良好的人际关系来辅助事业成功。

公共关系是内求团结、外求发展、树立形象、推销自己的艺术。

现象描述式的定义主要是公共关系实践者依据自己的经验和理解,从不同侧面对公共关系作出的通俗化、形象化的描述。这类表述简洁明了,生动鲜明,便于记忆,对于宣传公共关系是很有作用的。不过,它们只是揭示了公共关系的部分含义,从总体上讲不够全面准确。

(五)表征综合论

这类定义将公共关系的各种特征综合起来进行表述。1978年8月,在墨西哥城召开的世界公共关系协会大会上,代表们经过商讨,提出了这样一个公共关系的定义:公共关系是一门艺术和社会科学,公共关系的实施是分析趋势、预测后果,向机构领导人提供意见,履行一连串有计划的行为,以服务于本机构和公众利益。我国学者余阳明认为:公共关系是社会组织为了塑造组织形象,通过传播、沟通来影响公众的科学和艺术。著名行政学家王乐夫与他人合作撰写的著作《公共关系学》中的定义是:公共关系是一种内求团结完善,外求和谐发展的经营管理艺术。它运用合理的原则和方法,通过有计划而持久的努力,协调和改善组织机构的对内对外关系,使本组织机构的各项政策和活动符合广大公众的需求,在公众中树立起良好形象,以谋求公众对本组织机构的了解、信任、好感和合作,并获得共同利益。

二、我国对公共关系的定义

通过对国内外一些公共关系定义的列举可以看出,尽管公共关系作为一种职业活动已有近百年的历史,作为一门科学也有近80年的历史,但时至今日,人们仍很难找出一个能够被所有人认同的科学定义。这至少说明,公共关系作为一门新兴科学,尚处在发展的“幼年”时代。但从不同的学者对公共关系定义的不同界定中,我们也不难发现一些趋同之处。这些趋同之处主要表现在以下几个方面:

第一,公共关系是一个组织与公众之间的关系。这种关系是一个组织在与公众的相互作用和相互影响中形成的。

第二,公共关系是一种特殊的思想和活动。作为一种思想,它渗透在一个组织的全部活动之中;作为一种活动,它又具有区别于组织的其他活动的特殊性和特殊要求。

第三,公共关系是现代组织管理的独立职能。公共关系的主要任务就是协调组织与公众的相互关系,使组织适应公众的要求,使公众有利于组织的成长与发展。

第四,信息沟通与传播是公共关系的特殊手段。公共关系用以协调组织与公众的主要手段,就是信息沟通与传播。信息沟通与传播主要是以现代大众传播媒介为物质工具。

概括以上四点内容,我国给出了公共关系的定义:所谓公共关系,就是社会组织为塑造形象,运用传播手段,与公众进行双向交流沟通,以达到相互了解、信任和支持合作的管理活动。

三、公共关系的构成要素

公共关系的基本结构由三大要素构成:社会组织、公众和传播沟通。社会组织是公共关系的主体,公众是公共关系的客体,二者之间的沟通和信息传播要靠传播沟通来完成。

(一)社会组织

在整个人类社会生活中,由于人与人之间产生各种各样的交往和联系,因此,在纷繁复杂的人际交往中,逐渐产生了各种社会组织。社会组织在社会生活中为了维护自己的利益而不断扩张,因而就会涉及社会组织之间的关系交往。公共关系作为一种管理职能,旨在通过构建社会组织与公众之间的良性沟通渠道,促进社会组织的可持续发展。

社会组织作为公共关系的主体具有主导性作用,决定了公共关系状态并主宰着公共关系活动,是公共关系的实施者、操作者和承担者。社会组织的任何运作,都会通过传播来影响公众。尤其是在当今社会,社会组织的任何运作都会很快引起公众的反响。因此,认识社会组织的结构与功能,明确组织形象的重要性,对于全面理解公共关系的有关理论、有效地开展公共关系活动具有重要意义。

(二)公众

公众是社会组织要沟通的对象,换言之,也是公共关系的客体或对象。任何社会组织都有其特定的公众。公共关系就是社会组织主动向公众进行信息传播,公众接受信息的过程。但公众并不是被动地接受,他们会根据自己的偏好、习惯或沟通方式的效果等选择支持或反对社会组织。社会组织越来越认识到自身的每一步发展、每一项成就都离不开公众,公众的支持是无形财富和成功的决定性因素。因此,社会组织在进行公共关系活动之前,一定要充分调查自己的特定公众,分析研究他们的心理和态度,并根据公众的变化趋势来制定公关策划方案。在现代公共关系的三大要素中,公众的权威性已日益得到公认。

(三)传播沟通

公共关系中的传播是指社会组织在与公众进行沟通或信息传播时所需要的媒介。媒介技术在不断变革,从传统的报纸、广播、电视等大众传播媒介逐步转向互联网、手机、IPTV等新媒介。每种媒介都有自己的特点,报纸具备平面传播、延时传播的特点,电视具备视听觉传播、同步传播的特点，互联网具备网状传播、交互传播的特点。

传播沟通是联结主体与客体的中介，具有效能性，它是帮助机构在运行过程中，争取与公众相互了解、相互合作而采取的行为规范和传播行为，是社会系统不可缺少的重要组成部分。社会组织的各种良好行为要转化为实际公共关系中的知名度和美誉度，就必须充分依靠传播、沟通。在现代社会，“做了还要说”和“做得好加上说得好”，是非常重要的。

社会组织、公众和传播沟通这三个要素构成了公共关系的基本范畴，公共关系的理论研究、实际操作都是围绕这三者的关系层层展开的。一切公共关系活动所追求的都是这三要素的最优状态和优化组合。然而，最优状态和优化组合总是相对的，即协调是相对的，不协调则是绝对的。公共关系从业人员的职责是使之尽量趋向协调。要取得三大要素的协调，就必须充分重视三者的方方面面，切不可偏重一方而忽视其他。

四、公共关系的基本特征

公共关系的基本特征，是指公共关系与其他类型的社会关系相比较所具有的基本特点，概括起来有六个方面。

（一）以社会公众为工作对象

公共关系是一种特殊的关系，实际上就是社会组织和与其相关的社会公众之间的相互关系，不是私人、个人的关系。任何一个经济实体或个人，都存在于社会的网络之中，与上下左右的有关群体发生着立体化的关系，这种关系是客观存在的。任何组织想要在社会中生存发展，都必须科学地分析与处理各种有关的社会关系，为事业的发展创造最佳的社会关系环境，以保证事业的成功。这就是中国一句古话所说的“天时不如地利，地利不如人和”。公共关系就是研究探求组织与公众之间的良好关系，即“人和”，公共关系学也可名曰“人和学”。公共关系的具体工作，从日常事务工作到专题性活动，都是围绕着与组织相关的公众而展开的。因此，公共关系工作的领导者和实施者必须始终将公众当作自己的“上帝”，确认公众是自己的主要研究对象和工作对象，一切工作都围绕公众展开。

【案例1—1】

欧亚超市以顾客利益为重

长春市欧亚超市发生了这样一件事情：一位顾客在结账后发现，自己买的东西与购物小票不一致，少了两样，遂回头去找收银员说明情况。收银员对照了一下，确实如此。可是，超市里人流量比较大，不清楚是什么原因。这时，一超市主管走过来，了解了来龙去脉，立刻安抚顾客在旁边休息区稍等片刻，马上找人调出监控查明原因，并承诺一定会妥善解决。不一会儿，超市主管回来了，原来那两件商品是前面的顾客不小心收走了。他把两件商品的货款返还给了该顾客，并代表超市向其赔礼道歉，顾客满意而归。

在这件事情中，超市没有逃避责任，回避问题，一切以顾客利益为重。在顾客不断向别人讲述其经历过程中，让更多人对欧亚超市产生了赞赏和认同，使其形成了良好的口碑。

（资料来源：由实地调研资料整理而成。）

（二）以塑造形象为工作目标

公共关系的基本目标是为一定的组织机构在社会公众中树立美好形象。塑造形象是公共关系的核心问题，组织应通过各种公共关系活动，有效地提高自身的知名度和美誉度。良好的组织形象有利于组织顺应趋势，适应环境，使组织在生存、竞争、发展中不断充实、成熟和壮大。

【案例 1—2】

以良好的组织形象带动销量

美国一家奶粉公司质量上乘、工艺精湛，但是销售并不比同行其他公司有优势。后来他们接受公关公司的建议，在全国妇产医院设立馈赠点，凡是新出生的婴儿都免费赠与一袋早期食用的奶粉。由于这家公司奶粉的特殊工艺，凡是用过这家公司奶粉的婴儿，再吃其他奶粉则毫无味道，因此，婴儿父母宁愿长期订购这家公司的奶粉。时间不长，这家公司奶粉的销售量大增，仅三个月就在美国同行中独占鳌头。美国这家奶粉公司通过赠送新生儿奶粉，在公众心中树立了良好的形象，也就是利用公共关系为公司赢取了信誉。当婴儿对这种奶粉产生“依赖”时，父母们自然就想到这家奶粉公司，销售量大增也是水到渠成的事，最后为公司赢得利润和发展。

（资料来源：https：//mip. jinchutou. com/shtml/view-320671925. html.）

（三）以传播沟通为工作方式

以传播沟通作为工作方法或手段，既是公共关系区别于一般管理职能的重要方面，也是它与单纯的宣传、广告的不同所在。在组织与公众之间，一方面，组织应策划对外传播，使公众认识、了解自己；另一方面，它又要吸取舆论民意以调整、改善自身。只有达成有效的双向意见沟通，才能使组织与公众在交流沟通、共享信息的基础上增进了解、理解和合作。

（四）以互惠互利为工作原则

从根本上说，公共关系的内在驱动力是双方的利益要求，但不能将公共关系只视为社会组织与公众之间的利益关系，而没有情感交流和道义上的帮助。恰恰相反，公共关系正是要建立一种情感融洽、富有职业道德的相互了解、相互合作的关系，并由此与公众获得共同利益。可见，公共关系的互惠互利原则是一种双赢的结果。

（五）以真实诚恳为工作信条

公共关系塑造组织形象，必须奉行真实的信条，倡导诚恳的作风。只有真实地传播、善意地协调、友好地交往，才能在公众的心目中产生信任感，才能赢得公众自觉地合作；反之，任何一种虚假的信息传播、生硬刻板的接待服务，甚至居心叵测的交往，都将使组织形象受损，这是公共关系工作的大忌。

（六）以注重长远为工作方针

公共关系的基本方针是着眼于长远打算，着手于平时努力，不能急功近利，拘泥于一时一地的功利得失。在公众中塑造良好的形象，也绝非一日之功，它要靠人自觉行动和长期持续努力才能成功，有其树立过程的长期性。一次成功的公共关系活动固然能大大提高组织的知名度和美誉度，但要长期稳定还需持续不断地坚持和努力。社会组织与有关公众的良好关系还必须随着形势的发展、时间的推移、公众需求的变化不断调整，既立足于近期的工作计划，更注重于长远的工作目标。例如，日本企业进入德国时，在波恩、杜塞尔多夫等城市种了很多樱花树，受到欢迎，几十年过去了，这些城市都成了当地著名的景点。

五、公共关系与其他相关概念的界定

公共关系是一种塑造组织形象的管理职能。作为一项涉及面广、综合性强的工作，公共关系在履行职责的过程中，经常涉及一些外围的、相关的活动范畴，它们与公共关系既有联系，也有区别。这些实践活动往往容易被人误认为公共关系，或简单地等同于公共关系，从而造成认识上和实践中的混乱。为了准确把握公共关系，还需要进一步从公共关系与其他相关实践活动的比较与区别中认识它。

（一）公共关系与人际关系

“人际关系”属于社会心理学范畴，主要指个人在社会交往中形成的人与人之间的相互作用和相互影响，即从个体关系的角度概括人的各种社会关系，包括个人在生活、生产及其他社会活动中形成的一切人与人之间的关系。

1. 公共关系与人际关系的联系

(1)从内容方面说，公共关系包括了部分人际关系。这主要是指个人因为组织的工作，在对外交往中形成的那部分人际关系，公众对象中包括了许多个体对象。

(2)从方法方面说，公共关系实务工作离不开各种人际传播的方法。公关人员既要具备较强的人际沟通能力，还要具备良好的人际关系。良好的人际关系有助于组织内部环境和外部环境的和谐与改善，使公共关系得到长远发展。

2. 公共关系与人际关系的区别

人际关系并不等于公共关系，人际关系只是公共关系的一个分支，二者之间有显著的区别，主要表现在以下几个方面：

(1)行为主体不同：公共关系以组织为支点，人际关系以个人为支点。

(2)目的不同：公共关系的目的是在社会公众中树立组织的良好形象，建立组织与公众之间的良好合作关系；人际关系的目的是个人与个人结良缘、交朋友，为了实现个人心理需要，建立个人与个人之间的和谐的人际环境。

(3)结构不同：公共关系是整体性的，人际关系是个体性的。

(4)联系方式和范围不同：人际关系即人与人之间的联系，主要依靠人际交往和个体传播方式进行交流；而公共关系即社会组织与公众之间的联系，主要依靠大众媒体，如报纸、广播、电视、互联网等媒介来进行信息传播。

（二）公共关系与宣传

所谓宣传，是指社会组织通过传播有意识地把某种观念、意见、态度和情绪，以及风俗、信仰传播给他人，是一种有意控制社会心理的活动。

公共关系与宣传的联系主要表现在：主体和手段相同，都是社会组织作为主体参与的传播活动。任何社会组织都需要宣传本组织的文化、理念及信仰等，这既是组织内部宣传工作的内容，也是组织内部公共关系工作的目标。但它们也是有区别的，其区别在于：

第一，工作性质不同。传统的宣传工作属于政治思想工作范畴，是政治思想工作的手段和工具。宣传的主要目的在于改变和强化人们的心理状态和精神状态，获取人们对某种主张或信仰的支持。其主要内容是国家的方针、政策、社会道德、伦理、法制等方面的教育。公共关系作为一种特殊的管理职能，目的是塑造组织形象，建立组织与公众的良好关系，除了宣传、鼓动以外，其工作的主要内容是信息交流、协调沟通、决策咨询、危机处理等。

第二，工作方式不同。宣传工作是单向传播过程，即组织→公众，带有灌输性和强制性；

其目的有时是隐秘的，并不为公众知晓的；工作重点往往是以组织既定的目标来控制公众的心理；有时为了获取目标对象的支持，宣传容易出现夸张渲染的片面效应。公共关系工作是一种双向传播过程；公共关系必须尊重事实，及时、准确、有效地向公众传递组织信息，以真诚换取公众对组织的理解和信任；公共关系除了向公众解释，进行说服工作外，很重要的职能在于向组织的决策层提供信息和咨询；其目的、动机是公开的，应努力使公众了解，让公众知晓；公共关系工作是说与做的统一，不仅要求组织做好本身工作，而且要求把自己做好的工作告诉公众。

（三）公共关系与广告

广告即广而告之，是指为了传播某一产品或事物而进行的宣传说服活动。开展公共关系无疑是要运用广告这种重要的传播形式，但广告不等于公共关系，它们之间既有联系又有区别。

1. 公共关系与广告的联系

（1）公共关系常常借助广告的形式传播信息，通过产品广告或形象广告，间接达到树立该组织形象的目的，而活泼清新、艺术性强的公共关系广告更容易为公众接受。

（2）公共关系工作能对广告起指导作用，它可以确定广告的宣传主题、宣传对象、传播对象、传播方式和传播周期。因此，公共关系和广告之间实际上可以互相补充、互相促进。

（3）二者都源于传播学，都以传播为主要工作手段。

2. 公共关系与广告的区别

（1）传播的目标不同。公共关系的目标是赢得公众的信赖、好感、合作与支持，树立良好的整体形象——“让别人喜欢我”；广告的目标是激发人们的购买欲望，对产品产生好感——“让别人买我”。

（2）传播原则不同。广告信息传播的原则是引人注目。只有引人注目的广告，才能使企业的产品和服务广为人知，激发人们的购买欲望，最终达到扩大销售和服务的目的。公共关系传播的原则是真实可信，其传播的信息都应当是真实的、可信的，绝不能有任何虚假。当然，公共关系信息传播也要讲究引人注目，但“引人注目”是从属于真实性的，是为真实性服务的。

（3）传播方式不同。广告为了引人注目，可以采用各种传播方式，包括新闻的、文学的及艺术的传播方式，可以采用虚构的乃至神话的夸张手法，以引起人们的兴趣，激发人们的购买欲望。但公共关系的传播方式，最重要的是靠事实说话。其信息传播手段主要是新闻传播的手段，如新闻稿、新闻发布会、报纸、杂志等。这些传播手段的特点是：靠信息的真实性、客观性及其内在的新闻价值说话，认为成功的关键不在于当事人运用什么哗众取宠、耸人听闻的表现手法，而在于善于选择适当的时机，采用适当的形式，通过适当的媒介，把适当的信息及时、准确地传递给目标对象和公众。

（4）传播周期不同。通常来说，广告的传播周期是短暂的，短则十天半个月，长则数月或者一年，一般不会太长。相对来说，公共关系的传播周期则是长期的，其任务主要是树立整个企业的信誉和形象，急功近利的方式是很难奏效的。

（5）所处地位不同。一般来说，广告在经营管理的全局中所处的地位是局部性的，其成败好坏，对全局没有决定性的影响。但公共关系工作却不同，它在经营管理中处于全局性的地位，贯穿于经营管理的全过程。公共关系工作的好坏，决定着整个企业的信誉、形象，决定着整个企业的生死存亡。

(6)效果不同。一般来说,广告的效果是直接的、可测的,其经济效果是显而易见的。对某项广告而言,其效果也往往是局部的,只影响某个产品或某项服务的销路。因此,广告的效果又是局部性的、战术性的。而公共关系的效果则是战略性的、全局性的。一旦确立了正确的公共关系思想,并开展了成功的公共关系工作,企业就能在外界建立良好的信誉和形象,使企业本身受益无穷,而且社会各界也会因此受益匪浅。尤其是成功的公共关系所取得的效益,应该包括政治、经济、社会等方面的社会整体效益。一般来说,这样的整体效益是难以通过利润的尺度来直接衡量的。

做广告并不等于公共关系。但是,公共关系工作可以采用广告的方法,这就是"公共关系广告"。

(四)公共关系与市场营销

市场营销是提供产品、满足市场供应和消费者需求的经营管理活动。从营销理论的一些发展变化可以看出,公共关系在市场营销学中越来越受到重视。但它们之间的区别也是明显的。

1. 公共关系与市场营销的联系

公共关系工作在企业中,几乎与市场营销融合在一起,换言之,企业的公共关系工作几乎完全为市场营销活动服务。正如英国公关专家弗兰克·杰夫金斯(Frank Jerkins)所说:"销售中的每一个因素都需要公关人员来加强、完善。"因此,公共关系可以涉及市场营销的各个角落。它们的联系主要表现在以下几个方面:

(1)共同的产生条件——商品生产的高度发展。市场营销的产生,是由于商品经济高度发展使企业外部环境发生了很大变化。一方面,买方市场形成,消费者对产品的需求变化很大,条件也越来越苛刻;另一方面,同行竞争日益激烈,企业不得不重视"市场",重视"营销",重视企业外部公众(顾客)等。公共关系的产生,是由于在商品经济高度发展的背景下,企业争取消费者,不仅要在产品质量、品种技术、价格等方面竞争,更重要的是企业整体形象的竞争。要为企业赢得良好的社会舆论,就必须与各方面建立良好关系,即开展公共关系活动。

(2)共同的指导思想——用户第一,社会效益第一。新的市场营销观念要求企业把顾客的利益放在第一位、把社会效益放在第一位,这种指导思想(经营哲学)正是公共关系的指导思想,在这一点上与公共关系的基本原则和要求是相吻合的。

(3)相似的传播媒介——大众传播媒介。在公共关系与市场营销的业务活动中,要与对象公众沟通,都必须借助大众传播媒介。现代大众传播媒介,可以使社会交往摆脱时空的限制,使市场摆脱国家、地区的限制。因此,一个组织无论是扩大影响,还是扩大产品销路,都离不开大众传播媒介。

(4)市场营销把公共关系作为组成部分。市场营销在运用非价格竞争的促销策略时,把公共关系作为促销手段之一,并吸收、运用公共关系的各种手段来达到销售目的。当代美国最有影响的市场营销专家菲利普·科特勒(Philip Kotler)提出的"大市场营销观",保留了原有的产品、价格、分销渠道和促销手段四个策略,还增加了公共关系和政治权利两个策略。这就充分表明公共关系与市场营销的联系更加紧密了。

2. 公共关系与市场营销的区别

公共关系与市场营销的区别,主要表现在以下几个方面:

(1)范围不同。市场营销仅限于企业生产流通领域,最多不过是经济领域内,但公共关系所涉及的是社会任何一种组织与公众的关系。除企业外,公共关系还涉及政府、学校、医院等各种组织，远远超过了经济领域。公共关系比市场营销有更广泛的社会性，学科应用范围也更为广阔。

(2)目的不同。市场营销的直接目的是销售产品，从而进一步扩大盈利，产生企业效益。公共关系的目的是树立组织形象，产生良好的公众信誉，从而使组织获得长足的发展。

(3)手段不同。市场营销所采用的手段是价格、推销、广告、包装、商标、产品设计、分销等。这些手段都是紧紧地围绕着产品销售的目的。而公共关系所采用的手段是宣传、举办各种专题活动，如记者招待会、社会赞助、典礼仪式、危机处理等活动。当然，市场营销有时也可把公共关系的一些手段作为自身的手段，但严格来讲，二者之间在手段上还是有很大差异的。

(五)公共关系与庸俗关系

庸俗关系是指日常生活或经济交往中，利用金钱或职权，“拉关系”“走后门”“套私情”，为个人谋取好处等不正当的人际交往活动。从表面上看，庸俗关系与公共关系的协调沟通是一致的，目的都在于解决问题或获取利益。因此，有人一听说公共关系就联想到这种不正当的庸俗关系，认为公共关系就是教人花言巧语，搞不正之风。其实这是一种极大的误解，在很多时候败坏了公共关系的名声。庸俗关系是一种非正常的、不健康的、被歪曲了的社会人际关系，这种关系的双方是以损公肥私、侵占他人利益及危害社会利益为前提的合作关系，是一种直接的利益关系。庸俗关系与公共关系有着本质上的区别，其主要表现如下：

1. 产生的基础不同

公共关系是商品经济高度发达、现代民主制度不断发展、信息手段十分先进的产物；庸俗关系则是在封闭落后的经济条件下，生产力不发达、市场经济发育不完善、物资供应不充足的产物，带有浓厚的血缘、地缘的色彩。

2. 理论依据不同

公共关系以现代科学理论为指导，按照正确的目标、科学的方式、规范的组织形式、严格的工作程序和道德准则来进行；庸俗关系则建立在市侩经验的基础上，其方法是险恶的权术，奉行的是“人不为己，天诛地灭”的信条。

3. 活动方式不同

公共关系是社会组织与社会公众之间的正当联系，主要是通过正式渠道，采取大众传播或人际传播等手段，公开地开展活动，其活动是正大光明的。而庸俗关系是个人与个人之间的不正当联系，是私人之间相互利用的一种不正当的活动。其参与者尽量掩盖其所作所为，进行幕后交易，如通过奉承拍马、内外勾结、营私舞弊、行贿受贿等庸俗手段进行暗中拉关系、谋私利的活动。这些活动不能在公众场合下公开开展，只能在暗地里偷偷地进行。

4. 目的不同

公共关系以建立良好的组织形象、提高知名度与美誉度、维护组织与公众双方的合法利益为目标，恪守公正诚实、信誉至上的原则，从而使组织获取较好的社会效益与经济效益；庸俗关系则是通过各种卑劣手段来达到个人私利的目的，如搞些紧俏商品、买些便宜货、谋个好职务、在竞标中搞到竞标项目等。前者为公共利益而奋斗，后者只是为个人的私利而投机钻营。

5. 产生的效果不同

公共关系是通过有计划的一系列活动，使社会组织在与社会整体利益一致的前提下不断发展，其结果是组织、社会、国家和公众都受惠，为社会创造一种以诚相见、讲求信誉、提高声望的良好风气；有利于形成和谐、友善、正常、健康的人际关系；有利于提高社会文明程度，促进社会的发展。庸俗关系则将人际交往商品化，使人们变得唯利是图、目光短浅，整个社会充满市侩气，个人中饱私囊，而国家和公众的利益却遭到损害。

第二节　公共关系的主要职能和基本原则

一、公共关系的主要职能

公共关系的职能是指公共关系对组织、个人及整个社会所承担的基本职责和所发挥的功能。公共关系的职能非常广泛、复杂，从理论研究上看，国内外对其看法不一；从实践上看，国内外公共关系职能部门的职责也有很大的差别。本节主要介绍其六个方面的职能：

（一）采集信息

公共关系首先要履行搜集信息、监测环境的职责，即作为组织的预警系统，运用各种调查研究分析的方法，搜集信息、监视环境、反馈舆论、预测趋势、评估效果，以帮助组织对复杂、多变的公众环境保持高度的敏感性，维持组织与整个社会环境之间的动态平衡。

公共关系作为组织的信息中心，所面对的信息不仅包括与组织专门业务直接相关的业务信息，而且包括社会的政治、经济、文化、科技、军事、民情等全方位的社会信息资料。

1. 与组织形象有关的信息

公共关系首先要注意与本组织的形象评价有关的各种信息。这些信息涉及公众对组织的政策、产品、行为、人员等方面的印象、看法、意见和态度。主要有：

(1)产品形象信息。产品形象是组织形象的客观基础，只有产品被接受、受欢迎，企业存在的价值才能得到社会的认可。公众对产品的意见和评价是多方面的，如质量、性能、功能、价格、款式、包装、售后服务等。

(2)组织形象信息。组织的整体形象，还反映在公众对组织其他要素的评价方面，如公众对于组织的方针政策，办事制度、程序和效率，经营管理水平，技术、财政、人才方面的实力，服务质量和水准，市场宣传形象，组织文化和精神文明等方面的反映和评价。组织机构需要根据这些评价来调整和完善自身。

2. 组织环境中的各种社会信息

公共关系需要为组织监测社会变化与趋势，注意社会的政治、经济、文化、科技、军事、时尚潮流、民俗民情、舆论热点等多方面的信息动态，分析其对组织的各种直接或潜在的影响，充分利用环境中的有利因素，避免不利因素，使组织与社会环境的变化保持动态平衡。

采集信息是公关工作的必要前提，在信息社会中，信息已成为公认的巨大资源。公共关系是信息产业。不采集信息，公共关系就成了无米之炊。因此，无论是内部公关还是外部公关，任何策划都应从采集信息开始，这样才能做到知彼知己、百战不殆。采集信息的职能要求公关人员具备信息意识，注意随时采集有关组织的信息。

【案例 1—3】

公关情报的重要性

在美国，有公关人员发现“超级癌症”艾滋病的英文缩写 AIDS，正好与一家人寿保险公司的公司缩写一样。在艾滋病公司保险，不是很恐惧和危险吗？于是就及时走访这家公司，并将该情报告知公司，希望其尽快改名，否则会引起人寿保险人员的恐惧。这家公司对其建议未予采纳。结果，半年后，参加人寿保险的人越来越少，而且原来已保险的人员也纷纷要求退保。为什么会出现这种情况？公司一分析才知道，半年前有人来劝告过公司，这才赶快更名，但损失已很惨重。

（资料来源：https://wenku.so.com/d/e63a787d1d9523f581171119cb3ebdc4.）

（二）辅助决策

这是公共关系最有价值的职能，因此公共关系也称"咨询业""智业"。公共关系在组织的经营管理决策过程中，要协助决策者考虑复杂的社会因素，平衡复杂的社会关系，从社会公众和整体环境的角度评价决策的社会影响和社会后果，使决策目标能够反映公众的利益，使决策方案具备一定的社会适应力和社会应变力，使决策实施的效果有利于树立组织的良好形象。从这一意义上也可以说，公共关系部门是一个"智囊机构"，它在组织管理中起着"参谋"的作用。

1. 为确立决策目标提供咨询

公共关系部门由于工作需要，广泛接触内外公众，掌握和积累了大量公众信息，对于组织存在的差距和问题比较清楚，因此，其较易站在公众的立场上发现决策问题，为组织确立决策目标提供咨询建议。

2. 为决策提供各种社会信息，为公众提供咨询服务

社会信息，包括内部员工的思想状况、心理状态、工作状态，外部公众的需求意向和态度，新闻媒介对本组织的评价，政府、主管部门对本组织的了解和支持程度等。

3. 运用公共关系手段，协助拟定、选择和实施方案

公共关系部门可以根据自己掌握的大量信息，制定出各种提交领导层和主管部门选择的方案和建议，并从经济效益和社会效益统一的角度对各种决策方案进行分析、评价，为决策者选择和实施最佳的决策方案。

4. 通过公关渠道观察、评价决策效果

反馈决策实施后，公众反响和社会后果为调整决策或制定新的决策提供依据，促使决策者不断地改善组织形象。

（三）传播推广

这是公共关系传播与其他传播在目的与技巧方面不同的特有职能。

公共关系的传播推广职能主要体现在两个方面：一是组织运用传播推广的手段同公众进行双向交流，与公众交心，赢得公众的信任和支持；二是顺时造势，实现舆论导向，通过策划新闻、公关广告、专题活动等手段，制造声势，提高组织的知名度与美誉度，为组织创造良好的舆论环境。从某种意义上说，丧失了传播推广的职能，公共关系就将一事无成。

（四）协调沟通

公共关系是组织与社会环境之间的一种协调沟通机制，即运用各种协调、沟通的手段，为组织疏通渠道、发展关系、广交朋友、减少摩擦、化解敌意、调解冲突，使其成为组织运作的"润滑剂""缓冲器"，成为组织与各类公众交往的桥梁，为组织的自下而上发展创造"人和"的环境。

1. 组织内部的协调沟通

在社会组织内部有各种各样的关系，概括起来可分为管理层与全体员工之间的关系、组

织内部各个职能部门之间的关系、组织内部员工之间的关系。这三类关系的状态直接关系着组织的生存与发展。

2. 组织与外部的协调沟通

这主要包括顾客关系、社区关系、媒介关系、政府关系与同行关系等。组织与其外部公众的关系如何直接影响其生存和发展。

（五）提供服务

公共关系通过为公众提供各种各样的服务来建立社会组织的良好形象，实现其工作目标。公共关系工作本身就是一种服务工作，它的管理地位和日常业务都具有明显的服务性质。公共关系工作的成效也需要以其服务的质量和水平来衡量。公共关系通过信息性、传播性、协调性、支持性、辅助性的服务使组织内部运转得更加顺畅、协调，使组织外部环境更加和谐、良好。公共关系的服务对象大体上分为两类：组织的内部公众与组织的外部公众。公共关系的服务功能就体现在对内部和外部公众的服务上。

(1)服务于内部公众：为组织决策层和各个职能部门提供服务，为协调组织内部的各种关系服务，为团结员工服务。

(2)对组织外部公众的服务：为公众提供信息服务，为协调组织外部的各种关系服务，为社会提供各种服务。

（六）危机管理

组织危机是指组织与公众发生冲突，或出现冲突事件，使公众舆论反应激烈，组织形象受到严重损害而陷入困境的状况。组织危机是组织生存与发展的大敌，处理不好往往给组织造成重大损失，甚至断送组织的“生命”，因而组织公共关系将危机处理作为公共关系的主要职能和工作重点之一。随着公关理论和实践的发展，事前预测管理危机已成为公共关系对待危机的主流方法，这是组织公共关系的新发展。

二、公共关系的基本原则

公共关系既是一门科学，又是一门艺术。因此，成功地开展公共关系活动不仅要掌握一定的公共关系原理、方法和技巧，而且必须遵循一定的原则。

（一）实事求是的原则

公共关系作为一种客观存在，必须以事实为基础，没有事实，公共关系工作就无法开展，先有事实，后有公共关系。

现代社会组织与环境处于不停地相互作用之中，两者之间总是存在着平衡与不平衡、协调与不协调的对立统一关系。公共关系工作的任务就是要变不协调为相对协调。一般地说，总是先有不平衡、不协调的“事实”，然后才有变不平衡为平衡、变不协调为协调的公共关系工作。因此，公共关系的开展必须以事实为基础，以科学的调查研究和对事实的充分了解与掌握为基本条件。

（二）互惠双赢的原则

成功的公共关系活动应以组织利益与公众利益的统一为宗旨，满足社会效益。因为社会效益既包括组织利益，又包括公众利益，它是这两者根本利益的总和，是立足于整个社会而言的。在现代社会的运行中，每一个社会组织都不是孤立的个体，而是具有多向多维多层次内容的社会整体的一个组成部分，它离不开社会网络的维系，而社会网络也需要它来编织。在这一社会网络中，组织与公众之间的关系错综复杂，你中有我，我中有你，彼此环环相扣，联系密切，利益相通。组织的生存与发展既受制于其生存环境，又反过来对这一环境产生影响，片面追求一方利益必将以牺牲另一方利益为代价，最终组织的利益也必然受损。在市场经济社会，社会组织与公众要建立长期的合作关系，就必须实行互惠互利的原则，实现双赢。

（三）双向沟通的原则

双向沟通既是公共关系的核心内容，又是公共关系的基本原则之一。作为原则，它强调沟通是双向的，即在把组织的信息向公众输出的同时要广泛搜集来自公众的意见，把社会公众的信息向组织反馈。

组织与公众的双向沟通不限于信息的沟通，还应包括感情的交流。

公共关系是与人打交道的行为，而人是有感情的动物，所以，组织必须对公众进行“感情投资”，即与公众进行感情的交流。例如，有些商店长期开展微笑服务活动、对顾客早迎晚送活动；有的商店、车站为顾客免费提供遮雨塑料薄膜、打气筒，租借雨伞、雨鞋等。

（四）公众导向的原则

现代公共关系实践的发展向人们昭示着：企业的发展离不开社会公众的支持与帮助，企业必须注重协调、处理好与各类公众的关系，按照公众的意愿与要求来开展企业活动，争取公众的好感、认可和接受。

遵循公众导向的原则，企业应做到以下几点：

(1)企业必须在深入研究社会公众对企业的认识、态度和要求的基础上，不断检讨、纠正企业自身行为，使之与社会公众的利益和期望相适应，以谋求社会的好感、认可、支持与合作。当企业利益和公众利益发生矛盾时，应把公众利益放在首位。

(2)树立全面、整体的公众概念，即要求企业从更为普遍、广泛的意义上去认识企业的公众，以及企业与各类公众之间的关系，学会从各类公众利益的满足中寻找到企业发展空间和企业形象新的生长点。

(3)在企业领域开展广泛的“CS(Customers Satisfaction)运动”，即顾客满意活动，并把它作为评估企业的重要标准之一。提高员工的业务技能，强化员工的职业意识，让顾客享受到高质量的、满意的服务。

(4)在企业内部建立保护员工正当利益的“缓冲”机制。这体现了体恤员工利益、服务员工的意识，企业的员工特别是一线员工，在维护企业形象和公众利益的服务工作中，常常要牺牲个人的权益。为了让顾客满意活动长期坚持下去，有必要对员工牺牲的这些“个人权益”给予适当的补偿和奖励，以表示企业对这种献身精神、敬业精神的大力提倡和鼓励。这也是“服务意识”在内部公众身上的体现。例如，我国一些企业内部设立的“委屈奖”，以及日本企业近年来流行的“ES(Employee Satisfaction)运动”，即员工满意活动等。

【案例 1－4】

两块小方巾

李先生一个人乘坐中国北方航空有限公司（以下简称“北航”）的飞机去长沙出差。飞机降落之后，他提着随身携带的一捆资料，走到了机舱门口。空姐在向他道别的同时，递给他两块小方巾，微笑着说：“先生，请用小方巾裹着绳子，不要勒坏了您的手。”人非草木，孰能无情！李先生备受感动，从此每次出差或带着家人出门，总是首选北航，两块小方巾换来了顾客一生的光顾。空姐的细心服务体现了公关意识，彰显了人文关怀，最终收获了顾客的感动。

（资料来源：张耀珍．公共关系学：理论、方法与案例[M]．3 版．北京：人民邮电出版社，

2021.)

(五)开拓创新的原则

一切事物都在发展变化之中,没有变化,发展也就无从谈起。公共关系的变化与发展,无不体现着社会组织不断更新观念、更新模式来适应不断变化的外部环境,可以说,创新是公共关系工作的新常态。思维创新是决定性的创新,思维的创新必须遵循科学的策划规律。作为策划思维的主体——人脑,在进行策划思维时是有明确目的的,有一定的价值模式和知识储备的,当我们认识事物、策划公关活动时,容易用僵化的视角来认识事物,当我们将视角多元化、全方位观察事物时,新的创意思路将会产生。从肯定视角来看,可以在失败、消极因素中看到希望;从否定视角来看,可以在一帆风顺中找到危机;从自我和非我视角来看,可以认识自我与非我、人类与社会,认识团体间、民族间差异的合理性;从求同视角来看,可以认识事物的普遍性;从求异视角来看,可以认识事物的特殊性,打破思维定式,突破经验教条……策划将进一步向理性回归。

【案例 1—5】

大润发东北方言文案:烟火文学

2023 年 1 月,大润发联名热播的《乡村爱情 15》,推出了东北方言文案。这是继大润发"超市顶流""烧烤文案""菜场黑话""25 周年"文案之后的又一尝试。与以往不同的是,这次大润发的文案,围绕着"均一价"活动展开,字里行间描述了商品特价所带来的满满的生活幸福感。例如,烤鸡的宣传语——"脚打后脑勺的时候,我就知道要过年了",拍黄瓜的宣传语——"再狠的角也禁不起敲,再刺的头也禁不起削"。

(资料来源:https://www.zhihu.com/search? type=content&q.)

创新思维的形式很多,比如延伸式思维,就是借助自己掌握的知识,沿袭他人的思维逻辑去探求未知的知识。还有联想式思维、扩展式思维、运用式思维、逆向式思维、幻想式思维、奇异式思维、综合式思维等。不同的创新思维方式对于探索事物的本质及未知,求得真知和新知起到的重要作用是不同的。例如,清代有个名将杨时斋,善于逆向性创新思维,组织管理军队,指挥训练打仗,既做到了"军中无闲人",又展示了其非凡谋略,在历史上被传为佳话。在行军打仗时,他把聋人留在左右使唤,这样可避免军事机密泄露;他让哑巴传递密信,即使被俘也问不出所以然;他让跛子守放炮位,既坚守了阵地,又避免了逃兵;他让盲人伏地听远,这样可及时察觉敌人的行动,先发制敌。杨时斋的创新用人之道,使残疾兵员都派上了用场,真正做到了人尽其才、各取所长,编配上达到了最佳组合,整体战斗力大大提高。

(六)全员 PR 的原则

公共关系是一种经营管理职能,负责管理社会组织的"无形资产",如知名度、美誉度、公众舆论和关系网络等。而"无形"无疑大大增加了公共关系工作的难度。一个组织的公共关系工作要取得成功,仅靠专职的公关人员是不够的,还必须依赖组织的各个部门和全体成员的整体配合。所以,组织内上至最高领导下至普通员工都是公关人员。

所谓全员 PR,是指通过对全体成员的公共关系教育和培训,提高公共关系意识,形成浓厚的公共关系氛围,使组织全体成员积极参加公共关系活动,并按照公共关系的要求开展工作。为此,必须做到如下三点:第一,决策层、领导者必须重视公共关系工作,并为之创造一切有利条件。第二,组织内部全体成员必须树立公共关系意识,把公共关系工作视为分内之事,按照公共关系的规范严格要求自己。第三,组织内部必须营造浓厚的公共关系氛围,凡是为组织赢得声誉的言行,都应该得到崇高的评价和奖赏;凡是有损组织形象的言行,都应该作为形象事故来处理,使重视公共关系在企业内部蔚然成风。

【案例1—6】

花旗银行的全员公关意识

花旗银行是世界上最大的银行之一,每天的营业额高达数亿美元,业务十分繁忙。一天,一位陌生的顾客走进豪华的美国花旗银行营业大厅,仅要求换一张崭新的100美元钞票,准备当天下午作为礼品用。银行职员微笑着听完他的要求之后,立即先在一沓沓钞票中寻找,又拨了两次电话,15分钟后终于找到了一张这样的钞票,并把它放进一个小盒子里递给了这位顾客,同时附上一张名片,上面写着"谢谢您想到了我们银行"。事隔不久,这位偶然光顾的顾客又回来了,在这家银行开设了账户,在以后的几个月中,这位顾客所在的那家律师事务所在花旗银行存款25万美元。

从这个案例我们可以看出,花旗银行的全员公关意识已内化成每一位员工平时工作中一点一滴的行动,正是员工这种急顾客之所急、想顾客之所想、全心全意为顾客服务、甘做顾客仆人的思想和行为,才最终造就了花旗银行这艘金融界的巨轮。

(资料来源:https://wenku.baidu.com/view/88dee03df28583d049649b6648d7c1c709a10b44.html?fr=income1-doc-search&_wkts_=1741241225895&wkQuery.)

【小贴士】

公关专家的声音

公共关系是无法与企业的日常活动分开的,它是企业有机体的一部分,它是推销员脸上的微笑、皮鞋上的闪光和握手时的力量,是你迈入企业大门时笑盈盈地向你走来的服务生,是迅速为你接通电话的接线生,是你收到的一封封由总经理亲笔签名的热情洋溢的慰问信,是那些认为你公司好、说你公司好的批发商。更重要的是,公关是顾客洋溢在脸上的微笑和掩藏在心底的感激。任何一家哪怕是只与公司有一点点接触的企业,都有公关的存在;任何一个在公司工作的人员,上至总经理,下到刚报到的职员,都是事实上的公关人员。

第三节　公共关系学的内涵、研究意义、研究对象及方法

一、公共关系学的内涵

公共关系学是一门以公共关系的客观现实和活动规律为研究对象的,新兴的、综合性的应用学科,是研究组织与公众之间传播与沟通的行为、规律和方法的一门学科。公共关系学是公共关系实践活动的反映,对公共关系认识的深化及公共关系活动的健康开展起着指导作用。公共关系学具有三个方面的特点:

第一，公共关系学是一门综合性的学科。它以众多的社会学科为理论基础，逐步发展成为一门独立的综合性应用学科。这些学科包括经营管理学、市场营销学、大众传播学、人际关系学、社会心理学、广告学、组织行为学等。

第二，公共关系学是一门独立的学科。公共关系学是有选择地、系统地借鉴和吸取各门学科的成果，其目的是为研究自身特有的研究对象提供某一方面(不是全部的)的思维方法，具有其自身特有的核心理论部分，这是学科独立性的重要标志。

第三，公共关系学是一门应用性极强的学科。公共关系的应用范围非常广泛，公共关系的原理与实务可以运用于一切社会组织的各项事务中，在实际工作中具有高度的技巧性和艺术性，要求公共关系人员凭借丰富的实践经验，具体问题具体分析，灵活运用公共关系的基本原则和方法，充分发挥想象力和创造精神，富有成效地达到公共关系目标。

二、公共关系学的研究意义

我国公共关系的开展依赖改革开放，而改革开放的新形势也更加需要公共关系。党的二十大指出，我国改革开放迈出新步伐，国家治理体系和治理能力现代化深入推进，社会主义市场经济体制更加完善，更高水平开放型经济新体制基本形成。我国发展进入战略机遇和风险挑战并存、不确定且难预料的因素增多的时期，各种“黑天鹅”“灰犀牛”事件随时可能发生。我们必须增强忧患意识，坚持底线思维，做到居安思危、未雨绸缪，准备经受风高浪急甚至惊涛骇浪的重大考验。在这种新的形势和任务面前，研究公共关系学更有特殊的现实意义。

(一)研究公共关系学是对外开放的需要

对外开放需要加强中国与外部世界的沟通，尤其是在当今全球经济一体化的大背景下，一方面要了解世界，另一方面要向世界传播自己；对外开放使形象管理的问题日益突出，需要树立公关意识和加强公关管理；对外开放需要按国际惯例办事，同一切愿意与我们合作的国家、地区和企业积极开展合作，形成全方位、多层次、多元化的开放合作格局，以高水平对外开放打造国际合作和竞争新优势，学习和运用公共关系有利于完善和规范组织的行为。

(二)研究公共关系学是体制改革的需要

体制改革促进了组织和社会横向联系的发展，使组织的社会关系日益复杂，给组织的关系状态(社会关系和舆论)和行为方式带来了新的变化，因此需要应用公共关系加强组织的社会沟通和社会协调。

(三)研究公共关系学是市场经济发展的需要

市场经济带来了大范围的分工协作关系和激烈的市场竞争关系，企业组织需要运用公共关系来拓展合作关系，加强竞争能力，树立组织及其产品的知名度、美誉度，促进经济效益和社会效益。

学习公共关系学，可以增强人们在现代社会生活中所需要的诸如变革、开放、互补、适应和协调等观念。如果能有效地运用公共关系，组织就可以拓展合作关系，提高竞争能力。公共关系学在阐述社会组织与公众之间的关系时，反对对立的观念，摒弃零和博弈，强调互补与双赢、多赢的观念。对于一个主体与社会的适应调适问题，公共关系学总结了一些基本的观念和技巧，它们有利于人们适应社会、协调各种关系。

(四)研究公共关系学是现代信息社会的需要

现代信息传播技术和沟通方法的发展，促进了社会交往观念和交往行为的变化。特别是大众传播的发展使公众舆论的作用日益增强，从而使组织形象管理的问题日益突出，需要运用公关手段来了解舆论、引导舆论，改善组织的生存和发展环境。

（五）研究公共关系学是社会稳定的需要

我国的改革开放和市场经济的发展需要安定团结的政治局面，因此需要加强社会的公共关系工作，增强政府和公众之间的双向沟通，增强领导者和被领导者之间的了解、理解、信任和合作，形成和谐的社会气氛。

（六）研究公共关系学是提高个人素质的需要

从某种意义上说，公共关系学教育是一种终身教育，对于提高个人素质具有重要意义，对于大学生来说尤为重要。大学生在接受大学教育之后，便进入职业社会。职业社会要求从业者必须具备较高的素质，而且能够随着时代与形势的发展变化，与时俱进地提高自身素质。公共关系学的理论与方法，对于个人今后服务社会、发展自身、实现自我价值来说都是必备的知识和技能。

公共关系学对于人们的心理健康、精神气质和处理社会关系技能等方面素质的提高具有特别重要的作用，使人们能够认识事物的复杂性，形成包容、宽容和从容应对复杂情况的健康心理。提高个人的形象素质，不仅可以赢得他人的好感并感染他人、影响他人，而且有利于社会组织形象的塑造及传播。

三、公共关系学的研究对象

公共关系学是一门关于如何维护公众形象，以及组织或个人如何交流沟通的应用性很强的学科，其研究对象和其他学科一样，也是由历史、理论和应用三大部分组成。

第一，研究公共关系发生发展的历史，总结出其发生发展的原因、条件和各发展阶段的特点，从中找出规律，探求公共关系的基本理论。

第二，研究公共关系的原理、思想、原则，探求其自身的特点与规律。

第三，研究公共关系的应用。

四、公共关系学的研究方法

学习公共关系学的方法很多，但概括起来主要有以下几种：

（一）理论与实际结合法

理论联系实际是学习公共关系学的根本方法。公共关系学是理论和实践相统一的科学。因此，在学习公共关系学时，一方面，要把握公共关系学的基本原理、方法和程序等基础知识，并要勤于思考，增强抽象思维能力；另一方面，要把理论知识同实际生活、公共关系的实际运作联系起来，研究公共关系的具体环境，运用理论来指导公共关系的实践活动，通过实践来验证和发展公共关系学理论。

（二）比较鉴别法

公共关系学是一门综合性、交叉性、边缘性学科，具有来源广、应用面宽、联系广泛的特点。因此，要学好公共关系学就必须进行比较鉴别。首先，要把公共关系学与其相关学科进行比较。公共关系学与其相关学科有着千丝万缕的联系，一些人常常把公共关系学与相关学科混为一谈。事实上，联系只是相互影响、相互作用的状态。公共关系学与管理学、市场营销学、大众传播学、行为学等存在着一定的联系，但更主要的是区别。公共关系学具有独立的研究对象、内容和范围，它们是不可相互替代的。要通过比较把握学科的特征，确立各学科的独立地位。其次，对中西方的公共关系学的理论与公共关系的实践进行比较，即对西方的公共关系理论和实践及我国古代公共关系思想和活动进行比较鉴别。植根于我国现代的文化土壤，取其精华，去其糟粕，建立有中国特色的公共关系学，并指导我们的公共关系活动，服务于有中国特色的社会主义现代化建设。

（三）个案分析法

公共关系学是一门应用性极强的学科。公共关系案例分析如同医学案例分析，是理论与实践的结合点。所以，个案分析法是学好公共关系学的重要方法之一。首先，剖析公共关系案例，有助于通过生动、具体的途径牢固地掌握公共关系学的有关理论和方法。任何公共关系案例都是对公共关系学有关理论和方法具体、生动的运用。依据具体的案例对公共关系学的有关问题进行研究，可以提高人们的创造性思维能力。其次，对某一特定的公共关系活动的内容、情景及过程进行客观描述或介绍，有助于把握公共关系工作的基本方法，提高理论水平和工作能力，促进公共关系事业的不断发展。最后，公共关系案例具有典型示范的实践作用，即从典型个案中总结出来的原则、方法、经验和教训能反映特定时代的公共关系活动的规律，具有普遍的指导意义。事实上，在公共关系实务中存在着丰富多彩的案例材料，而公共关系学的理论和方法就蕴含于其中。通过对丰富多彩的案例材料的分析，有利于我们探索公共关系活动的规律，也有助于我们对公共关系理论的全面理解和掌握；同时，通过对生动具体的个案分析，还可能总结出新经验，发现新的理论观点，进而推动公共关系学理论的完善和发展。

（四）参与实践法

公共关系实践是公共关系学生成和发展的肥沃土壤。在公共关系研究过程中，应当不断地将已取得的公关理论成果置于实践检验中筛选优化，在实践反馈中深化和发展理论。公共关系学不是一门纯理论性的学科，而是一门实践性、应用性的学科，要真正掌握它，单从书本到书本、从理论到理论是行不通的，应密切地与现实生活中的公关活动相联系，在联系中培养发现公关问题的敏感性和分析问题的能力。此外，要尽可能参加一些实践活动和实践训练，培养自己的动手能力。

本章小结

公共关系是社会组织为了塑造自身形象，通过传播、沟通手段和活动影响公众的科学和艺术。公共关系由社会组织、公众、传播三个要素构成，具有六大特点：以社会公众为工作对象、以塑造形象为工作目标、以传播沟通为工作方式、以互惠互利为工作原则、以真实诚恳为工作信条、以注重长远为工作方针。

公共关系以树立和维护良好的组织形象为目的，围绕这一目的，它在现代组织管理的各个环节上都发挥着独特的作用。概括起来，公共关系在组织管理活动中主要有采集信息、辅助决策、传播推广、协调沟通、提供服务、危机管理六大职能。

任何社会组织在策划和实施公共关系活动时，都必须遵循公共关系的原则。公共关系原则主要包括实事求是的原则、互惠双赢的原则、双向沟通的原则、公众导向的原则、开拓创新的原则、全员 PR 的原则。公共关系是一种社会职业，作为一种职业，要求公关从业人员必须严格遵守公共关系的职业原则，以便在全社会树立良好的职业形象。

我国改革开放迈出新步伐，国家治理体系和治理能力现代化深入推进。在这种新的形势和新的任务面前,研究公共关系学更有特殊的现实意义。公共关系学作为一门新兴的管理科学,是研究公共关系活动现象及其规律的一门科学和艺术。它是运用传播学、心理学、新闻学、社会学、经济学等现代科学知识,总结现代经营管理和行政管理的经验与方法而形成的新兴、边缘、综合性的应用科学。

本章训练题

一、单项选择题

1. 公共关系的主体是(　　)。

A. 组织　B. 公众　C. 传媒　D. 个人

2. 英国公关学者弗兰克·杰夫金斯为公共关系所下的定义属于公共关系的(　　)。

A. 管理职能论　B. 传播沟通论　C. 社会关系论　D. 形象描述论

3. 公共关系的首要功能是(　　)。

A. 协调关系网络　B. 提高个人素质　C. 优化社会环境　D. 树立组织形象

4. 公共关系理论研究的核心问题是(　　)。

A. 经济效益　B. 组织形象　C. 广告宣传　D. 广交朋友

5. 公共关系活动的客体是(　　)。

A. 公众　B. 政府　C. 新闻媒介　D. 企业员工

6. 公共关系是以一定的(　　)关系为基础。

A. 利益　B. 血缘　C. 地域　D. 人际

7. 公共关系是一种以(　　)为支点的全方位关系。

A. 个人　B. 集体　C. 组织　D. 团体

8. 在公关工作中首先强调着眼于(　　)。

A. 经济效益　B. 追求利润　C. 社会效益　D. 平时努力

9. 公共关系也可称作(　　)。

A. 团体关系　B. 人群关系　C. 人际关系　D. 公众关系

10. 在使用“公共关系”这一概念的时候,它表示一些不同层次的含义,在表示一种客观的实在时,即(　　)。

A. 公共关系状态　B. 公共关系活动　C. 公共关系观念　D. 公共关系传播

11. 公共关系是以(　　)为原则的。

A. 互惠　B. 真诚　C. 沟通　D. 长远

12. 公共关系学的目的是(　　)。

A. 描述客观存在的公共关系状态

B. 研究组织与有关各方的关系

C. 研究社会组织如何通过有效的公共关系活动去实现自己的目标

D. 研究组织形象

二、多项选择题

1. 公共关系的含义有多种指代,其中最常见的有(　　)。

A. 公共关系状态　B. 公共关系理论　C. 公共关系意识　D. 公共关系活动

E. 公共关系学科

2. 公共关系学研究的内容包括(　　)。

A. 公关案例　　B. 公关理论　　C. 公关技巧　　D. 公关史

E. 公关实务

3. 公共关系的基本职能是(　　)。

A. 收集和向外界传递信息　　B. 建立组织在社会公众中的信誉

C. 使组织有一个融洽协调的环境　　D. 为决策层提供决策咨询

E. 一切为了谋求本组织利益而活动

4. 协调关系是(　　)。

A. 组织的一种广结人缘的工作

B. 为了争取公众对组织的谅解和支持

C. 为组织在公众中树立起一种“可亲”的形象

D. 要使公众对组织产生信任感,为组织树立起一种“可敬”的形象

E. 为组织创造一个“人和”的环境

5. 公共关系是(　　)。

A. 一种特殊的社会实践活动

B. 从属于组织总目标的

C. 组织整体功能中的一个有机构成部分

D. 组织职能系统中的一个子系统

E. 一种有目的、有计划、受控制、持久的过程

三、判断题

1. 公共关系百分之十靠自己做得好,百分之九十靠宣传。(　　)

2. 不受欢迎的公众是公共关系工作的唯一目标。(　　)

3. 公共关系活动的主体是公众。(　　)

4. 公关与庸俗关系学既有联系又有区别。(　　)

5. 公共关系同外界关系可以画等号。(　　)

6. 宣传是一种单向的心理诱导、行为影响和舆论控制方式。(　　)

7. 公共关系最基本的、核心的概念是双向传播与沟通。(　　)

8. 公共关系也称作团体关系。(　　)

9. 协调外部关系就是协调企业与外部公众的关系。(　　)

10. 公共关系学是一门专业性的理论科学。(　　)

四、简答题

1. 如何理解公共关系的含义?

2. 公共关系有哪些特征?

3. 如何区分公共关系与广告、宣传等相关实务?

4. 公共关系的职能和原则有哪些?

五、案例分析题

洁柔公关感谢信

2023 年 9 月 17 日中午，洁柔直播间运营设置错误，将原价 56.9 元 1 箱的纸巾标成了 10 元 6 箱。经各平台薅羊毛博主发出后，引发众多用户抢购，最终成交订单数超过 4 万单。

在外界纷纷猜测洁柔会如何处理的时候，9 月 19 日下午，洁柔正式发布官方回应，官微发表声明称 10 元 6 箱纸订单会全部发货。声明里，有几个主要信息：第一，洁柔损失达千万元，但所有订单将正常发货；第二，洁柔是成立 45 年的国货品牌；第三，对于购买多件产品不方便储存且愿意沟通协商其他处理方案的用户，可以和客服协商其他处理方案。

事件引发关注后，有用户主动申请退款并且不需要补偿，因此洁柔给主动申请退款的用户发送了感谢信，通过真诚的文字感谢退款用户的善意和体谅，并给予一定的奖励，其中除了新品试用、内购、45 周年礼盒等常规福利外，还有一家三口长隆两天一夜游、广州塔门票，还可以为退款用户及其直系亲属终身提供工作机会等。

网友盛赞这是一场"国货与国人的双向奔赴"、当代版"投桃报李"、洁柔格局太大了、感谢信写得很走心、提供的福利价值很高、年度最佳公关等。

（资料来源：https://www.sohu.com/a/724613263_121124623? scm=1102.xchannel:325:100002.0.6.0.）

问题：

1. 该案例体现了公共关系的什么特点？

2. 说明一家企业如何做好公共关系。

本章训练题
参考答案

第二章

公共关系的产生与发展

知识框架

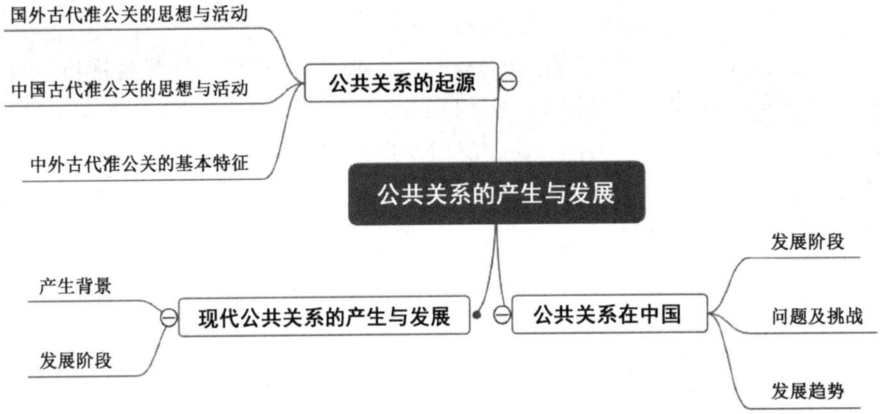

教学目标

1. 了解公共关系思想的萌芽；
2. 掌握现代公共关系的发展阶段；
3. 理解中国公共关系的发展历程；
4. 了解中国公共关系的发展趋势；
5. 分析现代公共关系的产生背景。

思政目标

引导学生客观看待历史，取其精华，去其糟粕。

核心概念

准公关　公共关系的起源　公共关系的发展

引导案例

在黑暗中体会光明——第一个公关思想家伯纳斯的创意

在爱德华·伯纳斯(Edward Bernays)一生无数的公关实践中，最为人称道的就是他发起的“灯光佳节”纪念活动。

1929 年 10 月 21 日晚，在托马斯·阿尔瓦·爱迪生(Thomas Alva Edison)家乡的威肯斯庄园里，明亮的灯光把漂亮的葡萄架照耀得分外美丽。这里正在举行庆祝爱迪生发明灯泡 15 周年的“灯光佳节”纪念活动。

这项活动是伯纳斯精心策划的。爱迪生作为美国伟大的发明家，被视为美国独立精神和科学创造精神的代表，纪念他的活动当然是大家都很愿意参与的。

晚上 9 时 30 分，纪念活动达到高潮。所有的灯光一下子全都熄灭了，露天庄园中的人们在漆黑的夜空下只能看到微弱黯淡的星光。为了纪念爱迪生，全世界许多公用事业公司在这一刻切断了全部电源，为时一分钟。在这一分钟里，淹没在黑暗中的人们真切地感受到了伟大的发明家爱迪生带给人们的福祉。

“灯光佳节”纪念活动举办得非常成功，美国邮政总局甚至专门为此发行了一枚 2 美分的纪念邮票。这个活动被人们盛赞为“和平时期美国所举行的最盛大的宣传活动”。1984 年，电视台的节目主持人就公共关系的起源问题采访伯纳斯时说：“您使托马斯·阿尔瓦·爱迪生、亨利·福特(Henny Ford)、赫伯特·胡佛(Herbert Hoover)及众多的美国人做了许多您让他们做的事，您使全世界在同一时刻灯光齐暗。这无疑是一种极为强大的力量。”

伯纳斯说：“我从来不把它看成一种力量。我只是把人们引导到他们希望去的地方罢了。”

从上例中可以看出，伯纳斯在公关实践方面表现突出。1985 年，93 岁高龄的伯纳斯仍在从事公关咨询，撰写文章及会见访客。伯纳斯在公关研究方面的贡献也是卓越的，他花费了很大的精力来研究公共关系理论，不断探讨公共关系的真谛。他撰写的公共关系书籍达 16 部，并通过开设公共关系课程培养了一大批公关实践人才，因而人们把他称为“现代公共关系之父”。1990 年，美国《生活》杂志把他列为影响 20 世纪社会发展进程的 100 个重要人物之一，盛赞他“构想并设计了现代公关事业”。

（资料来源：张耀珍. 公共关系学理论、方法与案例[M]. 3 版. 北京：人民邮电出版社，2021.）

公共关系是人类社会发展进步的必然现象。它是近现代商品经济快速发展和大众传播日益现代化的产物。现代意义上的公共关系至今不过百余年的历史，但作为一种社会活动、一种商业现象，不管是在国内还是国外，却有着悠久的历史。20 世纪初期，公共关系作为一种专门职业出现；到了 20 世纪 20 年代，公共关系便发展成为一门新的学科。随着市场经济的发育成熟和大众传播技术的不断发展，公共关系已越来越成为现代组织不可缺少的管理手段和活动工具。我们追溯公共关系的起源，了解其发生与发展的历史过程，把握国内公共关系现状，对全面、准确、科学地把握公共关系的思想和理论，开创我国公共关系的新局面具有重要意义。

第一节　公共关系的起源

公共关系的渊源可以追溯到古代社会，无论是在中国历史还是外国历史中都可以找到非常生动的公共关系现象。但从严格意义上来说，这与现代意义上的公共关系有着很大的区别，只能作为现代公共关系的萌芽，因而被称为“史前公关”“准公关”或“类公关”。当然，古代公共关系的萌芽为现代意义上的公共关系的产生与发展提供了丰富的营养，值得学习与借鉴。

公共关系的源头可追溯到古代社会人类文明开始的地方——古埃及、古希腊、古罗马和中国等国家。当时的统治者一方面用武力，另一方面用舆论手段来控制社会，处理与民众的关系。虽然“公共关系”这个名词几千年前根本没有出现，但在当时，它作为人类的一种实践活动却早已存在。

一、国外古代准公关的思想与活动

考古学家发现，早在公元前 1800 年，伊拉克的一种农业公告就有些像现代社会某些农业组织公共关系部的宣传资料，它告诉农民如何播种、灌溉，如何对付危害庄稼的老鼠，如何收获庄稼等。

（一）古印度的信息传播

国王特使负责国王与百姓的联系，保持与舆论的接触，传播有利于政府的言论，鼓励百姓支持国王，并且担负刺探情报的任务。

（二）古希腊演讲辩论

古希腊人认为，较强的修辞能力是参与政治过程的基本条件之一，因为政治家与公众之间的桥梁是靠修辞来架筑的。公元前 4 世纪，古希腊出现了一批从事法律、道德、宗教、哲学研究与演讲的教师和演说家，他们在当时被称作诡辩家，他们的演讲技巧被称为诡辩术，苏格拉底、柏拉图和亚里士多德则是他们的代表。

其中还包括一批赞美诗人，他们善于利用公众熟悉的诗歌形式来评述社会政治，唤起公众的精神意识。典型的代表有狄摩西尼、昆达等。一些达官贵族看到了诗歌的重要作用，便花钱雇佣诗人为他们大唱赞歌，以此扩大社会影响，树立良好的形象。

古希腊哲学家亚里士多德的《修辞学》一书被西方公关界称为最早问世的公共关系学的理论书籍。它详细阐述了修辞的艺术，即如何运用语言来影响听众的思想和行为的艺术，并提出用“充满感情”的语言来影响公众的情绪。

（三）古罗马的舆论宣传

古罗马实行的是集权政治，国家一切大事都由贵族组成的元老院裁决。

统治者将其法律刻在 12 块铜牌上（史称 12 铜表法），向公众公布，对贵族进行限制，利用舆论维护政权，同时为元老、贵族大唱赞歌。

古罗马的统治者特别注重人民大众舆论的力量，重视民意的反映，并通过信使及复杂的间谍网络来进行舆论研究，因为罗马人认为“人民的声音就是上帝的声音”。罗马统治者还使用了制造舆论的工具，公元前 59 年盖乌斯·尤利乌斯·恺撒（Gaius Julius Caesar）当执政官时，办起了世界上第一份早报——《每日记闻》，并运用报纸引导舆论。这份报纸使用了当时的大众化语言——拉丁语，面向具备阅读能力的人，为恺撒歌功颂德。恺撒出征高卢及英伦三岛时，为了扩大自己在罗马城的影响，不断地派人将他和军队的情况写成报告用快报送往罗马城，这些报告通俗易懂、生动形象且富有感染力，结果在罗马广场上被人们争相传送，恺撒的个人威望也不断地提升。同时，恺撒把远征高卢的事迹写成了《高卢战记》一书，四处宣传自己的丰功伟绩，从而保证了他在公元前 46 年登上了独裁者的宝座。恺撒认为要想获得民意的支持，就必须以自己的思想观念去影响他们。

【案例 2－1】

恺撒与《高卢战记》

恺撒(史称恺撒大帝)，罗马共和国(今地中海沿岸等地区)末期杰出的军事统帅、政治家，以其优越的才能成为罗马帝国的奠基者。《高卢战记》是恺撒的作战心得，发表于公元前 51 年。《高卢战记》分别记述了恺撒对厄尔维几人的战争，恺撒在高卢的外交活动，对日耳曼人的战争，对不列颠、比利时人的战争，对文内几人的海战和对日耳曼人的报复等。通过《高卢战记》，恺撒宣传了自己的军事功绩，将自己为国家的荣誉而征战的过程展现在罗马人民面前。《高卢战记》中的叙述也显示了恺撒的用心，给读者留下深刻印象的内容首推恺撒以第三人称的方式叙述的高卢战争。以局外人的语气来叙述当事人的行为，这样的写法不仅给人以客观公正的印象，而且可以用第三者的身份对事件进行有利于自己的评价，从而引导读者的思想。

《高卢战记》文风简朴、不事雕琢，直率而优美，古罗马时期演讲家西塞罗(Cicero)对其做出了高度评价。其实这正是恺撒一心追求的效果，把自身的经历用平实的语言描述出来以供民众传阅，其目的在于提高自身的政治威望，把在高卢的军事成就转化为登上政治顶峰的强大资本。这本曾被西方专家称为"第一流的公共关系著作"的问世，反映了人们早期开展公关活动的特点，即恺撒作为一个政治人物，他和自己的追随者只是为了得到政治利益而采取行动，并没有意识到这是为将来的活动准备，更不是有目的地进行形象管理，所以公关活动往往是自发性的。当然，这些活动虽然不是自觉性的公关活动，但是给恺撒带来了很大的收益。

(资料来源：张耀珍. 公共关系学：理论、方法与案例[M]. 3 版. 北京：人民邮电出版社，2021.)

(四)古代宗教宣传的劝服艺术

在传递思想及观念方面，西方的宗教活动堪称楷模。早期基督教的广泛流传，在很大程度上依靠了现代社会所谓的公关技术或公关活动。公元 1 世纪，教徒保罗和彼德通过布道演讲、发送函件、策划事件等活动来宣传基督教的教义。在耶稣死后 40 年写成的四部《福音书》，不仅记载了耶稣的生平事迹，更为关键的是宣传了对基督教的信仰。所以，有人认为西方基督教卓著的宣传活动，如果用现代公关理论来衡量，则可以说是应有尽有。从组织来看，教会是一个自成体系的、遍布各地的宗教组织，有教皇、主教、教士，也有教区、教堂，系统非常严密；从公众来看，其教徒遍布各地，有的教会甚至是全国的国民都成了其施加影响的对象；从传播手段来看，除广为传播的宣传品《圣经》以外，还通过洗礼、弥撒、演讲、各类函件、策划事件以及其他类似于公关的活动来传经、布道，宣扬其主张，扩大其影响。如 1935 年，英国的约翰·威克利夫(John Wycliffe)为了把上帝的福音传播给更多的人，建议将《圣经》译成英语，并提出教会改革。为此，他带头上街演讲，并通过出版书籍、印刷小册子、发放宣传单等方式进行宣传。

二、中国古代准公关的思想与活动

中国是人类四大文明古国之一，有着悠久的历史文化，其中蕴藏着丰富的准公关活动和较为深刻的准公关思想。

(一)谋士游说，注重沟通

中国古代公共关系的萌芽是在春秋战国时期出现的。各国君主为了达到内强外联的目的，重金聘请谋士、门客为自己出谋划策。特别是当时以齐国孟尝君为代表的“四君子”，家里都养了成群的门客，这些门客在当时主要起提供参谋和意见、收集信息情报和外交说服的作用。上述门客的种种功能和今天公共关系部的功能有着惊人的相似。

《文心雕龙·论说》曾云：“战国争雄，辩士云涌，纵横参谋，长短角势；《转丸》骋由巧辞，《飞钳》尤其精术。一人之辩，重于九鼎之宝；三寸之舌，强于百万之师。”战国的游说，以闻名中外的合纵连横之术为最高境界。

【案例 2—2】

子产不毁乡校

春秋时期，郑国人常在乡校里聚会，议论执政者施政措施的好坏。郑国大夫然明对子产说：“把乡校废除了，您看怎么样?”子产说：“为什么？人们早晚劳动之余到这里聚会，来议论施政措施的好坏。他们认为好的，我们就去实行；他们厌恶的，我们就改正。他们是我们的老师啊！为什么要毁掉它呢？我听说过诚心为善以便减少怨恨，但没听说过施用权势(使用惩罚手段)来防止怨恨。还不赶快停止毁掉乡校的念头？这样做就如同防川，大的决口所造成的灾害，受伤的人一定很多，我没法挽救；不如开个小口来疏通河道。对于人们的议论，不如听到后把它当作治病的苦口良药。”然明说：“我现在才相信您的确能把国家治理好。我原来的想法实在愚蠢。如果真的这样做，那郑国确实要依靠您，岂能只靠我们几个做官的呢?”此后，弱小的郑国在子产和然明的治理下，呈现出政通人和的气象。

当时的士大夫阶层在社会上举足轻重，深受诸侯、君王的器重与信任，形成了策士游说成风、舌战艺术发达的局面。

(资料来源：张耀珍. 公共关系学：理论、方法与案例[M]. 3 版. 北京：人民邮电出版社，2021.)

(二)施恩布惠，取信于民

遵守诺言、重视信誉是古人处理民众关系的重要思想。信盖天下，然后能约天下。孔子曰，“人而无信，不知其可也”，国家则“民无信而不立”。

【案例 2—3】

商鞅徙木立信

战国时期，秦国宰相商鞅推行变法，为了取信于民，特地在南城门口放了一根树干，并贴出告示：谁能将此树干从南门口扛到北门，就可以赏其十金。开始人们都不相信，但有一个人完成了此事，真的得了赏金。第二天，许多希望这样轻松得到赏金的人又聚集到城门口，但这时没有了木头，而贴出了政府变法的公告。变法因商鞅“行必信，言必果”而在民众心目中树立了威信，这可以看成一次成功的公关策划，在历史上被称为“徙木立信”。

(资料来源：https://wenku.baidu.com/view/2f360e4a920ef12d2af90242a8956bec0875a538.html? fr=income11-doc-search&_wkts_=1741612145000&wkQuery.)

(三)心战在先，攻心为上

古代中国的统治者早就认识到“得民心者得天下，失民心者失天下”“水能载舟，亦能覆舟”。当时的一些比较开明的帝王、统治者已经懂得如何运用诱导、劝说、宣传等手段来影响民众的态度和社会舆论，礼贤下士，尽可能地在民众当中树立自己的良好形象，运用“攻心为上，攻城为下，心战为上，兵战为下”的用兵艺术。其实，正确运用心理战术可以事半功倍，这是古代许多准公关实践活动的成功所在。例如，诸葛亮的“七擒孟获”就是诸葛亮的攻心术，使孟获臣服，让他治其民，既保障了南部的稳定，又免去了治理的难度。

（四）讲究策略，以奇制胜

我国古代社会的灿烂文化包含着丰富的运筹帷幄的谋略思想，如老子倡导的“无为而治”“以柔克刚”的防御之术，孔子推行“文治武功”“刚柔并济”“小不忍、则乱大谋”的主张，曾给社会以巨大而深远的影响，对维护封建社会统治阶级的政权起到了极为重要的作用。在古代社会，朴素的公关思想和原始的公关实践活动中就包含许多讲究谋略、以奇制胜的经典。

（五）谋求“人和”，发展经济

唐朝以后，公共关系思想开始进入商业活动中。如酒店门口悬挂的写着“酒”字的旗帜，店铺门上的“百年老店”招牌，广泛流行的“童叟无欺”“和气生财”的经营理念，反映了古代的店铺已经非常重视“人和”的环境建设。正如孟子所说：“天时不如地利，地利不如人和。”到了这一时期，人们甚至有了朦胧的形象意识，已经懂得良好的企业（店铺）名称对顾客的正面影响。这恰恰符合了现代公关活动遵守的基本原则与发展目标相一致的要求。

三、中外古代准公关的基本特征

（一）带有明显的自发性与盲目性

现代社会的公共关系源于社会运行的内在要求，是一种自觉性的产物，是一门学问。而古代社会在各个领域中存在的公共关系思想、认识和活动，都比较零散，大多数是个人行为，且通过不自觉的方式表现出来，因而具有自发性的特征。正是由于它不是人们有意识、有组织开展的公关活动，因此缺乏现代公共关系明确的目的性，从而呈现出盲目性特征。

（二）具有强烈的依附性、政治性和鲜明的功利色彩

现代公共关系是一种专门的管理职能，一种社会职业。而古代公共关系则依附于其他生产活动和社会活动，没有明确的职能，更不可能有专职的从业人员。古代的“士”“门客”充其量只是一种“说客”或“御用工具”，其存在主要是服从政治上的需要，具有明显的依附性特征。由于古代社会生产力发展水平低，经济落后，商业不发达，个人的活动范围始终被限制在狭窄的血缘、地缘关系之内，因此整个社会的经济关系、交往关系比较简单。与之形成鲜明对比的是，政治斗争以及与其相适应的社会组织则得到了比较充分的发展。这些政治集团为了各自的需要，在一定时期内采取种种方法与民众沟通，带有强烈的政治色彩和鲜明的功利色彩。

第二节　现代公共关系的产生与发展

一、现代公共关系的产生背景

现代公共关系的产生及传播，是 20 世纪人类文化史上的重大事件，在这短暂而又具有传奇色彩的历史背后，有着深刻的社会历史必然性。

（一）政治背景——民主政治制度的出现

在人类社会发展历史上，封建的专制制度统治了人类绝大部分时间。在封建的专制制度下，民众在君主的统治下没有话语权、知情权，因此不可能产生公共关系。但是从封建制度向当代民主制度的过渡，不仅仅是一场深刻的社会变革，而且是公共关系产生的重要政治前提。

（1）民众社会地位有了显著提高，公众队伍形成，公民有了维护自己合法权利的可能。

（2）民主制度的建立提高了公民的参与意识，而民主政治的每一步都需要公共关系活动的配合。

（3）言论自由、出版自由是民主制度的重要支柱，也是公共关系运行的重要保证。

总之，当代民主制度的确立为公共关系的发展奠定了基础，使全体社会民众形成了积极参与社会事务的意识。

（二）经济背景——商品经济的高度发展

当人类社会完成了从自然经济向市场经济的过渡，并逐渐进入了商品经济阶段时，人与人之间的关系发生了根本的变化，传统社会中那种具有强烈人身依附色彩的人际关系逐渐让位于开放的、可变的、广泛的人际关系。在市场经济社会，除了传统意义上的家庭关系、地域关系，人与人之间更多的则是由于商品交换而形成的利益关系，公共关系的思想与实践也随之发展起来。

在20世纪以前，商品经济并不发达，物资供给也不充足，作为社会组织的企业无须特别关注与公众之间的关系。但是随着20世纪以来商品经济的发展和科技的进步，商品供给越来越充分，企业之间的竞争也越来越激烈，如何赢得公众认可和支持就成为各家企业需要研究的重中之重，公共关系学就应运而生。

（1）公共关系适应了商品经济分工协作、社会化大生产的需要。

（2）公共关系是物质生产供过于求、市场重心从卖方向买方过渡的产物。

（3）消费者获取信息的对称性提高，使企业家调整经营战略，采取盈利与公关并重的经营战略。公共关系信息是社会经济文明进步的产物。

（三）文化背景——自由民主

随着人类社会从束缚走向自由，从专制走向民主，自由民主的文化精神已经深入人心，这与公共关系的原则不谋而合，公共关系在这块肥沃的文化土壤中开始开花结果。在公共关系中，社会组织与公众之间是平等的，公众希望获得社会组织的重视，满足自身的物质需求和精神需求。当社会组织有损害公众利益的事件发生时，公众有权利自由地表达自己的想法和意见，与社会组织进行沟通，也可以采取其他途径表达。因此，自由民主的文化氛围使得社会组织越来越重视公众的需求和想法，越来越希望借助传播途径与公众进行沟通和信息传播，最终建立良好的关系。

（四）技术背景——媒介技术

19世纪末20世纪初，媒介技术的不断革新为现代公共关系事业的发展奠定了技术基础。近代有了公路、邮政、报纸，才有了报刊宣传运动，有了公关的萌芽。进入20世纪，由于电报、电话、广播、电视、电脑、互联网、手机等电子媒体的发展，信息的传播速度越来越快，越来越多的人通过媒介获得了必要的信息，公共关系构成三要素的传播得以迅速发展。具体而言，社会组织可以通过传播媒介及时便捷地把信息传递给公众，公众获得信息之后也可以把自己的想法、态度和意见反馈给社会组织，最终树立组织的社会形象，达到社会组织与公众之间和谐共存、互利互赢的状态。

二、现代公共关系的发展阶段

公共关系作为一种新兴职业、一门学科，始于19世纪末20世纪初的美国。根据美国公共关系学者格伦宁(Grenning)和亨特(Hunter)的研究报告，随着资本主义经济、政治思想文化和其他社会条件的不断发展变化，公共关系逐渐形成了四种传播模式，而这四种传播模式恰恰代表了公共关系发展的四个阶段，即费尼斯・巴纳姆(P. Barnum)、艾维・李(Ivy Lee)、伯纳斯、斯利特・卡特李普(Scott Cutlip)和艾伦・森特(Ailen Center)四个时期(见表2—1)。

表2—1　　公共关系发展的四个阶段

特征	新闻宣传型	公共信息型	双向非对称型	双向对称型
目的	宣传	散布信息	科学诱导	相互理解
传播性质	单向，不注重绝对真实	单向，真实性重要	双向，效果不等同	双向，效果等同
传播模式	提供信息→反应	提供信息→反应	提供信息→反应→反馈	集团→集团
历史上代表人物	费尼斯・巴纳姆	艾维・李	伯纳斯	卡特利普和森特

(一)巴纳姆时期——自我吹嘘式的公共关系

19世纪中叶，在美国风行一时的代理报刊宣传活动是公关史上最早的有组织性的活动。19世纪30年代，美国的不少财团、公司专门聘请一定人员制造具有煽动作用的新闻、舆论，以美化自己的形象、夸大自己的实力，因而在当时以大众为对象、大量印发适合普通读者的“便士报”也不失时机地为他们吹捧、宣传。而这一切也正是迎合了中下层读者的心理需要。于是，一种互惠互利的报刊代理活动便应运而生。其中最具代表性的报刊代理人巴纳姆，便是以善于制造舆论、推动马路演出而路人皆知。这个马戏团的老板，把报纸作为最佳宣传手段而四处散发经大力渲染过的马戏神话：马戏团中有一个矮小的“汤姆将军”，曾在多年前率领一群侏儒赶着马车去拜见维多利亚女皇；有一个马戏团的黑人女奴，曾在一百年前养育过美国第一位总统乔治・华盛顿(George Washington)将军；等等。于是，大家在好奇心的驱使下，纷纷到马戏团一饱眼福，从而使马戏团的生意红火起来，收入扶摇直上。但当大众在感到失望并清醒过来后，各种批评指责都扑向了报刊宣传活动。同时，大家也因此意识到报刊宣传活动实质上是一种对公共关系的进一步形成和发展有着极大推动作用的行为。也正是类似马戏团之流的宣传形式的介入，给公共关系在这一时期的发展蒙上了一层可怕的阴影。因而这一时期又被人们称为“公共关系倒流时期”“公共关系最黑暗的时期”。诚然，任何事物都具有其两面属性，这一时期的公共关系除了给世人留下一片可怕的阴影之外，同时促使人们引以为鉴，从而加强了人们在公共关系中遵守公正、诚实和一切都要维护公众利益的公共信条。此外，在报刊宣传代理活动时期的1882年，一篇题为《公共关系与法律职业的责任》的精彩演说由美国著名律师、文官制度的倡导者多尔曼・伊顿(Dorman Eaton)在耶鲁大学法学院发表。“公共关系”这一概念也由此被正式提出。1897年，由美国铁路协会编写的《铁路文献年鉴》中也正使用了“公共关系”这一名词。总之，不论这一时期的公关活动光彩与否，它在整个公共关系发展史中都起到了承上启下的重要作用，并为日后公共关系的飞速发展奠定了坚实的基础。

这一时期的公共关系活动的特点有：

第一，这一时期的公关活动已带有一定的组织性和较为明确的目的性。

第二,这一时期的公关活动已不局限于政治领域,而逐渐与谋利愿望结合在一起,为公共关系向各行业、各领域的发展奠定了基础。

(二)艾维·李时期——单向传播式的公共关系

艾维·李是《纽约日报》《纽约时报》《纽约世界报》的记者。他于1903年在美国创办了标志着现代公共关系问世的首家公共关系事务所。从此,公共关系进入了一个飞速发展的崭新阶段。针对巴纳姆式宣传活动的局限性,艾维·李提出了"说真话"的宣传思想理论。他说,一个集体、一个组织、一家企业若想获得良好的名声和影响,唯有把实情公之于众,把与公共利益相关的一切情况都亮相给公众,而不是通过说假话愚弄公众或者对公众封锁消息等手段,来赢得公众对组织的信任。假如把真实情况公之于众的确不利于组织,那就应该积极调整公司和组织的行动,同时还要向公众解释,而不是去隐瞒真相。某些企业管理人员不注重与大众相互沟通,导致了企业与员工或其他社会组织的关系紧张。所以"说真话"才是建立优良的公共关系和创造有利于生存发展环境的最基本信条。在实际的公共关系运作中,艾维·李还将自己的思想充分运用于实践中,并且做得非常成功。他向洛克菲勒财团建议请出劳工领袖来解决劳资纠纷,大量从事公共慈善事业,成功地改善了洛克菲勒财团公共关系极端恶化而声名狼藉的不良形象。又如,他在一次处理宾夕法尼亚州铁路公司发生的伤亡事故中,通过公开事故真相并为受伤人员支付医疗费,向遇难者家属提供赔偿,向社会各方公开诚挚道歉等,再次取得了良好效果。由此,他赢得了"公共关系之父"的美誉并最终成为知名的公共关系专家。

1903年,艾维·李开办了一家正式的宣传咨询事务所,从而成为向客户提供公共关系咨询并收取费用的第一位职业公共关系人员。"说真话"和"公众应该被告知"是他的《原则宣言》中总结出来的著名的经验性主张,为公共关系理论的发展和体系的完善打下了基础。

【小贴士】

《原则宣言》内容(摘要)

这不是一个秘密的新闻机构,我们的全部工作都是开诚布公的,旨在提供新闻。这也不是一家广告公司,如果你认为我们的材料仅仅适合进入你的办公室,而不是向大众传播,请别使用。我们务求讲真话,及时为所受理的事件提供进一步的资料,并为核对事实的记者提供热情的帮助。经过调查,我们会把完整的信息传递给对此感兴趣的编辑,以便他们能发出代表各自立场的文章。

简言之,我们代表企业和公共机构,坦率并且公开地向美利坚合众国的新闻界和公众提供迅速、准确的信息,这些信息包括公众感到值得和有兴趣知晓的相关议题。企业和公共机构发布了大量没有新闻焦点的信息,尽管如此,让公众知晓此类信息同样重要,因为这符合企业和公共机构的利益。我们只发布真实严谨的资料,乐意帮助编辑核查任何相关细节。而且我们将一直为您服务,使您获得更加全面、完整的信息。

(资料来源:https://wenku.so.com/d/6de2ffb6ecac38bc5810ab08ad00e191.)

(三)伯纳斯时期——双向沟通式的公共关系

艾维·李是现代公共关系的创始人,但他的公共关系实践却被认为"只有艺术,无科学",这就是说,他虽然有丰富的公共关系实践经验,但没有系统而科学的公共关系理论。真正为公共关系奠定理论基础,使现代公共关系科学化的,是另一位现代公共关系的先驱——美国著名的公共关系顾问伯纳斯。

1913年，伯纳斯(1891—1995)受聘于美国福特汽车公司担任公共关系经理。第一次世界大战结束后，他和夫人在纽约开办了公共关系公司。1923年，他出版了一本论述公共关系理论的著作——《舆论明鉴》。在该书中，他第一次提出了“公共关系咨询”的概念，该书也成为公共关系学的第一部经典性著作。同年，他在纽约大学首次讲授公共关系课程。1925年，他又写了教科书《公共关系学》，1928年写了《舆论》，从而使公共关系的基本理论和方法成为一个较为完整的体系。他是使公共关系走向正规化、科学化的关键人物。伯纳斯公共关系思想的一个重要组成部分就是他提出的“投公众所好”的主张。他认为：首先应该了解公众喜欢什么，对组织有什么样的期待和要求，在确定公众价值观和态度的基础上，进行有组织的宣传工作，以迎合公众的需要。他明确肯定了公共关系的重要职责之一是向组织提供政策咨询，而不是仅仅向社会作宣传，并提出公共关系的整个活动过程应当包括从计划到反馈最后到重新评估的八个基本程序。1924年，美国《芝加哥论坛报》发表社论强调指出，公共关系已成为一种专门职业，它既是一种管理艺术，也是一门科学，社会各界都必须重视公共关系。因此，有人认为，这一社论的发表既是公共关系科学化的标志，也是现代公共关系理论和实践系统化的标志。

伯纳斯的理论探讨和实践活动为公共关系的职业化、科学化，为公共关系教育和科学的发展做出了重要贡献，对公共关系科学的形成和发展具有划时代的意义，因此他被世人誉为“公共关系泰斗”。

【案例2—4】

伯纳斯的公关实践

伯纳斯出生于奥地利的维也纳，后移民美国，是著名的精神分析学家弗洛伊德的外甥。相对艾维·李而言，伯纳斯更注重公共关系的理论研究，努力使之成为一个独立的、完整的科学体系，并对公共关系教育的发展做出了重要贡献。伯纳斯又是一位出色的公关实践家，为提高美国的全民素质所倡导的“读书运动”，为美国宝洁(P&G)公司的“象牙”牌香皂策划的赞助广播轻喜剧的活动(被称为“肥皂剧”)，为“象牙”牌在美国市场上百年不倒立下了汗马功劳。为向公众宣传镭这种放射性元素的安全性，他专门乘火车把1克镭带在身上送到医院，消除了公众的顾虑，确保美国镭业公司对镭的日常运输，也为现代放射性疗法在医学界的广泛运用开辟了道路。

(资料来源：https://wenku.baidu.com/view/0b2fe635660e52ea551810a6f524ccbff121cacb?aggId.)

(四)卡特李普时期——双向对称式的公共关系

20世纪50年代以来，公共关系的实践和理论研究都进入了一个全新的现代发展时期。其中，最具代表性的人物有卡特李普、弗兰克·杰夫金斯(Frank Jefkins)等公关专家和大师。1955年，国际公共关系协会(IPRA)在英国伦敦正式成立，第一批会员包括欧洲、美洲、亚洲、非洲几大洲的各个国家和地区，这标志着公共关系已作为一个世界性的行业而独立存在。这一时期，以卡特利普、森特和杰夫金斯为代表的一大批公关专家和公关大师，在理论和实践上把公共关系推向了一个新的历史发展阶段。在前人研究的基础上，美国的卡特利普和森特提出了一种公关新模式，即“双向对称”模式。在他们看来，公共关系的最终目的是要在组织与公众之间建立一种良好和谐的关系。因此，这就要求，一方面必须把组织的想法和信息传播给公众，另一方面又必须把公众的想法与信息反馈给组织，唯有如此，一个组织才能求得双向沟通和对称平衡的最佳生存和发展环境。1947 年，波士顿大学开设了第一所公共关系学院，并设立了公共关系学硕士和博士学位。卡特利普和森特的“双向对称”模式的公关思想集中反映在他们于 1952 年出版的《有效的公共关系》这部著作中，这部著作被称为“公关圣经”，书中提到公共关系的“四步工作法”。

第三节　公共关系在中国

一、公共关系在中国的发展阶段

20 世纪 60 年代是我国台湾和香港地区经济迅速发展时期，现代公共关系此时已经传入台湾和香港并得到较快的发展。1963 年，主要是一些跨国公司在台湾的分公司，纷纷把母公司的体制和管理方式引入台湾和香港，企业中的公共关系部迅速壮大。同期，在香港出现了第一家专业的公共关系公司——韦特公共关系公司。20 世纪 60 年代至 70 年代，香港、台湾两个地区的公共关系已进入职业化阶段，公共关系以其独特的社会作用在香港产生了良好的影响。公共关系在港台地区的健康发展，为其传入中国大陆创造了良好的条件。

（一）引进模仿时期（20 世纪 80 年代初期至 20 世纪 80 年代中期）

现代公共关系真正进入我国是在改革开放以后，而且起初大多只是舶来品，没有形成自己的公共关系思想和操作规范，主要是引进和模仿国外的理论和操作规则。

20 世纪 80 年代初，公共关系在我国出现萌芽，率先出现在沿海改革开放最早的深圳特区的一些外商独资公司或中外合资公司中。这些公司在运作过程中大多参照其母公司的经营管理模式，在公司中设立了公共关系部，招聘培养了一批公关从业人员，开始了早期的公共关系业务。紧接着在汕头、佛山、北京等地的中外合资公司中，公共关系部也开始陆续出现，特别是在宾馆、饭店等服务行业，公共关系部的作用尤其突出。如广州的白天鹅宾馆、中国大酒店、北京的长城饭店等可以说是 20 世纪 80 年代早期我国公关的典范。像广州的中国大酒店首任公关部经理、美籍华人田士玲小姐和第二任公关经理常玉萍小姐的公关业绩，在 1989 年播出的电视连续剧《公关小姐》中得到了生动再现并成为国人心目中公关的“神话”，既有效地传播和普及了公共关系的观念和知识，也见证了我国早期公关历史。

（二）自主发展阶段（20 世纪 80 年代中期至 90 年代初期）

随着公关的引进，作为舶来品的公共关系已开始落户我国，到 20 世纪 80 年代中期，公关事业已蔚然成风、遍地开花，公关作为“拿来”的事业经过本土的消化吸收已有了良好的发展势头。在大变革社会背景下，公关事业的职业化、公关研究的学科化得到了有效的促进。在这期间，专业公共关系公司、公共关系协会、公共关系教育和公共关系研究迅速发展。1985 年，世界上最有影响的两家公共关系公司——伟达公司和博雅公司先后进入我国。其中，博雅公司与中国新闻发展公司达成协议，成立我国第一家公共关系公司——中国环球公共关系公司。1986 年 12 月，上海成立全国第一家省级公共关系协会。1987 年 5 月，全国权威性的公共关系社团组织——中国公共关系协会在北京正式成立。1985 年 9 月，深圳大学首先设立了公共关系专业，公共关系作为必修与选修课程开设，公关开始步入高等学校的讲坛。

1986 年 11 月，科学普及出版社出版了中国社科院新闻研究所公关课题组编著的《公共关系学概论：塑造形象的艺术》，这是我国最早的一部全面系统地论述公共关系理论和实践的专著。1988 年 1 月，我国第一家公共关系专业报纸——《公共关系报》在杭州创刊，向全国发行。1989 年 1 月，我国第一份国内外公开发行的公共关系杂志——《公共关系》在西安创刊。1989 年，全国高校第一届公共关系教学研讨会召开。这一时期公共关系的理论研究十分活跃，公关理论成果丰富。

（三）进入成熟发展时期（始于 20 世纪 90 年代初期）

20 世纪 90 年代初期，我国建立社会市场经济体系全面启动，给我国公关业带来了勃勃生机，我国公关业进入了全面整合的时期。公关业作为一种智力产业，经过了市场经济优胜劣汰的大浪淘沙之后，开始步入更加职业化和专业化的阶段，发展更加成熟。其标志如下：

1. 公关职能渗透到各行各业

公共关系事业经过近十几年的发展，开始步入稳定发展时期，从一开始仅限在服务行业到进入各种形式的企业、经济组织，各种社会组织和行业，如社会团体、科研机构、银行、学校和党政部门，人们越来越重视运用公共关系手段来保障和促进自身的发展。

2. 职业公关公司开始市场运作

专门化的公关公司经过前十年风雨的洗礼，开始步入了自我整顿、自我优化时期，许多在 20 世纪 90 年代初期注册的公关公司纷纷倒闭或转行，而生存下来的一些本土公关公司在服务质量、服务技术、整体素质及服务收费等方面也缩小了与国际公关公司的差距，专业化程度逐步提高。

3. 公关教育立体化开始出现

公关教育经过十几年的风风雨雨，已基本形成立体多维的学历和非学历交叉并存的局面。从低级到高级，具体分类有：业余培训、函授教育、普通全日制教育、大学全日制本科教育、公共关系专业方向的硕士研究生培养。2000 年 12 月 3 日，在全国范围内举行的第一次公关员职业资格上岗全国统考标志着我国的公共关系开始真正走上职业化和行业化的道路，这不仅促进了公关职业的成熟与发展，而且极大地推进了我国公关业国际化进程，为我国经济真正融入经济全球化发挥了巨大作用。

（四）网络公关及新媒体公关发展时期（2007 年至今）

《中国公共关系业 2007 年度行业调查报告》显示，网络公关成为新的公关服务手段。自此，中国的公共关系进入了网络公关时代，随着新媒体技术的发展，社交媒体、移动媒体的应用，整个公关行业呈现出新环境、新业务、新技术、新区域的特点。

1. 新媒介技术运用于公关行业

公共关系由公共关系主体、客体、传播三者构成。作为搭建主体与客体沟通桥梁的传播媒介在公共关系中的作用重大，也一直影响着公共关系主体的传播方式和内容。从人类的媒介发展史看，美国学者雷蒙·威廉斯（Raymond Williams）在《传播革命》一书里绘制了一个传播史表盘，这个表盘上的 24 小时代表着西方晚期智人即克罗马农人以来的 360 个世纪，我们现在所处的电子传播时代仅占一天中的最后 3 分钟，由此可以看出新媒介技术日新月异。因此，互联网的诞生及广泛应用对社会中的各行各业都有显著的影响，公共关系行业也不例外。如定向公关技术、用户网络行为跟踪技术、广告配送整合技术、大数据、区块链、VR、H5 等新技术应用在公关行业。直播、人工智能、区块链等移动互联技术在内容营销方面的应用已成为热门话题。

2. 政府和非营利机构公关逐步成为公关行业热点

随着国家形象传播的推进，城市品牌塑造也越来越受重视。相关职能部门、地方政府对公共关系的重视程度正在不断增强，并且开始越来越多地使用公关这个专业服务手段。例如，上海世博会、广州亚运会及家电下乡等产业振兴成为近年来公共关系行业主要市场热点。在杭州举行的G20峰会、在乌镇举办的世界互联网大会，以及近年来旅游景点的推广，政府机构都是通过购买服务的形式参与其中，这为公关行业未来的发展开辟了新的领域。

3. 公关行业细分化明显，专业化程度有所提高

社会有分工，企业和机构的需求各不相同，这就要求有越来越多的专门从事某一领域的专业公关公司。从目前来看，中国公共关系市场开始出现了不少这样的公关公司，如财经公关、医药公关等。同时，作为有效、精准的传播方式，活动传播服务成为业内增长最快的专业传播服务类型之一。业务模式的创新和服务内容的创新成为业内公司竞争取胜的关键因素，以创意见长的一些活动传播公司如信诺传播、海天网联、恒瑞行等，近年来都取得了较好的发展。

4. 中国公关行业的服务区域不断扩展

尽管北京、上海、广州等一线城市依然是中国公关行业最为集中的地区，但一些颇具潜力的二线城市，如成都、南京、西安、武汉、厦门、沈阳等，正逐步成为快速发展且具有巨大潜力的市场。由于这些城市具有一定的经济、商业实力，随着对公关的认识越来越深入，公关需求正在快速上升。加上这些城市与一线城市相比，具有人力成本优势，因此，一些全国性公关公司正在加速对二线城市的布局，这对提升整个公共关系行业的影响力将起到很大的推动作用。

5. 国际公关公司加大在华战略布局

随着中国经济占全球比重的不断上升，国际公关公司逐步加大在华拓展力度，它们除在一线城市布局外，也开始在二线城市尝试开展业务。目前，在国内开展业务的外资公共关系公司虽然只有十几家，但由于其雄厚实力，在提供高端服务方面更有经验。《中国公共关系业2022—2023年度行业调查报告》显示，国际公关公司在中国的业务保持了稳定增长，其基本业务基本上是顾问咨询业务。这表明，国际公关公司在客户资源和专业化服务水平方面有其独到的优势，国际公司和本土公司共同发展的趋势也将更加明显。

6. 资本化运作开始显现

跨行业及行业内部的并购已经成为常态。2010年2月26日，蓝色光标正式登陆创业板，成为中国国内首家上市的公共关系企业。2011年，蓝色光标通过兼并收购等手段，公关业务实现了跨越式增长，营业额从2010年的4亿元增加到2011年的7亿多元。2014年6月，华谊嘉信以发行股份和支付现金相结合的方式购买迪思传媒100%股份，估值4.6亿元；同年9月，深圳市联建光电股份有限公司发布公告，以现金及发行股份方式收购上海友拓公关顾问有限公司，交易作价为4.6亿元。2023年3月，万博宣伟收购了AR/VR创意机构Diverse Interactive。

二、我国公共关系事业在发展中存在的问题及挑战

（一）新媒体传播环境的变化

在新媒体时代传播环境有显著的变化，不仅影响了公共关系中主体对客体的传播方式，而且影响了公共关系客体接受和选择信息的渠道。

1. 新媒体时代移动媒体信息制作及发布的便捷性对公共关系工作提出了新挑战

在新媒体时代，移动媒体特别是手机的使用，实现了信息制作及发布的快速性和便捷性。如果一个社会组织有任何问题，公众就可以使用手机拍照、录音甚至拍视频，把事件完完整整地呈现在其他公众面前，其他公众看到之后又会通过微信、微博进行转发，很快事件就曝光在全体民众面前。社会组织作为公共关系主体要来应对的话具有极大的挑战性。

2. 公共关系客体即公众的碎片化现象严重对公共关系工作提出了新挑战

随着新媒体时代的到来，公众作为公共关系的客体越来越呈现出碎片化现象。

(1)信息的多样化与公众接受信息的时间和精力之间的矛盾。网络时代的到来使互联网成为信息的海洋，各种多样化的信息汇聚使得人们不自觉地想要通过浏览来了解更多关于世界的情况。但是人一天的时间只有 24 小时，这就导致公众在接受信息时只能蜻蜓点水。

(2)手机的广泛使用加剧了碎片化现象。手机作为伴随性极高的媒介，不像书籍、电视一样必须有一定的场景才能阅读和观看。手机可以适合任何场景，只要你有时间，哪怕是等电梯的一分钟，或是等车的三分钟，就可以尽情使用。这导致了公众的注意力下降和碎片化现象。

(3)公众由于自己的偏好和习惯影响逐渐形成新的“部落”，就像一个个碎片散落在现实社会中。在这个“部落”里，你可以尽情畅谈分享评论，但是一旦跨出“部落”，别的人就很难跨越“部落”的圈层来理解分享评论。

以上三点促使公众的碎片化现象越来越严重。公众的碎片化使得公共关系工作面临极大的挑战。在传统媒体时代，一个广告、一则新闻或者一次公共关系活动很容易成为全社会的焦点，但是在新媒体时代，公众的碎片化使得公关人员在策划时能引发一个圈层或“部落”的共鸣就不错了，要实现跨圈层传播难上加难。

3.“后真相”时代与假新闻的泛滥对公共关系行业提出了新挑战

“后真相”被《牛津词典》评为 2016 年度词汇。“后真相”是指在塑造公共舆论时，客观事实所具有的影响力不如诉诸情感和个人信念。“后真相”时代也指在当代社会，社交媒体上有很多“事实”与“真相”引发热议、争鸣、撕裂，人们信以为真地评论，精力旺盛地分享，但是由于“事实”和“真相”没有经过核实，因此经常会出现逆转，人们又开始新一轮的评论及分享。

在传统媒体时代，话语权掌握在媒介手中，受众只能观看或者评论媒介想让你接触的信息，然而新媒体的使用给用户打开了一扇门，可以让用户看到世界的方方面面，这极大地激发了用户的参与热情。但是由于在信息生产到传播的过程中缺乏了传统媒体对事实和真相的把关，因此假新闻泛滥。这给社会组织的公关带来了极大的挑战。

(二)创新人才的缺乏

公关是高智力行业，创新是行业发展的根本。如何更好地提高服务质量，改善服务品质，促进行业持续健康发展，创新是根本要素。

在公共关系行业快速发展的现在，人才问题仍然是阻碍公共关系行业发展的“瓶颈”。行业的快速发展需要更多专业的公关人才，但人才流动率过高、供需脱节、创新人才的缺乏等问题一直是困扰行业人才发展的重大问题。在新媒体时代，公关人员在理念创新、内容创新、技术创新等方面，都有许多不足之处。在理念创新方面，公关人员的不足表现在思维和意识停留在传统公关理念上，没有吸纳互联网思维；在内容创新方面，公关人员的不足表现在公关人员在策划公关活动时，会照搬照抄优秀的策划案，成为千篇一律的邀请明星代言、与媒体沟通宣传；在技术创新方面，公关人员的不足表现为对大数据、H5 等新媒体技术的应用不熟练。

（三）行业竞争的加剧

公共关系行业竞争的加剧表现在以下两个方面：

1. 公共关系行业内部竞争激烈

公共关系公司如果想在激烈的市场竞争中站稳脚跟乃至变大变强，就得通过不断并购重组的方式来完成，这也导致了行业内部的竞争愈演愈烈。

2. 公共关系与广告、营销业的行业边界模糊导致竞争激烈

2015 年，随着传播环境和方式的变革，营销模式和手段进入公关领域，而广告和营销行业也借助公关的特点，富有创意性地宣传和推广产品，并借此为企业树形象、创品牌，这一变化导致行业之间的边界更模糊、竞争更激烈。有鉴于此，公关公司需要发挥自身在创意和策划方面的优势，从而开启以内容驱动为核心的传播新模式，力争在激烈竞争的市场中站稳脚跟。

三、我国公共关系事业的发展趋势

如今，公共关系已经迅速成长为一个拥有广阔服务领域的崭新行业，公共关系学理论也不断成熟。我国的公共关系走过了从无到有、从分散发展到逐步规范发展的过程。公共关系业的这种递进式的发展得益于世界公关业的发展与壮大，也得益于我国改革开放的历史机遇。未来我国公共关系行业的发展必须从以下几个方面着手。

（一）全球化思维

顺应国际化潮流，用全球视角审视自身的优势与不足，加快国际化和本土化相融合的步伐，唯有如此，我国公共关系行业才能获得跨越式发展。

（二）互联网思维

在互联网时代，任何行业如果不想被淘汰，则都要积极地运用互联网思维。互联网思维是指在（移动）互联网＋、大数据、云计算等科技不断发展的背景下，对市场、用户、产品、企业价值链乃至整个商业生态进行重新审视的思考方式。它包含了用户思维、简约思维、极致思维、迭代思维、流量思维、社会化思维、大数据思维、平台思维、跨界思维九大思维。在万物互联的时代，我国公共关系行业要顺应时代的发展，就必须让行业人员具备互联网思维，只有用互联网思维来改造传统公关行业的服务及信息传播，才能让自身立于不败之地，才能与国际化的公关公司一较高下。

（三）资本化运作

如今我国的公共关系行业，一方面内部并购频繁、竞争激烈，另一方面广告、市场营销也不断地融入其中，加剧了原本的竞争。因此，各公关公司要想在激烈的市场竞争中不被淘汰，变大变强，就只有通过兼并收购的资本化运作方式才能实现。在未来，中国公共关系行业将形成双头格局：一是通过兼并重组形成的少数实力强大的综合性国际传播集团，它们规模较大，业务范围广泛，客户相对稳定，国际化水平高；二是专注某些特定领域的中型公关公司，它们数量较多，通常针对一个或几个细分市场，专业化程度高，将走上更加专业化的道路。

（四）高科技手段

随着互联网时代的到来，组织已越来越认识到信息网络及其他现代传媒新技术对公关传播的重要意义。这些新技术将完成对公关传播沟通管理的方法和手段的调整和更新。我们要通过网络传播这种主流媒体支持公关传播的开展，如电子邮件、网上新闻发布、网上展览、网上市场调查、网上新品推广等，使得公关传播的平等性、双向性、反馈性得到更大程度的提

升，信息传播双方成为真正意义上的平等交流的伙伴，实现更深层次含义上的双向互动。

（五）战略化地位

一方面，组织的形象竞争呈白热化状态，公共关系作为一种重要的传播手段和传播战略，将为组织塑造一种“全球形象”而纳入组织的战略管理层面，其战略性地位日益加强；另一方面，人类面临的一些全球性问题，如环保、人口膨胀、战争与和平、人权与主权等问题的存在与解决，已非一个国家或一个民族所能承受，而必须通过国家间的沟通与对话，形成共识，制定国际化的标准，靠全人类努力合作来加以解决。公共关系在解决此类问题的过程中是最有发言权和成效的。公共关系在未来发展中的这种战略地位将越来越明显。伴随着国际公关交流与合作的增多，我国公共关系事业将会跨越式地与国际公关的理论与实践接轨。在适应我国国情的基础上，将国际上先进的理念与本土实际相结合，形成具有中国特色的公关发展模式。

本章小结

公共关系是人类社会发展进步的必然现象。它是近现代商品经济快速发展、政治民主化浪潮日益高涨、摆脱束缚的文化自由和大众传播日益现代化的产物。现代意义上的公共关系至今不过一百多年的历史。20 世纪初期，公共关系作为一种专门职业出现；到 20 世纪 20 年代，公共关系便发展成为一门新学科。

公共关系的发展主要经历了公共关系的萌芽时期和现代公共关系的产生与发展时期。

公共关系诞生于 20 世纪 20 年代，并不是偶然的，而是当时文化背景、政治背景、经济背景及技术背景等诸方面历史条件综合作用的结果，是时代进步的必然产物。

公共关系学于 20 世纪 80 年代传入我国大陆沿海地区，又随改革浪潮迅速波及全国各地，中国公共关系事业不断发展。这表明中国的国情是中国公关事业发展的适宜的“土壤”与“气候”。

本章训练题

一、单项选择题

1. 双向对称性的公共关系产生于（　　）。

A. 世界公共关系前史阶段　　B. 中国公共关系前史阶段

C. 近代公共关系的萌芽阶段　　D. 现代公共关系阶段

2. 艾维·李所代表的是（　　）。

A. 单向吹嘘式的公共关系　　B. 单向传播式的公共关系

C. 双向沟通式的公共关系　　D. 双向对称性的公共关系

3. 公共关系的发源地是（　　）。

A. 英国　　B. 法国　　C. 日本　　D. 美国

4.“公众受愚弄的时期”指的是（　　）。

A. 古代时期　　B. 巴纳姆时期　　C. 艾维·李时期　　D. 伯纳斯时期

5. 美国著名的公关专家卡特利普和森特在他们的著作中提出（　　）。

A. 公共关系咨询　　B. 投公众所好
C."双向对称"的公关模式　　D. 说真话
6.(　　)年,国际公关协会在英国伦敦正式成立,标志着公关已作为一门世界性的行业而独立存在。
A. 1935　　B. 1947　　C. 1955　　D. 1985
7. 20 世纪初,美国新闻界以揭露工商业丑闻为主体的运动被称为(　　)。
A. 报刊宣传活动　B. 扒粪运动　　C. 便士报运动　　D. 说真话运动
8. 出版了第一部公共关系学经典性著作《舆论明鉴》的作者是(　　)。
A. 卡特利普　　B. 阿伦·森特　　C. 杰夫金斯　　D. 伯纳斯
9. 提出"投公众所好"主张的是(　　)。
A. 卡特利普　　B. 伯纳斯　　C. 艾维·李　　D. 巴纳姆
10. 1923 年,伯纳斯以教授的身份,首次在(　　)讲授了公关课,将公关正式引入大学讲台。
A. 纽约大学　　B. 斯坦福大学　　C. 波士顿大学　　D. 哈佛大学
11. 西方公共关系学界认为,亚里士多德的(　　)堪称最早问世的公共关系学的理论书籍。
A.《公众舆论的形成》　　B.《原则宣言》
C.《修辞学》　　D.《有效的公共关系》
12. 1903 年,(　　)在美国开办了一家正式的公关事务所,标志着现代公关的问世。
A. 巴拉姆　　B. 艾维·李　　C. 伯纳斯　　D. 杰夫金斯
13. 开创国有企业设立公关部先例的是(　　)。
A. 广州中国大酒店　　B. 北京王府井百货大楼
C. 长城牌风雨衣公司　　D. 广州白云山制药厂
14."揭丑运动"利用大众传播媒介提供的舞台,把焦点对准(　　)。
A. 政府　　B. 企业　　C. 报刊　　D. 公共关系公司
15. 被称为"公共关系学之父"的是(　　)。
A. 巴拉姆　　B. 艾维·李　　C. 伯纳斯　　D. 杰夫金斯

二、多项选择题

1. 下列有关艾维·李这一公共关系代表人物的表述中,正确的有(　　)。
A. 艾维·李是公共关系之父
B. 艾维·李创办了世界上第一家公关性质的公司
C. 艾维·李提出了"公众必须被告知"的命题
D. 艾维·李使公共关系学科化
E. 艾维·李首创了"公共关系"这一专门职业
2. 公共关系的发展时期包括(　　)。
A. 古代时期　　B. 现代时期　　C. 巴纳姆时期　　D. 艾维·李时期
E. 爱德华·伯纳斯时期
3. 双向对称式公共关系时期的两个代表人物是(　　)
A. 艾维·李　　B. 斯科特·卡特李普

C. 爱德华·伯纳斯　　D. 阿伦·森特
E. 杰夫金斯

三、判断题

1. 双向沟通式的公共关系产生于公共关系从艺术走向科学的时期。（　）

2. 英国是现代工业的发祥地，也是现代公共关系的发祥地，还是公共关系走向世界的起源地。（　）

3. 作为一种职业和一门科学的现代公关，早在人类开始组成家庭、部落和国家时就产生了。（　）

4. 中国古代不存在“公共关系”的思想与活动。（　）

5. 20 世纪 50 年代以后，公关的面貌才发生了巨大的变化，才真正走上了科学化和职业道德规范化的发展道路。（　）

6. 发展公关是我国建立社会主义市场经济的需要。（　）

7. 开创我国当代公关事业的先头兵是国内一批具有较高管理和经营水平的宾馆和饭店。（　）

8. 公共关系仅仅是一种客观存在的社会关系。（　）

9. 创办我国第一个公共关系本科专业的高校是复旦大学。（　）

10. 早在古代埃及和古希腊罗马，统治者就用舆论手段来处理与民众的关系了。（　）

四、简答题

1. 现代公共关系产生的背景是什么？

2. 中国公共关系的发展特点和趋势是什么？

3. 现代公共关系发展经历了哪几个时期？各时期的特点是什么？

五、案例分析题

艾维·李的公共关系服务

艾维·李是美国佐治亚州一位牧师的儿子，毕业于普林斯顿大学，曾受雇于报业大王威廉·赫斯特的《纽约日报》，后在《纽约时报》《纽约世界报》当记者。艾维·李是一位在企业界很有影响力的新闻记者。他在工作中发现，为一家需要制造舆论的私人企业服务可以得到更多的报酬，1903 年，他辞去了从事 5 年之久、报酬低微的记者工作，在纽约与乔治·帕克一起开办了宣传顾问事务所。当时的铁路业在与新闻界打交道时恪守的是保守秘密的原则。在一次严重的铁路交通事故后，宾夕法尼亚铁路公司聘请艾维·李来处理同新闻界的关系。按惯例，公司应该对新闻界封锁一切消息，但是艾维·李说服公司的董事长改变政策。他邀请记者来到事故现场，由铁路公司支付经费。他还成立了新闻发布中心，报道事故过程、提供信息，并协助记者收集有关事故的材料。尽管这种行动对保守的铁路管理者来说是鲁莽的，但是后来，宾夕法尼亚铁路公司的管理层承认，对于这次事件新闻界的报道要比以往任何时候都公正得多。

1914 年，由洛克菲勒家族控制的科罗拉多燃料与钢铁公司发生了镇压工人罢工的“勒德洛大屠杀”，小约翰·洛克菲勒聘请艾维·李来处理这起事件。艾维·李来到科罗拉多，同当事双方进行了会谈，并劝说老约翰·洛克菲勒同矿工及其家属进行会谈。同时，艾维·李还散发了一份报道"事实"的宣传单,向人们提供管理部门对这次罢工的看法。他甚至说服科罗拉多州的州长写了一篇对该公司所采取的立场表示支持的文章。但是,艾维·李后来也承认,在处理这一事件的过程中,他所散发的有关该事件的报道是由公司管理层提供的"事实",他并没有就此进行细致的调查,这对艾维·李的声誉造成了不利的影响。

不过,洛克菲勒与工人接触还是促使了公司政策的改变和工人福利的改善。艾维·李最终把一场劳资冲突变成了有益于双方的局面。据罗斯集团公司董事长戈登·西尔斯说,艾维·李为洛克菲勒家族把劳资争端转化为一种积极的局面是基于这样一个事实:"在问题转向新闻界之前,艾维·李就试图解决这一问题,或至少确定了解决这一问题的适当方针。"

鉴于艾维·李的成就,洛克菲勒家族聘请他全面修复家族的名声。在揭丑运动中,洛克菲勒家族的名声受到了揭丑者的严厉抨击和损害。艾维·李建议洛克菲勒家族向社会公布他们对慈善机构数以百万美元的捐款。他还说服老约翰·洛克菲勒同意记者和摄影师拍下他打高尔夫球以及和家人及朋友在一起的画面。1937 年,当老约翰·洛克菲勒去世时,这个当时世界上最富有的人在公众心目中的形象已从一个冷酷、贪婪的大亨变成了一位乐善好施的慈善家,人们把他当作一位善良的老人、伟大的人道主义者来哀悼。

早在 1933 年,艾维·李就评述了自己对洛克菲勒家族所做出的贡献:"18 年来,我一直同洛克菲勒先生合作,我所做的唯一事情就是在洛克菲勒先生感兴趣的政策中协助他,并让公众通过一种自然的方式来认识这些政策。"由于在公共关系领域的卓越贡献,艾维·李被后人称为"公共关系之父"。

(资料来源:周安华,林升栋. 公共关系:理论、实务与技巧[M]. 8 版. 北京:中国人民大学出版社,2022.)

问题:

1. 本案例如何体现艾维·李于 1906 年发表的《原则宣言》中的原则或精神?
2. 艾维·李在处理"勒德洛大屠杀"这一事件中的问题是什么?为什么?

本章训练题
参考答案

第三章

公共关系的主体

知识框架

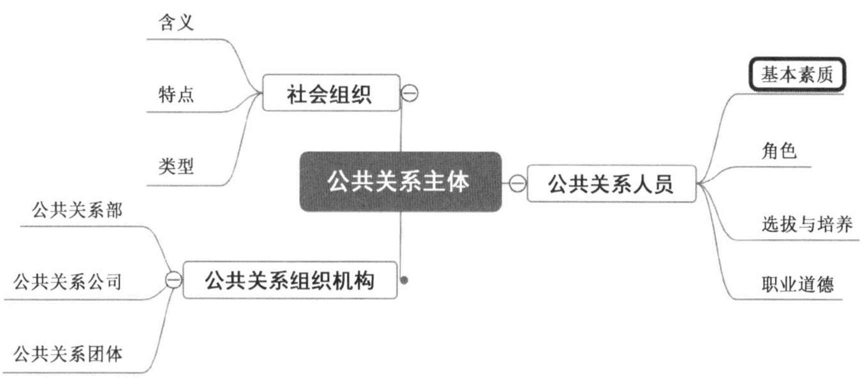

教学目标

1. 了解内部公共关系部的功能及其重要性；
2. 掌握公共关系部的设置原则及模式；
3. 了解公共关系公司的特点；
4. 通过比较，掌握公共关系部与公共关系公司各自的优势和局限性；
5. 重点掌握公共关系人员的素质要求。

思政目标

1. 引导学生以良好的职业道德标准约束自己；
2. 培养学生大公无私、诚信待人的工作作风。

核心概念

社会组织　公共关系部　公共关系公司　公共关系人员

引导案例

助力 G20 杭州峰会的中国元素传播策划

G20 杭州峰会的主题为创新、活力、联动、包容。峰会邀请了许多发展中国家参加，从而使本次峰会成为发展中国家代表性最强的一次。这也是中国首次举行 G20 峰会。

民以食为天，这一次的G20杭州峰会的餐具充满了中国元素。

国宴餐具使用的是玛戈隆特"西湖盛宴"，其设计者是主营文化艺术交流活动策划的丝绸之路文化发展（上海）有限公司以及被媒体誉为"中国宴会餐具第一品牌"的玛戈隆特团队，创作灵感来源于水和自然景观。整套餐具体现出"西湖元素、杭州特色、江南韵味、中国气派、世界大国"的国宴布置基调。

国宴餐具的图案，采用富有传统文化元素的"青绿山水"工笔带写意的笔触创造，布局含蓄严谨，意境清新，而且所有图案设计均取自西湖实景。

茶杯和咖啡杯系列的设计灵感来源于西湖的荷花、莲蓬，壶盖提揪酷似水滴。漫步西子湖畔，最让人难忘的是那些大大小小的桥。本次G20峰会会标图案用20根线条描绘了一座桥的轮廓。桥不仅体现在这套国宴餐具的图案中，而且器具的造型也融入了桥的元素。

汤盅的外形设计灵感来源于海上丝绸之路的宝船，汤盅盖的提揪则是简约的桥孔造型。汤盅采用双层恒温设计，确保热汤能保持温度。本次国宴餐具均采用含45%天然骨粉的高级骨瓷所制。

在本案例中，丝绸之路文化发展（上海）有限公司与玛戈隆特团队充分发挥主观能动性，设计了充满文化魅力、彰显国家文化"软实力"的餐具，充分体现了创新意识；通过独具中国特色的餐具设计，向全球传递中国文化，传播中国形象。如此重要的国事活动交付我国公关公司来策划实施，表明我国公关行业的地位在不断提升，行业价值得到国家的高度认可，证明我国公关人员具备了参与国事活动的能力。

（资料来源：张耀珍.公共关系学：理论、方法与案例[M].3版.北京：人民邮电出版社，2021）

公共关系是社会组织与公众之间相互作用的关系。在这样的关系中，社会组织是相互作用的积极的一方，是公关工作中的主体。公共关系主体是指公共关系中主动影响客体的一方，在公共关系学中，一般是指社会组织、公共关系的组织机构、公共关系人员。了解社会组织的含义、特征、类型以及组织形象的有关内容，对公共关系工作的开展具有十分重要的意义。公共关系人员的自身素质、能力、从业水平也是决定公共关系活动成败的关键。要策划一次成功的公共关系活动，社会组织、公共关系的组织机构、公共关系人员三者的协调合作非常重要，三者既要遵循公共关系的一般原理，运用公关的基本技巧，又要发挥主观能动性，创造性地开展公共活动以达到预期的目的。

第一节　社会组织

公共关系的主体是指公共关系的承担者、实施者和行为者。公共关系的主体只有一个，那就是社会组织。社会组织作为公共关系的主体，主宰着公共关系的活动，决定着公共关系的状态。因此，社会组织在公共关系中处于主体地位。

一、社会组织的含义及其特征

（一）社会组织的含义

社会组织是人们有计划、有组织地建立起来的一种社会机构，它有领导、有目标，成员间又有明确分工和职责范围，还有一套工作制度。通俗地说，社会组织就是指社会上一个个具体的单位，如各级政府机构、党派团体、工矿企业、商场、公司以及学校、医院等。

根据组织的上述含义，可以归纳出组织的一般构成要素。

1. 组织目标

这是构成社会组织的最基本要素。有了明确的共同目标，才能使不同的人发生关系并整合为一个组织。没有目标，社会组织就不可能存在下去。目标是社会组织的宗旨，它对社会组织的全部活动起着指导和制约作用。

2. 组织成员

社会组织是特定社会成员的有机统一。所谓特定，就是他必须承认组织目标并决心为之奋斗；所谓有机整合，就是成员之间有一定的社会分工，担任不同的职责，形成一定的分工合作体系，共同为达到组织目标协调一致地行动。

3. 组织章程

这是为了实现社会组织目标而制定的一套制约社会组织成员活动的准则和规范的总和，它是社会组织活动的依据以及处理社会组织内部问题和判定是非的标准。

4. 组织管理系统

组织管理系统包括一套完善的、多层次的领导体系，有一个明确的管理目标以及为了实现有效管理而设置的各种机构及其功能。

5. 组织设备

组织设备是保障社会组织得以存在和发展的物质基础，也是保障社会组织实现其特定目标的客观物质条件。

（二）社会组织的基本特征

尽管不同的社会组织体现出不同的特殊性，但作为正式健全的社会组织，一般具备以下特征。

1. 明确的目标

社会组织是人们为了达到特定的目标而建立的系统，明确的目标是社会组织的显著特征之一。组织目标指的是组织争取达到的一种未来状态，它是开展各项组织活动的依据和动力。比如，工厂的目标就是生产和推销产品，学校的目标就是培养人才。目标是组织的灵魂，组织目标决定了组织及其成员承担的工作任务和实现任务所应选择的途径。没有目标的组织就没有存在的实际意义。

2. 协作的意识

社会组织是由一些具有相互合作愿望的人组成的集体。社会组织的成员相互协作，自愿为组织目标的实现而努力工作。如果成员没有协作的意愿，社会组织的目标就无法实现，社会组织也就无法存在和发展下去。

3. 严密的组织体系

为了确保社会组织成员之间的协调与合作，社会组织必须建立起规范的章程，同时必须有权威的领导体系；否则，即使是自愿组合在一起的成员，也会产生许多矛盾。若无章可循、无法可依，则势必造成管理混乱的局面。

4. 广泛的信息联系

在当今"信息爆炸"时代，任何社会组织都离不开信息。社会组织成员之间的联系、组织目标的确定、章程的颁布等，都是通过信息联系的；同时，组织也要通过信息与外界不断地进行技术、管理结构、社会等多方面的交流，不断调整自己的目标和行为，使社会组织适应环境的要求。

5. 一定的物质依托

人、财、物是任何社会组织存在都必须具备的物质基础，此三要素缺一不可，它们是组织存在的基本保证。“巧妇难为无米之炊”，任何社会组织离开一定的物质基础，其生存和发展都将成为“空中楼阁”。

二、社会组织的类型

依据不同的标准，可以将社会组织划分为不同的类型。

（一）根据组织的功能和目标可分为四种类型

1. 经济组织

这是最基本、最普遍的社会组织。它是指社会中提供产品和服务的各种社会组织，其特点是具有经济职能。各类企业都属于经济组织。

2. 政治组织

它是指为推动社会发展而进行权力分配的组织，包括各种政党组织和国家政权组织。

3. 文化组织

它是以满足人们的文化需求为目标、以文化活动为基本内容的各类文化团体。各类文学艺术组织、教育组织和科研组织等都可以纳入文化组织范畴。

4. 整合组织

它是指调整社会内部关系，维持社会秩序的组织，如工会、公安机关等。

（二）根据组织成员的关系可分为两种类型

1. 正式组织

这种组织成员之间的关系明确，组织活动有一定的要求和规定。企业、学校、机关、军队等都属于这一类。

2. 非正式组织

这种组织成员之间的关系比较随意和自由，是一种自发关系；组织机构比较松散；规范要求不严格。各种同乡会、学术团体以及正式组织内部的各种非正式小团体等都属于这一类。

（三）根据组织目标和受益者的关系可分为四种类型

1. 营业性组织

这类组织以获得利润为目标。各种产业组织都属于此类。

2. 服务性组织

这类组织是为它的服务对象谋求利益，如公益学校、医院、社会福利机构等非营业性组织。

3. 互益性组织

这种组织的目标对所有的组织成员都有利益，如各种群众性组织、职业团体等。

4. 公益性组织

这是为国家和社会公众谋求利益的组织，如政府部门、消防队、公共安全机关等。

第二节　公共关系的组织机构

公共关系工作是一项长期的、专业性的、技术性的工作。随着社会的发展，这项工作的职业化特征也越来越明显，因此需要专门的组织机构和专业人员来从事公共关系工作，公共关系机构便应运而生。

公共关系机构是为贯彻公共关系思想，实现组织公共关系目标，由专职公共关系人员组成，专职从事公共关系工作的组织机构。公共关系机构代理着特定组织的公共关系工作，是实质上的公共关系主体。作为专业化的社会组织，公共关系机构在组织公共关系工作中具有无可比拟的优势，在组织形象塑造、舆论管理、沟通管理、环境监测、预测预警、危机管理等方面，是其他组织机构所不能替代的。

现有的公共关系机构主要分为三类：一是社会组织内部设立的公共关系部门，如组织内部的公共关系部，或称为公共事务部、公共信息部、公共关系营销部、顾客关系部、企业宣传部、公共关系广告部等；二是专门承接公共关系委托业务，代理其他社会组织公共关系业务的服务性机构，如公共关系公司、公共关系事务所等；三是公共关系社会团体。

一、公共关系部

公共关系部是社会组织内部设立的，专门负责处理公共关系事务的职能部门（或机构）。作为组织内部机构，其职责、地位、规模是由组织自身状况、公众特点及组织与公众之间的联系状况决定的。随着社会的快速发展，社会组织的形象管理工作日趋重要，公共关系部门的工作也日趋繁重。一个组织要想做好公共关系工作，不仅要在组织机构中设立公共关系部门，更重要的是要对公共关系部门的地位、公共关系部门的设置原则、组织机构的规模与模式及组织自设公共关系机构工作的局限性有足够的认识。

（一）公共关系部的地位

公共关系部的工作影响组织的信誉和形象，关系到组织的信息交流组织的近期利益和长远利益、组织的整体利益及其在社会整体中的地位与作用，因此，公共关系部既是组织的管理职能部门，又是组织的决策参谋部门。

公共关系部在组织中的决策参谋地位主要是由以下几方面的职能决定的。

1. 情报信息中心

公共关系部是组织的信息枢纽，其重要的职能之一就是负责搜集与本组织生存和发展密切相关的信息和情报资料，并进行分析、加工和整理，使组织能够及时把握自身所处的环境、公众的状况，了解社会政治、经济、文化等各种因素的变化，预测组织和公众发展走向，提出科学的公共关系建议和计划。

2. 顾问咨询中心

公共关系部不仅要善于对信息进行收集、加工和整理，而且要把信息迅速反馈给组织领导层和各个职能部门，为组织决策提供咨询和建议。因此，公共关系部在组织中扮演着“思想库”“点子库”“智囊库”“参谋部”的角色，这方面的作用是其他部门所不能替代的。

3. 宣传部和外交部

公共关系部担负着向公众宣传、解释组织的有关政策和行为，传递组织有关信息的重要职能，通过召开新闻发布会、记者招待会、对外联络、接待访问、社会服务及社会赞助等多种活动，加强组织与社会公众的联系和沟通，协调好各种关系，发挥组织的“喉舌”作用，提高组织的知名度和美誉度，获得公众的了解、认同、信任、理解和支持，为组织发展创造良好的社会环境。

（二）公共关系部的职能

公共关系部的基本职能主要包括以下四个方面。

1. 信息收集和处理

通过与组织内外各方面的密切联系和交流，搜集一切与本组织密切相关的信息，并进行分析、加工和处理。

2. 监测环境

监测环境即感知和预测影响组织目标实现的公众态度及社会环境的变化。社会组织的环境是由其公众及其他影响组织生存和发展的社会政治、经济、文化等因素构成的。组织的环境是不断变化的，要适应这种变化，就必须对变化做出迅速反应。公共关系部的重要作用就是及时、准确地向组织提供环境变化的信息，帮助组织准确地分析并预测环境的变化，从而进行适当的行为或目标的调整。公共关系部要发挥好这一方面的作用，就要不断了解组织内部公众对本组织的意见和建议；了解社会政治、经济、文化发展的现状及变化，并预测其未来趋势；了解外部公众对本组织的方针、决策和行为的反映与评价等。

3. 决策咨询

决策咨询即在采集、整理、分析信息的基础上，为组织目标的实现提供可供选择的决策方案或对已有的决策方案提出咨询意见，协助组织决策者进行科学决策。公共关系部要协助组织决策者分析、权衡各种决策方案的利弊，预测组织决策所产生的社会后果及影响的广度和深度，督促并提示组织决策者修正不利于组织长远发展的政策与行为。

4. 沟通协调

沟通协调即借助各种媒介有效地与公众进行信息传递，获得公众的理解和信任，从而取得公众的支持与合作。组织内部的公共关系机构要不断地向公众宣传组织的政策，解释组织的行为，增加组织的透明度；应通过对外联络、接待访问、社会服务及社会赞助等多种交往活动，为组织广结人缘、发展友谊、化解矛盾、协调关系，避免和减少组织与公众的摩擦与冲突，创造一个充满理解、信任、团结、合作气氛的良好内部环境。

【案例 3—1】

海外某上市公司公共关系部的工作职责

收集社会经济、产业状况及各种相关法令的变动信息，并及时向最高管理层通报：

- 就本公司与其他上市公司的经营利益及相关的重要数据进行比较；
- 与政府部门、行业协会及重要厂商接触、联络，以扩增公司的业务机会；
- 定期安排政府主管官员、重点厂商与自己公司的相关主管会面、洽商；
- 主动选择适当题材及相关媒体，以宣传公司；
- 安排公司领导人接受媒体采访，满足媒体报道需求；
- 编撰公司简介、通讯、年度报告，组织年庆、股东大会等活动；
- 与公司福利委员会、工会密切配合，照顾并反映员工需求；
- 不定期发布公司领导人讲话；
- 表扬绩优员工；
- 利用有效渠道，加强公司内部的沟通；
- 深入基层，发掘公共关系问题；
- 其他专项工作处理。

（资料来源：严成根，王进云. 公共关系学[M]. 3 版. 北京：清华大学出版社，2019.）

（三）公共关系部的特点

公共关系部作为组织的职能部门有其自己的特点。它不同于组织的办公室或秘书处。在设置公共关系部时就必须明确，公共关系部既不是基层的管理部门，也不是直接的经营管理部门，而是高层次的服务部门，它为管理决策部门提供必要的咨询与建议。从机构性质上看，公共关系部主要有以下四个特点。

1. 专业性

这是指公共关系部作为组织内从事公共关系工作的机构，不能成为“杂货店”，也不是临时班子，它必须保证其队伍的专业化和工作内容的专业化。

队伍的专业化表现在两个方面：第一，公关部领导者一定要由公关专业知识丰富且具有领导才华的人士担任；第二，公关部成员一定要由专业公关人士组成。

工作内容必须专业化表现在三个方面：第一，要按照公关工作职能开展工作；第二，要遵照公关工作原则办事；第三，要按照公关工作程序处理事情，要讲究公关工作的科学性和技巧性。

2. 协同性

这是指在实现公共关系计划所确定的目标时，组织不能只靠公共关系部单枪匹马，孤军作战，还应依靠组织中各部门的相互配合及全体成员的共同努力。公共关系部在组织各部门相互配合的过程中，要发挥沟通、协调和组织的作用，这就要求公共关系部必须与组织的各个部门保持密切、良好的工作关系。离开了各部门的相互配合，离开了全体人员的共同努力，公共关系部无论有多大的能量、多大的神通，都难以实现公共关系目标。

3. 自主性

这是指公共关系部在组织中要有独立的地位，有一定的权限范围，可以自主地开展各项工作。公共关系部的自主性目标是与其在组织中的“决策参谋”地位分不开的；否则，公共关系部就无法完成组织的公共关系目标，发挥其应有的功能。因此，在组建公共关系部时，要考虑它的自主性要求，并在组织上给予保证。

4. 服务性

公共关系部是一种具有服务性质的、较高层次的间接管理部门，但它不是直接的管理者，也不是领导者和生产者，其职能作用体现为向组织决策层和组织各职能机构提供有效的服务。这种服务工作是高级的经营管理工作，是为实现公共关系目标而提供的服务工作。它可以通过建议与咨询的形式为其他部门服务，也可以通过专项公共关系活动为组织服务，还可以通过日常公共关系活动为员工及社会公众服务。因此，应当确立公共关系部是服务部门的指导思想，并使公共关系人员在思想和工作作风上适应这种服务性。

（四）公共关系部设置的原则

公共关系工作在现代社会组织中的重要性越来越被人们所认识。为了做好这方面的工作，使组织处于良好的公共关系状态，在组建公共关系部时，必须注重组织设计，按照精简、效率的目标，确定科学合理的管理幅度和管理层次，明确权责关系，配备适合的工作人员。在设置公共关系部时，应遵循以下三项基本原则。

1. 必要性原则

任何一个社会组织，只要在社会上存在一天，就不可避免地面对一系列的公共关系问题。一个组织是否设置公共关系部门，应考虑三个方面：组织对设置这一机构的职能和作用的认识，组织现有专门人才的状况，组织的特定公众对这一机构的认可程度。如果一个组织对公共关系机构的职能与作用认识充分，有担当这项工作的恰当人选，并能被外部公众所接受，则具备了设置公共关系部的必要条件。一般情况下，大型组织适合建立人数较多、门类齐全、分工细致的公共关系部，中型组织可设立人数较少、职能综合的公共关系部，而一些小型组织可以不设置公共关系部，组织的公共关系工作可暂由其他部门（如办公室、宣传处等）负责，组织的大型公共关系活动可委托给某些专业公共关系公司。

2. 针对性原则

公共关系部的设置应当有针对性地根据组织的性质和特定的公众来确定。组织性质不同，面对的公众也不同，公共关系工作的目标、内容、方法就不同。有的以内部公众为主，有的以外部公众为主，有的以特定的公众为对象，有的以整个社会公众为对象。组织在设置公共关系部时，就要有针对性，根据组织自身的性质和特定的公众对象开展工作。比如，以出口为主营业务的公司，可以设立“国际关系部”，专门处理与国外客户的关系，既增强了工作的针对性，又提高了工作效果。

3. 专业化原则

公共关系部是专业化机构，面临着文案设计、公共关系策划、客户接待、危机处理等大量的专业性工作，所以，设立时必须保证其专业化的特性。组织必须配备具有一定的专业素养、勇于开拓进取的公共关系专职人员，避免其成为组织的“办公室”“秘书处”或“接待处”。

（五）公共关系部的组织类型

公共关系部的组织机构没有固定的模式，但有各种各样的类型。我们以经济组织为例，介绍几种类型。

1. 按工作方式分类

从工作方式来观察，公共关系部的组织类型可以分为公共关系对象型、公共关系手段型和公共关系复合型三种类型。

（1）公共关系对象型，也称分类公共关系型，即公共关系部下属机构的名称分别是公共关系工作对象的名称。其构成模式可以参见图 3－1。

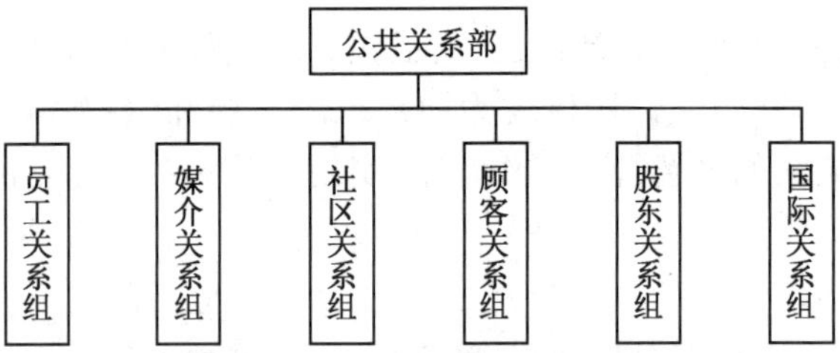

图 3－1　公共关系对象型结构模式

公共关系对象型结构的优点是：有利于熟悉自己的工作对象，了解其需要和反应，便于有针对性地开展公共关系活动。

（2）公共关系手段型，也称公共关系技术型，即公共关系部所属机构的名称分别是一种公共关系技术手段的名称。其构成模式可以参见图 3－2。

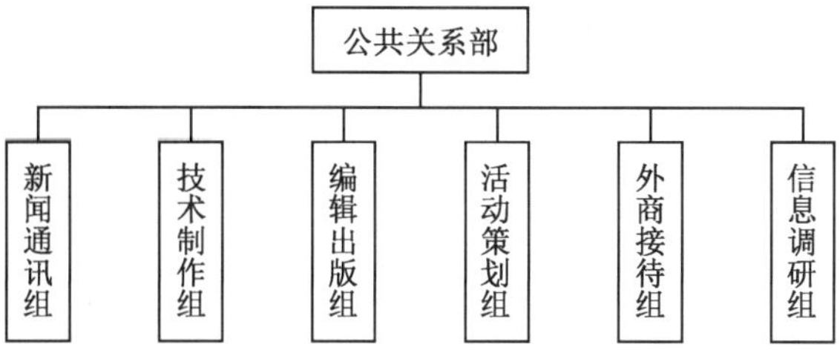

图 3—2　公共关系手段型结构模式

公共关系手段型结构的优点是:各部门的工作内容按照工作人员的技术专业划分,工作人员根据自己所从事的工作,着重在提高专业技术水平方面下功夫,便于熟练地掌握和运用各自的公共关系手段,开展多方面的公共关系活动。

(3)公共关系复合型,即在机构内具体部门的机构名称既反映公共关系的工作手段,又反映公共关系的对象(参见图 3—3)。

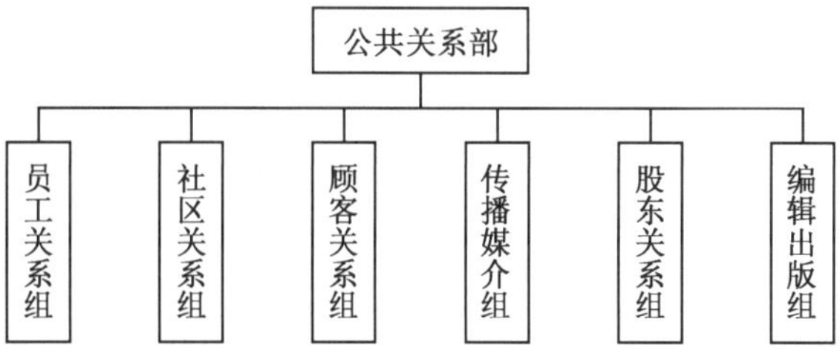

图 3—3　公共关系复合型结构模式

公共关系复合型模式的优点是:把手段型结构和对象型结构合二为一,根据实际需要来设置下属机构,不拘泥于固定模式。据日本 20 世纪 70 年代的调查,其先进企业采用这种类型的公共关系部为数最多。目前这也是我国大多数单位所采用的公共关系组织机构模式。

2. 按领导方式分类

从领导方式来看,或从组织管理角度考虑,或从公共关系部在组织中的地位来考察,公共关系部的设置可分为以下四种类型。

(1)总经理直接负责型,即由组织的最高负责人兼任或由副职领导担任公共关系部负责人(参见图 3—4)。

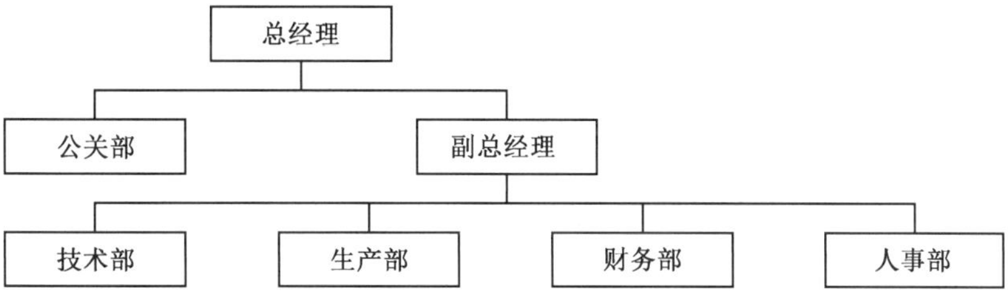

图 3—4　总经理直接负责型

这种模式充分显示了公共关系部在组织中的重要地位。其优点是公共关系部与组织的最高负责人直接联系，处于组织的中枢地位，因而能着眼于组织的各个经营环节，便于全面地、有针对性地开展工作。对于组织的公共关系思想和政策能融会贯通，并使公共关系部的工作具有一定的权威性。

(2)总经理间接负责型(又称部门并列型)。公共关系部由组织的最高领导人间接负责或由机构中的中层经理担任部长，而公共关系部的负责人与其他部门负责人的地位并行，并直接对组织的最高领导人负责，处于组织管理的第二层次(参见图3—5)。

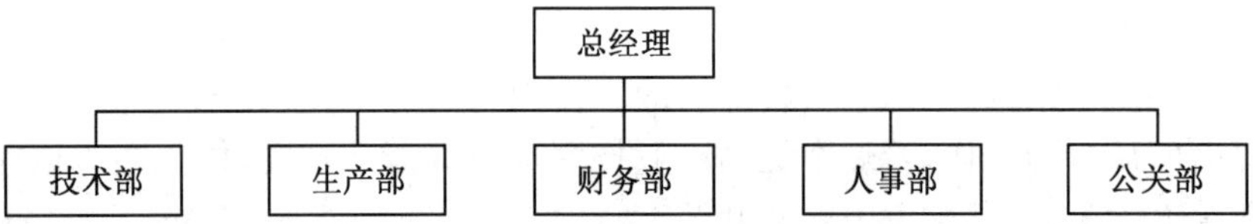

图3—5　总经理间接负责型

这种模式的优点是：公共关系部与组织决策者有直接联系的权力和机会，对组织决策有直接的影响。有时，公共关系部负责人在对外活动中全权代表本组织的最高负责人。目前，这一模式在我国应用得比较普遍。

(3)部门所属型。公共关系部隶属于组织的某一部门，受组织的某一部门直接领导，处于组织管理的第三层(参见图3—6)。

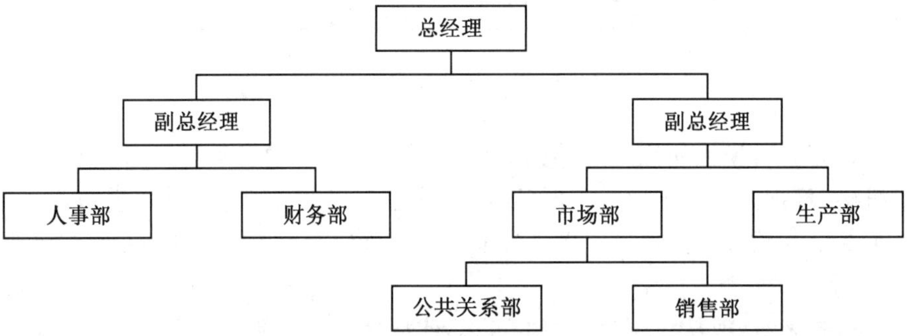

图3—6　部门所属型

从目前国内外情况看，公共关系部在组织中的隶属关系主要有以下几种：

①隶属于经营部门：由经营部门的负责人兼任公共关系部的领导，这种关系强调了公共关系在生产、营销和流通等环节的作用。

②隶属于销售部门：由销售部门的负责人兼任公共关系部的领导。这种隶属关系强调了公共关系的促销功能。

③隶属于广告宣传部门：这种隶属关系侧重公共关系部的传播功能。

④隶属于人事部门：这种隶属关系侧重对内部人事关系的协调功能。

⑤隶属于接待部门：这种隶属关系侧重公共关系的社会交往作用。

⑥隶属于行政办公室：一般由办公室的负责人(主任或副主任)兼任公共关系部的领导。在这种隶属关系中，公共关系部仍然和最高层次比较接近，联系也比较方便，与隶属于其他部

门的公共关系部比较,有利条件比较多。

(4)公共关系委员会。这种模式是在公共关系部之上还有一个由组织最高领导人和各部门负责人组成的公共关系委员会,它主要为一些特大型企业所采用,公共关系委员会统筹本单位的各项公共关系工作。例如:研讨、制订公共关系部的工作计划;批准各项公共关系预算;监督计划的执行情况;评价公共关系工作效果;等等。它不直接从事具体的公共关系工作,其优点是可以使公共关系工作具有权威性,并能使组织的各个部门都来关心、支持、参与公共关系工作。其缺点是多了一个层次,使各种关系变得更为复杂。

以上所介绍的四种类型中,从管理学的角度分析,总经理直接负责型和间接负责型具有明显的优势,而部门所属型和公共关系委员会则有明显的缺陷。英国著名公共关系专家弗兰克·杰夫金斯(Frank Jefkins)曾经指出:"鉴于公共关系工作涉及整个组织的各个方面,把这项工作置于销售经理或人事经理的领导之下真是愚蠢至极。"他认为公共关系部和公共关系人员应当直接向总经理或最高管理决策部门负责。

3. 按公共关系部机构的规模分类

从公共关系部机构的规模考察,公共关系部的设置可分为小、中、大三种类型。

(1)小型公共关系部。这种模式的特点是:机构简单,一般具有两个层次,人员也较少。这种模式适合小型企事业单位。其机构设置参见图3—7。

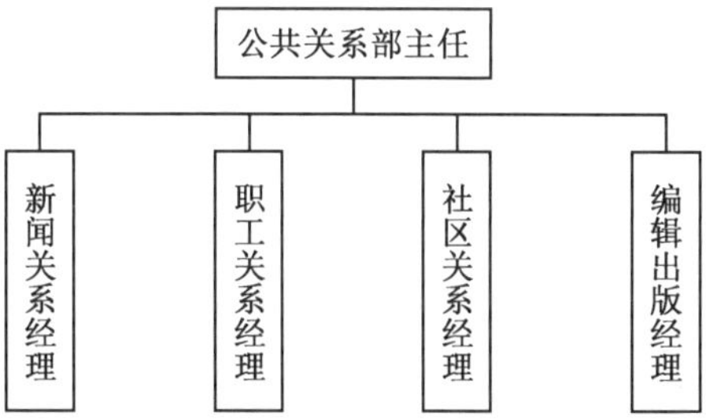

图3—7　小型公共关系部结构

(2)中型公共关系部。这种模式的特点是:机构比较齐全,一般具有三个层次,组合层次分明,分工明确,形成完整、统一、和谐的工作机构,公共关系工作的密度、深度和广度都比较集中。这种模式适用于中型企事业单位。其机构设置参见图3—8。

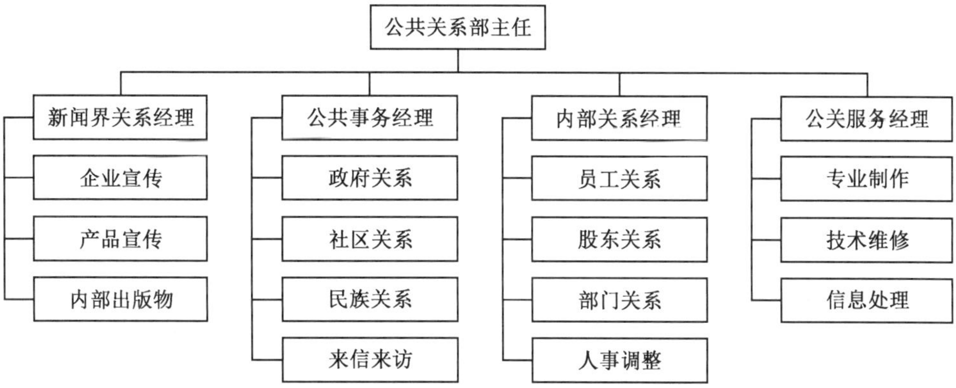

图3—8　中型公共关系部结构

(3)大型公共关系部。这种模式的特点是:机构复杂,人员众多,分工较细,工作要求协调统一,能胜任重大的公共关系活动。这种模式适用于大型企事业单位。其机构设置参见图3—9。

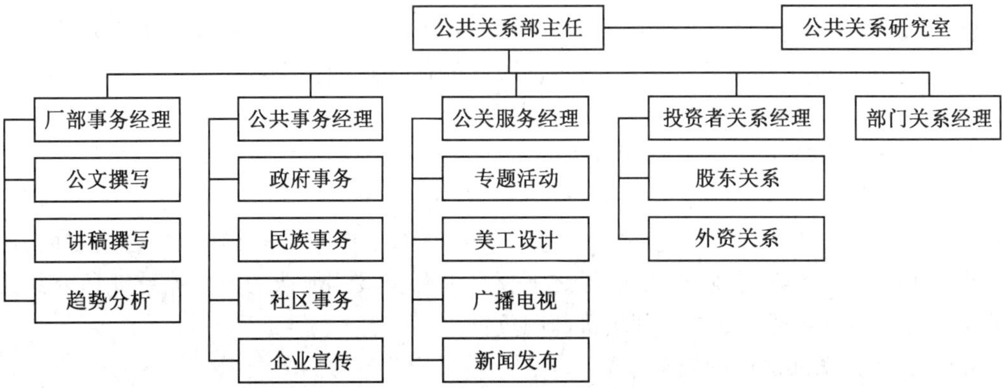

图3—9　大型公共关系部结构

例如,美国大通银行是一家跨国金融机构,共有员工3万人以上,分支机构超2 000家。该银行企业传播部(公共关系部)从业人员有200人以上,由一位高级副总裁担任该部门主管。其组织机构是大型公共关系部门的典型模式,其机构设置见图3—10。

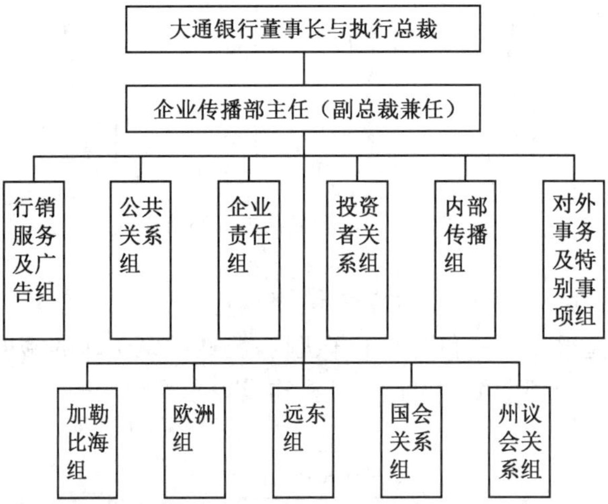

图3—10　美国大通银行企业传播部的组织结构

(六)公共关系部的优势与局限性

1. 公共关系部的优势

在组织内部建立公共关系部,对于开展公共关系有以下好处:

(1)熟悉组织情况。公共关系部的工作人员都是组织成员,他们对组织内的各种情况比较熟悉,尤其是对组织运营的特点和各种因素的相关程度了解得比较透彻,把握得比较准确。例如:组织内各个部门、各个成员之间的关系及其在组织中所起的作用;谁是关键的人物?何处是关键性的环节?什么是最主要的问题?同时,他们在组织内拥有良好的人际关系,能及时获取比较可靠的、新的信息。因此，在开展工作时，他们容易抓住组织存在问题的症结，可以对症下药，提高公共关系工作的有效性。

(2)能提供及时的公共关系服务。由于组织内的公共关系部对本单位情况比较了解，因此，它可以随时为组织的领导层提供业务咨询和建议。特别是在突发性的事件，如失火、爆炸等紧急情况出现时，公共关系部可以做出快速决定，及时提出对策、发布新闻、协调关系。不失时机是公共关系工作成功的关键之一，而公共关系公司往往来不及赶赴现场，容易贻误时机。

(3)有利于保持公共关系工作的连续性和稳定性。公共关系工作是组织一项长期而持久的工作，这是因为组织与社会环境之间的矛盾发展是一个无限的过程，旧的矛盾解决了，新的矛盾又会产生。另外，为了使组织与公众之间的关系保持平衡与稳定状态，不断完善组织自身在公众心目中的良好形象，创造有利于组织进一步发展的社会环境，开展一两项公共关系活动难以实现这个根本目标。而外请(聘)的或临时的公共关系人员，由于对组织或工作情况不熟悉，因此很难保证工作的连续性和稳定性。这样，公共关系部作为组织内的一个常设机构，在时间、人力、物力上能保持公共关系工作的经常化和职能化，有利于保持公共关系工作的连续性和稳定性。

(4)有利于节约经费。在组织自身发展过程中，公共关系问题随处可见。有些重大的公共关系专项活动，组织可委托公共关系公司或聘请公共关系专家来处理，但如果大量的、例行的事务性工作都委托公司或专家解决，对组织来说就会是一笔不小的开支。而公共关系部由于与所属组织在利益上的一致性，因此在开展各项活动与实施公共关系计划时，不仅要考虑公共关系工作的效果，而且要注意尽量节约经费、减少开支。

2. 公共关系部的局限性

公共关系部具有自己的优势，同时也有自己的局限性。其表现主要有：

(1)职责不明，负担过重。这是公共关系部最常见的不足之处。由于公共关系工作涉及面广，因此组织的领导很容易把许多“三不管”的问题交给公共关系部去处理。有时还很容易把许多虽然属于公共关系范畴，但应由其他部门办的事情也交给公共关系部去办，从而影响其正常工作的进度。这样就会造成公共关系部的任务过重，无法集中力量去完成应该完成的专项任务。

(2)看问题有时不够客观，即所谓当事者迷。公共关系部的人员在处理问题时，有时不够客观，容易受组织内的人际关系等因素的影响，如因人事、工资等方面受制于本单位，担心得罪领导，违心地去迎合领导的意图，不如实报道情况；或出于对自己前途的考虑，有可能掩盖问题的真相，从而造成主观地看问题或处理问题，不够实事求是。

(3)总费用可能比聘请公共关系公司多。这是因为公共关系部的工作人员都要占有一定的编制，除了需要长期支付工作人员的工资外，还需要购置大量的办公设备，如长期租用办公地点，购买影视、照相、录音器材等。

(4)有可能成为组织的一种负担。如果组织内不具备建立公共关系部的条件，而是为了赶时髦，东拼西凑而成，或其工作人员缺少专业训练，难以胜任工作，或由于公共关系经理不具备领导素质而得不到领导部门的重视，那就难以开展工作。这样，公共关系部既占编制又占人员，就可能成为组织的一种负担。

【案例 3－2】

客房重复预订之后

某酒店销售公关部接到一日本团队住宿的预订，在确定了客房类型并安排在 10 楼同一楼层后，销售公关部开具了“来客委托书”，交给了总台石小姐。由于石小姐工作疏忽，错输入电脑，而且与此同时，又接到一位台湾石姓客人的来电预订，因为双方都姓石，石先生又是酒店的常客，与石小姐相识，石小姐便把 10 楼 1015 客房许诺订给了这位台湾客人。

当发现客房被重复预订之后，石小姐受到了严厉的处分，因为她不仅工作出现了差错，而且违反了客人预订只提供客房类型、楼层，不得提供具体房号的店规。这样一来，酒店就处于潜在的被动地位。如何回避可能出现的矛盾呢？酒店总经理找来了销售公关部和客房部的两位经理，商量了几种应变方案。

台湾石先生如期来到酒店，当得知因为有日本客人来才使自己不能如愿时，表现出了极大的不满。这位台湾石先生每次到这座城市，都下榻这家酒店，而且特别偏爱住 10 楼。换间客房是坚决不同意的，无论总台怎么解释和赔礼，这位台湾客人仍指责酒店背信弃义、崇洋媚外。

销售公关部经理想，石先生既然没有提出换一家酒店住宿，表明对此酒店仍抱有好感，“住 10 楼比较困难，因为要涉及另一批客人，会产生新的矛盾，请石先生谅解”。

“看在酒店和石小姐的面子上，同意换楼层。但房型和陈设、布置各方面要与 1015 客房一样。”石先生作出了让步。

“8 楼有相同的客房，但其中的布置、家具可能不尽如石先生之意。您来之前我们已经了解石先生酷爱保龄球，现在我陪先生玩上一会儿，在这段时间里，酒店会以最快的速度将您所满意的家具换到 8 楼客房。”销售公关经理说。

“不胜感激，我同意。”石先生惊喜。

酒店的这一举措，弥补了工作中的失误，赢得了石先生的心。为了挽回酒店的信誉，同时也为了使“上帝”真正满意，酒店提供了超值的服务。此事被传为佳话，酒店也因此声名远播。

（资料来源：严成根，王进云. 公共关系学[M]. 3 版. 北京：清华大学出版社，2019.）

二、公共关系公司

公共关系公司又称公共关系顾问公司、公共关系咨询策划公司、公共咨询服务中心等，是专门从事公共关系方面的咨询服务或代客户进行公共关系活动的服务性组织。它是由具有专业知识和技能、丰富的经验和较高的职业技术水平的公共关系专家组成的专业公共关系机构。与组织内部的公共关系部不同，公共关系公司是一个独立的营利性机构，它依靠为客户提供服务并收取费用而生存。

（一）公共关系公司的基本特征

1. 社会性

公共关系公司是一个职业化的机构，不同于松散的公共关系社团，它是一个经济实体。它要求有明确的组织目标、严格的组织机构、受过专业训练的专门人才，以及共同遵守的规章制度和周密的发展规划。

2. 服务性

公共关系公司属于服务性行业，它通过从业人员掌握的广泛的信息、丰富的知识和经验、现代化的技术手段,为客户提供市场、形势、信誉等多功能的服务。

3. 营利性

公共关系公司作为商业性机构,按照一定的标准,提供有偿服务,通过经营、服务活动取得利润。

(二)公共关系公司的经营范围

1. 公共关系咨询

公共关系公司可根据客户的要求,凭借现代化的通信、办公技术,众多的专门人才,为客户提供社会政治、经济、文化、教育、科技等方面的情报,提供市场信息、公众态度、社会心理倾向及社区文化习俗的分析资料;为客户进行公共关系问题的分析与诊断;为客户的形象设计、形象评价及公共关系政策或决策提供咨询;等等。

2. 传播信息

为客户进行各种信息传播,包括为客户撰写新闻稿件、选择新闻媒体、建立媒介关系、举行记者招待会(或新闻发布会);为客户设计、印制宣传资料和纪念物品及统一的标识制品;为客户制作宣传影片、录像带或光盘等视听资料;为客户制订广告投资计划,设计制作产品广告及公共关系广告;协助客户推广产品信息,制造有利的市场气氛;等等。

3. 组织活动

协助客户与相关公众进行有效的联络沟通,帮助客户与政府、社区、媒体等公众建立并维持良好的关系;为客户安排、组织重要的交往活动,如贵宾和社会政要的参观访问等;为客户策划组织各种专题活动,如剪彩仪式、庆典、联谊以及各种社会赞助活动等;组织各种会议,如信息交流会、产品展销会及洽谈、谈判会。针对企业、产品、名人等形象受损时产生的各种危机,提供专业的危机公共关系服务,使其快速摆脱困境,维护和提升公众形象。针对企业的各类产品做出行之有效的市场营销策划方案,协同企业开拓广阔的市场及增创更高的效益。

4. 人员培训

公共关系公司可代客户进行各类人员的知识或技能培训,使其具有足够的公共关系理论知识和实际操作技能,以适应岗位的需要。

【案例 3—3】

伟达公共关系公司业务范围

伟达公共关系公司是世界最负盛名的专业公关公司,于 1984 年率先设立了北京办事处,1993 年又设立了上海办事处,目前已在四十多个城市开展工作。该公司以其新颖先进的营销公关活动和全面连贯的企业定位与管理活动建立了自己的信誉,被公认为具有不可比拟的经验、无可争辩的洞察力和极其强大的影响力。

其业务范围包括以下内容:

(1)危机处理和媒体培训:24 小时危机支持、危机模拟、危机防范材料准备、内部沟通、全球情报监测与搜集、沟通信息的确立、危机相关网页建立、新闻发言人培训等。

(2)企业公关及政府关系:围绕“企业声誉管理”和“品牌成长”两个主题,有方向地开展公关活动,包括 CEO 访问、公司定位、企业公民公益项目、企业形象项目、市场进入策略、媒体关系、开业庆典、股东跟踪等。

(3)财经公关:服务项目包括 IPO 和投资者关系协调,进行每日媒体监测,竞争对手分析及媒体消息发布,如简报分析、市场营销、IPO 上市路演、媒体监测及分析、媒体关系等。

（4）市场公关：进行产品发布、宣传资料创意和市场推广，开展广告活动发布、庆典活动、路演、媒体分析及竞争者监测、网上促销、产品发布等。

（5）科技公关：对系统运营商、服务提供商、硬件制造商和软件提供商，提供最新的解决方案，开展公司/产品发布活动、市场开拓及市场定位、战略决策咨询活动等。

（6）体育市场公关：进行体育市场营销，举办体育比赛，安排名人到访活动、赞助活动、产品发布、票务销售等。

（资料来源：严成根，王进云．公共关系学［M］．3版．北京：清华大学出版社，2019．）

（三）公共关系公司的基本类型

不同的公共关系公司在规模、结构及业务范围方面有很大差别。从规模上看，有跨地区、跨国度经营的大公司，也有局限于一个地区、一定范围内经营的中小公司；从业务范围来看，有多种业务项目的综合型公司，也有仅承办专门业务项目的专业公司。归纳起来，大体可分为三种基本类型，即顾问型公共关系公司、综合服务型公共关系公司、专项服务型公共关系公司。

1．顾问型公共关系公司

这类公司是受客户委托，为客户提供公共关系咨询、指导，承担公共关系项目服务的公司，其成员基本上是有一定名望的某一工作领域的专家，如公共关系专家、新闻传播专家、社会心理分析专家、公众关系协调专家、市场分析与预测专家等。这些专家阅历广、知识新、头脑灵、眼光远，不仅能为客户做决策咨询，而且可进行各种公共关系具体业务的指导，有利于帮助组织取得良好的公共关系效果。

2．综合服务型公共关系公司

这类公司是指规模大、范围广、业务全、实力强的公共关系公司。此类公司一般拥有先进的信息收集系统和信息储存与分析系统，通过多种途径广泛采集世界各国政治、经济、文化、法律、社会政策、风俗习惯及市场动态等多方面的信息。此类公司拥有一大批擅长处理不同方面问题和协调不同方面关系的经验丰富的专家。此类公司可为不同类型的客户提供多种形式的服务；政府、社区、媒体、顾客及至雇员关系的处理与协调；客户CI战略的策划与实施；公众调查及人员培训等。

3．专项服务型公共关系公司

这类公司是专门提供某一方面的公共关系服务，或专门为某一特定行业提供公共关系服务的公司，如专门为客户进行市场调查，或专门为客户组织某种公共关系活动等。专项服务型公共关系公司的人员通常是某一领域的专家，在该工作领域有广泛的联系和丰富的经验。相比综合服务型公共关系公司，这类公司的经营规模和业务范围较小。

（四）公共关系公司的工作原则

公共关系公司作为一类特殊的服务性公司，应遵守以下原则。

1．维护委托者的利益

公共关系公司在开展工作时，不但要注意维护本身形象，更重要的是站在客户的立场上，尽全力为客户办好事、办实事。因此，公共关系公司在制定公共关系活动经费预算时就应该精打细算，不要因为好大喜功，一味地追求轰动效应而铺张浪费；在收取服务咨询费时也应公平公道，不要漫天要价；对于在公共关系活动落实过程中出现的问题，也应本着认真负责的态度及时整改，以达到最佳公共关系效果。

2. 严守委托者秘密，不干涉委托者的内部事务

由于工作性质，公共关系公司可能会接触和了解委托方的生产、经营、管理情况，甚至会触及委托方的某些商业秘密，而这些信息一旦被泄露，特别是被竞争者知悉，就可能会给委托方带来严重的后果。因此，公共关系公司在工作过程中及工作完成以后，都应该严守这些秘密。同时，公共关系公司在为委托方服务过程中，应严格约束自我，把对委托单位的建议、意见与干涉其内务区分开来，不得借口工作需要而指手画脚。

3. 严格禁止同时为互相竞争的委托者提供服务

公共关系公司的服务对象遍及各行业、各企业，但公共关系公司不得同时为两家互为竞争对手的企业提供公共关系服务，更不能以自己掌握的信息为资本去为该客户的竞争对手服务，这样做对这两家企业都是不公平的，有悖公共关系公司的职业准则。

（五）公共关系公司的收费方式

公共关系公司是营利性企业，通过为客户提供有偿公共关系服务来满足客户的要求，取得公司的利润。

1. 项目收费

公共关系公司通常是根据服务项目的具体要求来确定所需费用的，即采用所谓的项目计费方式。公共关系公司接受客户委托，办理某一特定的项目，所需支付的经费均由客户支付，以保证项目的顺利完成。项目所需经费通常包括项目活动费、项目管理费、咨询服务费和劳务费等。项目活动费包括为完成项目、实现项目目标而进行的一系列活动所需的费用；项目管理费为用于公司行政管理和办公开支的费用，通常按项目总费用的一定比例提取；咨询服务费为支付公司聘请的项目指导专家的费用；劳务费为项目实施期间所有与项目设计与执行有关的工作人员的工资等。

2. 计时收费

计时收费即按照参加此项目工作人员的工作水平、服务项目的难易程度等，确定单位时间的收费标准，以项目完成所需时间计算费用。它通常按小时收费，包括工资成本、行政管理成本、专业管理费及适当的利润。

（六）选择公共关系公司的标准

企业或组织在公共关系公司代理业务之前，都要根据一些标准来评价公共关系公司。客户选择公共关系公司的主要标准有：

1. 公司的信誉

公司成立时间、规模、知名度、美誉度，在公共关系界是否有权威，能提供哪些服务项目或举办过哪些著名的、重大的公共关系活动，有多大影响等，都是客户要考虑的因素。

2. 公司的客户情况

公司的客户情况包括：公司曾经接待过哪些客户，现在有哪些客户，客户的社会地位如何，客户对公司的技术业务和服务态度的满意程度怎样。

3. 公司人员的业务水平

在公司里服务的公共关系人员的业务水平往往决定了该公司的服务水准，所以，公司从业人员是否受过专门训练，个人专业技术水平如何，能否与客户的要求相一致并努力去满足他们的需求，能否保证按时完成工作等，都是客户所关心的问题。

4. 收费标准

一家信誉良好的公司也可能是收费较高的公司，但是每一位客户都希望能花较少的钱，

取得较好的效果。因此，客户选择和评价公司实际上是将其信任度、服务质量同收费标准进行比较。

（七）公共关系公司的优势与局限性

1. 公共关系公司的优势

与公共关系部相比，公共关系公司具有以下几个显著的优势。

（1）观察和分析问题更客观。中国有句古话叫“当局者迷，旁观者清”。公共关系公司是组织外的公共关系服务机构，其工作人员和客户之间不存在固有的人事关系，只是聘请与被聘请的关系。他们不受客户内部复杂的人际关系的牵累，也不必听命于客户的某位领导。他们在观察和分析问题时，一般不会受到组织特有的文化和价值观的影响，也没有因长期处在一家企业中而形成的思维惯性或定势，再加上他们和组织之间没有直接的利益冲突，因而他们的观察和分析更客观，能更敏锐地发现组织的问题所在，客观公正地分析和解决问题。

（2）职业水准比较高，建议和方案更权威。公共关系公司是专业公共关系机构，其工作人员一般是由学有专长的专家组成，其所承揽的业务往往是社会组织难以解决的复杂工作，具有明显的智力优势和经验优势，因而工作更具有专业性和权威性。

（3）具有更高的性价比。公共关系公司是一种营利性组织，而且公共关系公司特别是名牌公共关系公司收费相当高，但如果综合起来考虑，则选择公共关系公司还是更经济。一方面，组织维持一个公共关系部门的运转，同样需要支付日常费用、人员工资、办公经费等；另一方面，公共关系公司提供的方案往往更合理、更权威、效果更佳，其创造的收益、企业从中获得的直接效益和间接效益也更大。而且，知名公共关系公司的形象具有扩散效应。对于那些想尽快提高知名度和美誉度的组织来说，聘请知名公共关系公司开展一次或一系列成功的公共关系活动是很好的选择。因此，对那些小型组织而言，选择公共关系公司要比在内部常设公共关系部更经济。

同时，公共关系公司也有自身的不足。比如，对客户的情况了解不深入，从而影响工作进度和质量；为客户提供服务的时间一般不会太长，难以为客户制订和执行长期的公共关系计划。所以，实际工作中，公共关系公司要注意扬长避短，使公共关系工作取得更好效果。

2. 公共关系公司的局限性

公共关系公司和公共关系部一样，有自己的优势，也有自己的弱点。其不足之处主要有：

（1）不太熟悉客户情况。由于公共关系公司是组织外的机构，因此对客户的情况了解不深，而客户有时也不便或不愿意把一些内部的有关情报透露给公共关系公司，这就增加了公共关系公司人员了解情况的难度，特别是在最初阶段，无法介入或参与最高决策，难免要影响工作进度和工作质量。

（2）工作缺乏连续性、持久性。对于组织来说，只聘用公共关系公司的专家，很难使组织内部的公共关系工作持续化、稳定化。因为组织往往只是在遇到公共关系问题时，才临时求助于公共关系公司，公共关系公司为某一组织提供服务的时间一般不会太长，这样就很难为客户制订和执行长期的公共关系计划。另外，由于收费的限制，公共关系公司也不可能为组织提供长期的服务和进行大量的调查研究，它们往往只注重短期目标，这也是不可避免的。即使有些大的咨询公司为某一客户提供的服务时间很长，如10年、20年，甚至30年，但此时的公共关系公司就很难再坚持客观性，因为公共关系公司的专家有可能已成为客户单位的“内部”成员了。

（3）远离客户。由于大多数公共关系公司设在大城市，因此，对于地处中小城市的客户来说，聘请公共关系公司的专家很不方便，不仅路遥费时，而且要增加往返的差旅费，使人感到得不偿失。特别是遇到紧急情况时，由于公共关系公司与客户距离较远，因此不利于其马上开展公共关系工作。

三、公共关系社会团体

公共关系社会团体是致力和热爱公共关系事业的团体与个人自发联合起来组建的非营利性松散型的社会群众团体。它包括协会、学会、研究会、专业委员会、俱乐部、沙龙、联谊会等公共关系机构。公共关系社会团体要依照国务院颁布的《社会团体登记管理条例》的规定，到民政部门申请登记，经批准后组建，并在宪法规定的范围内独立开展活动。

1903 年，艾维·李把公共关系变成一门职业后，各种专业性的公共关系协会（学会）迅速发展起来。1915 年 7 月，金融公共关系协会在美国芝加哥成立。1948 年 2 月 4 日，美国的全国公共关系顾问协会（NAPRC）和美国公共关系理事会（ACPR）合并成立美国公共关系学会。英国公共关系学会（IPR）成立于 1948 年，有 12 个地区性的团体，会员超过 3 500 人，他们在建立和推行职业道德准则方面走在世界前列。在所有专业性协会中，总部设在伦敦的国际公共关系协会（IPRA）是最具影响力的。1955 年，它刚成立时只有 5 个国家 15 名会员，现在已发展到 77 个国家数千名会员。国际公共关系协会每年聚会两次，颁发“促进世界理解杰出贡献奖”，并出版《国际公共关系评论》杂志（季刊）。

在我国，最早的公共关系协会是于 1986 年 12 月成立的上海公共关系协会。1987 年 5 月，全国性公共关系专业组织——中国公共关系协会成立。目前，该协会已有会员 22 万人。1991 年 4 月，以促进国内外公共关系界交流与协作为己任的中国国际公共关系协会在北京成立。此外，国内比较有名的公共关系协会还有中国高等教育学会公共关系学会等。

（一）公共关系社会团体的特点

1. 群众性

公共关系社会团体是社会群众团体，它在很大程度上成为一种各行各业从事公共关系工作和热爱公共关系事业的团体和个人参加的、广泛的联谊性团体。

2. 松散性

公共关系社会团体与公共关系公司、公共关系部相比，缺乏严格的组织结构，会员入会和离会的手续较简单，没有强制性，管理较为松散。

3. 权威性

参加公共关系社会团体的往往是社会上从事公共关系工作和热爱公共关系事业的团体和个人，其中聚集了一批有理论、有实践经验的公共关系专家、学者和实际工作者，他们凭其专业的理论研究和优质高效的服务，不仅满足了社会对公共关系的需求，而且提高了所在社会团体的权威性和信誉。

4. 非营利性

公共关系社会团体不是经济实体，因此，它不以营利为目的。

（二）公共关系社会团体的类型

公共关系社会团体的类型多种多样，根据我国公共关系社会团体的现状，可大体分为以下几种类型。

1. 综合型社会团体

这类社团具有指导、协调、监督、管理、服务等多方面的综合职能。如中国公共关系协会、中国国际公共关系协会等，多是跨行业、跨地域的大型社团。

2. 学术型社会团体

这类社团包括公共关系学会、研究会等纯学术性的团体。这类社团通过举办理论研讨会、学术交流会等活动，研究公共关系的动态和理论问题，总结公共关系的经验，把握公共关系发展的趋势，为从事公共关系工作的人员提供理论指导。

3. 行业型社会团体

这类社团主要指某一行业系统内部成立的公共关系社会团体，如中国煤炭公共关系专业委员会、中国新闻界公共关系学会等。行业型公共关系社会团体有利于公共关系事业在行业内顺利发展。

4. 联谊型社会团体

这类社团一般包括公共关系俱乐部、公共关系沙龙、公共关系联谊会。这些形式多样的公共关系社会团体组织的特征是：自发性、多样性、松散性、灵活性、临时性。这类组织通过开展工作可以推广普及公共关系知识，还可以使成员之间沟通信息、联络感情等。

（三）公共关系社会团体的职责

公共关系社会团体是一种特殊的公共关系组织，它既是广大公共关系专家、学者及公共关系爱好者组成的民间团体，又是公共关系界与政府、工商企业及其他组织相互联系的纽带与桥梁。其宗旨是宣传公共关系思想、普及公共关系知识、协调公共关系活动。其具体职责有如下几个方面。

1. 发展和联络会员

为了公共关系事业的发展，公共关系社会团体应把社会上各行各业的公共关系爱好者和实际工作者源源不断地吸收到社会团体中，组织学术和经验交流，研究公共关系理论和实践，以更好地促进我国公共关系事业的发展。同时，要与会员进行经常性的横向沟通和联络，以便形成网络，进行广泛的协作。

2. 宣传普及公共关系知识

这是公共关系社会团体的一项经常性的工作。通过坚持不懈地向社会公众宣传、普及公共关系知识来匡正社会公众对公共关系的误解，提高全民的公共关系意识。

3. 组织专业培训工作

公共关系社会团体通过举办培训班、讲习班等形式来培训公共关系专业人员，以进一步提高公共关系专业人员的素质。在中国公共关系协会和中国国际公共关系协会的共同努力下，公共关系员国家职业资格认定于 1999 年 6 月获得国家劳动和社会保障部的正式批准，使长期以来困扰着广大公共关系从业人员的资格问题有了职业归属，大大推动了我国公共关系职业的健康蓬勃发展。

4. 交流公共关系信息，开展公共关系咨询服务

公共关系社会团体应建立起公共关系信息网络，将国内外的公共关系信息、市场信息等传播、通报给各方公共关系社会团体，以便各方结合自己的实际，为当地社会组织提供咨询服务，更好地开展工作。

5. 编辑出版刊物

公共关系社会团体编辑出版有关公共关系的书籍和报刊，这是宣传公共关系的重要手段。如美国公共关系协会编有《公共关系评论》，加拿大公共关系学会编有时事通讯季刊《公报》，国际公共关系协会的官方出版物是《国际公共关系评论》。

第三节　公共关系工作人员

公共关系工作人员是专门从事组织机构公众信息传播、关系协调与形象管理事务的调查、咨询、策划和实施人员。公共关系工作人员是公共关系活动赖以成功的最根本要素，肩负着辅助组织决策、沟通联系组织内外公众、进行公共关系策划、开展公共关系活动、推销组织形象的重要任务，被誉为组织形象的“设计师”。

1999 年，国家劳动和社会保障部组织编写了《中国职业大典》，将公共关系职业名称规定为公共关系员，确定为专门从事组织机构公众信息传播、关系协调与形象管理事务的调查、咨询、策划和实施的人员。公共关系职业工作被描述为：制订组织的公众传播计划，编辑、制作和发行组织的各种宣传材料，负责组织的新闻发布、形象传播工作；监测、收集、整理和分析组织的公众信息，向组织的领导人提供管理咨询建议；制订组织和产品（服务）的形象管理计划，策划和实施各种专题性公众活动，并对其进行评估；沟通、协调组织与内外公众的关系，参与处理组织的公众咨询、投诉和来访接待事务；协助组织发现、处理并监控其与公众之间的矛盾、问题和突发（危机）事件；对组织的其他有关人员进行上述工作的专业培训和指导。这是对公共关系人员最准确的界定和描述。

在现代社会，公共关系受到社会组织的普遍重视并发挥着越来越重要的作用，因而公共关系人员的独特作用日益显现，不仅从业人员数量不断增加，而且成为富有挑战性的重要职业。随着公共关系专业化水平的提高，公共关系工作领域不断扩大，对公共关系人员的意识观念、知识结构与能力素质都提出了新的要求。

一、公共关系人员的基本素质

所谓公共关系人员的素质，是指从事公共关系工作的职业人员的气质、性格、兴趣、风度、学识和技能方面的综合品质。公共关系人员的素质，是其本人个性特征的总和，是一种综合能力的概括。公关人员应具备的基本职业素质应包括广泛的学科知识、较高的思想政策水平、合理的能力结构、良好的心理素质四个方面。

（一）广泛的学科知识

现代公共关系是一种复杂的活动，必须以科学的理论和方法为指导。它具体有：

1. 公共关系理论知识

公共关系理论知识包括公共关系的概念、职能、要素、主体、客体、媒介、形象、礼仪等理论知识和实务知识。用公关理论知识指导实践活动，有助于克服盲目性，增强自觉性。1991—1992 年，成都地区如雨后春笋般冒出了几十家公共关系公司或公共关系事务所，在不到一年的时间这些公司和事务所又纷纷倒闭，其根本原因是开办者绝大多数不具备公共关系的专业知识。凭着好奇心和满腔热血就想操持公共关系业务，顶多也只能昙花一现。

2. 公共关系实务知识

此类知识包括公共关系调查、策划、项目实施、方案评估、专门活动等。公关实务知识的掌握，关键在于学以致用。

3. 与公共关系相关的学科知识

与公共关系相关的学科有管理学、传播学、社会学、心理学、市场营销学、广告学、美学、交际学、法学、经济学、演讲与写作、摄影、表演等。相关知识的学习，有助于在复杂多变的社会关系中处理好公共关系的各项事务。如国外经济管理学派提出的“蜘蛛网型”知识结构，对于公共关系人员构建自己的文化知识很有启发作用。

4. 公共关系业务涉及的特定行业知识

公共关系总是为特定的行业服务的，这就需要公共关系人员具备相应的行业知识，才能有效地开展工作。例如，企业的产品由内销转为外销，组织需要开展国际公共关系工作，这时，公共关系人员就有必要了解国际关系、国际市场营销、国际公共关系等方面的专业知识和有关国家的政治、经济等情况。

（二）较高的思想政策水平

思想政策水平决定着公关活动的方向和质量。它包括：

1. 思想觉悟

公共关系人员要有明确的政治方向和高度的政治觉悟，善于分析形势，把握社会环境变化发展的趋势。能从普通的资料和数据中看出趋势，从平静的表象中看出潜伏的危机，帮助组织把握时机，运筹帷幄，做出科学决策。

2. 政策水平

公共关系人员要熟悉并掌握党和政府的各项政策、法规、法律，以及与本组织相关的政策法令，使公关活动用对政策、用好政策、用活政策。

（三）合理的能力结构

公关工作是一项实践性、操作性很强的工作，公关人员必须使自己形成合理的能力结构。这种结构是一种特殊的专业能力体系，具体包括：

1. 组织管理能力

公关工作的本质属性是管理，通过公关工作促进组织目标的实现。公关工作千头万绪、具体繁杂，没有良好的组织能力是很难顺利做好工作的。为此，公关人员应具备激励员工积极性、协调各类公众关系、收集信息、制订公关计划与方案、组织实施各类公关活动及大型专题活动、进行有效传播沟通等的能力。

【案例3—4】

沃尔玛开业典礼的组织实施

沃尔玛在北京的第一家山姆会员店开业，要举办开业典礼，山姆会员店首次出现在社会公众面前要具有良好的形象。公共关系人员必须就此项活动进行组织、筹划，其工作有：拟定出席典礼的宾客名单，安排典礼程序和接待事项，确定剪彩的人选，准备好致辞的宾客名单与贺词、答词。仪式结束后，还要组织来宾参观山姆会员店的服务设施、柜台布局、商品陈列等。公共关系人员实际上就是这些活动的组织者、领导者，他们除了要制订周密的计划，还要使整个活动有条不紊地进行，使这些活动的参加者能够心情舒畅，留下深刻的印象，这对提高组织的形象极为重要。

（资料来源：周安华，林升栋．公共关系：理论、实务与技巧[M]．8版．北京：中国人民大学出版社，2022．）

2. 语言表达能力

公关工作是通过传播沟通与公众建立良好的关系，能写会说，能很好地运用语言传达组织的有关信息,与公众有效沟通,是公关人员的一项基本素质要求。它主要有口头语言表达能力、文字语言表达能力、体态语言表达能力。口头语言用于与公众的直接的面对面的交往。文字语言用于与公众的文章、书信、宣传资料等的沟通。美国公共关系人员的从业要求第一条就是会“有效地写作”。体态语言用于与公众的直接交往,它能在一定程度上补充口头语言的不足,并和口头语言相得益彰。

3. 公众交往能力

公共关系就是要为组织广结良缘,广交朋友,在组织与公众之间架起沟通的“桥梁”,形成“人和”的氛围和环境。为此,它需要公关人员正确认识公众,把握交往的技巧、艺术、原则,了解公众的行为特点,学会与各种类型和特点的公众友好相处。美国前总统布什曾说:“一个人一生中打交道的人,百分之八十都是陌生人。”是否具备公众交往能力,是衡量公共关系人员是否适应现代开放社会和胜任公共关系工作的重要标准。

4. 宣传推广能力

公关人员是组织的宣传员,要善于周密策划、精心设计组织形象,善于运用各种传播方式、传播媒介展现组织形象,宣传推广组织形象。

5. 创意策划能力

公关工作是一项极富挑战性和创造性的工作,公关人员是组织与公众的中介者,但绝不是“传声筒”,他们必须以自己的想象力和创造能力来影响和感染公众。不满现状、不断超越、追求卓越、追求创新,是公关人员的应有素质。这正如国外一些企业家说的:“拿你的创意换钱。”如果因袭前人、因循守旧,不去开拓创造,公共关系活动就没有了生机而难以为继;如果不具备创新策划能力,公共关系人员也就只能充当一般的接待员或联络员。

【案例 3—5】

偷走班克斯

澳大利亚艺术系列(Art Series)酒店集团拥有 3 家艺术主题酒店,每家都是受某个澳大利亚当代艺术家的启发而设计的。有一年,他们对梦想着当艺术品大盗的人们发出了无比诱人的挑战:酒店悬挂着传奇街头艺术家、“艺术界恐怖分子”班克斯的作品,只要能够在严密的摄像监控和工作人员眼皮底下将名画成功偷走,即可将“赃品”据为己有。

在“偷走班克斯”活动中,供人盗窃的宝贝是价值高达 15 000 澳元(1 澳元=4.807 7 元人民币)的名画《没有球赛》。不过,你得先找到它才行——它被轮流放于 3 家艺术主题酒店中。

尽管这幅名画最后被偷走了,但这个活动却令这家酒店名声大噪。“偷走班克斯”公关策划案例斩获了两项艾菲金奖和一项戛纳公关金奖。

(资料来源:张耀珍. 公共关系学:理论、方法与案例[M]. 3 版. 北京:人民邮电出版社, 2021.)

6. 应变能力

公关活动中经常会出现一些突发事件和事先难以预料到的问题,需要公关人员根据实际情况,灵活从容地应对,以有效地解决问题。

【案例 3—6】

公关经理的随机应变

广州某合资企业在举办招待外方客人的舞会时，所在场所突然停电。中方经理临阵不慌，迅速宣布："各位女士、各位先生，现在我向大家报告一个好消息：上帝就要光临我们的舞会了！"外方客人一听，立即鼓掌，以为这是特意按照圣经故事安排的节目，中方人员也一起鼓掌，在井然有序的程序中，中方经理叫人拿来了防备万一的红蜡烛，开始了"烛光舞会"。

（资料来源：https://max.book118.com/html/2017/0105/80337066.shtm）

7. 专业操作技能

公关人员应是多才多艺的"多面手"，除具有专业基础知识和能力外，还应掌握计算机、电信、制图制表、声像、音像、摄影等技术，以提高公关活动的层次与效果。

（四）良好的心理素质

公关人员要和社会上的各种各样的人打交道，常常需要面对各种难题、矛盾和困境，需要自身具备良好的心理素质。它包括：

1. 心理承受能力

无论是成功还是失败，顺境还是逆境，都要善于控制自己的情绪和行为，理智地对待问题、解决问题。

2. 坚强的意志

这主要是指应具有很强的事业心和进取心，对工作满腔热情，不畏艰难，勇于负责，持之以恒。

3. 成熟的思维方式

公关状态复杂多变，要求公关人员有较高的智慧，遇事冷静思考，有严密的逻辑思维能力和综合分析问题的能力，有丰富的想象力和创造思维能力，使组织在激烈的竞争中立于不败之地。

【案例 3—7】

巧妙应对拒绝

一位业务员拜访某公司董事长，当秘书把其名片交给董事长时，一如预期，董事长不耐烦地把名片丢回去。秘书很无奈地把名片退回给立在门外看似尴尬的业务员，业务员再把名片递给秘书，说："没关系，我下次再来拜访，所以还是请董事长留下名片。"

拗不过业务员的坚持，秘书只好硬着头皮再进入办公室。董事长见状火了，将名片一撕两半，丢回给秘书。秘书不知所措地愣在当场，董事长更气，从口袋里拿出十块钱，说："十块钱买他一张名片，够了吧！"

岂知当秘书递还给业务员名片与钱后，业务员很开心地高声说："请你跟董事长说，十块钱可以买两张我的名片，我还欠他一张。"随即再掏出一张名片交给秘书。

突然，办公室里传来一阵大笑，董事长走了出来，说："这样的业务员不跟他谈生意，我还找谁谈？"

当你不顺着设局者的逻辑思考时，你才能出自己的招，去破解对手的招数。

（资料来源：https://wenku.baidu.com/view/dcc4cf007075a417866fb84ae45c3b3566ecdd4e.html?.）

4. 开放的性格

从公关工作的要求看，公关人员的性格最好是开放型、稳重型，并具有涵养、宽容精神和积极乐观的性格。

5. 广泛的兴趣爱好

公关人员要与各行各业的人打交道，广泛的兴趣会给公关人员的社会交往带来更多的维度和空间，结交更多的朋友。公关人员为了工作的需要，应培养自己多方面的兴趣。

6. 良好的气质

公关人员的气质最好是活泼型，对工作热情而稳重，善交际而不急躁。兴奋型的人也可以从事公关职业，但工作中要注意不要感情用事。

二、公共关系人员的角色

公共关系工作需要一大批人去做，这些人因其工作性质、范围、职能的不同，而在公共关系工作中充当不同的角色，承担不同的义务，享受不同的权利与待遇。公共关系人员角色大体上可以分为四种类型：专家型、领导型、技术型和事务型。

（一）专家型角色

专家型角色是研究和解决公共关系理论与实践问题的权威，他们有渊博的知识、丰富的经验，有较高的理论水平与宣传推广能力。他们是公共关系队伍中的中坚和精华。专家型角色主要包括以下人员：

1. 公共关系顾问

公共关系顾问是公共关系的专职高级工作者，是处理和解决公共关系方面问题的社会技术专家，为专业的公共关系咨询公司工作。

2. 公共关系学者和公共关系教育家

公共关系学者和公共关系教育家是公共关系研究与教育方面的专家。他们从事社会调查，进行公共关系理论研究，总结公共关系策略与经验，从事不同层次的正规教育与业余培训。这些人主要包括权威的新闻记者与编辑、专栏评论家、大学教师和研究员等。

（二）领导型角色

领导型角色是指在各公共关系组织或相关单位中担任领导职务者。他们包括经理、部长、主任、兼职领导、社会活动家等。

1. 经理、部长、主任

他们是公共关系机构的直接领导者，是一个部门进行公共关系工作的总设计师，他们的工作对整个组织举足轻重。由于公共关系工作横向牵涉面广，又与国家设置的行政业务机构不可分割，因此公共关系部门的领导通常由组织或企业的行政负责人兼任，一般以副职出任为多。有的部门公共关系机构大、任务重，可以设置专门的领导人员，主持日常公共关系工作。

2. 兼职领导

各地区、各部门的公共关系工作的开展，不同程度地得到各级党政领导的关怀与支持。他们出于对事业的关心，积极参与各地区、各组织系统的公共关系活动，并进行宏观指导。他们利用自己的社会地位与工作条件，为公共关系大造舆论，解决难题，扩大影响，把公共关系工作作为一种社会工作予以重视。而公共关系组织也利用他们的特有条件，求得政府和党团的支持与配合。他们虽然不是专职人员，但作为兼职或业务的成员对公共关系的发展起着重要的作用。

（三）技术型角色

技术型角色是公共关系部门从事专项技术的业务工作人员。这类人员主要包括：一般的记者、编辑、摄影师、广告师、设计师及其他技术人员，他们以各自的技术专长进入公共关系角色。他们可以是专职固定人员，也可以是根据需要聘请的专门人才。

（四）事务型角色

事务型角色是组织中从事一般日常公共关系工作的人员，他们是最普通也是最基层的公共关系人员。这类人员包括秘书、办事员、服务员、招待员、翻译、助理员、导游、消费引导员等。

三、公共关系人员的选拔与培养

选拔和培养公共关系人员，是我国当前开展公共关系工作和发展公共关系事业的一项迫切任务。其重要意义在于：公共关系是一项社会工作，为了组织的兴旺发达，必须要求这项工作的从业人员有较高的业务技能和文化修养。对公共关系人员进行严格的挑选和职业培养，直接影响建立良好的社会关系和创造顺利的工作环境。没有大批训练有素的骨干人才，公共关系工作就难以完成自己的职责和使命。

（一）选拔公共关系人员的原则

目前，我国专门培养公共关系人才的专业学校还不多，虽然一些学校已经设立了这样的专业或已经培养出了一些学生，但解决不了现在公共关系人才短缺的问题。因此，公共关系人员的基本来源是从各行各业中选拔，选拔时一般应遵循以下原则：

1. 因人施任，任人唯贤

在安排某个公共关系工作职务之前，用人部门应该对所用之人的情况有所考虑。坚决改变“任人唯亲”的用人习惯，要确实根据某人的特点、能力、条件来安排他做最合适的工作，并使其竭尽全力做好工作，发展自身。

2. 广选博择，正视能力

组织在选择公共关系人才时，眼界应该放宽一些，不要局限在自己的组织范围内，更不要把眼光盯在某几个人身上。应该面向整个社会招聘公共关系人才，把那些有志从事公共关系工作、德才兼备的人招聘进来，这不失为一种广选博择的好办法。

3. 用人之长，避人之短

在实际工作中，优点突出的人，往往缺点也很突出。世界上没有完美无缺的人，问题是看他在哪方面强一些。用人之长，避人之短，既符合人的特性，也符合公共关系工作的特点。如果一个人擅长写文章、绘画，那就应该安排他在组织的公共关系活动中负责书面的宣传工作。

（二）公共关系人员的培养目标

根据公共关系工作的需要，对不同的公共关系人员应该有不同的培养目标。一般认为，公共关系人才培养应该朝两个方向努力：一是培养通才式的公共关系人才，二是培养专才式的公共关系人才。

通才式的公共关系人才，要求知识面广，头脑灵活，思路开阔，考虑问题周全，并有较全面的知识结构、能力结构和完整的性格结构，在工作中能够独当一面，担任公共关系工作的组织者和指挥者。

专才式的公共关系人才，要精通某一方面的公共关系技术，如新闻写作、广告、美工制作、摄影、书法、绘画、市场分析、资料编辑等。组织中许多具体的公共关系工作需要这些人亲自动手。这样的人，在组织中宜有不宜无，宜多不宜少，他们是一个健全的公共关系组织不可缺少的人才。

（三）公共关系人员的培养途径

从公共关系教育的角度看，公共关系人员的培养途径主要有以下几种形式：

1. 大学本科教育

大学公共关系专业一般为四年制本科或毕业后再接受 1～2 年的研究生教育。它通常有系统和严格的教学计划、教学大纲、专业师资和专业教材，有明确的培养方法和目标，教学要求很高。公共关系人员进入正规大学学习，可以获得系统的科学知识，有利于培养具有独立的工作能力和各种才能的公共关系人才。这些人将成为各大公司公共关系部经理及公共关系咨询公司顾问等高级公共关系人才。这种形式是比较正规、有效地培养合格人才的途径。

2. 大专培训班

这种培训班既可由综合大学的公共关系专业或相关专业举办，也可由教育单位与用人单位联合举办，学制一般为两年。学生通过学习可以获得比较广泛的知识，有较全面的智力结构、能力结构和完整的性格结构，能成为通才式的公共关系人才，将来可以从事公共关系部门的各类日常工作。这种形式比较适合我国现阶段的状况，可以缩短周期，早出人才。

3. 函授教育

采取函授教育的方式培养公共关系人员，这是一种应急办法。函授教育的时间比院校教育的时间短，通常为一年。这种培养公共关系人员的形式既有广播电视教育，又有网络教育。它使学习这方面知识的人可以不受时间、地点等条件的限制，利用业余时间学习、掌握有关知识，是“无院墙的大学”，很受求学者的欢迎。它的对象主要是已经从事公共关系工作的人员和立志从事这一工作的人。

4. 公共关系培训班

公共关系培训班，有的长达数月，也有的短至几天，时间上没有统一规定，伸缩性很强。由于培训时间长短不同，讲课者和学员的情况差别很大，因此各种培训班的教学内容不尽相同。培训班的主攻目标往往以掌握各种业务技能为主，培养专才式的公共关系人才。由于学员本身具有一定的社会工作经历，因此他们通过在培训班的学习，可以具备公共关系某种专业技能或精通某一方面的公共关系技术，如广告设计、新闻采写、情报调查、美工摄影等。这类人才在我国目前比较缺乏，需要积极培养。因此公共关系培训班对于社会在职人员了解公共关系的基本内容，获知公共关系研究和实践的最新成果，提高公共关系工作水平，有“短、平、快”的效果。

（四）公共关系人员的职业道德

职业道德是从事一定职业的人在职业活动过程中形成的必须遵守的行为规范和道德准则，是一定社会对于特定职业从事者的道德要求，是社会道德在职业劳动中的具体体现。从业者都应该遵守职业道德，公共关系人员同样如此。从一定意义上讲，公共关系工作比其他行业对从业者的道德要求要更高一些。这是因为，公共关系是要通过塑造组织形象、扩大组织的知名度和美誉度来追求组织的经济效益和社会效益的高度统一，从事这一职业的人代表某一组织，其在公共关系工作中反映出来的道德水准不只影响个人，更重要的是影响整个组织。所以，公共关系人员应高度重视自身的职业道德修养，做到以下三个方面。

1. 公平、公正、公开

这主要是指公共关系人员应公平地对待每一个顾客、雇主、同行及其他公众，办事公正、公平，用合理、合法、透明的手段去对待每一项公共关系工作。

2. 诚实、客观、信用

公共关系人员应忠实于自己所服务的组织，以真诚的态度对待公众，对公共关系事实不夸大、不溢美，言行一致，表里如一，讲求信用。

3. 维护职业形象和声誉

公共关系公司、公共关系组织应比其他任何组织更看重自己的职业形象和声誉，公共关系从业人员应该严格自律，不干有损公共关系行业形象的事，不说对公共关系行业形象不利的话。

1991 年 5 月，在全国省、市公共关系组织第四次联席会议上，正式通过了《中国公共关系职业道德准则》。该准则明确指出，“公共关系工作者肩负着时代的使命，公共关系工作者必须以高尚的职业道德作为完善自身形象的行为准则”，并对我国公共关系职业道德做了准确界定。现引述如下：

(1)公共关系工作者应当坚持社会主义方向，自觉地遵守我国的宪法、法律和社会道德规范；

(2)公共关系工作者开展公共关系活动首先要注重社会效益，努力维护公共关系职业的整体形象；

(3)公共关系工作者在公共关系活动中，应当力求真实、准确、公正和对公众负责；

(4)公共关系工作者应努力提高自己的政治水平、文化修养和公共关系的专业技能；

(5)公共关系工作者应当将公共关系理论联系我国的实际，以严肃、认真、诚实的态度来从事公共关系学教育；

(6)公共关系工作者应当注意传播信息的真实性和准确性，防止和避免使人误解的信息；

(7)公共关系工作者不能有意损害其他公共关系工作者的信誉和公共关系行为，对不道德、不守法的公共关系组织及个人予以制止并通过有关组织采取相应的措施；

(8)公共关系工作者应当对公共关系事业具有高度的责任感，不得利用贿赂或其他不正当手段影响传播媒介人员进行真实、客观的报道；

(9)公共关系工作者在国内外公共关系实务中应该严守国家和各自组织的有关机密。

本章小结

本章从社会组织、公共关系机构、公共关系人员三个方面系统介绍了公共关系的主体。其内容涉及社会组织、公共关系部、公共关系公司、公共关系社会团体等重要概念；社会组织的特征，公共关系机构的类型、特点、优势和不足，公共关系人员的素质和职业道德要求——这些是本章的重点；如何根据社会组织的不同类型和特点，设置和正确选择公共关系机构——这是本章的难点。要求学生通过理论学习和实践锻炼，正确解决上述问题。

本章训练题

一、单项选择题

1. 公共关系的主体是(　　)。

A. 组织　　B. 公众　　C. 传媒　　D. 个人

2. 以下选项中，不属于社会组织特征的是(　　)。

A. 群体性　　B. 营利性　　C. 变动性　　D. 系统整体性

3. 政府部门、消防队、保安机关等，以国家和社会的整体利益为目标的组织属于(　　)。

A. 非营利性组织　　B. 事业型组织　　C. 公益性组织　　D. 互利性组织

4. 在公共关系活动中运用(　　)方法为客户进行各种信息传播、制订广告投资计划，设计制作产品广告及公共关系广告；协助客户推广产品信息，制造有利的市场气氛等。

A. 内部传播　　B. 满足对方　　C. 传播信息　　D. 单向交流

5. 了解内部公众对组织的意见和建议，了解社会政治、经济、文化的现状及变化，了解外部公众的舆论、态度、需求等工作体现了公共关系部门的(　　)功能。

A. 情报部　　B. 参谋部　　C. 外交部　　D. 消防队

6. 以下选项中，属于公共关系公司的基本特征的是(　　)。

A. 协同性　　B. 专业性　　C. 自主性　　D. 社会性

7. 以下选项中，不属于体现公共关系人员心理素质的是(　　)。

A. 广泛的兴趣　　B. 开放的性格　　C. 成熟的思维　　D. 诚实的态度

8. 在公共关系公司的类型中，按业务内部划分：专门为客户提供某种公共关系技术服务的公司是(　　)。

A. 专门业务服务公司　　B. 专项业务服务公司

C. 综合服务咨询公司　　D. 独立型公共关系公司

9. 公共关系协会等公共专业性社团组织，是非官方、非营利的(　　)社团组织。

A. 集体　　B. 大众　　C. 自发　　D. 群众

10. 公共关系公司由(　　)公共关系专家和各类公关专业人员组成。

A. 非职业　　B. 兼职　　C. 职业　　D. 专职

二、多项选择题

1. 以下选项中，属于社会组织的特征的有(　　)。

A. 群体性　　B. 变动性　　C. 互利性　　D. 目的性

E. 公益性

2. 以下选项中，(　　)是公共关系部的设置原则。

A. 规模适应性　　B. 协调性　　C. 工作针对性　　D. 责权对等性

E. 社会公益性

3. 以下选项中，不属于公共关系公司的局限性的有(　　)。

A. 机动性弱　　B. 工作缺乏连续性、持久性

C. 远离客户　　D. 整体规划的经济性

4. 公共关系人员的学科知识包括(　　)。

A. 公关理论知识　　B. 公关实务知识

C. 相关学科知识　　D. 涉及的特定行业知识

5. 公共关系人员的角色有(　　)。

A. 专家型　　B. 领导型　　C. 技术型　　D. 业务型

E. 事务型

三、判断题

1. 公关组织中的经理、部长、主任等担任着专家型公关角色。 （　　）
2. 按照相关理论研究，通常来说多血质气质的人更适合从事公共关系工作。 （　　）
3. 优秀的公关人员需要具有开朗、有耐心、宽容的性格。 （　　）
4. 公共关系公司除了提供全部的公共关系服务之外，还提供专门技术性的单项服务。 （　　）

四、简答题

1. 公共关系人员应具备哪些能力素质？
2. 社会组织的特征是什么？其类型有哪些？
3. 公共关系部与公关公司的优势与局限性各是什么？

五、案例分析题

2021年中国公共关系行业调研结果显示，公共关系行业呈现以下显著特点：

(1)2021年，面对持续的全球新冠肺炎疫情，中国公共关系市场开始呈恢复性增长。调查显示，2021年全行业营业规模约为745.9亿元人民币，年增长率为8.3%。相较于2020年3.1%的年增长率有了较大的恢复性增长。另据美国近日发布的一份行业报告，全球排名前十的公关代理机构总收入在2020年下降了3%之后，于2021年出现了迅猛的恢复性增长。

(2)受疫情持续和反复的影响，国内顶尖公关公司线上业务占比继续扩大。调查显示，40家公司的线上业务达到76%。从业务类型看，数字化传播、传播代理及执行是本年度公关市场的主要业务类型。40家公司中，开展数字化传播业务的有17家，开展活动代理及执行业务的只有4家。其分析认为，即使疫情好转，这种线上业务增长的趋势也将持续，部分传统型业务的公司将面临较大的调整和转型压力。

(3)汽车、IT(通信)、互联网业务继续占据公共关系市场前三位，快速消费品业务排名不变，位居第四。调查显示，40家公司中，33家开展汽车业务，25家开展IT(通信)业务，27家开展互联网业务，26家开展快速消费品业务。

与2020年相比，制造业对公共关系的需求不断增加，跃升到第五位。这与中国制造业在全球规模持续上升有着密切关系。金融业从2020年的第五位下降至第六位，娱乐/文化业、医疗保健业、旅游业、房地产业排名没有变化，分别位居第七位至第十位。

(4)短视频营销成为公关行业新的重要服务手段。调查显示，40家公司在新的服务手段应用方面，短视频营销、意见领袖(key opinion leader，KOL)管理、危机管理等有所增加。其中，35家开展短视频营销，33家开展事件营销，21家开展意见领袖管理，20家开展危机管理。

尽管短视频营销首次被列为调查内容，但它已经是自媒体时代将技术和市场结合的重要手段，成为越来越重要的营销和品牌传播的手段。

(5)人力成本不断增加给行业带来较大运营压力。调查显示，顶尖公司平均月薪为14 972元，比上年同期增长3.8%；大学生转正平均月薪为6 261元，比上年同期增长2.2%。人员成本逐年增加，这是公关行业一个显著特点，加上管理费用加大，以及兼并收购导致的商誉和无形资产的减值等因素，公关公司始终面临较大的运营压力。

尽管受到疫情的影响，但是2021年顶尖公司和最具成长性公司的年平均员工人数都有了一定程度的增加。这既体现了行业用工需求的增长,也体现了公关行业在增加全社会就业方面所承担的社会责任。

中国公共关系行业面临如下挑战:

(1)公共关系行业分化趋势明显。头部公司呈现一定的持续增长,但不少传统型业务公司出现了停滞甚至下降的趋势。预计未来市场将形成几大巨头占据第一梯队的局面。伴随激烈的市场竞争和行业的跨界融合,一部分公司会做大做强,成为服务领域跨界整合明显、国际化程度高的综合性公司;另一部分公司则专注于深耕某一垂直领域,成为针对性强的专业型服务公司;还有小部分不能跟随市场变化做出调整的公司,可能被淘汰出局。

(2)线上服务是大势所趋。因为疫情的影响,线上业务需求量激增,比如视频传播、直播带货、网上教学等相关业务需求不断增加。后疫情时代,通过线上服务助力公关是大势所趋。科技与公关的融合让一些公关公司成功转型,不仅创造出有价值的内容,更让品牌和消费者能够进行良好的沟通和互动,在拓展业务范围的同时也提升了客户的满意度。

(3)疫情持续凸显企业内部公关的重要性。企业成本管理、裁员与增效、公司信誉与社会责任再次受到关注。新冠肺炎疫情的冲击前所未有,许多企业面临困难局面。一些优秀的企业领导人会注重考虑员工的就业机会,这样的内部公关也是企业品牌形象的重要体现。

(4)资金问题依然是公关公司发展过程中面临的挑战。公关行业主要服务对象集中于大中型企业,导致作为专业服务的公关公司在结算方式上处于劣势。较长的赊销账期及垫资等问题,使得公关公司资金状况不甚乐观,再加上运营成本日益攀升,限制了企业的发展空间。在外部融资方面,融资难、融资贵也是公关公司面临的共同挑战。

(5)2022 年初以来,几大经济中心城市疫情的反复对全国公关市场带来较大程度的不利影响,部分公关公司面临巨大的发展压力。这对 2022 年中国公共关系市场来说是一个严峻的挑战,需要全行业去面对和克服。

作为行业组织,中国国际公共关系协会始终致力于中国公共关系行业的国际化、专业化、规范化。面对新的国内国际形势,该协会将继续加大力度,与全行业共同应对挑战,推动行业成长和提升行业社会影响力;继续与政府相关部门沟通,让政府了解和重视公共关系的作用,推动国家形象传播;继续推进公共关系的业务整合和资本运作,探索多种渠道的融资模式,推动更多的优秀公关公司做大、做强、做精;鼓励公关公司在通过创新模式、兼并收购等手段发展壮大的同时,承担更多的行业责任和社会责任。

(资料来源:周安华,林升栋. 公共关系:理论、实务与技巧[M]. 8 版. 北京:中国人民大学出版社,2022.)

问题:

在当今行业背景下,你认为公关组织机构和人员应怎样应对?

本章训练题
参考答案

第四章

公共关系的客体

知识框架

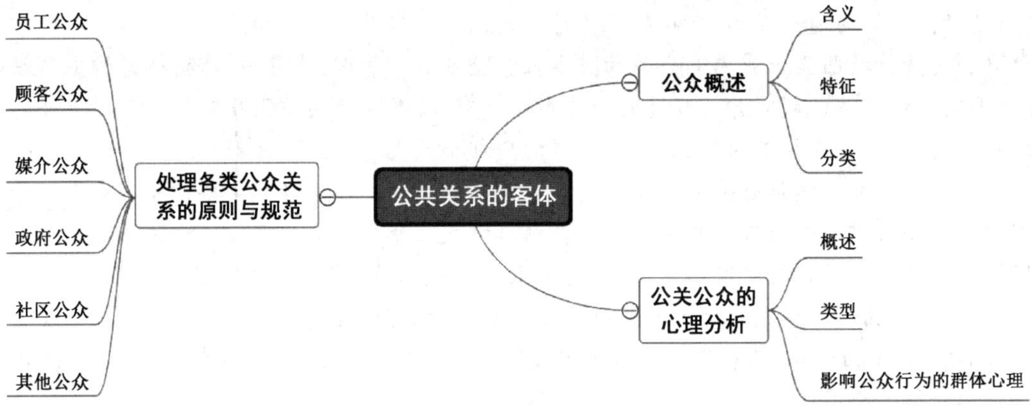

教学目标

1. 了解公众、内部公众、外部公众的概念；
2. 掌握公众的基本特征及分类；
3. 了解公众的心理特征；
4. 掌握公众的个体心理分析内容和方法；
5. 掌握公众的群体心理分析内容和方法；
6. 了解组织内部公众关系的重要性和处理要领；
7. 了解组织外部公众关系的重要性和处理要领。

思政目标

培养学生良好的沟通能力，友好合作的意识。

核心概念

公众　内部公众　外部公众　公众心理　公众的个体心理　公众的群体心理

引导案例

耐克广告争议：公众反应与品牌形象的较量

耐克公司在广告营销方面遭遇的争议，特别是在其宣传片中出现的运动员舔乒乓球拍的画面，引发了公众的广泛讨论和质疑。这一事件凸显了公共关系中公众客体的重要性，因为它直接关系到品牌形象和消费者信任。

在这次争议中，公众的反应是迅速和强烈的。社交媒体上的热议和质疑表明，消费者对品牌传播的内容有着高度的敏感性和判断力。他们不仅关注产品的质量，而且关注品牌的价值观和文化立场。耐克的这一争议案例表明，公众对于品牌的行为和传播策略有着直接的影响，他们的反馈可以迅速改变品牌形象和市场表现。

耐克作为全球知名的运动品牌，其公关策略一直以激励人们发挥潜能为核心，通过与顶级运动员的合作和对体育赛事的赞助，传递积极向上的品牌信息。然而，这次的争议事件也提醒了品牌，即使是全球性的大品牌，也需要时刻关注公众的感受和文化敏感性，以及在不同文化背景下的传播效果。

耐克在处理这次公关危机时，需要采取积极的沟通策略，及时回应公众的关切，解释广告创意的初衷，并采取措施避免类似事件的再次发生。同时，这也是一个机会，让耐克重新审视和调整其全球和本地化的公关策略，确保其传播的信息能够更好地与不同市场的公众产生共鸣。

耐克的公关团队需要与公众进行有效的沟通，解释广告的创意意图，并可能需要公开道歉，以缓和公众的不满情绪。此外，耐克也需要评估其内部审查流程，确保未来的广告和营销活动能够更加细致地考虑文化差异和公众感受。

这次事件也展示了公众在公共关系中的重要作用，他们不仅是品牌的消费者，而且是品牌声誉的共同塑造者。耐克的案例提醒所有品牌，公共关系策略需要不断地与公众沟通和互动，以建立和维护积极的品牌形象。

（资料来源：https://www.dongqiudi.com/articles/4417822.html.）

公众作为公共关系活动的客体，是公共关系工作的对象，是组织为了自身的存在和发展所要重视的各类群体或个人。如果作为公共关系的主体——组织，不了解公众，就难以做好公共关系工作；不熟悉自己的公众，就无法有针对性地开展公共关系工作，提高公共关系活动的效果。因此，公共关系工作要想取得较好的成效，就应该从认真研究和分析公众开始，只有正确理解和把握公众的概念、特征和分类，分析公众的心理及基本目标公众，才能正确地制定公共关系的目标、策略和措施。

第一节　公众概述

公众是公共关系学中的一个基本概念，它的构成也是比较复杂的。正确理解和把握公众的含义和特征有助于公关活动确立明确的对象，而且只有对公众进行正确的认识和分析，才能为社会组织制定公共关系目标、策略和措施提出科学依据。

一、公众的含义

在公共关系中，公众是指与特定的社会组织发生联系，并对其生存和发展具有重要影响的个人、群体和组织，是公共关系工作对象的总称。比如一家企业的公众不仅仅是顾客和经销商，而且包括该企业内部的全体员工、股东、原材料供应者、政府、新闻界、社区居民等。这些个人、群体或组织不仅与公共关系主体有相关的利益，而且对公共关系主体的影响很大。这种影响体现在他们的态度、意向和行动上，将制约社会组织的生存和发展，而组织的观念、政策和行为也将影响这些个人、群体或组织，因此，他们成为公共关系主体传播交流信息的对象。

概括起来，公众包含四项基本含义：

(1)公众是公共关系主体传播沟通对象的总称。

(2)公众是相对特定组织而存在的。

(3)公众是因为共同的利益、问题等而连接起来并与特定组织发生联系或互相作用的个人、群体或组织的总和。

(4)公众是客观存在的。社会组织不可能独立存在，它总是与社会各界发生着千丝万缕的关系，因此组织的公众是客观存在的，不以组织的意志为转移。

二、公众的特征

把握公共关系中公众的特点，就可以在公共关系工作中正确地认识和区分组织的公众对象，准确地把握公众环境，做好组织的准确定位，为有效进行公共关系工作打好基础。作为公共关系学中的一个概念，公众有以下几个特征：

(一)整体性

公众不是单一的群体或个人，而是与某一组织运行有关的整体环境。任何社会组织的生存和发展都离不开一定的公众环境。公众环境与自然环境、地理环境不同，它是组织运行过程中必须面对的社会关系和社会舆论的总和。这些社会关系和社会舆论的范围很广，涉及组织内部和外部以及社会的方方面面，而且相互关联。公共关系工作不可只注意其中某一类公众而忽略其他公众。对其中任何一种公众的疏忽都可能导致整个公众环境的恶化，而公众环境的恶化必将影响组织的生存和发展。因此，我们首先应该将组织面对的公众视为一个完整的环境，要用全面、系统的观点来分析自己所面临的公众。

(二)同质性

公众之所以成为公众，并且广泛存在，是因为公众的成员遇到了共同的问题、共同的利益、共同的需求、共同的目的、共同的兴趣等。这些共同的问题、利益、需求、目的、兴趣，可以是国家的大事，甚至是国际事件，也可以是家庭琐事或者个人的衣着打扮偏好。但无论事情的大小，只要有充分数量的人共同面临，那么这些人就都可以形成公众。比如，一些顾客购买了某种牌子的冰箱，那么这些顾客就成为该冰箱厂的公众。其实，同质性的核心在于“性质”相同或“面临共同问题”，即公众中的每一个个体因为某种具体或抽象的问题与组织之间发生某种联系，这就是公众的同质性。

(三)相关性

所谓相关性，是指因共同问题而聚集的公众和与该问题有牵连的特定组织机构之间相互影响、相互制约的关系。具有相关性的“公众”并不是抽象或空泛的概念，而是与特定社会组织之间由于某种因素而产生相互联系的状态。公众因一定的问题而聚集，这种问题直接或间接地与该组织机构的目标和发展相联系，从而使组织与公众之间产生利益相关性。由于公众与社会组织的这种相关性，公众的选择和确定就成为公共关系的重要任务，以及制定公共关系策略的前提条件。所以，公众应该是具体的，是与特定的社会组织相关而形成的，它总是相对于一定的组织主体而存在，不同的组织主体的公众对象自然是不同的。凡不与某一社会组织发生关系的“公众”，都不是该组织的公众。

（四）多变性

社会组织的运行处于动态的过程之中，因此，社会公众也不是固定封闭、一成不变的对象。公众会因为“面临的共同问题”而产生和存在，也会随着“共同问题”的变化而发生变化。这主要表现在，社会组织在运行过程中，组织主体必须随着环境条件的变化而随时调整自身的发展运行目标，相应的对象公众也会随着主体的条件、客观环境的变化而变化，新的公众会代替原来的公众，公众的范围也会随着“面临共同问题”者的增加而不断扩大。例如，营利性的企业所面对的公众，对企业产品的要求在某一段时间内是以产品质量为主，当产品进入成熟期后，就会转向更高层次的需求，如追求产品的款式要新颖、售后服务要及时等。

（五）多元性

由于公众的组成结构不同，因此公众对组织公关行为的认识和理解必然存在客观差异，这就造成了公众的多元性。公众的多元性，首先体现在它具有多层次的立体结构。公众可以是单独一个人，也可以是一个社会团体、社会组织或者是某些社会单位、部门。这种公众的多层次性客观地表现为公众的复杂性，也决定了公共关系是一种多维的社会关系。其次，多元性还表现在公众目标和需求的多元化。作为特定组织的公众，都面临着一个共同的问题，但在解决这一问题的过程中，他们所表现出来的利益追求和价值取向存在一定的差异。一般来说，如果利益一致或基本相同，就易形成和谐关系；反之，则可能产生对抗性。最后，公众的多元性还表现为它具有多种类型，有的公众与组织发生直接关系，如员工；有的公众与组织发生间接关系，如员工家属。即使是同一类公众，也可以有不同的存在形式。比如消费者公众，可以是松散的个体，也可以是特殊的利益团体（如消费者协会），还可以是一个严密的组织（如使用产品的某家公司乃至政府）等。了解公众形式的多元性，才能按照具体公众的特殊性进行分析，制定相应的公共关系措施。

三、公众的分类

任何组织面临的公众都不是单一的，都是比较复杂多元化的。只有对公众进行分类，把握公众的性质，了解公众的特点和要求，才能制订出具有针对性的公共关系活动计划，实现公共关系的目标。这里根据不同的标准将公众分为不同的种类，目的是通过这些种类的划分，帮助组织针对不同特点的公众，有的放矢地开展公关工作。

（一）根据公众的隶属关系划分

根据公众的隶属关系，可以将公众分为内部公众和外部公众。

1. 内部公众

内部公众是指组织的全体成员。如企业中的工人、技术人员、管理人员、股东，大学里的教师、学生、干部、后勤人员等，他们的一言一行都会直接影响组织的整体形象，与组织的关系最为直接、紧密。他们是组织的主体，也是组织中最具有能动性和创造性的生产力，是组织公关的首要对象，也是组织公关活动的施动者，是与组织相关性最强的一类公众。组织的内部公众主要包括员工和股东两类。

(1)员工。员工既包括操作人员、技术人员，也包括管理人员。一方面，员工是组织的成员，处理好员工关系可以极大地调动员工的工作能动性和创造性，提高组织的运营效率；另一方面，他们与外部公众直接接触，是组织形象的代表，是外部公众了解组织的“橱窗”。因此，针对员工公众的公关活动不仅是组织对象公关工作中最基本的一个环节，而且是组织全员公关的基础。

(2)股东。股东是组织的投资者,既包括个体投资者,也包括团体投资者。股东与组织的生存和发展密切相关,他们是组织的财务支持者,为组织的发展提供资金支持,搞好与股东的关系对组织的经营活动十分重要。

2. 外部公众

外部公众主要指社会组织外部的,与组织存在着某种利益相关性,对组织的生产经营有重要影响的公众。这类公众不隶属于组织,他们与组织的关系没有内部公众那么密切,但由于外部公众对组织的生存和发展具有现实或潜在的影响力,因此,组织需要通过与外部公众直接或者间接的联系来实现自己的发展目标。所以,公关部门应当树立组织的良好形象,争取外部公众更多的理解与支持,为组织的发展构建良好的外部环境。组织的外部公众众多,常见的外部公众包括顾客公众、政府公众、媒介公众、社区公众。

(1)顾客公众。组织外部公众中最为重要的就是顾客公众。顾客公众是组织的衣食父母,顾客公众对于组织的生存和发展是十分重要的。因此,以顾客为导向、"顾客第一"是大部分企业在经营活动中采取的重要措施,组织的生产经营活动都围绕顾客进行,即以顾客为中心。这种经营理念反映了组织在处理与消费者的关系时所持有的基本态度和立场,其核心就是要让顾客满意。只有让顾客满意,才有可能让顾客忠诚,这种忠诚不仅是指重复购买的行为,而且包括顾客对组织产品的偏好以及正面口碑传播等方面。因此,处理好组织与顾客之间的关系的重要性是不言而喻的。

(2)政府公众。政府公众是组织与政府沟通的具体对象,是政府各级行政机构及其官员和工作人员。社会组织必须接受政府的管理和制约,因此需要与政府的有关职能机构和管理部门打交道。政府公众从纵向来看包括中央政府、各级地方政府,从横向来看包括工商管理、税务、土地、司法等不同的职能部门。社会组织、个人和团体都只有在政府的统一、有序管理下才能正常运行,组织也不例外。组织的行为不能违反政府的政策法规,有时其生产经营活动还需要政府部门的支持,如土地审批。此外,政府是公关公众中最为权威的公众,政府的认可与支持也最具影响力。"霸王"洗发水"致癌门"事件中,国家食品药品监督管理局发布公告称"霸王相关产品的抽检样品中,二恶烷含量水平不会对消费者健康产生危害",正是国家管理机构的澄清才使得"致癌门"事件逐渐趋于平静。因此,与政府公众建立良好的关系,争取政府对组织的了解、信任与支持,是组织生存与发展的重要保障。

(3)媒介公众。媒介公众,也称新闻界公众,指的是新闻传播机构及其工作人员,包括报刊社、广播电台、电视台及其编辑、记者等。媒介公众是公共关系工作对象中最敏感、最重要的一部分。它们是组织向其他公众传播信息的主要渠道。信息传递迅速、影响范围大、威信高是新闻媒介最大的特点,它们可以在很大程度上左右社会公众的价值判断。因此,组织公关部门需要通过它们传播信息,树立组织的良好形象。同时,新闻媒介具有舆论监督作用,它可能曝光组织的不合理、不合法行为,使组织形象受损,甚至是完全溃败,危及组织生存。因此,媒介公众对组织的生存与发展也具有举足轻重的作用。

(4)社区公众。社区是普遍存在于城市生活中,因居住区域集中而自然形成的一定的区域范围。社区公众是在一定区域范围内与组织发生某种特定关系的各类群体或组织,包括当地的政府部门、地方团体组织、左邻右舍的居民百姓。一般情况下,社区公众包括:社区内的居民及其家庭,尤其指那种对组织活动构成影响的各种活跃分子;社区中与本组织有某种利益关系或其他关系的社会组织及其成员;组织所在地的各级政府机构及其官员和工作人员;

社区内的新闻机构及其工作人员；等等。社区公众是组织重要的外部公众之一，组织要提高内部员工的士气，使他们心情舒畅，促进组织或企业顺利发展，就必须搞好与社区公众的关系。而且，对于存在于社区内的组织而言，社区公众对其具有重要意义。一方面，它可以是组织员工的重要来源；另一方面，它又可以是组织的公共关系对象，是组织产品的消费者或服务的提供者。组织只有理顺与社区公众间的关系，才能拥有良好的邻里关系，得到周围环境的大力支持与协助，才能顺利地进行生产和经营。由此可见，社区公众与组织的利益紧密相连，与组织的发展息息相关。

（二）根据公众发展过程中不同阶段的特点划分

根据公众发展过程中不同阶段的特点，可以将公众分为非公众、潜在公众、知晓公众和行动公众。

1. 非公众

非公众是公共关系学中的特殊概念，是对组织不产生影响，也不受组织影响的公众。在从事公共关系工作时应当正确区分公众与非公众。只有这样，公共关系工作才具有明确的目标和重点。但值得注意的是，非公众也并非绝对不变，他们会随着时间、地点、条件和环境的变化而发生变化，这时非公众就有可能转变为潜在公众。

2. 潜在公众

潜在公众指的是由于面临的潜在的共同关系问题而形成的潜伏公众、隐患公众、隐蔽公众或未来公众。某一社会群体面临着组织行为或环境引起的某个潜在问题，这个潜在问题还未暴露，这些公众本身还没有意识到问题的存在，他们与组织的关系还处于潜伏状态。例如，企业在生产过程中，工人出现操作失误，排放了无色无味的有害气体，但是工厂周围的居民却还没有意识到这一点，于是就成为该企业的潜在公众。由于没有认识到问题，潜在公众还没有形成态度的变化，也没有采取任何行动，但是一旦他们得知，他们就会发展成为知晓公众。一般来说，潜在公众阶段是公关工作开展的最好时机。如果是让公众受益的事情，组织应当尽早采取公关措施让潜在公众转变为知晓公众、行动公众；如果是危及潜在公众利益的事情，为了避免处于被动，组织应当采取行动让公众了解事情的真相，采取补救措施，将问题解决在萌芽状态，以免酿成更大的危机。

3. 知晓公众

知晓公众是潜在公众逻辑发展的结果。潜在公众已经面临着组织行为引起的共同问题，但尚未意识到问题的存在；知晓公众面临着共同的问题，并且已经意识到问题的存在。在上例中，如果附近居民已经知道了企业排放的气体有毒，对居民的身体健康会产生影响，此时他们就会急于了解问题，想知道更多的相关问题的细节以及如何解决问题。例如，到底排放了多少气体？是什么时候开始排放的？气体对人们身体健康的影响程度如何？会不会产生后遗症？等等。知晓公众对一切有关问题的信息都想了解。对于组织来说，此时采取积极主动的公关姿态，及时沟通，主动传播，满足公众被告知的心理，使公众对组织产生信赖感，对于主动控制舆论局势非常重要。如果知晓公众不能从有关组织那里获得必要的信息，便会转向其他信息渠道，各种不准确的小道消息就会流传开来，局势就会难以控制，事后的解释也会事倍功半。美国前总统尼克松处理水门事件时，由于没有正视知晓公众的要求，失去了引导公众舆论的时机，使自己越来越被动，最后只好辞职下台。事后，尼克松在其回忆录中总结水门事件的经验教训时，写道："这完全是公共关系的失策。"

4. 行动公众

行动公众是知晓公众发展的结果。行动公众不仅意识到问题的存在，而且准备或已经自行采取行动来求得问题的解决。行动公众会对组织构成相当大的压力，会迫使组织必须正面处理他们的问题，要求组织的反应不能只停留在语言和文字上，也就是说，行动公众必然促成公共关系行为的发生。组织面对行动公众，除了采取相应的行动外别无选择。当然，恰当的公共关系行动方案会使行动公众的压力转变为动力，转变为对组织有利的合力，这也是公共关系工作的最佳结果。

【小贴士】

公众角色的转变

某商店出售一批食品，事后发现这批食品已经变质。购买了这批食品的顾客，由于还没有食用，也没有发现问题，因此暂时没有反应，这时，他们就是潜在公众；当顾客吃了这批食品，发现了变质问题，顾客就成了该商店的知晓公众，他们可能向该商店提出质询；假如顾客发现商店出售变质食品后，纷纷上门索赔，同时向有关部门投诉等，这部分顾客就构成了行动公众。

将公众划分为非公众、潜在公众、知晓公众和行动公众，是按照组织遇到的一个问题形成的相应的公众的发展阶段而确定的。在这个过程中，公共关系的从业人员可以用自身的专业能力将他们转变为非公众，这样就会及时地化解组织的危机。

（三）根据公众对组织的重要性划分

根据公众对组织的重要性，公众可以分为首要公众、次要公众和边缘公众。

1. 首要公众

首要公众是关系到组织的生死存亡、决定组织成败的那部分公众。他们对组织的生存和发展具有重要的影响力和决定性作用，同时还会影响其他公众。例如，组织中所有的员工和股东、商店的顾客、工厂的用户等都是组织的首要公众。这些公众群体是社会组织正常运行和发展的主要动力，是构成社会组织结构和功能的基础，是公共关系活动的重要对象。所以，对于此类公众的公共关系活动的人力、物力、财力等应该多做安排。

2. 次要公众

次要公众是那些对组织的生存和发展有一定影响，但没有决定性意义的公众，如政府公众、媒介公众及社区公众等。此类公众虽然不是组织公共关系工作的重点对象，但是建立、保持与这类公众的良好关系是组织发展不可忽略的事项。次要公众虽然在数量上看可能相当多，但是由于其影响力比较弱，因此，即使投入大量的力量，也只能收到较少的效益。

3. 边缘公众

边缘公众是指处在组织公众与非公众交界地带的人员和群体，它与组织的生存和发展有一定的关系，但其作用要次于首要公众和次要公众，如组织的非主管部门、科研机构、各种民间协会、团体、非同类企业组织等。边缘公众的灵活性、稳定性较差，他们可以是某个组织的边缘公众，也可以是某几个组织的共同边缘公众。但是，边缘公众并非固定不变，在一定的条件下，他们可以转变为首要公众和次要公众，会对组织产生巨大的影响。所以，组织在兼顾首要公众和次要公众的同时，也要注意边缘公众，掌握他们的变化状况，防止他们上升为首要公众或次要公众时，由于组织不了解情况而采取错误的方法和措施，在组织和公众双方间产生不应有的误解，造成不应有的损失。

(四)根据公众对组织的态度划分

根据公众对组织的态度,可将公众划分为顺意公众、逆意公众和独立公众。

1. 顺意公众

顺意公众是意见和态度都和组织的行为相对保持一致的公众群体。他们对组织的产品、生产经营活动以及政策等都持赞成、支持的态度。他们的支持有助于组织的生产和发展。组织在制订公关计划时,应当加强与这类公众的联系和沟通,强化他们的积极态度,避免由于组织的不当行为或外部环境的变化导致这类公众态度的转变。也就是说,组织的公关部门应当保持和扩大顺意公众的规模。

2. 逆意公众

逆意公众是对组织的政策和行为持反对态度并提出否定意见的公众群体。任何公共关系的主体都会面对这样的客体——逆意公众,只是数量不同而已。任何一个社会组织,它的政策、行为不可能得到所有人的赞成,不可能没有人持反对意见。组织的工作受到阻碍或不能按照原计划顺利进行的原因之一就是有逆意公众的存在,因此组织必须充分重视逆意公众,加强与他们的信息交流与沟通,让逆意公众了解组织、信任组织、谅解组织,同时改变他们对组织的态度。

3. 独立公众

独立公众是那些对组织持有中立的态度和观点,意向不是很明确的公众。他们既有可能转变为顺意公众,又有可能转变为逆意公众,也有可能保持不为所动的状态。在没有转变之前,独立公众的态度和行为对组织的生存和发展影响不大。例如,2010 年 7 月,国家市场监督管理总局通报了对"霸王"洗发水相关产品的抽检情况,结果显示,抽检样品中二恶烷的含量水平不会对消费者健康产生危害。使用该品牌产品的消费者由于用量不大,因此对霸王"致癌门"事件的态度同以前一样,还是处于中立,既不支持也没有表示反对。针对这类公众,组织的公关部门应当竭尽全力避免其向逆意公众转变,争取使其转变为顺意公众。因此,公关部门必须做好调查研究,采取有效措施,加强与这类公众的沟通和交流。

【案例 4—1】

公众信任与企业诚信:爱奇艺财务造假指控事件分析

在 2020 年,爱奇艺面临了一场由做空机构"狼群"(Wolfpack Research)发起的财务造假指控,这场危机不仅触发了市场动荡,导致股价一度大跌,而且对公司的公共形象构成了严峻挑战。爱奇艺随后坚决否认了所有指控,并宣布将保留法律追诉权力,这一反应在一定程度上稳定了市场情绪,股价随后有所回升。

在这场公关危机中,爱奇艺面对了三种不同的公众群体。忠实用户和投资者构成了"顺意公众",他们尽管感到担忧,但依然选择信任公司,直到真相水落石出。爱奇艺通过透明的沟通和积极的公关策略,成功维护了这部分公众的信任。

与此同时,"逆意公众"包括了那些持怀疑态度的投资者、消费者和媒体,他们在社交媒体和其他平台上表达了不满和批评,对公司声誉造成了负面影响。为了应对这一挑战,爱奇艺采取了有效的危机管理措施,包括及时发布官方声明、提供证据反驳指控,并加强与公众的沟通。

"独立公众"则由那些持中立态度的公众组成,他们对事件保持观望,等待更多信息和证据的出现。爱奇艺通过提供全面、准确的信息,帮助这部分公众形成了基于事实的观点。

爱奇艺的案例展示了公共关系在处理不同类型公众时的重要性，以及如何通过有效的沟通和策略来转化公众的态度，减少对组织的负面影响。

（资料来源：https://baijiahao.baidu.com/s?id=1706025023263000320&wfr=spider&for=pc.）

（五）根据公众的稳定程度划分

根据公众的稳定程度，可以把公众分为三类：临时公众、周期公众和稳定公众。

1. 临时公众

临时公众是指因某一临时性、偶然性因素聚集在一起的公众，如专题活动的来宾、展览会的观众、促销现场的围观者等。这类公众不仅是公关对象，而且是传播公关活动的活媒介。在公关工作中不可忽视这类公众。

2. 周期公众

周期公众是指按一定规律和周期出现的公众，比如节假日的游客、竞选时的选民等。周期公众的规律性比较强，对于季节性比较强的行业来说，周期公众的确定非常重要，公关人员可事先精心准备、周密策划，以使周期公众转化为稳定公众。

3. 稳定公众

稳定公众是指具有稳定结构和稳定关系的公众，比如长期合作的伙伴、老主顾、社区中人等。稳定公众是组织最忠实的公众，也是需要特别对待的公众，比如给予其特别的优惠、特别的政策、特别的产品等。

第二节　公关公众的心理分析

公众心理就是公共关系心理，也被称为大众心理，它是一种团体心理现象，在日常社会生活中普遍存在。公众心理非常复杂，它是由不同的个体心理现象构成的，是在一定的社会条件和外部环境下逐渐形成的。社会组织和公众之间的互动关系构成了公共关系，公共关系情境中公众受组织行为的影响和大众影响方式的作用形成了公众心理。公众心理是公关活动的承受者对主体行为的感知和反映。组织可以调整自身行为来塑造良好的形象，掌握公众心理的变化规律，促进公关活动的顺利进行，影响和改变公众心理，引导组织和公众之间的关系向着更有利的方向发展。

一、公关公众心理概述

（一）公关公众心理的概念

心理，是知觉、记忆、思维、情感、意志及气质、能力、性格等心理现象的总称，是支配、调节人的行为的内部机制。在公关活动中，公众的心理活动是非常复杂的，它以不同的形式能动地反映客观世界的事物及其关系。所谓公关公众的心理，就是指在公关情境中，公众受组织行为和大众的影响所形成的心理现象和心理变化规律。

（二）公关公众心理的特征

公众心理受社会环境的影响，是社会现实的反映。社会团体中的个体对某一现象的看法、体验、意向，由于其各自的背景不同而不同，但是相互影响，最后会自发地趋向集中，形成相近的看法和一致的行为。因此,公众作为社会群体的成员,其心理特征具有同质性、变化性、从众性和攀比性。

1. 同质性

公众心理的同质性是指当群体面临某一共同问题或社会事件时,虽然群体中的个体经历、教养、文化、个性等方面存在差异,但是他们在面临某一种共同利益和需求、受到组织的决策影响和制约时,会形成共同的社会心理,并会作出较为一致的反应。值得注意的是,在事件结束或问题解决后,因利益趋向变化,公众的同质心理将发生变化,所以这种特性是临时的。例如,2006 年春节,香港迪士尼乐园以游客爆满为由,拒绝一些持有半年有效的门票的游客入园。许多内地游客春节前就在不同的旅行社订购了迪士尼乐园的门票。他们扶老携幼,满怀欣喜来到香港迪士尼乐园,想玩个痛快,却被拒绝在乐园门外。拥挤的场面,期待、焦躁的心情,构成了埋怨、愤怒的心理,有上当受骗的感觉。为维护自身的权益,这些游客联合起来向有关部门投诉。尽管这些游客的性别、年龄、职业、文化程度及来自的地域不同,但是当他们的权益受到了侵害时,自觉地维护自身权益这一共同目标将他们彼此联系在一起,他们所要求解决共同问题的心理状态是相同的,所产生的态度和行为也就较为一致。

2. 变化性

公众心理的变化性也可以理解为公众心理的不确定性,它是现代社会不断发展、生活模式不断变化的反映,同时也是每个个体或群体在社会生活中角色变化的结果。流行或时尚的此起彼伏引起了公众心理的变化,而这种变化过程是每一种流行方式本身的寿命。除此之外,由于公众在社会中所扮演的角色日趋多样化,如因公众自身的背景不同,所处条件不同,其显示的角色和他类角色在心理上肯定是有差异的,因此其心理具有变换性和伸缩性。例如,企业家们在逛菜市场时会因涨价而发出怨声,但坐到办公室桌前又会为自己的产品提价进行筹划。这种生产者和消费者的角色行为冲突,就反映了公众心理的变化性。

3. 从众性

从众性是一种长期存在的心理现象,在现代社会被赋予了更丰富的形式和内容。尽管现代社会强调个性,但是大多数公众并不能有效鉴别和把握个性所在,而且公众的思维和心理由于大众传播媒介所提供的各种信息而变得模糊,因此就会产生效仿传播媒介所提供的“形象”,这些“形象”成为公众追求“个性”和“流行”的模板。传播媒介的传播内容成为大众传播的内容。大众传播的内容是大众所关心、接受的,能引起尽可能多受众兴趣的思想趋势,因而大众传播的内容一般是难以满足个性化需求的。因为,追求“个性”的发展过程包括三个阶段:追求个性(个别创新)→众从(大多数人效仿)→从众(最后紧追而上)。从这个过程可以看出,追求“个性”的最终结果恰恰导致了“从众”现象。

【案例 4－2】

优衣库联名遭疯抢

2019 年 6 月 3 日,优衣库联名遭疯抢登上热搜,事情起因是这样的,优衣库和美国涂鸦艺术家 Kaws 联名系列正式发售,这款优衣库 Kaws 联名 T 恤一经发售就遭到疯抢,无论是线上还是线下的衣服都被抢购一空,一个人群疯抢衣服的视频还在网上走红。据悉,优衣库发售与 Kaws 合作款商品,多个城市实体店出现钻门、扒模特衣服、肢体冲突等行为。3 日零点,优衣库各网店发售,不到几秒钟商品就全部售罄。售价为 99 元的这些商品已经被炒到了 200～400 元。有网友质疑是“托”,也有网友表示“看不懂”。

线下实体店,早上7点多就有人排队等候,商场一开门,大家就以百米冲刺的速度奔入商场。有的门店开门5分钟,该款联名T恤就被抢完,付款排队一直到11点左右。大多数朋友表示,看到朋友圈和微博上的用户都在抢这款衣服,所以也来抢一件,不看尺码买,主要是因为喜欢收藏,就连这个袋子也要收藏的……从众是人性的弱点,部分商家正是利用了公众从众心理的弱点,借机提高衣服价格大赚了一笔。

(资料来源:https://baijiahao.baidu.com/s?id=1635329848336384878&wfr=spider&for=pc.)

4. 攀比性

人们通常会通过与他人的比较、选择来确定自己的观点和行为,这本质上反映了一种攀比心理。攀比是一种与自己心目中的强者或现实中比自己条件优越的人比较的心理和行为。人们常常把与之比较的对象分为两类:一类是与自己一样的人,这些人构成自己的"隶属群体";另一类是自己心目中向往成为的人,这些人构成其"参照群体"。由于公众这一特殊的群体是未经组织的,没有严格的规范性,因此更多的是与参照群体而不是隶属群体进行比较,并由此产生行为上的攀比。这种攀比会造成追求时尚或流行的现象。例如,很多年轻人追求时尚,常常对明星的服饰、发式有一种攀比心理,这就形成了明星服饰与发式在青年公众中的流行,也会促使这些公众产生购买欲望。

二、公关公众心理的类型

(一)知觉与公众行为

知觉是人脑对直接作用于感觉器官的客观事物的整体反映。知觉分为视觉、听觉、嗅觉、味觉、触觉五种感觉。心理学告诉我们,通常我们感觉到的世界,不一定是现实的千真万确的客观世界,它往往带有人们的主观看法,因此,对于同一件事情,不同的人,由于知识水平不同、阅历不同,就会产生不同的知觉。"一千个观众的心中有一千个哈姆雷特",描述的就是这一现象。

在现实生活中,人们往往容易受各种偏见的影响而造成歪曲的社会知觉,做出与客观事实不一致的判断,其主要原因有两点:一是知觉的选择性,二是知觉的偏见。在心理学中,这种现象被称为心理定势。这种心理定势有积极的作用,也有消极的作用。在公共关系活动中,处理好这种心理定势具有重要意义。

常见的心理定势有以下几种:

1. 首因效应

首因效应是指个体在社会认知过程中,通过"第一印象"最先输入的信息对客体以后的认知产生的影响作用。

2. 近因效应

近因效应是指最新出现的刺激物促使印象形成的心理效果。

3. 晕轮效应

晕轮效应是从对象的某种特征推及对象的总体特征,从而产生美化或丑化对象的印象。

4. 刻板效应

刻板效应是指对某个群体产生一种固定的看法和评价,并对属于该群体的个人也给予这一看法和评价。

5. 投射效应

投射效应是指将自己的特点归因到其他人身上的倾向。

6. 期望效应(又称皮格马利翁效应)

期望是对自己或他人的一种判断,希望自己或他人达到某种目标或满足某种行为预期,由期望而产生的行为结果就是期望效应。

7. 定势效应

定势效应是指有准备的心理状态能影响后继活动的趋向、程度以及方式。

8. 经验效应

经验效应是指公众个体凭借以往的经验进行认识、判断和决策。

9. 移情效应

移情效应是指对特定对象的情感迁移到与该对象有关的人或事物上的现象。

【案例 4—3】

晕轮效应

美国心理学家凯利用麻省理工学院的两个班级的学生分别做了一个试验。上课前,实验者向学生宣布,临时请一位研究生来代课。接着告知学生有关这位研究生的一些情况。其中,向一个班的学生介绍这位研究生具有热情、勤奋、务实、果断等品质,向另一个班的学生介绍的信息除了将"热情"换成了"冷漠"之外,其余各项都相同。而学生们对此并不知晓。两种介绍后的差别是:下课后,前一个班的学生与研究生一见如故,亲密攀谈;后一个班的学生却对他敬而远之,冷淡回避。可见,仅介绍中的一词之别,竟会影响整体印象。学生们戴着这种有色镜去观察代课者,而这位研究生就被罩上了不同色彩的晕轮。

(资料来源:https://www.sjzlg.com/collegeNews/newsDetail? id.)

(二)价值观与公众行为

价值观是人们在价值体验的基础上形成的指导和推动人们采取行动、作出决定的原则、信念和标准,在人们的思想意识中居于核心地位。价值观内容包括信仰、伦理、道德观念、生活目标、处世哲学等。当某种价值观被社会大多数人接受和运用时,就可变为社会规范。由于所处的社会地位、职业、知识水平、社会经验、道德水平、经济观念的差异,公众就会形成不同的价值观,进而产生不同的态度和行为。如在同一组织中的员工,由于价值观的差异,有的注重工作成就,有的重视物质利益,有的则重视权力地位。

公众的价值观不同,常会使其行为发生很大的差别。在公关活动中,需要了解目标公众的价值观,进而来分析其行为,以此作为判定公关方针和策略的依据。

(三)态度与公众行为

态度是指公众对社会组织或社会组织的某一问题的认知、情感和行为倾向。认知,即公众对组织或组织的方针、政策、行为等的理解和认识,它是形成态度的基础。情感,即公众在对组织的认识基础上所形成的善恶评价和情感反应。行为倾向,即公众对组织的行为准备状态。公众态度一经形成,就比较牢固和持久,但并非一成不变,它会随着外界条件的变化形成新的态度。公共关系工作需要研究如何通过宣传、教育、引导来影响或转变公众的态度,使之对组织的发展有利。组织通过公共关系活动,一方面努力引导公众态度的形成,使公众态度向有利于组织的方向发展;另一方面要改变公众的敌对态度,化干戈为玉帛。

(四)需要与公众行为

公众的需要是指公众个体或群体在公共关系活动中的欲望和需求,通常以一种"缺乏感"作为内心体验,以意向、愿望的形式表现出来。公众的行为,总是直接或间接、自觉或不自觉地为了实现某种需要。因此,公众的需要是公众行为产生的原动力,组织公共关系活动的成效,应该以是否满足公众需要为基本的考核标准。

需要是有层次的,如图 4—1 所示。

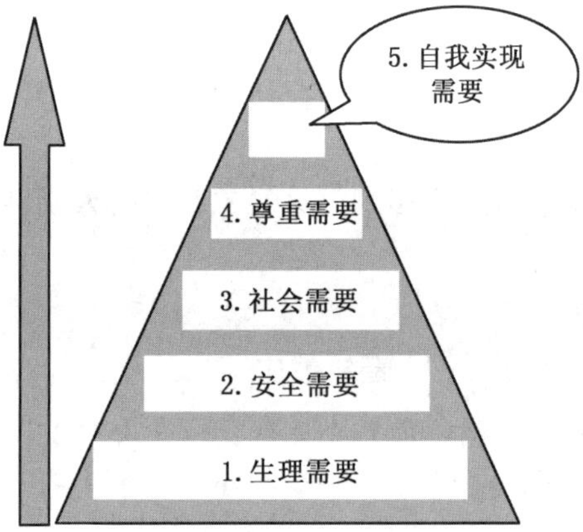

图 4—1　马斯洛的需要层次论

(五)性格、气质与公众行为

性格是一个人较稳定的对现实的态度和与之相应的习惯化的行为方式,是一个人的全部品质和特点的总和。一个人的性格是区别于他人的集中体现。一个组织的公共关系人员对待公众,特别是对待内部公众,不能局限于仅仅了解他们的性格,而且应该积极创造条件,让他们的性格向着积极、健康的方向发展,努力在组织内部营造一个良好的有利于其成长的公共关系环境。

气质是人的典型、稳定的心理特征,它是决定一个人心理活动的全部动力。通俗地讲,气质即一个人的"脾气"和"性情"。气质在一个人各种各样的行动中,都会始终如一地得到同样的表现。气质是在人的生理素质基础上,通过实践,在后天生活条件的影响下形成的,并受人的世界观和性格等因素的制约。

现代心理学家认为,气质是高级神经活动类型的表现。高级神经活动具有兴奋和抑制两个基本过程。有的人兴奋性强,有的人兴奋性弱;有的人兴奋的强度和抑制的强度相平衡,有的人则不能平衡;有的人兴奋和抑制转换灵活,对外部刺激的反应速度快,有的人则正好相反。这样就产生了四种典型的高级神经活动类型,并由此表现为四种典型的气质:(1)兴奋过程特别强,抑制过程受很大压抑的(胆汁质);(2)兴奋过程强,但转换灵活,反应快的(多血质);(3)兴奋过程较强,但反应不灵活的(黏液质);(4)兴奋过程弱,抑制过程为主导的(抑郁质)。

性格和气质与公众行为的关系也是极为密切的,对一个人的性格、气质的了解,不仅可以说明他现在的行为,而且能预测他未来的行为。

【小贴士】

不同类型气质的人的特点

胆汁质气质的人，一般表现为精力过人、不易疲劳；争强好胜、不怕挫折；大喜大怒、难以控制；办事果断但容易急躁；具有明显的外倾性。

多血质气质的人，一般表现为精力充沛、活泼好动；反应迅速、适应性强；兴趣广泛、善于交际；容易轻浮、不够踏实；具有明显的外倾性。

黏液质气质的人，一般表现为沉静、稳重；工作时坐得住、不喜欢表现自己；忍耐性强、情绪不易外露；办事容易拖拉、比较固执；具有内倾性。

抑郁质气质的人，一般表现为行为孤僻、不太合群；观察细致、非常敏感；表情腼腆、多愁善感；行动迟缓、优柔寡断；具有明显的内倾性。

（六）兴趣、能力与公众行为

兴趣是人们力求认识、探究某种事物或乐于从事某种活动的一种心理倾向。兴趣与需要相联系，人们总是在需要的基础上形成和发展具有意识倾向的兴趣。兴趣是一种内在动力机制，可以促使人们产生兴趣性动机，具有激发和指导人们行为的作用。公众在接收信息时，往往特别关注自己感兴趣的信息。在公共关系工作中，公关人员要观察不同公众的兴趣和爱好，掌握其兴趣、爱好与需要、年龄、职业的关系，使公关活动迎合公众的兴趣、产生较强的吸引力，这对于提高公共关系艺术水平大有裨益。

能力是指直接影响活动效率，使活动顺利完成的个性心理特征。人的能力是在人的先天素质基础上形成和发展起来的，其最鲜明的特点就是与活动效果相联系。能力也可以理解为完成一定活动的本领，存在于人的具体活动之中。人们在各项活动中所表现出来的能力是多方面的，有观察力、记忆力、想象力、感受力和鉴赏力等。人与人之间能力上的差异导致了人有不同意识、不同评价、不同决断以及不同的行为模式。从公共关系的角度来讲，社会组织针对公众能力的差异，可以采取灵活多样的公共关系手段。

三、影响公众行为的群体心理

（一）影响公众行为的有组织群体心理

1. 从众心理

从众心理是指个人的观念与行为由于群体的引导和压力，不知不觉或不由自主地与多数人保持一致的社会心理现象，通俗地说就是“随大流”。

通常情况下，多数人的意见往往是对的。服从多数，一般是不错的。但缺乏分析，不作独立思考，不顾是非曲直的一概服从多数，随大流走，则是不可取的，是消极的“盲目从众心理”。造成从众心理的主要因素如下：

（1）群体因素：一般来说，群体规模大、凝聚力强、群体意见的一致性等，都易于使个人产生从众行为。

（2）情境因素：这主要有信息的模糊性与权威人士的影响力两个方面，即一个人处在这两种情况下，易于产生从众心理。

（3）个人因素：这主要反映在人格特征、性别差异与文化差异三个方面。

2. 逆反心理

逆反心理是社会心理现象之一，指客观环境要求与主体需要不相符合时所产生的一种强烈的反抗心态。逆反心理会造成逆反行为、抵触行为。

美国心理学家布林(Brin)在其专著《心理感应抗拒理论》中首次提出心理感应抗拒理论，他指出，当一个人的行为自由受到威胁时，他会处于一种动机唤醒状态，这种状态驱使他试图恢复自己的自由。这种动机状态是人们对其行为自由减少的一种反应，也就是一种反作用力，布林称之为心理抗拒。

根据布林的理论，如果一个人的一套自由行为中有一种行为被剥夺或者可能被剥夺的话，他就会发生心理抗拒即逆反心理。

逆反心理的产生成为社会组织与其传播对象进行沟通的一种障碍，因此，要防止公众逆反心理，公关人员就应当充分尊重和顺应公众的自由，不能让他们感觉到自己的自由被剥夺。另外，从信息传达的角度来看，还要注意传播的信息量和刺激量要适度，信息量过大、刺激过度都容易使传播对象产生厌烦情绪，导致逆反心理。

(二)影响公众行为的无组织群体心理

1. 时尚与公众行为

时尚是指社会上许多人去追求某种生活方式，使这种生活方式在较短的时间内到处可见，从而导致了彼此之间发生连锁性的感染，即所谓的一窝蜂现象。时尚具有普及性与发行性统一、求同性与求异性统一、时效性与周期性统一的特点。

追随时尚主要来自以下心理原因：

(1)从众与模仿；

(2)求新欲望；

(3)自我防御与自我显示；

(4)追求流行有个别差异。

2. 舆论与公众行为

舆论是公众的意见与看法，是指一群人在相互交流或沟通之后，以明确的语言和态度表现出来的对某一事物的意见和看法。舆论主要包括社会事件、社会问题、社会冲突、社会运动四种形态。舆论具有以下特征：

(1)舆论是为大多数人赞成和支持的；

(2)舆论总是涉及社会的安宁与幸福的问题；

(3)舆论本身含有合理性；

(4)舆论是有效的；

(5)舆论一般不是政府的意见，而是民众的呼声。

舆论具有监督约束作用、鼓舞推动作用、指导定向作用等。因此，在公关工作中，要尊重舆论，同时还要善于引导舆论，使其向有利的方向发展。

3. 流言与公众行为

流言是提不出任何信得过的确切根据，而在人群中相互传播并强烈影响公众心理行为的消息，主要有愿望流言、恐怖流言以及攻击流言。流言有一定的传播规律：(1)流言表达形式通俗化；(2)流言重点情节强调化；(3)流言内容的同化。

流言一经发生，传播性迅猛，对个人、组织、社会都会产生消极影响，需要组织建立流言监测分析制度和常规信息披露制度来控制流言的产生和蔓延。

第三节　处理各类公共关系的原则与规范

对于开放性组织而言，在不同的时期、环境下，总有一些公众居于主要地位，另一些处于次要地位。公共关系资源的有限性决定了组织必须选择公共关系活动的中心对象，即“目标公众”或“优先公众”。

一、员工公众

（一）员工公众的概念

组织的内部公众，是一切经营方针、计划和目标的执行者，也是社会组织形象的代表和象征，是社会组织获取成功的首要因素。

员工关系是组织在管理过程中形成的人事关系，是组织内上下左右各方面关系的总称。它包括组织内上下级之间的关系，部门、科室、班组之间的关系，员工个人之间的关系。员工是组织内部公众，是内部团结的首要对象，是与组织公共关系主体最密切的公众。任何一种组织都需要首先处理好自己的内部关系，才能使他们成为对外公共关系的主体力量。建立良好员工关系的目的，是培养组织成员的认同感和归属感，形成向心力和凝聚力。

（二）员工公众的重要性

虽然组织因其性质、面临的公众对象而不同，但这些组织都有一个共同点，就是每个组织都有自己的员工。员工是构成组织的“细胞”，是组织赖以存在的基础，是组织的物质承担者，是实现主体的目标和利润最大化的主要依靠力量。组织的各项目标只有通过他们的分工协作、各尽其职，才能实现。

从一定意义上讲，员工关系是最重要的内部公共关系，公共关系工作必须从建立良好的员工关系开始，着力培养和引导员工对所在组织的认同感、归属感，形成凝聚力。搞好员工关系的最终目的是把组织中的每一名员工都纳入组织整体中，在团结互助的气氛中充分发挥员工的潜能，推动组织的发展与建设。

（三）员工关系的处理

社会组织处理员工关系时，可以从两个方面入手：有效管理和有效激励。

1. 有效管理

（1）完善人力资源管理工作。社会组织通过规范、细致和完善的方法对组织内部员工的情况进行全面、持续地跟踪，全面地了解自己的员工，这是搞好员工关系的前提。只有全面地了解组织内部的员工，组织才能够根据员工的情况变化，及时做出反应，以应对各种不同的情况。同时，组织还应定期对员工的工作进行评估。表扬工作出色的员工，帮助工作中失误的员工总结失败教训，值得注意的是评估工作必须开宗明义地开展，这有助于员工理解组织的具体愿景，消除员工的抵触情绪，而且能助力员工有明确的努力方向。相反，纯粹的严厉批评和责骂解决不了任何问题。

（2）双向有效地沟通。首先，组织可以通过有效地征询和倾听员工的意见和建议，及时获知他们的心理变化。这不仅仅能够使组织了解员工，而且能够给员工提供疏解心中苦恼和困惑的途径。同时能够增加员工的“被重视感”，让员工感受到“原来我的意见也很重要”“有人愿意听我的想法”，这样就鼓舞了员工积极参与组织事务的热情，增强了其主人翁的意识，使其私下的牢骚逐渐减少。其次,组织必须保证信息的公开透明。公共关系的手段就是双向的沟通传播,因此保持社会组织内的信息公开透明是十分重要的。作为社会组织的成员,了解自己的组织是做好工作的前提,也是与组织之间建立感情、形成向心力的基础。信息的公开透明有助于消除成员和组织之间理解的偏差,避免非正式渠道信息的蔓延,有利于形成良好的工作氛围。

(3)培训和辅导。在现代社会组织中,尤其是在企业中,大量的培训机会和完善的培训制度,不仅有利于组织自身的发展,而且有利于留住优秀员工。当今社会,培训和薪资一样,越来越被认为是一种组织给予员工的福利待遇。甚至有人认为,良好的成长机会和优质的培训比眼前的收入更能吸引人才。因为个人的成长会使自己受益终生,这也是培训制度完善的跨国公司吸引人才的重要优势。再者,随着社会和组织自身的迅速发展,员工感受到的内外压力越来越大。而面对压力,有一个良好的心理状态对于员工的工作以及组织的发展是至关重要的。很多企业在公司内部设立了心理咨询热线,对员工提供必要的帮助。心理咨询有其独特性和不可替代性,员工的心理问题可能由于种种因素会涉及个人隐私而不适合或者不愿意向他人诉说,而专业的心理咨询可以为其保守秘密,充分尊重咨询者的个人意愿,甚至可以匿名咨询,这样可以打消员工的顾虑,帮助其化解心理问题,但这要求心理咨询机构保持一定的独立性。

2. 有效激励

(1)完善的福利制度。对于公共关系而言,福利制度不在多,而在全。与奖金和薪酬相比,福利更倾向于体现一种对人的尊重与关怀。如果说一切以利益为目标的、明确的奖金制度使员工和组织之间多了些冰冷的目标感,那么完善而可行的福利制度则会使员工和组织之间平添几分温馨的关怀气息。过年过节发放的礼物、加班费的及时足额发放、员工定期体检、假期的严格执行等无不体现了对员工人格的尊重,这样才会建立起真正意义上的、类似于"以单位为家"的强大凝聚力。

(2)细致的人文关怀。相对于福利制度而言,人文关怀更加偏重从情感方面体现组织对内部员工的尊重和关怀。有时候,一句恰如其分的贴心问候会让员工感到舒心,一个宽容的微笑会让员工充满感动,一个信任的眼神会获得员工的忠心,这些细节都可以让组织中的员工关系变得和谐融洽。人文关怀可以有很多形式:定期组织员工和家属看电影,六一儿童节给员工的孩子送礼物,举办一些员工娱乐活动等。一个很典型的例子是:当员工平时忙于工作,甚至连自己的生日都不记得时,组织或公司高层能够以一封电子邮件的形式向其表示祝贺,这对员工产生的激励可能会比多发一些奖金更为显著。还有一个方面的人文关怀就是在辞退员工和招聘新员工时,要保持对员工的足够尊重,"欺生"和"一脚踢开"都不可取。不仅要使员工进入组织后对组织产生一个良好的印象,而且要使员工在离开组织后对组织依然留有好的印象,这对组织保持长久的吸引力和树立良好的口碑是至关重要的。

(3)公平而广阔的发展空间。对于员工来说,任何眼前的利益都不能代替长期持久的成长与发展。因此,组织为员工提供一个公平而广阔的发展空间是吸引员工的重要条件和因素,也是员工队伍稳定性的根本保证。创造这样一个发展的环境,首先要做到制度上的严谨和公平,不能搞双重标准;其次要做到公开竞争,保持足够的透明度,以及信守承诺;接着要让每一位员工都明白只要凭借自己的努力就可以达到目标,以极大地调动员工的积极性;最后,组织在员工的发展上要结合组织的发展特点设置多元化的发展方向,尽可能为员工创造更多的发展机会。

【案例 4—4】

Manner 咖啡:员工关系视角下的服务业挑战

Manner 咖啡,一家在中国快速崛起的咖啡连锁品牌,以其高性价比和精品咖啡体验受到消费者的喜爱。然而,2024 年 6 月,Manner 咖啡因一系列员工与顾客的冲突事件而成为公众关注的焦点。这些事件不仅损害了品牌形象,而且暴露了服务行业在员工关系管理方面的深层次问题。

在短短两天内,Manner 咖啡的三家门店发生了员工与顾客的冲突。事件起因多为顾客对服务速度不满,而员工在高压工作环境下情绪失控。第一起事件中,一名员工因顾客催促而将咖啡粉泼向顾客;第二起事件涉及员工与顾客的肢体冲突;第三起事件则是一名员工在与顾客争执后情绪崩溃。这些事件迅速在社交媒体上引发热议,公众对 Manner 咖啡的员工工作环境和管理方式表示关注。

据报道,Manner 咖啡一些门店在高峰时段仅有一名员工负责所有工作,包括点单、制作咖啡和清洁。这种工作模式导致员工在高压的工作环境中身心俱疲,缺乏足够的休息和支持,从而增加了与顾客发生冲突的风险。

事件反映出 Manner 咖啡在员工培训和心理支持方面的不足。员工在面对顾客压力时缺乏有效的应对策略和情绪管理能力。公司的企业文化和价值观在实践中存在差异,公司对顾客服务的高标准与员工实际工作支持之间存在差距。此外,员工的薪资待遇、工作与生活平衡以及职业发展机会等方面的福利政策,未能充分满足员工的期望和需求。

Manner 咖啡事件体现了员工关系管理的重要性。企业应将员工视为最宝贵的资产,通过建立良好的员工关系来提升服务质量和顾客满意度。企业需要提供合理的工作强度和环境,确保员工有足够的时间和资源来满足顾客需求,同时保持良好的工作生活平衡。企业应为员工提供全面的培训,包括客户服务技能、压力管理和冲突解决技巧,以提高员工的职业素养。

企业还需要建立有效的员工支持系统,包括心理咨询服务和透明的沟通渠道,以便员工在面临压力时能够获得帮助。此外,企业需要确保其文化和价值观在所有层面的实践中保持一致,从而建立员工的信任和忠诚度。

(资料来源:https://news.ycwb.com/2024-06/22/content_52761374.htm.)

二、顾客公众

(一)顾客公众的概念

顾客是组织的研究对象,是组织传播的对象,也是组织引导、培育的对象。

顾客公众是指购买、使用本组织提供的产品或服务的个人、团体或组织,如产品的用户、商店的顾客、酒店的客人、电影院的观众、出版物的读者等。它包括个人消费者和社团组织用户。顾客是与组织具有直接利益关系的外部公众,是组织市场传播沟通的重要目标对象。

(二)顾客公众的重要性

1. 顾客公众是组织的衣食父母

任何社会组织的产生都是以客观需求为基础的,没有客观基础,便不会有一定形式的社会组织。而且,组织的发展也要依赖它所生存的客观基础。

2. 良好的顾客公众关系能够给组织带来效益

一个组织的价值,在很大程度上取决于其产品被顾客公众接受和欢迎的程度。顾客公众对组织产品的赞许及消费量决定了组织的效益,顾客公众是营利性组织市场经营的生命线。

3. 顾客公众能够帮助组织确立正确的经营宗旨、不断完善服务

任何组织者都会面临新的顾客公众,这就决定了组织在处理与顾客关系时必须信奉互惠互利原则,必须树立"顾客公众就是上帝,顾客公众永远是正确的"经营观念;同时也决定了组织必须不断改革自身的管理,不断创新,才能适应不断发展变化的顾客公众与市场的需要。

【案例 4-5】

企业顾客观念

"顾客就是上帝"这是许多企业的口头禅。格兰仕把"努力让顾客感动"作为自己的经营理念。TCL 也在全方位地"为顾客创造价值"。零售巨头沃尔玛甚至列出了这样的经营标语:(1)顾客永远是对的;(2)顾客有错误,就参照第一条。

(资料来源:https://wenku.baidu.com/view/5836a630a5c30c22590102020740be1e650ecc0b.html? _wkts_.)

(三)顾客公众关系处理

1. 提供优质的产品和服务,使顾客满意

组织将质量合格、性能优良的产品称为优质产品,将尊重顾客、以顾客的需求作为自己的行为标准,将尽量满足顾客合理需求的服务视为优质服务。顾客购买组织的产品或接受组织的服务的消费行为,从而形成了组织与顾客之间的关系。因此,提供优质的产品和满意的服务是顾客关系的基础。如果不能给顾客提供优质的产品和满意的服务,就不能维系良好的顾客关系。知名企业的成功往往就是在于他们优质的产品和令顾客满意的服务。

【案例 4-6】

高端牛奶"特仑苏"

在食品消费市场上,牛奶始终被看作一种大众消费品,被认定为"不可能做出花样来"的商品,然而蒙牛推出的特仑苏牛奶,打破了这种保守的思维定式,剑指高端定位,在众人的质疑声中获得了市场的认可。2005 年底推出的蒙牛差异化品牌特仑苏牛奶,在短短的 1 年内,在上海一个市场的销售量就达到日均 1 万箱,而在其市场运作强势的北方地区,这个数字更大。2006 年 3 月底,特仑苏 OMP 奶高调上市,以增加品种的方式进一步巩固和细分市场。进入 2007 年,国内各大乳品品牌纷纷推出高端液态奶产品,而特仑苏依然保持强劲的增长势头,并以开拓者的身份引领着高端液态奶市场。据北京物美超市市场部经理左英杰介绍,特仑苏在高端牛奶中是销售最好的,其余各品牌的高端产品占据着相对低一些的市场份额,总体市场处于向上发展的势头。

特仑苏具有典雅、高贵的包装外观,整箱不拆零的终端销售方式,其奶蛋白含量超过 3.3%,超出国家标准 13.8%,在营养成分上优于普通产品。蒙牛在特仑苏纯牛奶包装盒上将"3.3"做了放大处理,此举对普通纯牛奶产生了极大的杀伤力,吸引了大批关注营养和健康的消费者。随后蒙牛又推出 OMP"造骨蛋白"概念,以高科技突出品牌的技术优势,从而烘

托出品牌价值。产地优势——位于乳都核心区和林格尔，北纬40°左右优质奶源带、1 100米海拔、年日照近3 000小时、昼夜温差大等层层地缘优势，滋养12国精挑牧草，如此优越的地理位置和环境，加上蒙牛作为乳业领头羊的优势加工技术，使得特仑苏产品天生就含有丰富的天然优质乳蛋白，其整体营养含量更是高于普通牛奶，而且口味更香、更浓、更滑。在寻求新的品牌驱动上，蒙牛突破了以往以企业整体品牌驱动子品牌，建立子品牌关联知名度的打法，另辟蹊径，让特仑苏独立出蒙牛的品牌系列，在弱化蒙牛鲜明的企业品牌的同时，强化子品牌从而凸显了它的气质完全不同、包装完全不同、终端陈列不同。

特仑苏的价格比较贵，有多少人会去买呢？在一项对“爱喝牛奶的理由”的调查中发现，消费者喝牛奶不只是为了追求健康，在经常喝牛奶的消费者中，有15.79%的人是将其作为一种“好滋味的饮料”来细品的。而进一步的问卷指出，如果有各方面表现都出众的“特优质”液态奶新品，则在价格为普通奶2～3倍的范围内都是可接受的。

2006年10月22日，IDF国际乳品联合会主席吉姆·伯格(Jim Begg)在第二十七届IDF世界乳业大会上宣布，蒙牛“特仑苏”获得IDF全球乳业“新产品开发”奖。这个奖项的获得展示了一家年轻的乳品企业战胜百年巨头的传奇，这也是中国企业代表首次登上全球乳业领奖台。吉姆·伯格指出，IDF大奖是全球乳业的最高荣誉。蒙牛“特仑苏”的获奖，对于中国乳业具有非常重大的意义，提升了中国在全球乳业中的地位。

2016年，特仑苏进行品质升级，限定专属牧场，以更高标准严苛要求，孕育出每100毫升牛奶高达3.6克天然优质乳蛋白和120毫克天然高钙。

(资料来源：http://www.sdycu.edu.cn/sxy/info/1159/3774.html.)

2. 重视与顾客的信息沟通

组织应当高度重视与顾客之间的信息沟通，通过各种途径及时、有效、准确地向顾客传递相关的信息，如企业的政策方针和经营现状、产品的功能、使用方法、维修及售后服务的具体措施等。同时，应注意收集顾客的需求变化和对产品的反应。随着人们生活水平的不断提高，顾客的消费期待、消费品位和消费品种也发生了变化，组织应当及时把握顾客需求变化，对组织的产品和服务作出相应的调整以适应顾客的需求。这就需要顾客与组织之间的信息沟通保持顺畅。

3. 及时妥善处理顾客投诉，维护顾客的合法权益

妥善处理顾客的投诉，积极维护顾客的合法权益，是建立良好顾客公共关系的根本。每个组织都会遇到顾客的投诉、质疑、批评与纠纷，组织应当做好充分的心理和思想准备，认真听取顾客对组织产品和服务的意见，并将顾客的提议行为看成对组织的关心、对组织的一种好意。不论面对的是误会还是实情，组织都应当以诚恳耐心的方式处理。首先，组织的公共关系人员面对顾客的投诉，应该用心倾听顾客的意见，站在顾客的角度考虑问题，争取在情感上与顾客保持一致，尽快平息顾客的不满，做好善后工作，以防事态的扩大和恶化。其次，公共关系人员应该认真、严肃、迅速、准确地答复顾客的任何投诉或质疑，积极、慎重、耐心地解释和解决实际问题，并且建议组织的决策层改进组织的产品和服务，从根本上消除顾客的不满。

三、媒介公众

(一)媒介公众的概念

媒介关系是指社会组织与各种新闻媒介的关系，包括组织与非人格化的新闻机构，如报

社、杂志社、广播电台、电视台等大众传播机构的关系；组织与新闻工作人员，如记者、编辑等的关系。

（二）媒介公众的重要性

1. 新闻媒介是塑造组织形象的“把关人”

新闻媒介充当公众的卫士，常常利用手中的宣传工具，利用舆论的力量维护公众的利益；新闻媒介通过记者对组织的采访，收集经济新闻，对企业的生产、经营活动和产品质量进行褒贬评价，从而影响组织形象；通过引导社会舆论，扩大组织影响，提高组织知名度。由于舆论对社会组织的发展有不可低估的影响，因此，通过新闻媒介传播的舆论，可以给社会组织扬名，也可以使社会组织毁誉。由中国新闻文化促进会牵头，全国各大新闻机构参与的“中国质量万里行”活动，使假冒伪劣产品曝光，成了过街老鼠，从而保护了生产名优产品的厂家，维护了消费者的权益。

2. 新闻媒介是组织与外界沟通的中介

新闻媒介可以为组织发布广告，介绍新产品，传播新技术；为组织召开新闻发布会，扩大社会影响，提高组织知名度。特别是现代化大众媒介形式多样化，已使公共关系活动的信息能通过不同方式传递给公众，加之新闻媒介已成为现代生活的主要信息渠道，人们通过新闻媒介来理解、支持社会组织会更自然、更便捷。但是，公共关系活动对大众媒介的使用必须通过新闻界人士的协助才能做到。因此，与新闻界人士建立广泛而良好的关系，是成功运用大众媒介的必要前提。

3. 新闻媒介对于组织具有反馈信息的功能

新闻媒介可以帮助和监督企业的经营，对企业内部的管理人员、销售人员以及广大员工都起着鼓舞士气或教育警戒的作用。因此，任何企业和社会组织都应该重视新闻媒介的批评监督作用，把舆论作为一种参照系数来矫正、修改自己的言行。

（三）媒介公众关系处理

1. 了解、熟悉各种媒体、传播活动的特点和规律及其工作方式

了解新闻媒介的编辑方针、发刊周期、截稿时间等特点，使组织掌握发布信息的主动权，能不失时机地召开记者会等相关的沟通性会议，积极配合媒介人员的工作，争取媒介人员的支持。

2. 要大力支持新闻界人士的工作

新闻工作有自己的价值标准和职业规范，组织的领导人和公关人员不能迫使新闻媒体发表有利于自己的新闻，而阻挠其发布不利于自己的新闻报道，不能对新闻工作者施加任何压力，应充分尊重他们发出真实声音的权利。

3. 保证新闻真实性

社会组织向媒介人员提供的信息一定要客观公正，特别是在组织出现问题时，一定要提供真实信息，协助媒介人员做出客观的报道；以正确的态度对待新闻媒介关于组织的信息传播。面对媒介人员误解或不实际的报道，态度恳切、冷静客观、实事求是地把真实信息提供给媒介人员，以得到媒介人员的理解与支持。除此之外，公关人员还要在真实的基础上合理创造新闻，即把握新闻的特殊角度以引起人们的兴趣。

【案例 4—7】

17 把乐带回家

2017 年百事可乐推出《17 把乐带回家》，借势《家有儿女》，通过 12 年后这组国民家庭的重聚，继续讲述家的温情和共鸣。传递“有爱，就是一家人；在一起，才是家的意义”的情感真谛，围绕着这一中心，请来了影响整整一代年轻人的快乐家庭《家有儿女》原班人马重聚，通过 12 年后国民家庭的情感凝聚，在爱奇艺、微博、各大营销号自媒体账号上运用影视 IP、明星 IP、品牌 IP 向用户传递“把乐带回家”的情怀和百事背后的坚持以及关于“家”的温情的共鸣，短时间内进入大众视野，实现年度热卖。

（资料来源：https://eduai.baidu.com/view/8ed2b02456270722192e453610661ed9ac51555b.）

4. 重视媒介交往，制订专门媒介交往计划

社会组织应适时邀请新闻界人士前来参观访问，通过他们的切身感受，既为新闻媒介提供新闻题材，使新闻报道更加客观真实，又为组织创造新闻宣传的机会。同时，组织还应与新闻界保持长期接触，进一步增进组织和新闻媒介的相互了解。例如，常年保持与媒介关系的例行工作，规划好年度内需要媒介合作的重大项目等。对这些工作做出预先安排，为媒介人员提供充分的材料并提前告知。

【案例 4—8】

媒介的力量

位居美国汽车业第三把交椅的克莱斯勒公司曾经创下了亏损 116 亿美元的纪录，并且濒临破产的边缘。临危受命的李·亚柯卡(Lee Lacocca)在其他方案都行不通的情况下，决定以公司全部资产做抵押向美国联邦政府申请贷款。消息传开，举国大哗，反对声鹊起，联邦政府一时拿不定主意。为了争取全国公众和政府的理解支持，亚柯卡发起了强大的舆论攻势。媒介发表了一系列阐述公司主张的有亚柯卡亲笔签名的社论。这些社论的标题和内容是公众最为关心的问题：失去了克莱斯勒，美国的境况会更好吗？克莱斯勒有前途吗？克莱斯勒的领导部门是否有足够的力量扭转公司的局面？卡特政府的官员和国会的议员们每天都拿着这些广告和社论边看边议。同时，亚柯卡还派出专人到国会和联邦政府进行游说活动。这些公关活动的开展，逐渐取得了各界公众对公司的信任，国会也终于在圣诞节前夕通过了贷款法案。有了这笔巨资的支持，克莱斯勒最终起死回生，并在 20 世纪 80 年代东山再起。

（资料来源：https://easylearn.baidu.com/edu－page/tiangong/questiondetail? id＝1826097072726232890&fr＝search.）

四、政府公众

（一）政府公众的概念

政府公众主要是指与组织营销活动有关的各级政府机构部门，如主管有关经济立法及经济政策、产品设计、定价、广告及销售方法的机构，以及各级税务局等。它们所制定的方针、政策对组织营销活动既是限制又是机遇。由于政府公众指的是政府各行政机构及其工作人员，即组织与政府沟通的具体对象，而任何组织都必须接受政府的管理和制约，因此它是所有传

播沟通对象中最具权威性的对象。

（二）政府公众的重要性

政府关系或者说政府公众关系是组织与政府及其各职能机构、政府官员之间的沟通关系。政府是国家的权力执行机关，履行着管理整个国家经济生活的重要职能，组织的正常发展离不开政府有关部门的指导与关心，对于经济组织来说，政府既是管理者，又是外部公众，是组织所有传播和沟通对象中最具有社会权威性的对象。建立和维护好政府关系，有利于组织争取到良好的政府环境、法律保护、行政支持和社会政治条件，从而获得稳定的发展机会。

（三）政府关系处理

1. 熟悉政府颁布的有关政策、法规

政府主要通过政策、法规来管理社会组织，组织的一切活动都必须在国家政策、法规允许的范围内进行。因此，组织的公关部门要熟悉政府所颁布的各项政策、法规、条例等，并及时进行分析研究，同时注意政策、法规的变动，根据变化修正组织的方针政策和实际行动方案。组织要追求生存和发展，就必须遵纪守法，使自身的活动在政府的政策法令内进行，同时，政策相对于法律来说灵活性、变通性大，组织唯有熟知政策，才能灵活运用政策，并最大限度地使自身受惠，以更好更快地发展。

2. 熟悉政府机构的组织结构及其职能

政府机构上至国务院、省、地、市政府，下到街道办事处，其层次各不同，有的是组织直接领导，有的是间接领导。组织与政府日常交往的主要对象是其主管部门或一些相关的具体职能部门，而并不需要与所有政府部门打交道。熟悉政府机构的内部分工、工作范围、办事程序、负责人员，并与有关部门的工作人员保持应有的联系，可减少“公文旅行”“踢皮球”现象，提高办事效率。

3. 积极配合政府工作，自觉接受政府领导

组织要认真学习并深入贯彻落实上级部门颁布的各项方针、政策，使其决策层及时、全面、准确地掌握政府的有关方针政策，让自身在决策上与政府保持一致。在利益关系上组织应以大局为重，以国家利益为重。

4. 加强与政府的信息沟通

组织除了要了解国家的有关方针、政策、法规外，还应及时将实际工作部门的具体情况反馈到政府的有关部门，并根据本地区、本行业、本部门的特殊情况，主动提出新的政策设想、法律建议，并通过适当的渠道开展宣传、说服工作，协助发现及纠正政策执行中出现的偏差或失误。同时，应尽量争取有利于自身发展的法规、政策。

5. 努力树立组织在政府及主管部门中的良好形象

为了获得政府的支持与帮助，组织要努力营造自己在社会和消费者中的良好形象，把握一切有利时机，扩大企业在政府部门中的信誉和影响，使政府了解组织对社会、国家所做的贡献和取得的成就。比如，组织可以将利润的一部分投资于公益事业、慈善事业、环保事业等，积极承担起社会责任，在公众与政府中树立起良好的口碑。

五、社区公众

（一）社区公众的概念

社区公众是指组织所在地的区域关系对象，包括当地的管理部门、地方团体组织、左邻右舍的居民百姓。社区关系也称区域关系、地方关系、睦邻关系。社区是一个组织赖以生存和

发展的基本环境，是组织的根基，共同的生存背景使社区公众具有“准自家人”的特点。保持与社区的良好关系，为社区的发展做出一定的贡献，会受到社区公众的好评，而他们的口碑能帮助组织在社会上树立形象。

（二）社区公众的重要性

1. 社区关系直接影响组织的生存环境

社区如同组织扎根的土壤，没有良好的社区关系，组织就会失去立足之地。社区公众是由特定的活动空间所确定的，区域性、空间性很强。地方性组织的活动直接受社区的制约，需要依靠本地的资源来发展，因此社区关系会直接影响组织其他各方面的关系，如员工家风关系、本地劳动就业关系、本地顾客关系、地方媒介关系、地方政府关系等。跨区域性的组织也不能脱离特定的社区，甚至要善于与各种不同背景的社区公众打交道，以争取社区提供各种地方性服务和支持，使跨区域性组织能够在各种完全不同的社区环境下生存和发展。

2. 社区关系直接影响组织的形象

社区公众涉及当地社会政治、经济、文化、教育等各个方面和阶层，类型繁多，对组织客观上存在着各种不同的要求和评价。

（三）社区关系处理

1. 树立居民意识，正确处理社区利益与组织利益

社区是组织及其他社区公众共同使用的地方，因而组织活动必然对周围的环境产生影响。这种影响可以是积极的，也有可能是消极的。组织要树立居民意识，关心社区其他公众的利益，自觉遵守社区的各种规定，服从社区公约等。努力均衡社区利益与组织利益，不能为了自身暂时的利益不惜损害社区的利益，尽可能避免或减少自身活动对社区其他公众正常活动的影响，为自身树立一个有责任、有担当的社区成员形象。

2. 加强信息交流，增加相互了解

组织应当及时向社区公众宣传组织的宗旨、政策等，表达其愿意为地方发展出力的愿望，以取得社区公众对组织的认可。组织的经济、文化等活动应努力立足本社区，尽可能地视当地公众为最基本、最直接的顾客，及时了解其需求变化，并及时跟进组织政策或产品上的变化。让社区公众与组织之间形成良好的沟通氛围，加强两者的信息交流，增加相互之间的了解，明白对方的需求与避讳，使两者关系更加融洽。

3. 积极承担社区内的公共事务，支持各类公益活动

组织作为社区居民的组成部分，要密切掌握社区的最新动态和小区内重大的活动信息，及时给社区活动以人力、财力、物力上的支持，如捐助公共设施、赞助文艺表演、提供义务性的专业服务等。这样不仅能惠及社区公众，而且能建立良好的组织形象。

【案例 4—9】

一座茶厂，带动七村致富

卢峰茶业有限公司位于永泰县同安镇占柄村，是永泰县首屈一指的茶叶生产公司，2012年被评为福州市农业产业化龙头企业。在发展的同时，茶厂与附近的村民保持着良好的社区关系。每年 3 月底，公司的茶园陆续进入采茶季。作为劳动密集型产业，茶青的采摘需要大量的劳动力。公司就会从附近村庄中选择劳动力，虽然企业位于占柄村，但用到的劳动力却涵盖占柄村及周边的西安村、红阳村、上庄村、同安村、樟坂村及兰口村 7 个村。根据采茶熟练度的不同，每名工人每天能收入 100～200 元不等。茶叶的产期从 3 月底持续至 10 月底，

每名工人每年可在茶园务工 8 个月，一年的收入就能达到 24 000 元至 48 000 元。

除此之外，卢峰茶业有限公司积极响应号召，成立非公企业党支部，探索支部企业联建模式，将 17 户贫困户纳入企业产供销体系，并与贫困户签订采购合同，解决贫困户茶农销售问题。

通过“公司＋基地＋农户”模式，卢峰茶业有限公司实现种植、加工、销售一条龙，生产的茶叶销往全国各地，受到一致好评。

（资料来源：https://news.sohu.com/a/751891127_121124606.）

六、其他公众

股东是企业的所有者，他们对公司的经营决策和财务状况有着直接的利益关系。因此，维护与股东的良好关系至关重要。组织应该定期举行股东大会，及时通报公司的经营状况和未来规划，确保透明度。此外，通过提供高质量的投资者关系服务，如定期发布财报、举办投资者电话会议等，可以增强股东的信心和忠诚度。

名流公众，包括社会名流、行业领袖和意见领袖，他们的观点和行为往往能够影响公众的看法。组织可以通过赞助慈善活动、参与公共事务讨论、邀请名流参与品牌活动等方式，与他们建立良好的关系。同时，组织应该倾听名流的意见和建议，将其作为改进产品和服务的途径。

除了股东和名流，组织还需要关注更广泛的公众群体，包括消费者、供应商、合作伙伴等。组织应该通过有效的沟通策略，如社交媒体互动、客户服务热线、社区活动参与等，来了解他们的需求和期望，并及时响应。此外，组织还应该通过社会责任项目，如环保、教育支持等，来提升公众形象和品牌价值。

本章小结

本章深入探讨了公共关系活动的客体——公众，揭示了公众在公共关系中的核心地位。公众是指与特定社会组织有联系并对其产生影响的个人、群体或组织。本章首先明确了公众的四个基本含义，包括公众作为传播沟通对象的总称、其相对于特定组织的存在、因共同利益问题与组织相联系的总和，以及公众的客观存在性。

本章详细阐述了公众的特征，如整体性、同质性、相关性、多变性和多元性，这些特征有助于公关人员正确认识和区分组织的公众对象。同时，本章介绍了公众的分类方法，包括根据隶属关系、发展阶段、对组织的重要性、对组织的态度和稳定程度等，这些分类有助于组织有针对性地开展公关活动。

在心理分析方面，本章探讨了公关公众的心理特征，如知觉、价值观、态度、需要、性格、气质、兴趣和能力等，以及群体心理如从众心理、逆反心理、时尚、舆论和流言对公众行为的影响。这些心理特征和对群体心理的理解对于制定有效的公关策略至关重要。

本章还强调了处理各类公共关系的原则与规范，包括员工关系、顾客关系、媒介关系、政府关系和社区关系。通过案例分析，本章展示了如何通过有效的沟通、协调和信息传播来建立和维护与不同公众的良好关系。

公共关系学作为一门科学和艺术，不仅要求公关人员掌握传播学、心理学、新闻学、社会学、经济学等多学科知识，而且要求他们在实践中不断创新和开拓。本章内容为公关人员提供了一套全面的理论和实践工具，帮助他们在现代社会中有效地管理和运用公共关系，以实现组织的目标和提升组织形象。通过本章的学习，公关人员可以更好地理解公众的需求和期望，从而在公共关系活动中作出更加明智的决策。

本章训练题

一、单项选择题

1. 公共关系活动的客体是（　　）。

A. 公众　　B. 政府　　C. 新闻媒介　　D. 企业员工

2. 公安、税务和上级管理部门属于（　　）。

A. 组织公众　　B. 社团型公众　　C. 政府公众　　D. 媒体公众

3. 消费者、协作者、竞争者、名流、记者、政府官员、社区居民这些属于（　　）。

A. 个体公众　　B. 组织公众　　C. 内部公众　　D. 外部公众

4. 以下选项中，属于公众的特征的是（　　）。

A. 协同性　　B. 专业性　　C. 自主性　　D. 同质性

5. 某商店出售一批食品，事后发现这批食品已经变质。购买了这批食品的顾客，由于还没有食用，也没有发现问题，因此暂时没有反应，这时，他们就是（　　）。

A. 知晓公众　　B. 行动公众　　C. 潜在公众　　D. 社区公众

6. 那些对组织的生存和发展有一定影响，但没有决定性意义的公众，如政府公众、媒介公众及社区公众是（　　）。

A. 边缘公众　　B. 顺意公众　　C. 次要公众　　D. 独立公众

7. 效仿传播媒介所提供的“形象”，这些“形象”成为公众追求“个性”和“流行”的模板体现了公众心理的（　　）。

A. 同质性　　B. 变化性　　C. 从众性　　D. 攀比性

8. 正式群体的成员和非正式群体的成员，都有认同群体的共同心理特征，他们都不否认自己是该群体的成员，这属于（　　）。

A. 归属意识　　B. 认同意识　　C. 凝聚意识　　D. 整体意识

9. 一句恰如其分的贴心问候也许会让员工感到舒心，一个宽容的微笑也许会让员工充满感动，一个信任的眼神也许会获得员工的忠心，这些细节都可以让组织中的员工关系变得和谐融洽，这属于员工关系处理的（　　）。

A. 双向有效地沟通　　B. 完善的福利制度

C. 培训和辅导　　D. 细致的人文关怀

10. 现代政府公共关系的本质是政府组织与公众之间（　　）。

A. 双向沟通　　B. 单向沟通　　C. 形象沟通　　D. 舆论沟通

二、多项选择题

1. 以下选项中，属于公众特征的有（　　）。

A. 整体性　　B. 同质性　　C. 相关性　　D. 多变性

E. 多元性

2. 以下选项中，属于内部公众的有(　　)。

A. 消费者　　B. 员工　　C. 记者　　D. 股东

E. 协作者

3. 以下选项中，属于公众心理特征的有(　　)。

A. 同质性　　B. 攀比性　　C. 多变性　　D. 排他性

E. 从众性

4. 以下选项中，属于外部公众的有(　　)。

A. 消费者　　B. 员工　　C. 记者　　D. 股东

E. 协作者

5. 影响公众行为的组织群体心理有(　　)。

A. 从众　　B. 流言　　C. 逆反　　D. 时尚

三、判断题

1. 社会流行既是一种心理现象，又是一种行为活动。(　　)

2. 政府公众对象主要是指政府官员。(　　)

3. 边缘公众指与组织虽有关系，但联系较少、影响较小的一类公众。(　　)

4. 按照发展过程分，公众可分为非公众→行动公众潜在公众→知晓公众。(　　)

5. 首要公众是指决定组织生存和发展的公众，他们对组织的生存、发展与成败有着举足轻重的影响。(　　)

6. 媒介关系也称新闻界关系，是指组织与新闻传媒机构的关系。(　　)

7. 社区关系也称区域关系、地方关系、邻里关系。(　　)

8. 搞好员工关系，首先要了解员工的意愿。(　　)

9. 政府关系是组织公共关系环境的轴心。(　　)

四、简答题

1. 公众包含哪四项基本含义?

2. 简述非公众、知晓公众、潜在公众、行动公众各自的特征。

3. 简述员工关系处理的方式。

4. 如何处理顾客关系?

五、案例分析题

老乡鸡董事长手撕员工联名信大获好评

在2020年元宵节，著名餐饮品牌老乡鸡发布了一个名为“董事长束从轩手撕员工联名信”的视频，引发网友们刷屏。视频中，董事长束从轩亲自出镜，讲述因受新冠肺炎疫情影响，老乡鸡受损5亿元，感谢武汉的老乡鸡员工为医护人员送餐，倡导所有人在家隔离，为国家做贡献，另外，在家也要多活动。最后，束从轩手撕员工的不要工资联名信，并表示卖房卖车也要让员工有饭吃，这可以说是正能量满满。视频发出后，迅速引起刷屏并大获好评，“中国好老板”的声音不绝于耳，老乡鸡也妥妥地“吸”了一波“粉”。这其中有几点值得我们学习：

(1)标题带来反差营销效果，事半功倍。在信息泛滥时代，标题的好坏极大地影响着文章的打开率。那段时间，报道中小企业艰难的文章很多，“董事长束从轩手撕员工联名信”这样的标题，引发网友好奇，从而提高了点击率。

(2)“段子手＋正能量”，既亲民又容易引发共鸣。公关稿的风格一般较为严肃，但这个视频中，束从轩的表现从头到尾都是互联网化的风格，引用了很多段子、热词等，拉近了与网友的距离，符合新媒体社交传播的特性。

(3)老板亲自出面，感谢员工不要工资的善举，手撕员工联名信后给员工暖心的承诺，让员工感觉到公司的关怀，并给所有观看视频的网友打气，带来满满信心，充满正能量，从而使观看视频的人产生共鸣，再次收获一波认同，取得了良好的公关效果。

（资料来源：张耀珍．公共关系学：理论、方法与案例[M]．3 版．北京：人民邮电出版社，2021．）

问题：

联系案例内容，思考各种不同的公众分类方法的作用和意义。

本章训练题
参考答案

第五章

公共关系传播

知识框架

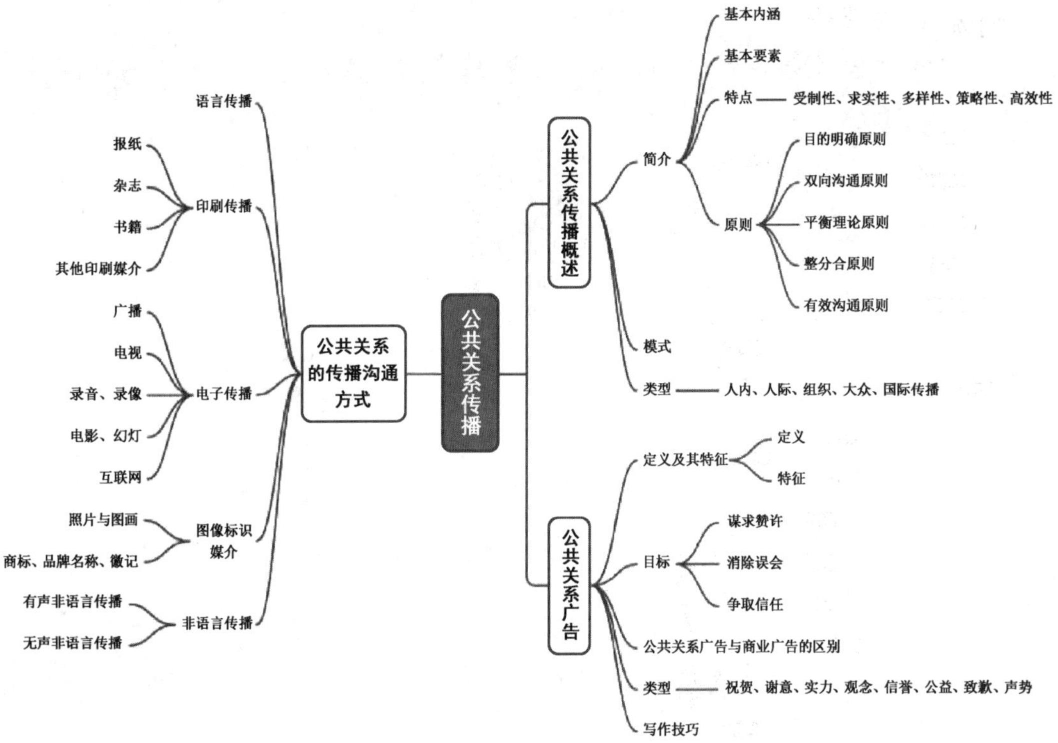

教学目标

1. 了解传播及公共关系传播的含义、类型；
2. 了解公共关系传播的特点及原则；
3. 掌握各种公共关系传播沟通方式的优缺点；
4. 掌握公共关系传播技巧。

思政目标

通过传播正能量来赢得公众的好感和舆论的支持，帮助企业获得良好的经济效益和社会效益。

核心概念

公共关系传播　公共关系传播模式、类型　语言传播　电子传播　非语言传播　公共关系广告

引导案例

央视纪录片《舌尖上的中国》的传播

2012 年 5 月，《舌尖上的中国》(第 1 季)在中央电视台首播；2014 年 4 月，《舌尖上的中国》(第 2 季)首播。该系列为中央电视台制作的美食类纪录片，主要涉及全国各地的美食生态，通过食物展示我国的文化。《舌尖上的中国》是近年来国内少有的优秀纪录片，不仅获得了国内观众的热捧，而且得到了国际受众的好评，实现了央视纪录片海外销售市场的历史性突破。

优秀的纪录片离不开两个因素：其一，摄制和制造过程可谓精挑细选，《舌尖上的中国》(第 1 季)历时 13 个月拍摄完成，摄制组行走了包括港澳台在内的全国 70 个拍摄地，动用前期调研员 3 人、导演 8 人、摄影师 15 位，并由 3 位剪辑师剪辑完成。其二，传播的因素也至关重要。

对《舌尖上的中国》的传播分析，有学者从以下四个角度进行了论述：

其一，传播沟通方式的助力：中央电视台及其核心综合频道首发，同时新媒体(比如微博)助力成功使其成为话题。

其二，传播背景的选择：在食品安全成为举国关注的重大话题的时候，尤其在负面信息不断的背景下，出现如此精美绝伦的美食类纪录片，让受众眼前一亮，从而被深深吸引。

其三，传播时机的恰当：随着我国经济力量的增长，我们需要以全面的形象展示给国外对象，以便使其深入了解我国，消除对我们多余的担心。基于此，中央电视台特别于 2011 年成立了纪录频道以传播我国的文化，包括饮食文化，这是传播背景。

其四，传播内容具体，源于百姓生活。纪录片能将传播内容设置为故事的形式，在传播内容上还添加了我国传统价值观及传统的礼仪，充分激发了国内外受众的兴趣。

(资料来源：百度百科，舌尖上的中国。)

“传播”一词同公共关系一样，也是一个外来语，其英文“communication”源于拉丁文“comuny”，原意包括“传播”“沟通”“交流”“交往”等多种含义。它强调传者与受者的同等地位和相互作用，强调“双向”和“交互”的词义。公共关系活动的过程，其实就是组织与公众之间进行信息传播和沟通的过程。随着现代传播技术的迅猛发展，尤其是网络等新媒体的广泛应用，公共关系的传播手段进一步丰富，为公共关系的发展开辟了更为广阔的空间。能否有效地利用各种传播沟通方式，遵循沟通活动的基本原则，营造有利的舆论环境，是组织公关目标能否顺利实现的关键。

第一节　公共关系传播概述

一、公共关系传播简介

传播是人类社会赖以生存和发展的基础，自从人类诞生以来，就产生了传播行为。现代意义上的传播学产生于20世纪30年代的美国，40年代从美国传至欧洲，以后传到日本，70年代末传入中国大陆。“传播”一词译自英文“communication”，香港学者也译作“传”或“传播”。目前关于传播的定义有200种以上。一般地讲，传播是指个人、组织、社会之间信息的双向传递、接受、共享和沟通的过程。

(一)公共关系传播的基本内涵

公共关系传播是指社会组织借助一定的载体和途径，将信息有计划地与公众进行交流和沟通的活动。与一般的传播相比，公共关系传播的基本含义表现在以下三个方面：

1. 公共关系传播大多侧重信息沟通的非宣传性传播

宣传性传播固然对统一人们的思想、改变人们的态度和行为具有较大的作用，但它相对来说是建立在受众被动接受的基础上，有“灌输”的意味。公共关系传播的目的在于提高社会组织的透明度、知名度和美誉度，而这些又是建立在公众评估之上的，因此，就需要充分尊重公众的知晓权。

2. 公共关系传播更注重双向交流

公共关系传播的目的不仅要改变公众的态度，而且要根据公众反馈的信息调整自己的行为、完善组织的形象。这就要求组织与公众之间的信息传播应当是双向的，既有传递，又有反馈，互相理解，互相影响，互相适应，互利互惠，从而建立组织同公众之间的和谐关系。

【案例5—1】

“辣妈小包包，乐园大畅游”之香港迪士尼乐园游玩攻略

2015年4月，香港迪士尼乐园度假区举办“辣妈小包包，乐园大畅游”主题活动。通过大牌明星的真人秀全面、生动地展示香港迪士尼乐园度假区的娱乐项目和服务设施，并且引导游客正确玩乐，活动达到了很好的效果。2015年4月15日，孙俪现身香港迪士尼乐园。孙俪在香港迪士尼乐园的搞怪自拍微博引来众多网友热情围观，随后孙俪又发出几张与迪士尼朋友的合照，大呼“好开心呀，好开心”。孙俪的欢乐行程全因接受了一项“辣妈小包包，乐园大畅游”的亲子挑战活动，游玩全过程被拍摄成《辣妈小包包》系列短片，并在优酷上连载。在春意盎然的香港迪士尼乐园，孙俪和5岁的小主角Mia在接受挑战的同时，也尽情享受着欢乐的时光，完成了很多梦想。辣妈孙俪在接受专访时剧透，她已经成功完成了这次挑战，之后在4月底还会有一场终极大挑战，她将带领5组人气达人家庭再次畅游香港迪士尼乐园。

（资料来源：YOKA时尚网，http://www.yoka.com.）

3. 公共关系传播更加注重情感传播

在公共关系传播过程中，传播活动是在四个层次上进行的，依次是信息层次、情感层次、态度层次和行为层次。其中，信息层次是最基本的层次，一般社会组织就是依靠向公众传播信息逐步建立信誉的。一个优秀的公关人员，往往从情感入手，通过真情实感去打动公众，进而改变公众的态度，引导公众的行为，达到公众对组织支持和合作的目的。

【案例 5—2】

三亚学院 5 000 名师生同框为国内最大规模毕业照

2017 年 6 月 6 日，三亚学院举行 2017 届毕业典礼，全体毕业生集体拍摄的全景毕业照热辣"出炉"，整张相片洗印出来将近 10 米长，近 5 000 名毕业生的"同框合影"不仅是海南高校首创，而且成为国内高校迄今参与人数最多、规模最大的毕业照。

三亚学院 2017 届毕业典礼上拍摄的 5 000 名师生同框的"全家福"，引发了社会媒体的热烈关注，《人民日报》、团中央学校部、《环球时报》《中国青年报》等的微信客户端，新华网、人民网、新浪网、凤凰网、腾讯网、网易网等国内有影响力的媒体平台，以及海南电视台、《海南日报》、南海网、三亚市人民政府网、《三亚日报》等岛内媒体先后进行大篇幅报道转载。各类媒体报道转发累计超 60 篇次。其中，头条快报、今日头条、网易、新浪等 App 客户端同时予以推送。仅新浪微博热搜话题的阅读量就累计达 810 万次，加上其他社会媒体的报道及转载，媒体总阅读量和关注度累计破千万。另外，该毕业照刷爆了各类社交平台，在校师生、广大校友、学生家长以及其他社会人士纷纷留言转发，盛赞三亚学院 2017 届毕业典礼的用情、用意和独具匠心。

（资料来源：http://hi. people. com. ）

（二）公共关系传播的基本要素

公共关系传播是组织运用传播手段向公众传递信息的过程，它经历了由传播者到受传者的全过程，因此，也应当包含传播过程的五个要素。

对哈罗德·拉斯韦尔（Harold Lasswell）的传播五要素稍加调整，就形成了公共关系传播的基本要素：公共关系传播者、公共关系传播内容、公共关系传播渠道、目标公众以及公共关系传播效果。

1. 公共关系传播者

公共关系传播者是组织信息的采集者、发布者，是代表组织行使传播职能的人。在我国政治组织中，该角色一般由党和国家的新闻发布机构、新闻发布人，以及各级党和政府的新闻、宣传部门担任（在其他一些国家还包括政府中的公共关系人员）；在各种福利组织和营利性组织中，该角色由组织内部的宣传部门、公共关系部门或宣传人员、公共关系人员担任。

公共关系传播者是公共关系的主体，因为它是构成传播过程的主导因素。在协调公众关系、改善周围环境的过程中，在树立自身形象、提高信誉的过程中，在沟通内外联系、谋求支持与合作的过程中，公共关系传播者居于主动地位，起着控制者与组织者的作用。它的任务，是将外部的信息传达给组织内部公众，将有关组织的信息发布出去，传递给目标公众。

2. 公共关系传播内容

公共关系传播内容是指传播者发出的有关组织的所有信息。它大体上可以分为如下两类：

一类是告知性内容，即向公众介绍有关组织的情况，如组织的目标、宗旨、方针、经营思想、产品和服务质量等。在信息传播过程中，告知性内容往往以动态消息或专题报道的形式出现。前者是关于组织新近发生的某一事件的基本事实的描述，比如关于商店开业、展览会闭幕、新产品问世、超额完成产值等情况的报道。后者是对事件全景或某一侧面进行的放大式描述，例如介绍新产品的设计过程、制作工艺、用途、专家鉴定情况等。

另一类是劝导性的内容，即号召公众响应一项决议，呼吁公众参与一项社会公益活动，或者劝说人们购买某一种牌子的商品。在利用大众传媒进行宣传的过程中，政党、政府及其他非营利性组织发布的劝导性的内容往往以社论、评论、倡议书的形式出现，而营利性组织发布的此类内容则多以商业广告的形式出现。

3. 公共关系传播渠道

所谓传播渠道，是指信息流通的载体，也称媒介或工具。人们通常把用于传播的工具统称为传播沟通方式，而把公共关系活动中使用的传播沟通方式称为公共关系媒介。可供公共人员利用的传播沟通方式有两种：一种是大众传播沟通方式，另一种是人际传播手段。具体来说，公共关系传播沟通方式是各种各样、丰富多彩的，常见的有语言媒介，如报纸与杂志、书籍与纪念刊、海报与传单、组织名片与函件等；有电子媒介，如广播、电视、录音、录像、幻灯和电影等；有标识，如摄影与图片、商标与徽记、门面与包装、代表色等；此外，还有非语言传播，如表情、体态、目光等。我们也可以把公共关系媒介分为基本媒介和综合媒介两种。所谓基本媒介，主要包括人与人之间的传播、广播、电视、印刷品、摄影作品、电影等；综合媒介则包括与新闻界的联络、特别节目、展览、会议等。显然，所谓综合媒介是各种基本媒介的集大成。

4. 目标公众

目标公众是指那些与组织有着某种利益关系的特定公众。它们是大众传播受传者中的一部分，是组织意欲影响的重点对象。这类公众的特点如下：

第一，目标公众是有一定范围的，是具体的、可知的，也是相对稳定的，即每个组织都有自己的特定公众。

第二，公众是复杂的。尽管某些个人由于某种共同性构成了某一组织的公众，但他们之间还是有着明显的差异。

第三，公众趋向集合。当组织与公众之间的利益关系变得突出时，原来松散的公众集合体就会趋于集中，显示出它特有的集体力量。

第四，公众是变化的。当组织与公众之间的利益关系结束时，这一类公众就不复为该组织的公众。

5. 公共关系传播效果

公共关系传播效果，是指目标公众对信息传播的反应，也是公共关系人员对传播对象的影响程度。

人们对传播效果的研究经历了半个多世纪的历程，先是提出“传播万能论”，继而提出“有限效果论”（以“两极传播”为主要内容），后来又由“两极传播模式”发展为“多级传播模式”。传播效果理论的演变告诉我们，大众传播沟通方式固然能够改变受众原有的观念，但其效果不是无限的。在实际工作中，公共关系人员不能把大众传播沟通方式作为唯一的手段，而应当将它与人际传播、组织传播等多种方式结合起来，以便收到更好的效果。同时，受众的被动地位是相对的，他们对信息的注意、理解和记忆都是有选择的。公共关系人员可以通过各种调查手段（如观察、访问、文献分析、抽样调查等）了解公众对信息的接受程度，知己知彼，百战不殆。此外，在信息传播过程中，还要重视专家、学者、社会名流等“意见领袖”的中转作用，设法通过他们影响公众。

（三）公共关系传播的特点

公共关系传播有其自己的特点，具体表现在以下几个方面：

1. 传播行为的受制性

公共关系传播是一种重要的组织行为，是为实现组织目标服务的，因而要受到组织特性的制约，具体表现为从时间和空间上、内容和形式上都要受到组织目标、组织制度、组织规范等的制约。

2. 传播内容的求实性

公共关系传播是组织的一种公共关系行为，其目的是沟通公众、服务公众，在社会公众心目中树立良好的社会形象，进而求得公众的理解与支持。因此，公共关系传播首先必须讲求其内容的真实性和态度的诚实性，要使公众感觉到组织的公共关系传播是客观的、实在的和公正的。

3. 传播渠道的多样性

公共关系传播的对象是公众，公众是一个类型复杂、层次多样的社会群体。他们当中有个人，有群体，也有组织；他们的年龄、性别、阅历、个性等都不尽相同，各自喜欢的信息渠道也就不同。因此，公共关系传播必须针对目标公众，采取多种传播渠道进行信息传播，以保证公共关系传播的针对性和影响面。

4. 传播方式的策略性

公共关系既是一门科学，也是一门艺术，公共关系传播在遵循传播规律和原则，确保传播内容真实和客观的前提下，还要掌握传播的技巧和谋略，创造性地运用各种传播的技术与方法，巧妙地向公众传播公共关系信息，从而有效地影响公众、服务公众、沟通公众、赢得公众，取得最佳的公共关系传播效果。

5. 传播活动的高效性

在公共关系传播中，可根据不同情况采取普遍性目标公众策略、选择性目标公众策略、集中性目标公众策略，确保公共关系传播的指向性和针对性。注重传播时机的选择，按组织发展的不同时期的特点来进行公共关系传播；注重选择传输通道，确保公共关系传播的高效性。公共关系传播受人们追求最佳效益的欲望所驱动，以传播的最佳效益为原则。

【案例 5—3】

今后你能在《王者荣耀》里看到三星堆

2021 年 5 月 28 日，“走进三星堆，读懂中华文明”活动在三星堆博物馆举行。活动中，三星堆博物馆与腾讯达成新文创战略合作，双方将通过游戏、网络文学、音乐等手段，探索三星堆文化 IP 的共建方法。通过腾讯平台在内容、技术上的助力，进一步挖掘三星堆文化 IP 价值。双方将推动三星堆文化与时代接轨，以新颖、广受年轻人喜爱的表现形式，更好地将三星堆呈现在国人及全世界的视野中。

具体来看，腾讯与三星堆博物馆的合作，将在游戏、音乐、网文三个领域展开。在游戏方面，三星堆博物馆将与腾讯游戏旗下天美工作室群展开充分联动，以《王者荣耀》《QQ 飞车》《乱世王者》等为介质，通过 IP 授权、内容定制等方式，让游戏成为三星堆文化 IP 触达、影响广大年轻用户群体的新媒介，让玩家在体验游戏的同时，对三星堆建立更多了解，产生更大的兴趣。

在音乐领域，腾讯将依托 QQ 音乐平台与三星堆博物馆共同打造更具特色的国风音乐赛事——三星堆原创国风歌曲征集大赛，以音乐形式激活、传递三星堆文化。同时，腾讯也为三星堆博物馆量身定制 2021“三星堆文化年度国际推广曲”，带动海内外更多人参与到以三星堆文物为核心元素的国风音乐创作中来。

在网络文学方面，腾讯旗下阅文集团将牵头联动旗下QQ阅读、起点中文网、起点国际等平台共同发起三星堆网络文学征集计划，向全网征集以三星堆文化为主题的优质网文作品，充分展现社会大众对神秘三星堆文化的无限遐想。

（资料来源：百度百家号——川观新闻. 是的，今后你能在《王者荣耀》里看到三星堆. 2021—05—29. https://baijiahao.baidu.com.）

（四）公共关系传播的原则

1. 目的明确原则

弗兰克·杰夫金斯说过："公共关系是一组织为了达到与公众之间相互理解的特定目标，而有计划地采用的对内、对外传播方式的总和。"因此，公关传播是带有明确目的性的传播，它的总目标是树立、改善组织形象，形成有利的舆论环境，获得各界的支持。根据传播效果四层次理论，一般性目的可分为四种：(1)引起公众注意；(2)诱发公众兴趣；(3)取得公众的肯定态度；(4)促发公众的支持行为。

2. 双向沟通原则

双向沟通原则是指传播双方互相传递、互相理解的信息互助原则。具体包含以下三个内容：一是沟通必须由两人以上进行，二是沟通双方互为角色，三是沟通双方相互理解并有所交流。

双向沟通原则要求在实施过程中应注意以下两个方面：

(1)创造沟通的共识区域，即沟通双方具有共同的经验范围。

(2)具备反馈意识。这一方面是指沟通双方在互相理解后要有反应，它包括信息反馈的主动、及时、对路和适量等；另一方面是指沟通双方应根据反馈来做自我调节，它实际上是用结果(输出信息的实践结果)对原因的反作用来调节沟通，使沟通双方轮流充当施控者与受控者，彼此都对对方的行为产生制约力。

3. 平衡理论原则

平衡理论原则是指传播者利用"相似性"的人际吸引为中介，通过沟通与受众产生认同，达到协调的原则。该原则可通过以下两种方式落实：

(1)A－A式平行沟通。公关传播就是要创造A－A式平行沟通的环境，即双方均以平等、理性的状态参与沟通，并随时注意公众反应，不断调节，使其保持在A－A状态中。这种方法就是以个人心态的平衡去引导、建立双方关系的平衡。

(2)情感沟通。情感是形成态度的重要条件，平衡理论要求在沟通中诉诸情感，通过情感互动和思想交流，产生接近与认同，达到态度的一致和关系的平衡。

4. 整分合原则

这是指在整体规划下，将沟通过程的各相关部分进行有效综合的原则。首先，要把传播过程看作一个整体，处理好传播主体、传播客体、传播技术及传播观念之间的关系，对不同的传播客体、不同的传播内容，应选择不同的传播沟通方式和传播技术；同时，各个公关传播环节、层次、方式要相互协调，避免出现冲突和矛盾。

5. 有效沟通原则

公关传播追求的是有效沟通，即通过沟通使公众理解、喜爱、支持组织。影响与公众有效沟通的因素有三个：一是信息的真实性与信息量的大小，二是传播者的方式与态度，三是传播内容的制作技巧与传播渠道的畅通。

二、公共关系传播的模式

20世纪20年代以来，西方传播学研究中出现了反映不同观点和采用不同研究方法的多种公共关系传播模式，但没有一个被普遍接受。早期多为单向线性模式，20世纪50年代以后普遍强调传播是双向循环的过程。具有代表性的单向传播模式是香农-韦弗(Shannon-Weaver)模式和哈罗德·拉斯韦尔提出的“5W”模式(也称拉斯韦尔模式)。

(一)“5W”模式

美国传播学家哈罗德·拉斯韦尔在1948年发表的《社会传播的结构与功能》一文中，提出了构成传播过程的五种基本要素，并用五个疑问代词加以表述，即who(谁)、say what(说什么)、in which channel(通过什么渠道)、to whom(对谁说)、with what effects(有什么效果)，这就是所谓的“5W”模式。

英国传播学家丹尼斯·麦奎尔(Denis McQuail)等将“5W”模式演变为如图5—1所示的模式。

图5—1　“5W”模式图

1. 具体内容

“5W”模式的称谓来自其五个要素同样的首字母“W”。这五个要素有其自身的特点。

“谁”就是传播者，在传播过程中担负着信息的搜集、加工和传递的任务。传播者既可以是单个的人，也可以是集体或专门的机构。

“说什么”是指传播的信息，它是由一组有意义的符号组成的信息组合。符号包括语言符号和非语言符号。

“通过什么渠道”中的“渠道”是信息传递所必须经过的中介或借助的物质载体。它可以是信件、电话等人际传播的媒介，也可以是报纸、广播、电视等大众传播沟通方式。

“对谁”就是接收者或受众。受众是所有接收者，如读者、听众、观众等的总称，它是传播的最终对象和“目的地”。

“产生了什么效果”是信息到达受众后，在其认知、情感、行为各层面所引起的反应。它是检验传播活动是否成功的重要尺度。

2. 意义

拉斯韦尔的“5W”模式，第一次将传播活动明确表述为五个基本构成要素，奠定了传播学研究的范围和基本内容，为人们理解传播过程的结构和特性提供了具体的出发点。

拉斯韦尔的功绩在于他通过“5W”模式正确地指明了传播学研究战略的主攻方向，使传播学界的主力军在近半个世纪里把主要精力用在考察、研究传播过程的基本要素上，并取得了丰硕成果，为整个传播科学的长足发展奠定了深厚、扎实的基础。

3. 局限性

(1)忽视了社会制度对传播的影响，过高地估计了传播的效果。

（2）忽视了反馈的因素，未能揭示传播的双向互动性质。

（3）忽视了传播动机对传播过程的影响。

（4）它在不少传播学者的头脑中浇铸了一个僵化的思维定式：一提传播学研究些什么内容，很多学者就只在五个研究项目上打转转，难于跳出这个框框去想问题。于是，一些非常重要的问题就被置于考察的视野之外。例如，传播史的研究，传播战略、传播策略和传播方式方法的研究，传播法规研究，传播与环境的关系研究，特别是传播学基础理论方面的研究，这些都是影响、制约传播效果的大问题。

（二）把关人理论

1. 把关人概念

“把关人”（gatekeeper，又称守门人）这一概念最早是由美国社会心理学家、现代社会心理学开创者、传播学的四大奠基人之一的库尔特·卢因（Kurt Lewin）在研究群体中的信息流通渠道时提出的。卢因认为，在群体传播中存在着把关人，只有符合群体的规范（把关人的价值标准）的信息内容才能进入信息传播过程。因此，传播组织和组织化了的传播个人（统称传播者）共同控制着信息在传播领域的进出与流通。传播者在传播过程中负责搜集、整理、筛选、加工信息，然后将符合价值标准的信息传递给接受者，这种传播者被称为信息的把关人，他们的这种行为被称为把关行为。

大众媒介的新闻报道与信息传播并不具有纯粹的“客观中立性”，而是根据媒体的立场、方针和价值标准而进行了取舍选择和加工活动。与媒体的方针和利益一致或相符的内容更容易入选、优先得到传播。媒介的把关是一个多环节、有组织的过程，其中虽有记者、编辑个人的活动，但是“把关”的结果在总体上是媒体的立场和方针的体现。

2. 把关人的影响因素

从微观层面上看，不同媒体的把关行为有着不同的影响因素；但从宏观层面上看，媒体的把关行为还是受到了一些共同因素的影响。

（1）社会意识形态。意识形态体现了宏观社会现象，以多种方式影响着媒体的把关行为。

（2）媒体本身的立场和方针。不同媒介组织有不同的立场倾向，因而产生了不同的把关行为。

（3）媒介组织之外的其他组织，如利益集团、政府部门等，可以运用权力影响把关。

（4）媒体日常工作惯例，如截稿时间、版面要求等，也会影响把关行为。

（5）媒体工作者的个人差异，如教育背景、职业经历、个人态度和喜好等会影响把关行为。

（6）新闻信息的客观属性。新闻本身存在着时效性、重要性、接近性等属性，也影响了媒体对其的把关行为。

3. 面临的挑战

（1）把关人的角色被弱化。传统媒体的信息控制通过各个层级的把关人来完成，把关人在传统媒体中处于决定媒介内容的支配地位。网络是一种“去中心化”的“新型互动媒介”，在网络传播中并不存在一个固定的传播者的概念，传播者和接收者的差异在缩小。网络传播使昔日的把关人失去了信息传播中的特权，把关人这一传统角色在逐渐被弱化。

网络传播更是一种典型的“去中心化”的信息流动。在网络中，把关人角色被弱化的现象更严重。网民从网络中获得信息时拥有更多的自主权，既可以自己控制以何种方式获得信息，也可以随时就自己接收到的信息做出反馈。在网络传播中，人们更多的是采取讨论交流、评价质疑等十分便捷及时的交互方式接收信息。这种交互方式使把关人的角色被弱化。

（2）把关的可行性降低。网络传播信息的迅捷性和无障碍性大大降低了“把关”的可行性。网民可以自由地发布信息，导致无数个体化的传播主体出现，无数个信息发布点在世界范围开放。这就给谣言借助各种先进的传播手段进行快速、广泛的传播提供了条件。由于传播迅速，因此把关人可能根本来不及做出反应，一些信息就已经造成不良的社会影响，使把关人处境尴尬。

网络的海量信息也导致把关难度加大。海量的信息常常混淆受众的视听，使其目不暇接，甚至会对信息的真假慢慢丧失基本的判断能力。对于把关人而言，对每天发布千条信息以下的中小网站的审核工作就能将其累垮，更别说再审核网站的互动社区里的帖子了。所以网络海量信息这一事实又进一步降低了“把关”的可行性。

（3）把关权的分化。网络是一种去中心化的“蜘蛛网”，传播者和受众都是网络上的节点。也就是说，网络中，传播权几乎已经完全被大众所分享，传统意义上的把关人在网络中被分解为以下四个层面：

①网民个人。网络中的广大网民拥有信息采集和发布的权利，他们可以向全世界发言，享受着高度自由的传播权。所以网络传播让每一位网民都可以自己充当传播的把关人。也正因为这样，信息的真实性与意见的可靠性首先是由网民自己来“把关”的。网民通过网络发表意见或信息，就是进入了公共舆论空间，因此网民对自己所发布的信息要把好出口关，不能信马由缰。网民首先要把自己管好，不制造虚假信息，不传递虚假或可疑的信息；其次要帮政府管好，发现虚假或可疑信息，及时举报，主动验证和辟谣。网民既是谣言的传播者，也是阻止谣言传播的主力军。有不少网民拥有揭露谣言的知识、能力和意愿，或者掌握着戳穿谣言的事实，网民应该自己在网络中提供真实信息，揭露谣言。

②网站编辑。网络媒介拥有一大批媒介从业人员，那就是网站编辑。网站编辑的“把关人”角色也很重要：一方面要对信息的真实性、伦理道德、社会公德等进行审查，保留修改甚至删除的权利；另一方面要采取必要的技术手段，过滤掉不该出现的“糟粕”词汇。

③版主角色。网络中还存在着一群较为特殊的把关人——版主，即网站的管理人员，其职能是推动该版面的讨论风气，并尽可能经常发表与该版内容有关的文章或回答网民的问题。从“把关”的过程看，他们居于网民与网站编辑之间，处于第二道关卡的位置。从本质上看，他们仍属于网民，但又不同于一般网民。版主的管理是引导网络传播方向的最直接的方式，版主有责任及时删除明显失据的言论，含不雅文字、有人身攻击倾向、与该版内容无关以及其他违反有关规定的信息。

主持版面的版主是不可忽视的网络把关人。版主与传统意义上的把关人职能相近，但两者在一些方面还是有差别的。版主在网络传播中扮演的不是传统媒体中的绝对主导者角色，而是相对的管理者和引导者角色，他们要在健康的行为规范和道德自律的约束下，为网民提供一种价值观念与审美情趣的标准，以使网络论坛实现健康、有序的发展。

④媒体外部组织及环境。这里主要是指媒介制度。其表现形态主要是国家政府部门或相关行业组织制定的法律法规及职业守则等。法律法规通常具有强制性约束力，职业守则则是较为软性的自律规范。这一层把关人虽然不在把关工作的第一线，但却是最关键也是最强有力的一道关卡，它能保证社会各种传播活动的正常进行，而不会逾越法律和道德的底线，网络论坛当然也不例外。2003 年 12 月，中国互联网协会新闻信息服务工作委员会正式成立，新华网、人民网、新浪网、搜狐网等三十多家互联网新闻信息服务单位共同签署了《互联网新闻信息服务自律公约》，承诺自觉接受管理和公众监督，坚决抵制有害信息。这体现了政府对

网络媒体把关人的约束和引导。

（三）两级传播模式

“两级传播论”是由美国著名社会学家保罗·拉扎斯菲尔德（Paul Lazarsfeld）提出的。“两级传播论”的假设：观念总是先从广播和报刊传向“意见领袖”，然后由这些人传到人群中不那么活跃的部分。也就是说，信息的传递是按照“媒介→意见领袖→受众”这种两级传播的模式进行的。

这里所提出的中间环节“意见领袖”，其作用与意义举足轻重。意见领袖又称舆论指导者，指社会活动中有较多机会接触来自各种渠道的信息的人士，即“消息灵通人士”，或在某一领域有丰富的知识与经验的人，即“权威专家”，他们的态度和意见对广大公众影响较大。意见领袖在受众中具有某种凝聚力、号召力和影响力，他们的意见往往能影响其他人的意见。现代传播学中的“二级传播理论”，就是指发言者先去重点影响“意见领袖”，然后由意见领袖去影响更多的公众。

（四）受众选择“3S”论

经过长期的观察和研究，传播学者发现受众在接触媒介和接收信息时有很大的选择性，这就是受众心理上的自我选择过程。

这个选择过程表现为三种现象，简称“3S”：选择性注意、选择性理解和选择性记忆。

1. 选择性注意

注意是指心理活动对一定事物或活动的指向和集中。注意具有指向性和集中性。

（1）指向性。我们都有过这样的经历，去电影院看电影时全部兴趣与精力都集中在电影内容、情节发展、演员表演上，若有人问你邻座的观众穿什么颜色的衣服，你十有八九答不上来。这里就涉及了注意的指向性。注意的指向性是指人在某一瞬间的心理活动或意识选择了某个对象，而离开了另一些对象。注意的指向性是关系到注意力在哪个方向上活动的问题，选择方向不同，接收的外界信息就不同。平时人们常说“视而不见”“听而不闻”就是指当意识完全指向一个对象时，会忽略其他不感兴趣的对象。

（2）集中性。还有一个常见的现象是，一个在考场上专心考试的学生的注意力完全集中在试卷上，而无暇理会周围环境的变化，如酷热的天气使他挥汗如雨，或邻座同学咳嗽的声音很大等。这里明显地表现出注意的集中性。注意的集中性是指当心理活动或意识指向某个对象时，它们便会在这个对象上集中起来。如果说注意的指向性是方向的朝向问题，那么注意的集中性就是注意在这个方向上活动的强度或紧张度。注意力高度集中会消耗人大量的体力与精力，平时我们说某人在听课或看书时“专心致志”“聚精会神”，就是指他的注意力很集中，而说某人“心不在焉”“开小差”“三心二意”，就是指他的注意力不集中，意识在一定方向上活动的强度或紧张度还不到位，对既定方向体力与精力的投入还不够。

人只有把注意指向的范围缩小时，才有可能集中；反过来说，人的注意越高度集中，意识的指向性范围才会越小，对其他事物的忽略反应也越明显。从这一意义上来说，集中性与指向性是互为因果、密不可分的。

选择性注意是指在信息接收过程中，人们的感觉器官虽然受到诸多信息的刺激，但是他们从所有信息中有选择地加以注意的心理状态。

吸引公众选择性注意的策略有：

①对比，如颜色对比、大小对比、内容对比等。

②强度。报纸的编排中，字号、字体、色彩等都可以加强信息的刺激强度而引人注目。

③位置。报纸版面位置和电视广告时段非常重要。

④重复。重复次数越多越容易被注意，如脑白金广告。

⑤变化。如兰蔻的睫毛膏广告中，条码略微变化，一端翘起来，就吸引人注意。

2. 选择性理解

选择性理解是指不同的人对于同一信息做出不同的意义解释和理解。

影响受众选择性理解的心理因素包括：(1)需要；(2)态度；(3)情绪。

3. 选择性记忆

记忆是一种极其主观的脑的活动。人们往往只记忆对自己有利的信息，或只记自己愿意记的信息，而会忘记其余信息。这种记忆上的取舍，就叫选择性记忆。

选择性记忆可分为以下三个阶段：

(1)输入。信息的传播者要设法在信息的构思和符号制作上多下功夫，争取受众能记住更多的信息。

(2)储存。人的记忆能力是有限的。一个人一次只能记得 7 \pm 2 个信息组块，而且是短期记忆。因此，在设置信息时要注意信息的规则排列和简洁易记。例如，12345 和 15283 的记忆。

(3)输出。记忆的输出有两种方式：辨认和回想。辨认是人们接收到某个信息后，可以辨别出自己以前是否看过或听过。回想则是人们能够把看过或听过的信息用不同的符号来复述。

(五)议题设置论

科学调查的结果表明：大众传播对某些议题的着重强调与这些议题在传播中受重视的程度有较强的正相关关系。换言之，在大众传播中突出某一事件，多次、大量地报道某一事件，就会使公众突出地议论这一话题，这便是“议题设置”。

议题设置的理论基于以下两个观点：

(1)各种传播沟通方式对传播信息的“过滤作用”。传播沟通方式对极为浩繁的信息进行选择，之后才传达给公众。当大众传播沟通方式着重报道某个新闻事件，也就意味着这个新闻事件可能成为公众关注的“议题”。

(2)面对信息量大、复杂的环境，公众常常感到无所适从。公众需要有人出面整理复杂的信息，划出重点和优先顺序，为其选出那些值得关心和注意的事件，这也正是“把关人”的作用所在。

三、公共关系传播的类型

传播学中有一句名言：“你不得不传播。”这说明传播是人类特有的一种基本的社会行为。公共关系传播是一种综合性传播行为，它基本上属于组织传播层次，但又具备各种传播类型的特点。从这个角度上讲，研究一般传播的不同类型，将有助于公共关系传播活动的开展。

(一)人内传播

人内传播又称自传，是指传播双方为一体的信息交流沟通方式，如个人自我反省、回忆思考、自言自语、自我发泄、自我安慰、自我陶醉、思想斗争、内心冲突等。凡是心智健全的人，都存在着自传现象。人通过自传，可使自己在受到外界的各种冲击时实现自我的心理调节，成功和谐地对外传播沟通。人内传播是人类一切传播行为的基础。

(二)人际传播

人际传播是指人与人之间直接的信息交流沟通方式。在这种传播中,双方参与度高,传播符号多样、手段丰富,信息反馈灵便,感情色彩强烈,但是这种传播范围小、速度慢。例如,男女之间感情的交流就属于人际传播。

【案例5—4】

传达的重要性

据说,一次部队的命令传递是这样的:

营长对值班军官说:"明晚大约8点钟,在这个地区将可能看到哈雷彗星,这种彗星每隔76年才能看见一次。命令所有士兵着野战服在操场上集合,我将向他们解释这一罕见的现象。如果下雨的话,就在礼堂集合,我为他们放一部有关彗星的影片。"

值班军官对连长说:"根据营长的命令,明晚8点哈雷彗星将在操场上空出现。如果下雨的话,就让士兵穿着野战服列队前往礼堂,这一罕见的现象将在那里出现,并且76年才出现一次。"

连长对排长说:"根据营长的命令,明晚8点,非凡的哈雷彗星将身穿野战服在礼堂中出现。如果操场上下雨,营长将下达另一个命令,这种命令每隔76年才会出现一次。"

排长对班长说:"明晚8点,营长将带着哈雷彗星在礼堂中出现,这是每隔76年才有的事。如果下雨的话,营长将命令彗星穿上野战服到操场上去。"

班长对士兵说:"在明晚8点下雨的时候,著名的76岁哈雷将军将在营长的陪同下身着野战服,开着他那彗星牌汽车,经过操场前往礼堂。"

(资料来源:原创力文档,https://max.book118.com.)

(三)组织传播

组织传播是指组织机构与组织机构、公众、社会环境之间的信息交流,这种传播的主体是社会组织。当组织利用其进行封闭沟通即组织的内部传播时,具有层次性、有序性等特点;当组织利用其进行开放沟通即组织的外部传播时,具有公众性、大众性等特点,但必须借助传播沟通方式来进行。无论是内部传播还是外部传播,组织传播都具有以下特点:(1)明确的目的性,即为实现社会组织的目标而传播;(2)严格的可控性,即服从组织总目标而有良好的控制性能;(3)综合性,即由于传播对象既有个体、群体,又有更广阔的公众,因此其传播手段集人际传播、小组传播、公共传播和大众传播之大成。这是典型的公共关系传播。

(四)大众传播

大众传播是指职业的传播者通过大众传播沟通方式将信息大量复制并传递给分散的大众的传播方式。其优点是:能够在最短的时间内获得最大的传播面;由于由职业传播者作为"把关人",大众传播沟通方式具有"过滤性",因此传播的信息权威性大、说服力强;个人情感因素介入较少,有高度的公开性。其缺点是:信息反馈缓慢、零散,评价传播效果的工作量较大。大众传播由于量大面广、影响力强,对迅速建立组织形象、扩大组织的知名度有重要的作用,因此是公共关系传播的主要手段。

(五)国际传播

国际传播是指国家与国家之间的信息和观念的交往和传递。国际传播具有多方面的作用:(1)能交换各方所需要的情报,如科学技术的引进和输出、学术观点的交流和探讨;(2)能宣传自己的主张，如发表声明、递交照会、制造国际舆论等；(3)能建立和加强国与国之间的关系，如进行国事访问、参加国际活动、开展文化和艺术交流等。正因为国际传播作用巨大，“两国交战，不斩来使”几乎成为自古至今一条不成文的规定，所以即使在兵戎相见之时，国家与国家之间信息的交流也是必须保障的。在国际传播中，一定要充分考虑语言、文字、风俗习惯、伦理观念、宗法道德、政治经济等跨文化因素的影响。做好国际传播对一个国家塑造良好的国际形象、建立良好的国际环境十分重要，是开展国际公共关系的重要手段。

综上所述，可以说以上几种传播类型是由低级向高级、由简单向复杂的方向发展的。这种发展出现了四种变化：(1)受众面越来越广；(2)传受双方在距离和感情上越来越远；(3)信息的个性化越来越弱；(4)组织系统和传播技术越来越复杂。但这并不是说几种传播类型有优劣之分。正如我们分析的，几种传播类型各有特色、互有长短。它们不是相互取代的关系，而是在信息传播的数量、质量、速度、范围、效果上相互补充、相互渗透。在公共关系工作中，我们应该根据实际情况，选择不同的传播类型，也可以吸取各种传播类型的优点综合使用。有时只需人际传播，如交谈就行了；有时只需大众传播，如在电视上发条消息；有时则需要综合运用各种传播类型，才能取得最佳的公共关系传播效果，如正大集团赞助播出正大综艺节目，这就至少把公共关系传播同大众传播结合起来了。

第二节　公共关系传播沟通方式

社会组织要进行信息传播，总要凭借一定的传播工具，这种传播工具就是公共关系传播沟通方式。因此，在公共关系传播中，公共关系人员除了要掌握公共关系传播的基本原理、规律、技巧以外，还必须熟悉各种传播沟通方式的性质、特点和用途，以便恰当地选择传播沟通方式，达到最好的传播效果。

公共关系传播沟通方式的种类繁多，从其物质形式的角度，大致可以分成五大类。

一、语言传播

语言媒介是指以自然语言，即发出声音的口头语言作为信息载体的传播沟通方式。语言是人类交往最基本和最重要的工具之一。在公共关系传播中，语言媒介经常被用于信息传播，方式有演讲、答记者问、与员工谈心、电话通信、会议、谈判、为宾客致迎送词等。

运用语言媒介进行的传播，基本上属于人际传播，其表现形式基本上是面对面的交流。因此其信息反馈迅速，形式灵活多样，感情色彩强烈，传播效果明显。缺点是范围小，影响面不大。

应该指出，语言媒介除用于公开的、正式的语言传播外，还用于一种秘密的、随便的语言传播，这种语言传播被称为“小道消息”传播。“小道消息”这种非正式的语言传播，其信息内容有真有假、有虚有实，有时则是公众某种情绪的反映。“小道消息”一般是大众传播不充分的产物。“小道消息”的特点是传播速度快、个人感情色彩浓厚，缺点是反复传述、多级传播、极易失真。有时公共关系人员也可以利用“小道消息”传播沟通方式，作为“试探气球”了解公众意见，或者配合公共关系传播，将不宜公开的信息传递给公众等。

二、印刷传播

印刷媒介是指以印刷作为物质基础，以平面视觉符号（文字和图像符号）作为信息载体的传播沟通方式。印刷媒介主要有报纸、杂志、书籍，以及招贴、海报、传单、函件、合页等印刷品。印刷媒介是当今公共关系传播中运用最频繁和最多的媒介之一。

（一）报纸

报纸是以刊登新闻为主的、通过版面的空间组合以整张的形式刊出的、面向广大公众发行的定期出版物。报纸目前是世界上最重要的大众传播沟通方式之一。它的优点主要包括以下四个方面：

1. 便于选择

报纸的大小、题目相对集中，从编辑处理上反映出来的对内容的评价信息都一目了然。读者可以任意挑选阅读内容，既可以从头版头条看起，也可以从报尾看起；既可以只看标题，也可以深入研读某一篇重点文章。读者还可以自由选择读报的时间、地点和方式。

2. 便于保存

报纸上的信息内容都以文字的形式固定下来，便于剪辑、保存和查阅。而广播电视的信息内容对于一般读者来说，都是稍纵即逝、不便保存、检索和利用的。

3. 内容深入

报纸是以文字表达形式为主的媒介，文字表达的最大优点之一是可以不受具体时间、空间的限制而连续深入论述。因此，一些逻辑性强、抽象思维的内容，比较适合文字表达。公共关系人员可以利用这一点，及时组织新闻专辑、连续报道等，来配合大规模的公共关系活动。

4. 经济实惠

报纸的发行周期较短，宣传频率也较高，读者多为较稳定的长期读者，权威性和影响力较强。另外，报纸的印刷工艺较简单，制作成本也较低。

报纸媒介的局限性有：它的阅读受到读者文化水平的限制；报纸的生动性、及时性不如广播、电视，时间性极强和形象性很强的信息不宜依靠报纸来传递；报纸的重复阅读率较低，外观及内容上较粗糙。

（二）杂志

杂志是以成册装订的形式刊出、以目录为引导、将各种内容分类顺序编排的大众传播沟通方式。杂志在我国越来越受人们的欢迎。它的优点包括以下三个方面：

1. 专业性强

杂志分类较细，内容比较专一，针对性强，传播的目标指向比较明确，便于公共关系人员面对特定的公众传递信息。

2. 价值较高

现在的杂志印刷精美、图像丰富、色彩艳丽、成本成册、定期发行、便于保存、便于检索。其内容有一定的深度，而且完整、系统，利用价值较高，读者重复阅读率也较高。

3. 感染力强

杂志内容分类清楚，读者阅读时一般注意力较集中、较认真，对信息的感受性较强。公共关系人员利用杂志发表理论性强的公共关系专稿或广告，对公众深层心理的影响力较大。

杂志的局限性表现在：对读者的文化水平要求较高，还要求有一定的专业知识，出版周期较长，时效性较差，成本也较高。

（三）书籍

书籍也可以看作大众传播沟通方式，一般由正式出版社出版发行，装订成册，有封面、封底，内容连贯、统一。书籍比较正规，便于长期保存和使用，对公众更具权威性。印刷装订精美的书籍，给人以豪华典雅的印象，感染力较强。书籍是保留人类文化遗产和改善社会生活的强有力的工具。但是，由于出版印刷周期较长，书籍不如报纸、杂志传播信息速度快，读者面也更窄。书籍比较适宜对一个公共关系课题和思想进行深入和广泛的探索。

（四）其他印刷媒介

除了报纸、杂志、书籍等，公共关系人员常用的印刷媒介还有以下七种：

1. 招贴、海报

这是一种提供简短、及时、确切信息的印刷媒介，经常张贴于能引起公众注意的醒目之处，能及时、迅速地向公众传递某种信息。

2. 传单

这是一种印成单张的宣传媒介。例如，可以在传单上写明某企业产品的名称、功能、特点，以及生产厂家的地址和联系方法等。

3. 名片

这是一种印有姓名、身份、单位、联系地址的卡片，多用于社会交际场合的自我介绍，且方便日后联系。

4. 函件、通知

函件和通知用于组织之间和人与人之间的及时信息传播。

5. 合页、折页

合页、折页用于广泛扩散信息，以简明、直观为特点。

6. 小册子、手册

小册子、手册以全面、系统地传递信息为主要特点。

7. 插页、附页

插页、附页用于随报刊等物临时发布信息，以节省邮费、方便及时为特点。

以上这些印刷媒介都是公共关系人员可直接控制的(大众传播沟通方式不便直接控制)，因而具有目标指向明确、传播针对性强、信息传播快、反馈迅速直接、形式灵活多样、费用低廉等特点。但是，这些印刷媒介大多由社会组织自行控制，公众容易对此类传播沟通方式怀有戒心，从而影响传播效果。

三、电子传播

电子媒介是指以电波的形式来传播声音、文字、图像等符号，并需要运用专门的电器设备来发送和接收信息的传播沟通方式。电子媒介主要有广播、电视、电影、录音、录像和幻灯等。电子媒介在传播领域发展较快，特别是电视媒介在大众传媒方面的影响力已居前列。从总体上说，电子媒介传播速度快、覆盖面广，声音和图像给人以现场感和亲切感，直观、形象，而且单位成本低廉。但是，电子媒介所传播的信息重复使用率较差，受众对传播内容的选择性也较低。

（一）广播

广播是指通过无线电波或导线传送声音符号，供公众收听的传播沟通方式。广播传媒的优势表现在以下四个方面：

1. 传播及时

广播上的信息不受时空条件的限制，转瞬之间即可借助电波传到世界各地，它可以把刚刚发生和正在发生的新闻告诉听众。实况转播和广播大会是新闻报道中最快的形式，被称为“同步新闻”。

2. 机动性强

收听广播不受时间、地点、场合的限制，如我国老人常在早晨散步时收听广播新闻，可以边洗衣服边听广播剧等。

3. 普及率高

收音设备价格低廉，而且是一次性投资，不容易损坏。因此，广播在我国的普及率较高。

4. 感染力强

广播依靠声音传播内容，声音有较强的传真感，听其声能身临其境、如见其人。播音员用声情并茂的语言调动听众的感情，有较强的鼓动性和感染力。

广播也有局限性，表现在：稍纵即逝，不便检索、保存；形象性不如电视，深刻性不如报纸；选择性较差，公众只能按一定的顺序收听节目；公众的收听时间不固定，收听率难以准确估算。

因此，广播适用于传播那些时间性较强、涉及面较广的信息。

（二）电视

电视是用电子技术传递活动图像的传播沟通方式。电视是我国发展最快、影响最大的大众传播沟通方式，也是公共关系传播的最重要的手段之一。电视的特点如下：

1. 生动形象

对于客观事物，报纸是用文字来表达，广播是用声音来描述，而电视可以直接将其“复制”下来，有声音、有画面，可谓绘声绘色，十分逼真、可信、形象生动，感染力很强。

2. 及时性强

随着电视摄像技术和传播手段的不断进步，我们现在几乎可以实时地将新发生的事件传播给观众。这种实时传播的能力使得电视在信息传递的及时性方面大大超越了传统的报纸媒体。尽管如此，电视在某些情况下仍然略微落后于广播，因为广播在某些情况下能够更快地将信息传递给听众。然而，总体而言，电视的视觉和听觉结合的优势使其在传播新事件方面具有显著的优势。

3. 普及性高

电视媒介主要传递声音和图像信息，具有普遍的受众基础，能够满足不同年龄层和文化层次的观众的需求。通过电磁波，电视能够向广大区域传播内容，拥有庞大的观众群体。然而，电视媒介的局限性也十分显著。首先，电视信息转瞬即逝，不易于记录、检索和保存。其次，深度内容的传递受限。由于表现形式的局限，电视在传达理论性较强、逻辑思维密集的内容方面，相较于报纸、书籍和杂志等其他媒介存在不足。最后，观众的选择性受限。观众必须在既定的时间、顺序和播放速度下接受节目内容。

需要强调的是，电视在现代公共关系传播领域扮演着日益重要的角色，这一点已经引起了公共关系专业人士的高度关注。

（三）录音、录像

录音、录像分别是广播、电视的延伸，它们是用电子技术将声音、画面记录下来，向有限的公众进行传播的电子媒介。公共关系人员在具体工作中也经常使用这两种电子媒介。如广东某集团在接待来访的中外客户时，就经常播放自创录像片，以介绍公司的历史与现状，不知不觉就加深了客户对公司的了解，取得了良好的传播效果。

（四）电影、幻灯

电影、幻灯是利用强光和透镜将画面和文字映射在白幕上进行信息传播的电子媒介。尽管电影、幻灯与电视一样是利用声音和移动图像来传递信息的，但两者有明显的不同。电影、幻灯需借由专门的电影院、宽大的银幕播放。电影、幻灯媒介如果运用得恰当，就可以获得良好的传播效果。当然，电影、幻灯媒介也有不足之处，如制作成本高、制作过程复杂、制作周期长、不便普及等。

（五）互联网

互联网指的是基于 TCP/IP 协议，通过网络互联设备把多个网络和网络群体互联起来而形成的大型计算机网络。借助互联网，人们可以随时随地地把文本、声音、图像、影视等信息传递到世界上任何有终端设备的地方和个人。互联网的特点如下：

1. 交互性

这是互联网最别具一格的特点之一。信息在互联网上传播，用户完全可以根据自己的兴趣和要求来决定浏览哪些信息，并且能及时地将意见反馈给信息提供方。网络论坛、网上调查、网上聊天等都是交互性的互联网工具。

2. 巨量性

用“信息海洋”来形容互联网是最贴切不过了，由于网络设计有“去中心化”的特点，以及无线连接的功能，因此互联网上的信息是巨量的，且很容易扩展。

3. 高速性

由于互联网上的信息经过数字化处理后变得极易传输，因此高速性已成为互联网的一个重要特征。由于这一特征，利用互联网也可以进行实时、实况报道。

当然，互联网传播也存在缺点：网上虚假信息很多，不能对其进行有效的监管，人们不太相信网上的信息。

【案例 5—5】

懂梗[①]更懂套路的网易跟帖，铺了一条心机楼梯

2017 年 5 月，网易新闻的广告语从“有态度”变成了“各有态度”，新闻人把投射的目光从作为媒体的自己身上，转向了更多用户的表达，同时也开启了从专业媒体向多元资讯平台的转变。

作为网易新闻的产品——网易跟帖向来是互联网圈里表达态度的阵地，而其中的“盖楼”设计，起初为更直观地呈现网友间的连续讨论而生。如今，视觉上的“跟帖盖楼”气势磅礴，而且信息连贯，陌生的网友默契地将评论写成连载小说，也不是什么新奇的现象。

所以，对网易新闻来讲，为了更好地延续“各有态度”的品牌呈现，跟帖是绝不能轻易割舍的好材料。最近广州和上海的几处户外楼梯，就被“跟帖盖楼团”扎扎实实地“抖了一把机灵”。他们把当下热议的“话题梗”辅以精彩跟帖，并将“盖楼”的形式和户外楼梯巧妙结合，连网友也感叹“这个楼梯也太会给自己加戏了”。

---

① “梗”作为网络用语，原是“哏”的讹字，指笑点、伏笔，或是有特别指涉含义或讽刺含义的内容。“梗”一字在网络中使用广泛，含义不断丰富，在日常生活中也经常使用。

通过在人流集中地“盖楼”的方式，网易新闻试图将网友对“爆款流行梗”的态度呈现出来，以表达对年轻人关注爆款标题、排行榜(toplist)、头部生活这样的一种主流生活状态的关注。

把跟帖搬上户外楼梯，其实只是网易新闻最近提出的“声浪计划”的第一步。随时还会有“浪上快餐盒”“浪上车身”等节目。“声浪计划”作为网易新闻发掘和呈现当下青年态度的品牌活动，每一个“浪”都将主动聚集不同资讯内容、不同话题主张，以将观点、态度转化成价值主张或行动的系列事件策划，吸引不同圈层的年轻用户群体参与到活动中来。

(资料来源：懂梗更懂套路的网易跟帖，铺了一条心机楼梯. 2017－07－31. https://www.digitaling.com/projects/22342.html.)

四、图像标识媒介

图像标识是利用静态图像进行信息传播的方式，常见于各种组织。公共关系部门或公司通常有专门的摄影和美工人员负责设计和制作这些图像标识。它们主要分为照片、图画和其他类型的标识。

(一)照片与图画

公共关系人员在制作各种宣传小册子和举办各种展览、展销会时，经常大量使用照片和图画，并配以必要的文字说明，形象地介绍组织的有关情况，给读者、观众一目了然的感觉，大大强化了公共关系传播的效果。这里提醒公共关系人员注意：照片与图画的画面要力求干净、明晰，想表达的思想或事物要突出、清楚；说明文字要亲切通俗、流畅简练，切忌深奥晦涩、呆板冗长。

(二)其他标识

1. 商标

它是商品的特定的标记，反映了商品的质量和商品生产者的信誉。它通常由文字、图案、符号共同组合而成。设计商标时除了要考虑当地消费者的文化风俗以外，还应该突出商品的特征和优点，使商标简练醒目、美观大方、容易识别。

2. 品牌名称

它是商品的牌子，一般与商标图形紧密联系。创作品牌名称，要注意以下因素：(1)语感好。如“春兰”“星海”等，均以开口音结尾，读起来顺畅，听起来悦耳。(2)寓意美好，如“美的”“百事可乐”“好孩子”等。(3)贴近消费者，如“大白兔”“白云”等。

3. 徽记

它是组织的标志，也称组织的商标。人们常常把徽记镌刻在本组织的大门旁、专用车上，印制在信封、信笺、名片、纪念品上，以塑造组织的形象。

五、非语言传播

非语言传播是指以人的动作、表情、服饰等为信息载体的传播沟通方式。在公共关系传播中，非语言传播是一种被广泛运用的沟通方式，通常情况下用来表现情感，可以加强或减弱语言传播的效果。非语言传播分为有声非语言传播和无声非语言传播。

(一)有声非语言传播

有声非语言传播如说话时的重读、语调、笑声和掌声。应该注意，同一种有声非语言传播在不同的情况下含义会大不相同。例如,笑声可能负载着正信息,也可能负载着负信息;掌声可能是欢迎、赞成、高兴的表现,也可能是气愤、不满、厌恶的流露。

(二)无声非语言传播

无声非语言传播主要涵盖体态语言和情态语言两个方面。体态语言涉及身体部位的动作符号,如竖起大拇指、耸肩、摆动手臂、跷二郎腿、弯腰、跺脚等,这些动作都传递着特定的信息。情态语言则主要体现在面部表情上,尤其是眼神的交流。例如,长时间的凝视可能表达敬意,眉目传情和秋波暗送是情侣间情感交流的方式,怒目而视则可能是敌对情绪的体现,缓慢的眼球移动可能暗示深情或忧郁。

值得注意的是,无声非语言传播具有显著的民族文化特征。相同的肢体动作在不同文化背景下可能具有截然不同的含义。以在美国普遍流行的 OK 手势为例,在美国它通常表示“同意、出色、顺利、赞赏”,而在法国它可能被解释为“零”或“无”,在印度却表示“正确”,在日本、缅甸、韩国则与“金钱”相关;与上述情况迥异的是,在巴西它可能被理解为“勾引女性”或“侮辱男性”;在突尼斯,它可能表示“傻瓜”或“无用”;在印尼,它可能意味着“无能为力”或“失败”;而在某些地中海国家,它则可能指代“孔”或“洞”。

综上所述,在公共关系传播领域,通常采用的传播沟通方式包括五种主要类型。大众传播沟通方式主要涵盖报纸、广播、电视、互联网等媒介。公共关系从业者在进行信息传播时,必须针对特定的信息内容和目标受众,依据各种传播沟通方式的独特属性,选择合适的媒介,或采取多种方式的综合运用。唯有如此,方能显著提升公共关系传播的成效。通常而言,对于形象性较强的信息,宜优先考虑电视媒介;对于音乐性、时效性突出的信息,广播媒介应为首选;对于内容深邃、需长期保存和检索的信息,报纸媒介更为适宜;对于专业性、针对性强的信息,杂志媒介可作为优先选项;对于塑造组织形象的信息,图像标识媒介则显得尤为重要;而对于情感色彩浓厚且无须广泛传播的信息,则可优先考虑使用语言或非语言媒介。

第三节 公共关系广告

广告是现代社会传递信息的关键手段,随着科技和经济的发展,广告广泛影响着人们的生活。公共关系广告是公共关系部门推广组织形象的重要工具,它结合了公共关系和广告的特点,成为一种特殊的广告形式。组织形象是组织精神文化的外在体现,也是其无形资产。有效利用公关广告有助于塑造和强化组织形象,为组织带来竞争优势,因此公关广告是不可或缺的。

一、公共关系广告的定义及其特征

“广告”一词源于拉丁语,从字面意思看,就是“广而告之”,即向广大公众告知某件事,有广泛劝告之意。广告是一种宣传方式,指广告客户有计划地利用各种媒体传递各类信息,从而对商品、服务或观念进行的非个体的传播活动。公共关系广告是公共关系与广告整合后诞生的新的广告形式,是以广告的形式开展公共关系工作的一种方法。其定义和特征如下。

(一)公共关系广告的定义

公共关系广告,是由组织通过各种传播媒介,向特定公众发布的,以提高自身知名度、树立自身信誉以及协调自身与各类公众的关系为目的的广告。

（二）公共关系广告的特征

公共关系广告是为提高组织的知名度和信誉度、树立良好的组织形象，以求社会公众对组织的理解与支持而进行的广告宣传性工作。公共关系广告具有公共关系活动和广告活动的双重性质，它不同于一般的广告。其特征表现在以下几个方面。

1. 功利目的的隐含性

公共关系广告作为公共关系实践的一个组成部分，其追求的功利目标与公共关系的总体目标以及从事公关工作的组织的发展目标紧密相关。因此，其核心目标在于激发公众对组织的关注、兴趣、信任和好感，营造有利于组织发展的社会环境和氛围，而非直接激发公众的消费欲望，以实现提升商品销售额、扩大服务范围或增加服务收入的目标。这种以目标为导向的功利性决定了公共关系广告在表现其功利目的时的隐晦性，通常表现为“隐而不显”，通过相对客观和冷静的介绍，逐步在公众中建立良好的组织形象。

例如，百雀羚公司推出的公共关系广告《韩梅梅快跑》一经发布，即获得了广泛的好评和大量转发。该广告并未包含任何植入式广告镜头，也未出现过度显眼的品牌标识，仅在广告结束时低调展示了品牌标志。在这则“非典型广告”中，以“80 后”和“90 后”共同记忆中的角色韩梅梅为主角，旨在唤起那些能够真正触动受众内心深处的情感共鸣点。广告语“愿你出走半生，归来仍是少女”在转发和评论中频繁出现，成为广为流传的金句。该句巧妙地传达了对所有女性的启示，即对外在形象的呵护与对内心世界的呵护同等重要。女性应当活出自我，展现力量。此外，该广告也获得了“共青团中央”官方微博的正面评价。

2. 主题思想的利他性

公共关系广告在遵循“利己性”这一基本原则的同时，应尽可能地展现出利他主义的特质，以服务公众利益为根本宗旨，彰显一种近似于“社会公益事业”的精神。相对而言，商业广告则在“求实”原则的指导下，表现出较为明显的“利己性”倾向。由于行为规范的差异，公共关系广告与商业广告的主题呈现出不同的特点。前者尽管其最终目标是“利己”的，但在广告中所传达的主题思想却是“利他”的；而后者，其最终目标与广告主题保持一致，因此在确立传播文案主题时无须回避“利己性”。

3. 结构要素的新闻性

有些公共关系广告采用了新闻报道的形式，直接向公众传递信息。例如，宣传企业取得显著成就、获得表彰的公共关系广告，企业参与社会福利事业并进行捐助的公共关系广告，介绍企业实施新战略、企业高层管理人员参与重要活动的公共关系广告，以及以广告形式展现的企业高层管理人员的访问等，这些广告的结构要素均明显具备新闻特征。例如，《益菌衡，唤启肠健康——中国食品科学技术学会携手养乐多普及科学健肠理念》（正文省略）、《“米其林大厨”走进卖场烹饪教学》（正文省略），这两则案例均摘自 2020 年 8 月 28 日《南京日报》的商情纵深版，从标题到内容实质，基本上呈现经济通讯的形式，是具有显著新闻性质的公共关系广告的典型代表。

二、公共关系广告的目标

公共关系广告的主要目的是通过各种传播手段和渠道，大力宣传和推广企业的形象和信誉。这种广告形式不仅仅是为了销售产品或服务，更重要的是在公众心中树立企业的良好形象，提升企业的知名度和美誉度。其目标具体如下。

（一）谋求赞许

公共关系广告旨在广泛传播组织的理念、实力、意愿、声誉和形象，以增进公众对组织的了解。这不仅涉及业务、产品或服务，而且包括社会责任和企业文化等方面。有效的公共关系广告能展示组织的优势，提升其在市场中的竞争力，并增强公众信任，树立正面品牌形象，为组织的长期发展打下基础。

（二）消除误会

组织面临质量问题等困境时，原因多样，有时责任归属他方，导致公众对组织产生误解，形成不利的舆论影响。通过开展道歉性质的公共关系广告活动，采取先退后进、先抑后扬的策略，有助于消除误解，增进信任。

（三）争取信任

公共关系广告的另一目标是向投资者报告股息情况，向员工传达组织的方针、政策、计划和业绩，为顾客提供商品信息，让社区公众了解组织对社区福利事业的贡献，从而赢取股东、员工、消费者、社区公众的信任、理解和合作。

三、公共关系广告与商业广告的区别

公共关系广告作为广告大家族中的一员，与商业广告有共同的特点，即同样需要支付一定的费用，以及借助大众传播媒介来传播信息。但公共关系广告又与一般的商业广告不同，两者的区别主要表现在以下几个方面。

（一）目的、内容不同

商业广告的核心目的在于推广产品，以促进产品销售。其内容通常涉及对产品特性的介绍，包括其设计的独特之处、相较于同类产品的优势以及售后服务的完善程度，旨在激发公众的购买意向。商业广告致力于提升其吸引力，努力在受众中营造紧迫感，以期迅速促成购买行为。在某些情况下，广告中会出现极具诱惑力的措辞，如“饮用××，赢取大奖”“××品牌百万大赠送”“库存有限，速购为宜”，这类现象在公共关系广告中较为罕见。公共关系广告并不直接劝诱公众购买特定产品，其主要目标是引起公众对组织的关注，建立公众的信任与好感，以及寻求公众的理解、支持、合作与援助。其内容多聚焦于组织整体特征的展示，如经营原则与方针、组织理念、人员或设备情况、现代化水平等。正如某些人所概括的，公共关系广告的宗旨“不在于促使人们购买，而在于赢得人们的喜爱”“不是为了推销产品，而是为了推广形象”。

（二）表达方式不同

商业广告的宣传方式一般较为直截了当，总是列举商品的种种优点，力图说服人们去购买，商业味道十分浓厚。而公共关系广告则一般较为含蓄，尽量避免商业性。如下面两则广告：“味道好极了”（雀巢咖啡广告）；“尊重人——四通成功的首要因素”（四通集团公司广告）。对比这两则广告，我们不难发现它们的显著差别：前者是商业广告，带着浓重的劝说色彩；后者是公共关系广告，比较超脱和恬淡。

（三）传播效果不同

商业广告的传播效果一般是直接的、可测量的，可以通过产品销售额的增减来衡量其效果。公共关系广告的传播效果是战略性和全局性的，成功的公共关系广告获得的效益涵盖各个方面，难以通过销售额和利润指标直接测量。有学者从多方面总结了商业广告和公共关系广告的区别，如表5－1所示。

表 5－1　　商业广告与公共关系广告的区别

项　目	公共关系广告	商业广告
传播内容	与组织形象有关的信息	产品及相关技术
传播对象	公众与舆论	顾客及潜在消费者
传播目的	“爱我”:交朋友、树形象	“买我”:卖产品、做生意
营销功能	间接促销	直接促销
传播色彩	公众色彩较浓	商业色彩较浓
影响模式	公众→企业→产品	公众→产品→企业
表现方式	客观性强	主观性强

四、公共关系广告的类型

一般来说,公共关系广告可分为以下几种类型。

(一)祝贺广告

在节日或其他组织庆典之际,用广告形式向公众贺喜,向其他组织表示祝贺。例如,“世界上最伟大、最无私、最淳朴的爱莫过于母爱,飞龙公司愿所有的母亲在自己的节日——母亲节快乐如意!”这种祝贺广告使公众感到亲切、友好,并由此对该组织产生好感。

(二)谢意广告

谢意广告是向特定公众传达情感的一种方式,其核心在于表达感激之情。当前,此类公关广告形式也被广泛运用,奥迪 C3V6 感谢政府“98 打私行动”即其中的一例,旨在向政府公众表达谢意。该广告在正文部分详细阐述,在高档车走私活动猖獗之际,被誉为“国产极品车”的奥迪 C3V6 遭受了严重冲击。1998 年,政府决意开展“严打走私”行动,奥迪 C3V6 的销量随之显著增长,并从公务车市场拓展至商务车及私家车市场,赢得了更广泛的消费者群体的认可。此番叙述既让公众感受到该组织获得了有力支持,又使广告受众认为祝贺与感谢之情合乎情理,从而在致敬者与受礼者之间建立了自然和谐的关系,使得广告内容更易于被接受。

无论是祝贺广告抑或谢意广告,均蕴含着借助他人之势来推广自身之意,然而在制作过程中,必须确保广告内容饱含真诚情感;基于自身在相关公众事业发展中的地位与作用,出于责任感和使命感而发布广告;或以友善、感恩之心,向对方表达真挚的谢意。

(三)实力广告

实力广告是向公众展示组织在技术、装备、工艺流程、人才等方面的实力的广告。如美国一家航空公司在“我们公司的骄傲”标题下,用报纸的一个版面刊登该公司高级科技人员的姓名、专业职称、重大科研项目,以显示公司的实力,提高公司的声誉。有时也可以介绍组织的技术装备,产品的制造工艺、生产流程、质量检验方式等,这些介绍可使公众对组织的技术力量产生信任,从而达到引导公众对组织的产品产生信任、促使购买行动发生的目的。

(四)观念广告

观念广告是向公众宣传组织的经营目的、价值观念、文化精神和方针政策等。如长春市爱达电器行的广告——“至精至诚,以精制胜,以诚治本”,体现了企业的经营目的和价值观念,树立了良好的企业形象。

（五）信誉广告

信誉广告是向社会公众传播组织获奖情况及社会各界对该组织的好评和赞誉。如洛阳春都投资股份有限公司曾在《经济日报》上刊登了“荣登榜首，再创辉煌”的广告，详细列出“全国市场产品竞争力排行榜”，并用红字突出本公司荣获的3个“第一”，这就属于信誉广告。

（六）公益广告

公益广告不以宣传特定产品或组织为目的，而是围绕公益、慈善和服务性质的主题进行创作，旨在吸引公众的广泛关注，赢得公众的积极情感，并促进相关问题的解决。具体而言，公益广告的宗旨在于借助其影响力，增强产品广告的效应，提升产品和组织的形象，以及提高它们在公众中的知名度。

例如，四川地区箭竹的开花导致了国宝大熊猫面临食物短缺的危机。为此，中国野生动物保护协会发起了“救救熊猫”活动。南京无线电厂，作为以“熊猫”品牌著称的电子产品制造商，率先发出了“熊猫厂倍爱熊猫，救‘国宝’更应尽力”的倡议，号召所有以“熊猫”为商标的企业共同为拯救大熊猫贡献力量。该广告一经发布，便得到了多家企业的热烈响应，从而引发了一场全民关注和救助大熊猫的热潮。

近年来，我国的公益广告数量持续增长，其内容涵盖了防火防盗、森林保护、古迹维护、环境保护以及社会秩序维护等多个方面。

（七）致歉广告

致歉广告就是当公众对组织的正当行为产生误解或对组织的某些不当行为产生意见时，组织为向公众表示歉意而制作的广告。致歉广告的主要特点是“以退为进”，即以公开承认自己的不当之处并向公众赔礼之“退”，谋求公众的谅解乃至新的信任和合作之“进”。

常见的致歉广告有以下三种：一是当组织本身经营出现差错并给有关公众造成损失时所做的致歉广告，二是当组织被公众误解时所做的致歉广告，三是当组织取得重大成就时所做的“致歉广告”。

（八）声势广告

声势广告的主要目的是向广大公众传递有关组织成立、开业庆典以及其他大型活动的信息，以此来营造一种热烈的氛围和声势。例如，在吉林省，春谊贵宾楼的开业活动就通过声势广告的方式进行了广泛的宣传。为了达到更好的宣传效果，广告内容以整版篇幅被刊登在了《长春日报》上。广告的标题醒目地写着“春谊宾馆贵宾楼欢迎您”，旨在吸引读者的注意力并传达出热情好客的信息。在这则广告中，有宾馆的开业日期、总经理的致辞以及宾馆的简介等内容，使公众对即将开业的宾馆有全面的了解。此外，广告中还配有精美的照片，展示了宾馆的外观和内部设施，让读者能够直观地感受到宾馆的豪华与舒适。通过这种声势广告的方式，春谊贵宾楼成功地吸引了大量公众的关注，为开业庆典营造了浓厚的氛围。

五、公共关系广告的写作技巧

在写作公共关系广告时，要注重以下几个方面。

（一）选准时机

要做好公关广告，抓准和把握时机是非常重要的，时过境迁将徒劳无功；提早做广告，不仅会耗费较多的财力，而且会因时机不成熟而导致效果不显著。何时做公关广告，选择何种公关广告类型，应视公共关系的目标和具体内容要求来确定。

例如，2023年3月，淄博烧烤因独特魅力在网络上走红，“五一”期间旅游订单激增，预计有 12 万人前往淄博体验。歌手薛之谦和 B 站 Up 主的推荐，以及央视和地方卫视的节目曝光，进一步提升了其知名度。淄博烧烤的流行始于疫情防控期间大学生隔离结束时的一场告别烧烤，随后淄博市积极推广，吸引大学生到当地就业。淄博还为大学生提供优惠，如半价住宿和免门票等，以独特烧烤方式满足年轻人的体验需求。淄博烧烤的特色在于顾客亲手烤制，以及特有的炉子、小饼、蘸料和氛围，这些都难以在其他地方复制，为年轻人提供了独一无二的消费体验。淄博烧烤因此成为网络热议话题，吸引了众多网友和明星的推荐，通过网络迅速传播，成为热门话题。“淄博烧烤”通过顺势而为，将“淄博烧烤”的流量转化为“留量”，展示了如何利用地方特色和文化活动来吸引游客和媒体的关注，通过在特定时间举办烧烤节等活动，成功地将公众的兴趣和媒体的焦点集中在了淄博，提升了当地的旅游和文化形象，发挥了公关广告的价值。①

（二）淡化商业味

公共关系广告一定要避免与商业广告雷同或商业痕迹太重的情况发生，否则会引起公众的反感，从而失去公共关系广告的实际意义。公共关系广告的效果，不能以卖出了多少产品、增加了多少利润来衡量，而是要看它是否维护和提高了组织的良好形象。有的纪实性公共关系广告，通过结合某些社会性问题，把组织的有关情况编辑成特辑，在杂志上以多页篇幅刊登。其笔调是纪实性的，而在娓娓道来的叙述中，实际上就是在为组织做广告。

（三）富于创新

在始终如一地坚持组织基本宗旨的同时，公共关系广告的内容、角度、手法等应不断创新，要让公众感到组织充满生机和活力，总是有新的成就和发展。

例如，滴滴通过举办一场名为“七嘴八舌吐滴滴”的脱口秀活动，邀请了乘客、司机、产品经理和公司高层参与，以幽默的方式接受公众吐槽，同时对其服务进行了解释和优化。这种自黑的公关策略不仅展现了企业的开放态度，而且有效提升了品牌形象和公众的好感度。②这表明在公共关系广告中，创新不仅是内容和形式上的新颖，更是在策略和执行上的巧妙运用，能够有效地提升品牌形象和公众的认知度。

（四）自信而不自夸

自信是成功推销自己的前提，很难想象一个不自信的人能够说服别人信赖自己。公共关系广告文案的行文要有气势，文字要简洁有力、充满自信，切忌语意含混、模棱两可、拖泥带水。当然，行文语言的自信并不是自吹自擂、自高自大。

例如，哔哩哔哩精心制作的“五四”献礼演讲片，通过充满激情和深意的演讲，向年轻一代致以最崇高的敬意。这部作品不仅表达了对年轻人无限的羡慕和深深的敬意，而且传递出对他们未来无限可能的期待。文案中洋溢着对年轻一代的赞美之词，字里行间充满了对他们的鼓励和支持，激励着年轻人勇敢追梦、不断前行。同时，这部演讲片也展现了哔哩哔哩对年轻文化的深刻理解和坚定支持，体现了哔哩哔哩与年轻一代共同成长的决心和信念。

这说明在公共关系广告中，品牌如何通过自信而不自夸的方式，有效地与公众沟通，传递品牌价值和理念。通过这些精心设计的文案和创意，品牌能够在不显得过于自夸的同时，展现其独特的魅力和成就。

---

① 资料来源：腾讯新闻，https://new.qq.com/rain/a/20230515A02C1P00.

② 资料来源：数英网，https://www.digitaling.com/articles/238832.html.

（五）生动具体

广告很忌讳形式呆板、语言生硬、内容空洞。同样的信息用不同的方式表达出来，效果可能迥然不同。

例如，德国大众汽车公司曾做过这样一个广告，画面上有一辆小汽车，以醒目的大字标明“次品”，下方有文字说明“大众车的检验员因仪表板上的小贮藏柜里有一道划痕而拒绝给予通过”。该公司对公众认真负责的态度以及对产品极其严格的要求就在这样一个“次品”和一句看似不经意的说明中展露无遗。它在公众心目中树立起良好公司的形象也是水到渠成的。其效果自然是那些“美观”“大方”“优质”等空洞而生硬的描述所不能比拟的。

又如，广西桂林梅高广告公司的广告词：“在没有金字塔之前，只有一些普普通通的石头罢了……看似很平常的东西，一块石头或一堆火、一个符号或一段文字，通过广告人的重新组合，会产生神奇的效果，成就一个伟大的创意……”这则广告文案巧妙而生动地展示了该广告公司出色的智慧和创意。

（六）亲切热情

组织如果要在公众心目中树立良好的形象，打动公众的心，就应在公共关系广告中融入亲切的情感。

例如，海南航空公司的一则报纸广告的画面中有一位和蔼可亲的空姐，正躬身与一位幼儿亲切交谈。这位幼儿仰望着空姐，右手的手指天真地放在唇边，目光中流露出稚气和淘气。画面右下角是“海航”的司标和“天涯咫尺情系海航”的广告口号。在“阿姨，妈妈让我自己回家”的广告标题下面有这样一段文字：“像 5 岁的黄火这样只身乘机的小旅客，我们每年都要接待很多。不仅是孩子，用亲切、友好和真诚的心去关照旅客，这就是我们的服务宗旨。我们认为喷气客机使世界已不再遥远，需要接近的也许是我们的心灵。我们所能做到的是营造温馨的氛围，换得旅客的一份好心情。珍重情谊的海南航空。”此广告意在向公众描述海南航空公司的优质服务，但它避开了常见的方式，而是选择了年幼的只身乘机的小旅客作为广告诉求的切入点，文字热情四溢。5 岁的幼童都可以单独交给这家公司，足见它的服务质量让人放心。又如，利民装饰装修公司的广告语“搬家找利民，送您三颗心——称心、放心、省心”，将企业精神凝聚在“三颗心”上，也会让公众感到无比亲切，从而打动公众的心。

（七）“利他”先于“利己”

公共关系广告也如同一般商品广告那样具有很强的“利己”性，最终目的都是宣传自己、推销自己。但是，如果一则公共关系广告给人的感觉是一切“为己”，那就难逃失败的命运。公共关系广告应尽可能体现“利他”主义，以服务公众为宗旨，让公众获得一种“体贴”的感受。虽然其终极目的是“利己”的，或者是“利己”与“利他”并存的，但于广告文案中体现的主题思想却应该是“利他”的，也就是要尽可能做到彰“利他”而隐“利己”，“利他”先于“利己”。

例如，淘宝平台举办的“绿色生活节”活动，旨在推广环保理念，倡导绿色消费，促进人与自然的和谐共生，从而提升公众对环保和可持续发展的认识。淘宝利用其平台的影响力，通过“绿色生活节”活动，鼓励消费者选择环保产品，同时也展示了企业的社会责任感和对环境保护的承诺。这种以服务公众、推动社会进步为宗旨的广告策略，不仅有助于提升品牌形象，而且能够在公众中树立正面的企业形象，实现“利他”与“利己”的双赢局面。

再如，华为在其旗舰手机内容营销中融入中国传统文化元素，展现品牌的文化自信。华为通过这种方式，不仅提升了自身的品牌形象，而且推动了中国传统文化的传播和认同。这种策略体现了企业在追求商业利益的同时，也关注文化传承和社会责任，符合“利他”先于“利己”的原则。

这些都说明了公共关系广告在追求组织或企业自身利益的同时，也应注重社会效益和公众利益，通过“利他”的行为来赢得公众的信任和支持，从而实现长远的发展。

【案例 5—6】

胖东来员工餐事件——主打听劝

在 2024 年 2 月，河南许昌胖东来美食城的一名员工在制作员工餐时，未按规定更换筷子继续搅拌面条，这一行为被顾客拍下并上传至网络，引发了公众对食品安全和企业责任的关注。

面对这一危机，胖东来迅速采取了一系列措施。首先，公司对涉事员工进行了开除处理，并关闭了涉事的火锅档口。随后，胖东来发布了一份详细的 13 页调查报告，通过“民主合议庭”的形式，重新审议了对员工的处理决定。最终，公司决定将员工的处罚从开除降为培训学习三个月，调离原岗位，转岗为非食品加工岗位，并对相关主管进行了降级处理。这一转变体现了胖东来对员工的关怀和对公众关切的回应，同时也展示了企业在面对危机时的责任感和透明度。

胖东来虽然最初采取了较为严厉的措施，但随后的民主审议和处罚调整，体现了企业对员工的人文关怀和对公众意见的尊重。通过这种方式，胖东来不仅挽回了公众的信任，而且展现了企业的社会责任感，实现了“利他”与“利己”的平衡。这一事件的处理过程和结果，为其他企业提供了危机公关和公共关系广告的参考，展示了在危机中如何通过积极的沟通和合理的处理来维护企业形象和社会责任。

（资料来源：识微科技，https://www.civiw.com.）

本章小结

本章主要围绕公共关系传播的相关知识，设置各节的知识目标，具体内容包括：公共关系传播的含义、基本要素、类型和效果及其制约条件，公共关系传播沟通方式，公共关系广告。读者通过学习本章，能够扎实地掌握公共关系传播的相关知识并能够熟练地加以运用。

本章训练题

一、单项选择题

1. 有利于解决多数公众的共性问题的传播媒介是(　　)。

A. 个体传播媒介　B. 群体传播媒介　C. 大众传播媒介　D. 实物传播媒介

2. 人的表情属于(　　)符号媒介。

A. 有声语言媒介　B. 无声语言媒介　C. 有声非语言媒介D. 无声非语言媒介

3. 提出“5W”模式的是(　　)。

A. 拉斯韦尔　B. 森特　C. 香农　D. 杰夫金斯

4. 大众传播媒介的四大支柱包括报纸、广播、电视和(　　)。

A. 电影　B. 幻灯　C. 书籍　D. 杂志

5. 现代公共关系传播的本质是组织与公众之间信息的(　　)。

A. 双向交流　　B. 单向交流　　C. 双向管理　　D. 单向管理

6. 社会名流、新闻人物、舆论领袖等属于公共关系传播媒介中的(　　)。

A. 符号媒介　　B. 人体媒介　　C. 实体媒介　　D. 大众媒介

7. 自我与他人、个人对个人的传播活动属于(　　)。

A. 自我传播　　B. 人际传播　　C. 组织传播　　D. 大众传播

8. 不受空间限制、传播范围最广的大众传播媒介是(　　)。

A. 电视　　B. 报纸　　C. 广播　　D. 杂志

9. 下列选项中,印刷精美、表现力强的传播媒介是(　　)。

A. 广播　　B. 杂志　　C. 报纸　　D. 电视

10. 下列选项中,不属于电子媒介的是(　　)。

A. 广播　　B. 海报　　C. 录音　　D. 录像

二、多项选择题

1. 电视传播信息的优势有(　　)。

A. 视听结合,传达效果好　　B. 纪实性强,有现场感

C. 交互传送,便于沟通　　D. 传播迅速,影响面广

2. 杂志传播信息的弱点有(　　)。

A. 内容翔实　　B. 出版周期长

C. 声势小　　D. 理解能力受限

3. 电视作为大众传播媒介的缺点包括(　　)。

A. 记录性较差　　B. 公众选择余地小

C. 接收方式不灵活　　D. 制作周期长

E. 制作费用高

4. 公关广告与商品广告的差异在于(　　)。

A. 直接目的不同　　B. 根本目的不同

C. 内容不同　　D. 新闻界的报道方式不同

E. 应用范围不同

三、判断题

1. 公关广告和商品广告都属于付费的宣传活动。　　(　　)

2. 人际传播的情感影响力往往要超过大众传播,主要得力于说话人的表情和目光。　　(　　)

3. 公共关系的根本职责是传播推广。　　(　　)

4. 公共关系传播推广职责的首要任务是告知公众。　　(　　)

5. 辐射式传播的特点是便于集中。　　(　　)

四、简答题

1. 简要分析公共关系传播的含义。

2. 公共关系传播的要素有哪几个?

3. 简述拉斯韦尔的“5W”模式。

4. 公共关系传播的类型主要有哪几种?

5. 什么是公共关系广告? 公共关系广告的作用是什么?

6. 简述公共关系广告与商业广告的区别。

五、案例分析题

1. 毛姆的征婚广告

某一天,英国各大报纸不约而同地登出一则征婚广告,寥寥数语:“本人喜欢音乐和运动,是个年轻而又有教养的百万富翁,希望能和毛姆小说中的女主角完全一样的女性结婚。”这则征婚广告一时间在英国引起颇大的轰动,那些日夜想嫁给“年轻而又有教养的百万富翁”的小姐,纷纷将毛姆小说购回藏于香闺;那些时刻惦记女儿命运、千方百计要给女儿安排个好归宿的太太,则遍索毛姆小说赠送女儿作礼品或“教本”。几天之内,伦敦各书店毛姆小说被抢购一空,并在畅销书中独占鳌头。其实,刊登这则“征婚广告”的不是别人,正是毛姆自己。

(资料来源:http://www.chinawriter.com.cn/wxpl/2014/2014-10-24/222331.html.)

问题:

毛姆利用征婚广告售书的技巧是什么?

2. 奉送金币

香港一家经营强力胶水的商店,坐落在一条鲜为人知的街道上,生意很不景气。一天这家商店的店主在门口贴了一张布告:“明天上午九点,在此将用本店出售的强力胶水把一枚价值 4 500 美元的金币贴在墙上,若有哪位先生、小姐用手把它揭下来,这枚金币就奉送给他(她),本店决不食言!”这个消息不胫而走。第二天,人们将这家店铺围得水泄不通,电视台录像车也来了。店主拿出一瓶强力胶水,高声重复广告中的承诺,接着便在那块从金饰店定做的金币背面薄薄涂上一层胶水,将它贴到墙上。人们一个接着一个地上来试运气,结果金币纹丝不动。这一切都被录像机摄入镜头。这家商店的强力胶水从此销量大增。

(资料来源:https://www.xwpx.com/article/2008/0825/article_727.html.)

问题:

这家公司采取的是什么类型的公关传播活动? 为什么会取得成功?

3.“玩美女人”传播不当

上海某服装有限公司委托某广告公司做内衣广告宣传。广告公司精心策划出“玩美女人”的广告词,其意为此内衣为追求和崇尚美丽的女人的选择,广告词又与“完美女人”谐音,言下之意为选择此内衣,即可成为完美女人,并立即将此得意的广告词制作成灯箱广告,挂到街道两边。不料,此举引起群众的不满,大多数群众将广告词理解为“玩,美女人”,并举报到工商管理部门,工商管理部门认为此广告词确实不雅,思想境界不健康。责令公司将印有“玩美女人”字样的灯箱广告全部撤下。公司不服,与之理论,未果。最后由法院来裁决,判定广告公司败诉,撤下所有印有该字样的广告,另外处以 20 万元的罚款。

(资料来源:https://news.sina.com.cn/s/2001-11-28/408945.html.)

问题:

请说明该服装公司失败的原因。

本章训练题
参考答案

第六章

公共关系工作程序

知识框架

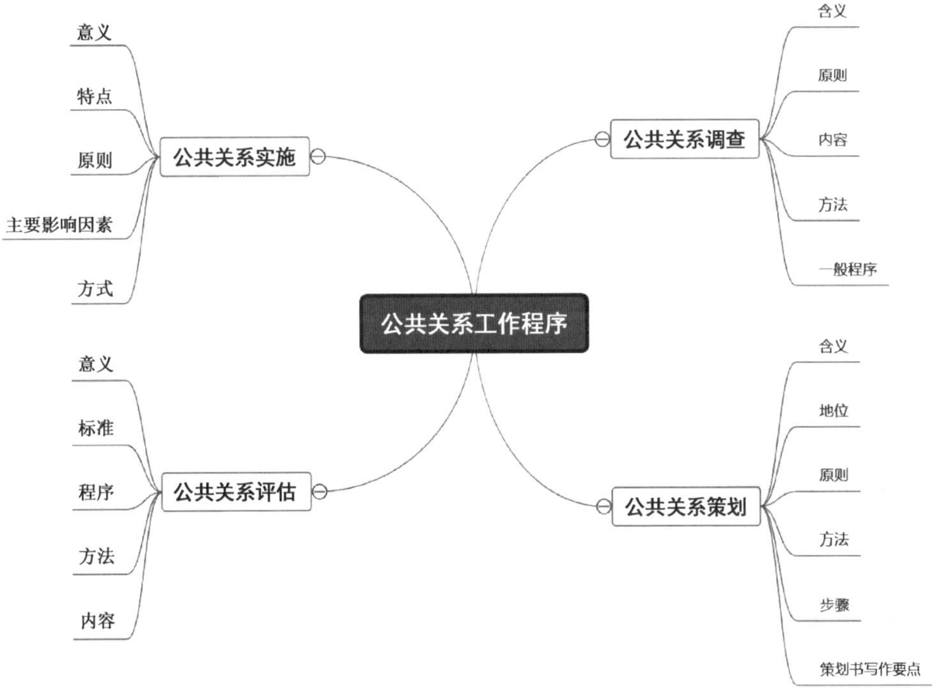

教学目标

1. 理解并掌握公共关系调查的原则、常用的调查方法；
2. 了解公共关系调查的内容；
3. 了解公共关系调查的基本程序；
4. 理解公共关系策划的步骤；
5. 掌握公共关系策划的原则及方法；
6. 熟练掌握公关策划书的写作要点；
7. 了解公共关系实施的特点；
8. 掌握公共关系实施的原则；
9. 影响公共关系实施的主要因素；
10. 了解公共关系评估的程序及方法。

思政目标

培养学生严谨的思维方式、有条不紊的工作作风。

核心概念

公共关系调查　公共关系调查内容　公共关系调查程序　公共关系调查方法　公共关系策划　公共关系实施　公共关系评估

引导案例

法国白兰地是如何打入美国市场的

美国法律曾一度明文规定:禁止酒类进口。对此,各国酒商尽管心有不甘,却又无可奈何。法国白兰地公司为了打开美国市场,特地邀请了几位公关专家,慎重研讨公关方案。受聘的专家通过调查,搜集了有关美国的大量信息,并仔细斟酌,提出了一项颇具新意的设计。

法国白兰地公司不惜巨资,在美国各大报纸、杂志及广播电视台向公众征答这样一个问题:"白兰地公司有两桶窖藏了67年的美酒欲向外赠送。请问,送给谁最好呢?"一时间,这件事铺天盖地灌输入了美国人的头脑中。不久后就是美国德怀特·戴维·艾森豪威尔(Dwight David Eisenhower)总统67岁寿辰,法国人紧接着又在报纸、杂志及广播电视中公布了先前所征答的问题的答案,原来那两桶67年的陈酿就是献给美国总统艾森豪威尔67岁寿辰的,以表示法国人民的敬意。

公关宣传的基点是法美两国人民的友谊,整个规划的主题是"礼轻情意重,酒少情意浓"。择定的宣传时机是当时的美国总统艾森豪威尔67岁的寿辰,要求公关活动尽可能广泛利用法美两国的新闻媒体,传播程序是先法国后美国,由内而外地辐射。赠送的是两桶窖藏长达67年的白兰地酒,贺礼由专机送往美国,酒桶特邀法国著名艺术家设计和制作。然后于总统寿辰日,在白宫的花园里举行隆重的赠送仪式,由四名英俊的法国青年身穿法兰西传统的宫廷侍卫服装抬着这两桶白兰地正步前行,进入白宫。这项耗资可观的公关计划得到了公司最高决策者的批准,并且获得了法国政府的赞赏和支持,外交渠道的绿灯也亮了。

于是,美国公众在其总统寿辰一个月之前就分别从不同的传播媒介获得了上述信息。一时间,法国白兰地成了新闻报道、街谈巷议的热门话题。千百万人都盼着这两桶名贵的白兰地的光临,以一睹其风采为快。于是,出现了万人空巷的盛况。

当两桶仪态不凡的美酒亮相时,群情沸腾,欢声四起,有些人甚至大声唱起了法国国歌《马赛曲》。酒不醉人人自醉。从此白兰地昂首阔步地迈入了美国市场,国家宴会和家庭餐桌上有了它的身影。

总统寿辰过后,美国的报纸、杂志和电视上频频出现这样的照片和画面:总统和法国客人各举一杯诱人的白兰地,相互碰杯,一饮而尽。白兰地成了一种诱惑,但很多美国人品尝不到。于是美国人开始游行,口号是:"我们也要喝白兰地!"这样一来,因为是总统先喝的白兰地,所以美国政府有口难言,最后美国当局只好修改相关法律,允许酒类进口。

(资料来源:王伟青,姬静.公共关系理论与实务[M].北京:机械工业出版社,2022.)

公共关系是现代组织管理工作中一种相当复杂的活动,这不仅因为各类社会组织面对着不同类型的公众,而且因为它们所采取的公共关系手法是千差万别的。然而,各种类型的公共关系活动中又有某些共同的规律可循。按照这些规律操作，才能达到预期的效果，发挥公共关系的最佳效益。要做到这些，必须按照一定的程序开展公共关系工作。为此，斯科特·卡特李普将这一程序概括为公共关系的“四步工作法”，认为“公共关系问题的解决过程，是一个持续的、循环往复的过程，各步骤相互联结，缺一不可，呈现出一个动态的环状结构”。所谓的公共关系“四步工作法”是指公共关系工作程序，包括公共关系调查、公共关系策划、公共关系实施和公共关系评估四个环节。

第一节　公共关系调查

公共关系的一条基本原则就是从事实出发，这就要求公共关系部门及时了解组织周围环境的信息，掌握公众的动态，了解组织自身的生存状况。美国公共关系专家詹姆斯·格鲁尼格(James Grunig)教授认为：现代的社会组织可以分成两大类。一类是开放性组织，它们积极地对待环境变化，了解公众对自身的反映，并及时调整自己的经营战略，因此可以主宰自己的命运，在市场中如鱼得水。另一类属于封闭性组织，它们与外部环境处于割裂状态，世界的变化、技术的进步、市场的变迁、竞争对手的发展、公众要求的变化对它们都没有任何影响。它们我行我素，到头来只能是丧失了自我更新的机会，自生自灭。可见，是否重视调查研究，关系到组织的生死存亡。调查研究是组织内所有部门都必须予以重视的大事，其中，公共关系部门应当发挥信息中枢的核心作用。

一、公共关系调查的含义及原则

(一)公共关系调查的含义

所谓公共关系调查，是指运用定性分析与定量分析相结合的方法，对组织公共关系的现状及其影响因素进行考察和分析，寻求建立组织良好形象的科学认识活动。公共关系调查是一项基础性工作，与其他社会调查不同，它是就公众对组织形象的评价进行统计分析，用数据或文字的形式显示公众的整体意见，或就某一具体公共关系活动条件进行实际考察。

公共关系调查的目的是甄别公众对象，测量舆论民意，评价组织形象。然后找出差距，确定存在的问题，为组织形象设计和策划公共关系活动提供依据。因此，公共关系调查主要包括三项内容：组织形象的调查(组织知名度及美誉度调查)、组织的公众舆论调查、组织开展公共关系活动的条件调查。

(二)公共关系调查的原则

公共关系调查要为组织提供策划依据，所以调查活动和调查过程应有很强的科学性。为了保证公共关系调查的科学性，调查人员必须遵循以下几项原则：

1. 客观性原则

公共关系调查是为了准确地了解公众对组织形象的评价。坚持调查的客观性是调查人员所应遵循的最重要的原则。调查人员在调查过程中，应从客观事实出发，要注意区分公众的客观态度和主观臆想。公众的客观态度是指调查对象对组织形象的直接感受和评价，而主观臆想则是指调查对象对组织形象的一种想象和愿望。在调查过程中，只有把握了调查对象的客观态度，才能对公众的有关评价得出科学、准确的结论。此外，调查人员在调查过程中，切忌主观性，不可随心所欲地给客观事实加上主观猜测的成分，而应从客观事实出发，不回避更不掩盖事实。只有这样，才能充分保证调查结果的信度和效度。

2. 全面性原则

公共关系调查的客观性本身要求调查的全面性。公共关系调查的全面性要求调查人员在搜集被调查人员对组织形象的评价时,必须注意搜集各个方面公众的意见。这里应注意两点:一是调查对象必须能够代表公众。如果调查对象没有代表性,尽管他们对组织形象的评价是客观的,但这并不能代表公众的整体客观态度。二是调查所得的资料必须全面,既要有调查对象的正面意见,也要有调查对象的反面意见,既注意到一方面公众的意见,也要注意到另一方面公众的意见,并注意各种意见之间的联系,不能一叶障目,不见泰山。以偏概全的调查对组织是十分有害的。

3. 时效性原则

公共关系调查是了解调查对象在某一确定时间对组织形象的评价,调查的结果具有很强的时效性。对于组织来说,调查所得信息的价值,与提供信息的时间成正比,迟滞的信息会导致组织失去取胜的良机。所以,在调查过程中,调查人员不仅要注意调查信息的准确性,而且要注意调查信息传递的快捷性。此外,客观事物总是处在不断运动和变化之中,公共关系的一次调查,只能反映此时此刻公众的态度,这种态度会随着时间的延续而发生变化。遵循公共关系调查时效性原则,有利于组织及时地收集情报并作出果断的决策。

4. 计划性原则

公共关系调查是组织形象管理的重要一环。组织不可期望通过一次调查就获得所有情报。公共关系调查工作应列入组织的整体运作计划中,使之制度化、规范化。公共关系调查的制度化、规范化不仅可以使组织适时得到有价值的信息,而且可以使组织从中不断地总结调查的经验,提高调查工作质量。此外,对一项具体调查工作来说,事前必须制订一个完整、严密的调查计划,对调查任务及完成任务的人力、物力做出合理的安排;对调查中可能会遇见的各种问题及其对策都要考虑充分。这样,才能保证调查的顺利进行,提高调查工作的效率。

5. 伦理原则

在公共关系调查中,伦理原则是调查人员应当遵循的基本原则之一。在调查过程中,使调查对象受到某种程度的伤害,对调查对象采取欺骗手段,使调查对象处于某种心理压力之下,或调查人员在调查过程中在进行资料分析时,片面地引用调查事实等,都被认为是非道德的行为。调查人员在调查过程中,既要注意调查的科学性,又要注意调查行为符合道德规范。如果调查人员的行为不道德,就难以取得调查对象的信任,这样,调查结果的客观性、全面性就难以保证。调查人员与调查对象之间的关系,应当是诚实和公开的关系,而绝不是隐瞒和欺骗的关系。

6. 精确性原则

公共关系活动是一项非常复杂的系统工程,成功的活动应该使其中的每一个环节或者子系统都做到天衣无缝,这就要求调查与搜集的信息首先必须做到精确无误。在公共关系调查过程中,精确性原则有以下含义:第一,应用统计学的原理规划调查工作;第二,运用相关的数学模型对信息进行科学分析;第三,用具体数字显示或表达调查的结果。

二、公共关系调查的内容

公共关系调查的内容范围是十分广泛的,大致可以分为三个基本方面,包括组织形象调查、相关公众调查和组织所处的社会环境调查。

(一)组织形象调查

所谓组织形象,就是组织在公众心目中留下的印象。换言之,组织形象也就是公众对组织的看法和评价。随着现代科技的不断发展，同类产品在质量、价格等方面的差异越来越小，组织形象就成了企业的重要资源，在很大程度上左右着公众的市场选择。所以，公共关系人员首先要对组织现有形象有所了解，做到心中有数。组织的形象调查又可以分为以下三个部分：

1. 组织自我期望形象调查

公共关系调查工作首先要通过组织内部的调查分析，了解组织的自我评价，揭示组织对公共关系工作的期望值，这是公共关系调查的第一步。组织自我期望形象调查是指一个组织自己所期望达到的形象目标，它是一个组织开展公共关系活动的内在动力和方向。期望值越高，组织所做出的努力就越大，但不切实际的期望往往成功率很低，因此，组织自我形象设计要注意主观愿望与实际可行的结合。

2. 组织实际形象调查

一个组织的自我期待形象往往与公众心目中的实际社会形象有较大差距。组织必须借助公众评价和社会舆论来反映组织的实际社会形象。组织的实际形象调查可以分为以下两个部分：

(1)形象地位测定

一个组织实际的社会形象，需要用公众对该组织的认识、看法和评价来反映，这些指标又可以概括为知名度和美誉度这两个综合指标。

知名度是社会公众对该组织认识、知晓的程度。计算公式为：

$$\text{组织在该地区的知名度}=\frac{\text{该地区知晓公众数}}{\text{该地区公众总数}}\times 100\%$$

美誉度是社会公众对本组织信任和赞誉的程度。计算公式为：

$$\text{组织在该地区的美誉度}=\frac{\text{该地区持赞赏态度的公众数}}{\text{该地区知晓公众人数}}\times 100\%$$

一个组织的形象好坏，通过知名度和美誉度两个指标就可以反映出来。将调查获得的数据进行综合，就构成了一个组织的形象地位图(如图 6－1 所示)，它是公共关系专家们测定组织实际形象的主要工具。

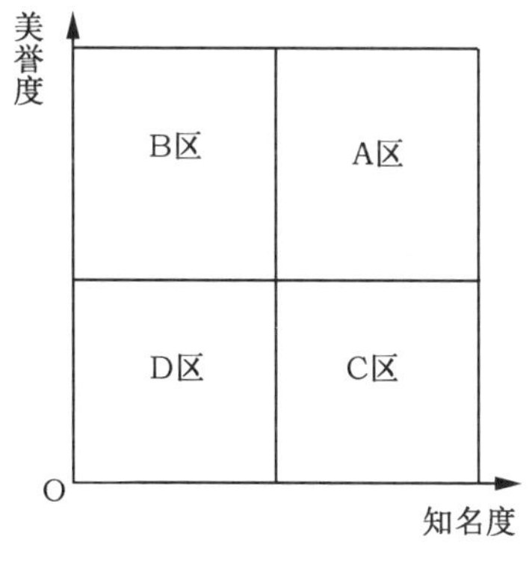

图 6－1　组织形象地位图

区域 A 代表着高知名度和高美誉度，说明组织的公共关系属于最佳状态，将来的问题是如何保持荣誉，更进一步。但是也要注意，过高的知名度会给美誉度造成压力，组织必须时刻保持高度的警惕。

区域 B 代表着低知名度、高美誉度，说明组织的公共关系处于较为稳定、安全的一种状态。公共关系工作的重点应该是在维持美誉度的基础上，提高知名度。

区域C代表着高知名度、低美誉度。处于这种形象地位，说明组织的公共关系属于臭名远扬的恶劣状态。在这种情况下，公共关系工作的重点首先应该在于降低负面知名度，减少舆论界的注意，默默地努力改善自身，设法挽回荣誉，提高美誉度，再求发展。

区域D代表着低美誉度、低知名度。处于这种形象地位，说明组织的公共关系处于原始状态。在这种状态下，组织首先应该完善自身，争取较高的美誉度，之后做好提高知名度的工作。

(2)形象要素的分析

了解了组织在公众心目中的实际社会形象后，公共关系人员还必须了解公众为什么会形成这样的印象。因此，有必要进一步分析构成组织形象的具体要素。组织形象包含很多方面内容，对企业而言，具体涉及经营方针、产品质量、服务态度、办事效率、业务水平等各种要素。为了精确表达公众的意见，这些要素指标可以用语意差别量表来表现。从表6－1中我们可以看出，这家公司的知名度不太高主要是因为其业务缺少创新、领导者能力较差、组织综合实力不高，它大致相当于高美誉度、低知名度的企业，因此，应该在领导者能力上予以加强。

表6－1　　组织形象要素分析表　　单位：人

调查项目	评　价							调查项目
	非常	相当	稍微	中	稍微	相当	非常	
经营宗旨正确		60	30	10				经营宗旨不正确
产品质量好			30	60	10			产品质量差
服务态度端正				15	20	65		服务态度恶劣
工作效率高			25	65	10			工作效率低
技术创新能力强					20	70	10	技术创新能力弱

3. 组织形象差距比较分析

将组织自我期望具有的形象(虚线)与组织实际具有的社会形象(实线)进行对比，就可以发现其中的差距。而揭示二者之间的差距，为今后的公共关系工作指出了前进的方向。实际上，公共关系工作的目标就是弥补或者缩小这种差距。其方法可如图6－2所示，用1～7作为数值标尺，将组织形象要素分成7个档次，经营指标非常不正确为1，相当不正确为2，稍微不正确为3，一般为4，以此类推，并根据表6－1中调查项目的实际数据，计算出每一项目评价的平均值。其计算方法是调查项目的评价人数乘以相应栏目的数值，将该项目各档次评价总分相加，再除以调查总人数。如表6－1中第一栏经营宗旨一项平均值为：

(60人×6＋30人×5＋10人×4)/100人＝5.5

根据上述调查结果，计算公众对每一个调查项目评价的平均值，将各个平均值分别标定在数值标尺的相对位置上，连接各点，就形成了组织的形象曲线图，虚线为组织的自我期望形象，实线为组织的实际形象，两条曲线之间的差距就是组织的形象差距，如图6－2所示。

(二)相关公众调查

1. 公众构成

任何一种公共关系活动都很难全面地影响所有的公众。开展公众构成情况调查有利于确定公共关系工作的基本范围和重点对象，避免盲目开展公共关系工作。公众的构成情况主

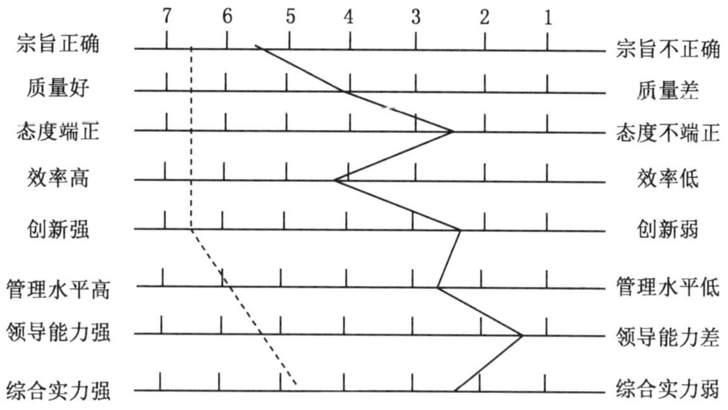

图 6—2　组织形象要素图

要包括：第一，内部公众构成情况，如组织成员的数量构成、职称职务构成、需求层次构成、劳动态度构成、思想素质构成等。第二，外部公众构成情况，如外部公众的数量构成、空间构成、特征构成、需求构成、观念构成、组织的结构状态构成、对组织的重要性构成、对组织的依赖性构成等。

2. 公众需求

社会组织是为人的需要而存在、为人的需要而发展的。社会组织要有效地开展公共关系工作，就必须做好对公众需求情况的调查工作，以掌握公众需求信息，不断设法满足公众的合理需要。公众需求情况调查主要涉及两个方面；第一，公众的物质需求情况，如公众对改善物质生活环境的需求、公众对获得优质物质产品的需求、公众对获得各种有形服务的需求；第二，公众的精神需求情况，如公众对组织接纳的需求、公众对合法权益的需求、公众对获得满意服务的需求、公众对获得重要信息的需求、公众对获得组织重视的需求等。

3. 公众评价

任何公共关系工作的开展都必须基于对组织实际社会形象的清楚认识，组织形象实际上还是公众对社会组织各种评价的综合。所以，社会组织开展公共关系调查，必须着重收集公众对组织的评价性信息。公众对组织的评价主要有：第一，对组织产品的评价，如对产品的内在质量的评价、对产品外形的评价、对产品价值的评价等；第二，对组织服务质量的评价，如公众对组织服务项目、服务方式、服务措施、服务水平的评价等；第三，对组织管理水平的评价，如公众对组织管理机构及其办事效率的评价、对组织经营创新和管理革新的评价、对组织管理效益的评价等；第四，对组织人员素质的评价，如公众对组织领导人、中层管理人员、专业技术人员、一般员工、公共关系人员及特殊人物的评价等；第五，对组织外向活动的评价，如公众对组织外向宣传活动、公益活动的评价等。

【案例 6－1】

明确公众态度很重要

假如你要在美国的酒吧里要一杯可乐，不用猜，十次中有九次会给你奉上可口可乐。还有一次呢，对不起，可口可乐已经售完。当然，这是一个美式笑话。但是，从笑话中你可以发现，可口可乐似乎已是美国精神的象征，但是在 20 世纪 80 年代却发生过一个致命的错误。

在 20 世纪 70 年代之前，可口可乐一直占据美国饮料市场的 80%左右。然而从 20 世纪 70 年代中期开始，可口可乐的老对手百事可乐迅速崛起，大部分市场被百事可乐吞食。百事可乐的营销策略就是针对最大的饮料消费群体——年轻人，推出年轻人的可乐。同时，百事可乐进行口味对比，请毫不知情的消费者品尝可口可乐和百事可乐，并现场直播，有超过 80%的消费者回答百事可乐的口感明显比可口可乐好，这使得百事可乐的销售量激增。可口可乐面对百事可乐的步步紧逼，感受到了威胁，试图迅速摆脱困境。为此，可口可乐决定在全美 10 个主要城市进行一场深入的市场调研，希望通过消费者调研找到可口可乐衰退的原因。可口可乐设计了一系列的市场调研，调研问卷中的问题包括可口可乐口味如何、口味是否需要变得更柔和一些等。此次市场调研结果显示，大多数消费者愿意尝试新口味的可乐。

依据调研结果，可口可乐的管理层决定开发新口味的可乐，同时结束传统配方的使用。为了确保万无一失，新口味的可乐在上市之前，可口可乐又花费了数百万美元进行了一系列的口味测试。没过多久，更为柔和的口感、更甜的新品展现在世人面前。

可口可乐开始改造生产线，并花费重金进行了大规模的广告宣传活动。看起来一切顺利，但是新口味刚刚上市一段时间，噩梦就向可口可乐袭来，越来越多的消费者开始抵制新口味。对于消费者来说，老口味代表着一种美国精神，而放弃传统配方的老口味就等于放弃美国精神。仅仅几个月的时间，可口可乐新口味计划就以失败而告终。可口可乐忽略了一点，口味并不是美国消费者最重要的购买动机，精神才是。前期投入的无数时间和精力、巨大的成本就这样付诸东流了。

此故事告诉我们，市场调研需要先明确公众的态度和需求，再按照实际情况进行。

（资料来源：王伟青，姬静．公共关系理论与实务[M]．北京：机械工业出版社，2022.）

（三）组织社会环境调查

1. 经济环境

经济环境包括国内外的经济发展战略，本地区、国内、国外的经济发展水平，国民收入水平及其发展趋势，社会公众的支出模式及其变化，社会公众的储蓄和信贷情况等。

2. 政治环境

政治环境包括国际组织颁布的行业规范与产品标准，国际惯例，政府部门颁布的法律法规、规章、制度等，国家政策的变化及对组织可能带来的影响，组织与政府的关系等。

3. 科技环境

科技环境包括行业内的新发明、新技术及其更新速度，专业领域内的技术标准及技术变革，科技发展对公众生活或消费习惯的改变，科技发展对组织经营、管理的改变等。

4. 文化环境

文化环境包括组织所处区域的民族、宗教信仰、价值观念、风俗习惯、行为方式及其变化，社区的教育、科技、文明状况，组织与新闻媒介的关系等。

【案例 6－2】

通用汽车公司的公关调查

通用汽车公司的管理者看待东欧的态度非常客观，既看到了机会，也看到了一些威胁。在向东欧拓展时，公司采用了不同于对手的策略。其管理者预料到了重组东欧汽车公司的种种困难，因此，他们没有简单地将这些企业接管过来，而是开办了一些新的企业进行小规模的尝试性经营，在试营业的过程中对当地的情况进行调查。他们在波兰的华沙、匈牙利的圣戈特哈德、德国的爱森纳赫建立了一些小工厂。这些工厂的工人经过培训后，主要是将西方生产的预制零件组装成汽车。通用汽车公司希望既能获得东欧市场的低成本劳动，又能获得西方制造的高质量零部件。

采用这种策略，通用汽车公司取得了极大的成功。与大众和菲亚特不同，他们避免了要改变这些工人的态度和做法的麻烦。在这些小的方面取得成功之后，公司的管理者决定在波兰和匈牙利生产这些低成本的汽车零部件，然后运往公司在国外的生产基地进行组装。这项冒险也取得了成功。如今，通用汽车公司在欧洲既拓展了它的组装业，也拓展了它的汽车零部件生产业。

（资料来源：https://wenku.baidu.com/view/d51c2e3f753231126edb6f1aff00bed5b8f37358.html?_wkts.）

5. 竞争环境

竞争环境包括组织所属行业的国内外发展状况，组织在行业竞争中所处的地位，竞争对手的政策、措施及实施情况，竞争对手的市场情况和发展态势，竞争对手的公共关系动向等。

三、公共关系调查的方法

所谓公共关系调查方法，是指用以保证公共关系调查目的得以顺利实现的途径、方式、手段、措施等。公共关系调查方法对于公共关系调查任务的顺利完成具有重要的作用，具体来说，公共关系调查常用的方法有抽样调查法、问卷调查法、访问调查法、观察法、实验法以及文献调查法等。

（一）抽样调查法

抽样调查法有两大类：概率抽样和非概率抽样。

1. 概率抽样

概率抽样就是使总体内所有个体具有相同的被抽入样本的概率。这样的样本被称为随机样本。概率抽样又可以分为简单随机抽样、等距抽样、分层（随机）抽样、整群（随机）抽样以及结合使用上述两种或两种以上抽样方法的多阶段抽样。

（1）简单抽样（又称纯随机抽样），就是对总体中的所有个体按完全符合随机原则的特定方法抽取样本，即抽取时不进行任何分组、排列，使总体中的任何个体都有被抽取的平等机会。

（2）等距抽样（又称系统抽样或机械抽样），就是把总体的所有单位按一定的标志排队编号，然后按规定的间隔距离，每隔若干单位顺序抽取每个样本单位再组成样本。

（3）分层抽样（又称类型抽样或分类抽样），就是先将总体依照某一种或几种特性分为几个子总体，每个子总体为一层，然后从某一层中随机抽取一个子样本，再将这些子样本合在一起即总体的样本。

(4)整群抽样(也称聚类抽样),就是将总体按照某种标准划分为一些子群体,每个子群体作为一个抽样单位,用随机的办法从中抽取若干个子群,再将抽出的子群中所有的个体合在一起作为总体的样本。

(5)多阶段抽样,就是把抽取样本单位的过程分为几个阶段进行,先抽大单位,再在大单位中抽取中单位,然后在中单位中抽取小单位。

2. 非概率抽样

非概率抽样是以人的主观经验和人的主观设想来抽取样本,而不是严格按随机抽样原则来抽取样本的,所以又称非随机抽样。非概率抽样无法推断总体,也无法确定误差和可信程度。

非概率抽样有偶遇抽样、主观抽样、定额抽样和滚雪球抽样四种类型。偶遇抽样和定额抽样是民意测验中最为常用的非概率抽样。

(1)偶遇抽样(也称方便抽样),是指研究者将其在一定时间内、一定环境里所能遇见或接触到的人都选入样本的方法。

(2)定额抽样(也称配额抽样)。它与分层随机抽样相似,也是按调查对象的某种属性或特征将总体中所有个体分成若干类或层,然后在各层中抽样。样本中各层或类所占的比例与它们在总体中所占的比例一样。但不同的是,分层抽样中各层的子样本是随机抽取的,而定额抽样中各层的子样本是非随机抽取的。

(二)问卷调查法

问卷调查法是指由公共关系调查者向调查对象提供问卷并请其对问卷中的问题作答而搜集所需的公共关系信息资料的公共关系调查方法。问卷是用于搜集信息资料的一种重要工具,它的形式是一份精心设计的问题表格。问卷依其问题的构成特点可分为封闭式问卷和开放式问卷两种。封闭式问卷的提问是在提出问题的同时,给出若干个备选方案,要求被调查者选择其中一个或几个作为回答;开放式问卷的提问是只提出问题,不提供具体答案,而由调查者自由填答。此外,问卷还可依发送方式分为邮寄问卷和送达问卷两种。从问卷的结构来看,一般地说,各种问卷往往都包括说明信、指导语、问题、答案、编码等几个部分,其中问题和答案是问卷的主体。在问卷的设计过程中,关键是要设计好问卷的问题和答案。问卷调查法有着许多不同于其他调查方法的特点,其优点在于:可以节省时间、经费和人力;具有较好的匿名性,有利于搜集真实的信息;所获得的信息资料便于定量处理和分析;可以较好地避免调查者的主观偏差,减少人为误差。其缺点在于:回收率一般较低;不适于对文化水平低的人做调查;由于被调查者填写问卷时调查者一般不在场,因此所获得的信息资料的质量往往难以保证。尽管如此,问卷调查法却不失为现代公共关系调查的一种科学规范的调查方法。

(三)访问调查法

访问调查法是公关调查中使用最普遍的一种调查方法。根据调查者与被调查者接触方式的不同,访问法可以分为人员访问、电话访问、邮寄访问和网络访问四种。

1. 人员访问

人员访问是最古老的一种方法,它是指派调研员直接与被调查对象面谈,然后根据被调查者的回答,当场记录以取得资料的方法。人员访问调查时既可以根据事先拟定的问卷上的问题顺序发问,也可以通过自由交谈来获得资料。这种方法不但能迅速取得资料,而且有较强的灵活性,同时具有激励的效果,并能保持较为完整的样本;但是这种方法也有一些缺点,比如费用较高、动用大量的人力,并且在调查的过程中很难得到有效的控制,不免产生一些不负责任甚至欺骗的行为。

2. 电话访问

电话访问是指调查人员根据事先拟定的提纲，向被调查者提出问题、汇集答案的数据收集方法。随着移动电话和私人电话的日渐普及，电话访问法已经成为一种普遍的调查方法。它的优点很多，比如，能够迅速及时地获得事件发生当时的情报，可以在很短的时间内获得调查资料；所需要的费用较低，仅需付电话费用即可；调查者与被调查者不直接接触，易于被调查者接受，避免心理压力等。当然，电话访问法也有一些缺点，比如，它具有局限性，总体不完整，只能选择那些有电话的家庭或者个人进行调查；访问时间不能太长，使得访问难以深入等。

3. 邮寄访问

邮寄访问法又称通讯访问法，它是指将设计好的问卷通过邮局或电子邮件寄给被调查者，请他填好后按规定的时间寄回以取得资料的方法。为了提高回收率，采用此法时，一般附有回邮的信封和邮票并可采取赠送纪念品的办法。使用邮寄访问法的优点是：(1)调查可以覆盖的区域比较广泛，对样本能作地理上的分配；(2)时间比较充足，被调查者能够有较长时间考虑以从容地填写问卷；(3)费用较低。

这种方法的缺点主要是：(1)回收率低，各细分市场的回收率不一致，使设计样本的地理分布产生误差；(2)费时，被调查者答复迟缓，无法控制问卷回收时间，往往费时较长；(3)容易发生替代现象，自己没有时间或者不愿意回答而找别人代答，从而破坏样本的代表性。但是，在人文特性或被调查的要件并非十分重要的情况下，邮寄访问是一种既经济又有效的调查方法。

4. 网络访问

网络访问是借助互联网来与被调查者接触以收集数据或资料的一种调查方法。它可以再分为网上问卷调查、网上焦点座谈和网络论坛调查等几种方式。网络调查与传统的调查方式相比，有其独特的优势：(1)费用较省，可以节省调查在印刷、录入、复核、交通、联络等方面的时间和费用。(2)节省时间，无时空、地域限制，只要是网络覆盖的地方，都可以成为调查的范围；调查可以全天候进行，被访问者可自行决定时间和地点填写问卷，非常便利。

(四)观察法

观察法是由调查员直接或通过仪器在现场观察记录调查对象行为动态的一种方法。使用观察法进行调查的过程中，调查人员不许向被调查对象提问题，是在被调查对象未注意的情况下由调研人员用眼睛或照相机等仪器观察被调查对象行为、态度和表现，从而推断被调查对象对某种产品或者服务的满意程度。观察法由于分类的标准不同而有多种划分方法，本书将观察法分为两种：

1. 直接观察法

直接观察法就是派调查人员去现场直接查看。运用直接观察法，我们可以直接观察即时行为，即如果对消费者的购买行为感兴趣，我们就可以直接观察消费者实际的购买活动。使用直接观察方法要确定是定期观察还是不定期观察。

【案例6—3】

东芝公司的调查研究

东芝在推广家电产品给日本国内的消费者时，就曾经使用观察法来观察市场变化。东芝新产品的设计者在观察中发现，越来越多的日本家庭主妇进入了就业大军，洗衣机不得不在早上或晚上工作，这样噪声就成为一个问题。为此东芝设计出一种低噪音的洗衣机进入市场。在开发这种低噪音产品时，他们还在观察中发现，当时的衣服已经不像以前那么脏了，许多日本人洗衣的观念也改变了。以前是衣服脏了才洗，而后来是衣服穿过了就要洗，以获得新鲜的感觉。由于洗得勤，因此衣服有时难以晾干。他们在观察中认识到妇女生活风格的这种转变，便推出烘干机，后来又发现大多数消费者的生活空间有限，继而发明了洗衣烘干二合一的洗衣机，结果产品销量大增。这就是一个典型的直接观察法的应用。

（资料来源：https://wenku.baidu.com/view/073edc0d26c52cc58bd63186bceb19e8b8f6ecf9.html? _wkts.）

2. 间接观察法

不能通过直接观察法获得信息时，就要采用间接观察法，比如对过去的行为的研究，就不能直接观察，而必须求助于间接观察——我们不观察某一个行为本身，只观察这个行为的影响或结果。

（五）实验法

实验法是指通过变量和实验程序的控制，研究者可以更加有把握地进行变量之间因果关系的判断。实验法是公共关系调查走向科学化的标志。

常用的实验法主要有两种：

1. 现场实验

现场实验是最简便的一种实验调查方法，要求实验者在现场处理或者变动自变量，然后测量其影响。这种实验通常是在市场上进行小范围的实验。例如，调查人员想要了解某种产品的需求价格弹性，便可以选定一个商店，选择几个不同的时间，同一产品安排几种不同的价格。通过分析购买数量的增减变化，就可以得到所需要的信息。现场实验的最大优点就是实验环境非常接近真实环境，能获得较真实的资料，而且能够有效地提高实验的外部效度。但是，它缺乏一定的控制能力，既缺乏对自变量的控制，也缺乏对外生变量的控制，因而影响实验结果的内部有效性。

【案例 6—4】

现场实验帮助“列·运动包公司”胜诉

美国的列·运动包公司状告 K 中心商场集团引进名为“帝·巴黎包”的运动包生产线生产的运动包看起来像列·运动包。根据列·运动包公司的指控，K 中心商场集团让消费者误认为他们是在购买列·运动包，但事实上并不是。为了证实这一点，列·运动包公司进行了一次现场实验。

公司选择了两组妇女进行现场实验。给第一组妇女看的是两个软边的轻轻的“列·运动包”，包上的所有标签都去掉，所有的词句、设计厂家等说明都印在这种椭圆形包的内层。给第二组妇女看的是两个“帝·巴黎包”，包上的品牌明显可见，所有的标签和悬挂物都保留它们在 K 中心商场店中的样子。从这两组妇女中了解她们是否看得出戴着“假面具”的包的来源或公司或品牌；她们辨认或识别的是什么；如果靠某些东西来辨认的话，那么这样做的理由是什么。

每组妇女的样本都是 200 人，是分别在芝加哥、洛杉矶和纽约的大商场——拦截面访（在中心位置进行)中选择的。对被调查者的选择没有采用概率样本，而是按年龄分布作的配额选择(按比例分配各年龄段应访问的妇女数)。

实验研究的结果说明许多消费者无法区分两种式样的包的来源，这一结果支持了列·运动包公司的立场。现场实验帮助列·运动包公司说服法庭批准了一个反对K中心商场集团的预审结果。K中心上商场集团同意停止销售帝·巴黎包。

(资料来源：https://wenku.baidu.com/view/bd1c2ac9de3383c4bb4cf7ec4afe04a1b071b0b7.html? _wkt.)

2. 实验室实验

实验室实验即在实验室内，利用专门的仪器和设备进行调研。它在新产品、包装、广告设计等方面的初始测试中有着较为广泛的应用。比如，调查人员想知道几种不同的广告进行宣传的优劣程度，可以通过测试被测对象的差异，从而选择出宣传效果比较好的广告。实验室实验可以通过隔离实验环境，有意识地控制、操纵实验条件，从而减少外生变量的影响，这是现场实验所不能做到的。但是，实验室实验的外部效度较差，可能会与实际情况出现较大的偏差。

此外，实验法实验的周期较长，研究费用昂贵，严重影响了该方法的广泛使用。

(六)文献调查法

文献调查法是在第一手资料难以得到或不够用时，通过组织内部或外部的文献资料分析所要调查问题的方法。文献调查法是公共关系调查中比较常用的一种方法，主要通过第二手资料来收集信息，了解情况。第二手资料主要包括出版物、政府或社团档案等。出版物包括公开出版的杂志、报刊和内部发行简报、内刊等印刷材料，这类文献数量多、易于查找，但材料中不可避免地渗入了作者的个人观念，使用时要注意甄别。政府和社团的档案包括文件、统计资料、会议记录、大事记等，这类文献真实可靠，价值较大，但不容易得到，有时不能公开引用。

文献调查法对文献资料的研究一般分四个步骤进行：首先是资料的收集，然后是建立文献分类检索系统，接着是资料储存，最后是检索分析研究资料。分析研究资料是对资料进行纵向和横向分析研究，分清问题产生的原因、解决问题的条件和因素，提出建议和措施。

四、公共关系调查的一般程序

公共关系调查是一种对社会组织的公共关系现象进行科学考察的科学认识活动，它必须根据人的认识过程和认识规律科学安排运作程序。所谓公共关系调查的程序，一般是指对社会组织客观存在的公共关系现象进行科学调查的基本过程。公共关系调查的程序一般可以分为以下五个阶段：

(一)确定调查选题

组织进行公共关系调查的第一个步骤是确定调查选题，也就是确定要研究解决什么问题以及所要达到的目标。然而公共关系调查的内容范围是十分广泛的，公共关系工作中所需要的公共关系信息也是千头万绪的，况且公共关系调查的具体内容和具体要求总是由社会组织公共关系工作的具体目标、具体对象、具体内容和具体要求规定的，因此在确定调查选题之前，通常要先做初步的调查，明确问题所在。作为公共关系活动的一个操作内容，社会组织所选择的调查课题是多种多样的，可以是与经营、销售有关的问题(如公众的消费习惯、消费倾向、消费情趣等)，也可以是社会组织与各类公众之间的关系状况(如上级部门对组织的评价、同行的看法、新闻界对组织在一段时期内的报道倾向等)。

(二)制定调查方案

调查选题确定以后，就要制定调查方案。调查方案是对调查本身的具体设计，主要包括调查的目的和要求、调查的对象、调查的项目和内容、调查的工具、调查的时间安排、调查的地理区域、调查的对象、调查资料的搜集和整理方法、调查质量的控制方法、调查经费预算等。调查方案是指导公共关系调查工作的总纲。在设计公共关系调查总体方案时，需要注意以下几项内容：

1. 确定调查内容

调查内容是为调查目的服务的，要通过调查的具体选题来确定。如果调查是以探测性为目的，即对某个问题有初步的认识和粗略的了解，调查项目就应主要用来描述其状态和过程，以收集有关社会现象的信息；如果调查是以解释性为目的，那就要注重对问题因果关系的探讨，为分析原因打下基础。调查的项目和内容不要过多或过长，避免被调查者产生厌倦心理。

2. 准备调查工具

进行公共关系调查常常要用到各种辅助工具，公共关系调查常用的辅助工具主要包括调查提纲、调查表格、调查问卷、观察记录卡片等。

3. 选定调查对象

公共关系调查对象是相对的社会组织或群体，但这些组织和群体又是由个体组成的，社会调查大多是从个体入手进行的。被调查者群体的确定对调查结果影响很大，不同性别、年龄、民族、地域、学历、偏好的人群在回答同样的问题时，可能产生一定的差异。

4. 明确调查方式

组织在进行调查前应事先确定好公共关系调查的方式，从全面调查、抽样调查、典型调查、重点调查等多种调查方式中选择与调查选题最匹配的方式，以保证调查的质量。

(1)全面调查

全面调查又叫普查，是对一定范围内需要调查的全体对象进行逐个调查的一种调查方式。全面调查一般适用于两种情况：一是调查对象总体数目相对不大，不需要花费太多的人力、物力、财力和时间；二是调查对象数目庞大，但为了全面、准确地掌握情况，值得去调查。当调查对象总体规模不大时，全面调查是准确获取信息资料的最佳选择；当调查对象的总体规模十分庞大时，全面调查花费的人力、物力、财力是巨大的，并且调查时间很长，不适合普通的组织使用，也不适宜对问题进行深入细致的调查。

(2)抽样调查

抽样调查又叫样本调查，是从需要调查的对象总体中，抽取若干个个体即样本进行调查，并根据调查的情况推断总体的特征的一种调查方式。抽样调查可以把调查对象集中在少数样本上，并获得与全面调查相近的结果。这是一种比较经济的调查方法，被广泛采用。

(3)典型调查

典型调查是从总体样本中有意识地挑选出少数具有代表性的对象进行调查，以达到了解总体的特征和本质的一种调查方式。典型调查适用于调查总体同质性比较大的情形。同时，它要求研究者有较丰富的经验，在划分类别、选择典型上有较大的把握。

(4)重点调查

重点调查是指在全体调查对象中选择一部分重点个体进行调查，以取得统计数据的一种非全面调查方式。由于重点个体在全体调查对象中只占一小部分，调查的标志量在总体中却占较大的比重，因此对这部分重点单位进行调查所取得的统计数据，能够代表总体发展变化的基本趋势，是一种补充性的调查方法。

5. 选择调查方法

常用的调查方法有访谈调查法、问卷调查法、观察调查法、媒介调查法等，调查方法要根据调查工作的实际需要来确定。

此外，对调查的时间、地域、质量控制、经费预算等内容也要加以全面细致的考虑。

（三）实施调查方案

实施调查阶段，是整个公共关系调查过程中最为重要的阶段，也是花费最昂贵、最容易出错的阶段。公共关系调查能否按照调查方案中所确立的调查任务的要求和所设计的调查方案的规定有效地进行，关键是看资料搜集或调查方案的实施情况。在这一阶段，调查的主要工作是资料的搜集，最普通的方法是由被调查者自行答卷和调查人员访谈两种。问卷发放的总数与回收上来的数目之比被称为回收率。对于回收率，调查人员应有足够的估计，回收率为100%的可能性是很小的。美国社会学家肯尼迪·贝利（Kennedy Berry）认为：50%的回收率是令人满意的，60%的回收率是相当成功的，而70%以上的回收率则可以说是非常成功的。

（四）分析调查结果

公共关系调查人员只有将调查搜集的资料、数据进行整理分析，才能准确把握存在的问题，指导公共关系活动的开展。分析调查结果是运用科学的方法，对收集到的资料进行提纯和整理，并加以分析和研究的信息处理过程，是公共关系调查能否发挥应有作用的关键。组织取得调查资料后，首先要对资料进行鉴别、订正、分类与汇总，根据调查目的进行加工整理，使资料系统化、简单化和表格化，以达到准确、适用和完整的目的；然后进行数据统计分析，数据统计分析包括数据输入、整理、归类、统计和分析；最后对分析后的数据进行加工，提出合理建议和预测。

（五）拟定调查报告

当对调查资料进行整理分析后，一般应该形成书面形式的调查结果，即形成一份完整的公共关系调查报告。公共关系调查报告是指用以反映通过公共关系调查所获得的主要信息成果或初步认识成果的书面报告。调查报告集中地反映了调查过程中所获得的信息成果和认识成果，便于组织的领导人员或决策人员参考，便于将调查成果应用于公共关系活动。

1. 拟定调查报告的步骤

（1）综合分析经过提纯和整理的信息资料，确定调查报告的题目。

（2）对调查工作进行简要总结，对关键环节加以说明。

（3）根据整理过的信息资料，对组织公关状态的变化情况加以说明。

（4）针对组织实际情况和调查结果，结合组织公关目标，找出差距和问题。

（5）针对差距和问题，提出切实可行的建议或意见。

2. 调查报告的格式与要求

调查报告一般包括封面、目录、概要、正文、结论和附件等部分。

（1）封面应写明调查题目、承办部门和人员、日期。

（2）概要是对正文、结论和建议部分的简要总结，要做到点明主题、高度概括、精练简短。

（3）正文中应包括调查目的、方法、步骤、样本分布、调查内容、统计方法、调查数据、误差估计等内容，也可包括结论和建议，写作时要做到中心突出、材料典型、逻辑性强、条理清晰、语言简洁、有说服力。

(4)结论是全文的小结，要形成结论，并提出合理的建议和措施。

(5)附件中应列入有关论证和说明正文的资料，如调查表、访谈记录、参考资料等。

3. 拟定调查报告的注意事项

公共关系调查报告既应该体现调查者的调查能力和写作水平，也应该体现调查在公共关系活动中的重要地位和巨大作用。因此，拟定调查报告时要注意以下几点：

(1)确保调查报告内容的客观性和真实性。这是对调查报告最基本的要求，即调查报告必须以调查所获得的信息资料为依据，包括以信息资料为依据确定主题，以信息资料为依据概括情况，以信息资料为依据提炼观点，以信息资料为依据说明问题等。

(2)确保调查报告体例的系统性和完整性。系统性是指调查报告的体例安排和内容表述应该具有严谨的逻辑性；完整性主要是指调查报告的结构应该包括题目、目录、概要、正文、结论、建议和附件等几个部分。

(3)确保调查报告表述的准确性和通俗性。准确是指行文要把握好分寸，恰如其分地反映事实；通俗是指用语要简洁、朴实、易懂，不需要修饰和美化。

(4)充分利用统计图、统计表来说明和显示资料。

第二节　公共关系策划

公共关系策划是开展公共关系工作的第二步，是公共关系工作中一个非常重要的环节。公共关系策划是在公共关系调查研究的基础上，对组织的公共关系工作进行的谋划，以此来开展相应的公共关系活动，并提出评估公共关系活动的指标。因此，公共关系策划的好坏，直接影响公共关系成功与否，也影响着组织的生存与发展。

一、公共关系策划的含义

公共关系策划是社会组织为实现公共关系目标对公共关系活动的性质、内容、形式和行动方案进行谋划与设计的思维过程。公共关系策划是一个科学地谋划、构思和设计最佳方案的过程。

公共关系策划在公共关系工作程序中处于核心地位。通过公共关系策划，能更好地利用组织现有的资源，发挥其优势，更易于公共关系目标的实现。策划是社会组织树立形象，提高知名度、美誉度、信誉度，从而提高竞争力的重要手段。

二、公共关系策划的地位

(一)公关策划属于公关活动中最高的层次

公关活动可分为三个层次，即初级公关活动，如布置、召集一般会议和公关日常工作；中级公关活动，如赞助、广告、问卷、信息搜集、刊物编审、员工培训等；高级公关活动，是创造意识、创新思维、施展才华的广阔天地，这种策划可以用于树立公共关系形象、内部公关、危机处理、品牌战略等各个方面，可以面对任何目标公众。

(二)公关策划是公共关系价值的集中体现

公关活动是一个连续不断的过程,在许多重要的情况下,没有公关策划必然使企业丧失先机,有时,科学的、优秀的策划所带来的效果是无法估量的。

(三)公关策划是公关运作中的飞跃

大量的调研工作、基础工作,都将通过策划来提炼和升华。社会组织如果要设计出新的形象,并想把新的形象传播到公众心目中去,就需要一系列从无到有、从旧到新、从分散到系统的形象塑造过程,不经过飞跃,组织的公关目标就无法实现。

(四)公关策划是公共关系竞争的法宝

公关竞争就是形象的竞争,更是智慧的竞争。有思路才能有出路,但是思路从哪里来呢?这就需要科学地策划,无论是形象定位,还是品牌战略,都是如此。

【案例6—5】

丑陋玩具风靡全美

美国艾士隆公司董事长布希耐有一次在郊外散步,偶然看到几个儿童对一只肮脏并且丑陋的昆虫爱不释手。布希耐突发异想:市面上销售的玩具一般都是形象优美的,假如生产一些丑陋的玩具,又将如何?于是,他让自己的公司研制了一套"丑陋玩具",并迅速推向市场,结果一炮打响。"丑陋玩具"给艾士隆公司带来了巨大收益,并且使同行也受到了启发,于是"丑陋玩具"接踵而来。例如,"疯球"就是一串小球上面印有许多丑陋不堪的面孔。又如,橡皮做的"粗鲁陋夫",长着枯黄的头发、绿色的皮肤和一双鼓胀且带血丝的眼睛,眨眼时发出非常难听的声音。这些丑陋玩具的售价虽然超过正常玩具,但一直畅销不衰,而且在美国掀起了一场销售"丑陋玩具"的热潮。

(资料来源:蔡志刚.公共关系原理与实务[M].西安:西北工业大学出版社,2010.)

三、公共关系策划的原则及方法

(一)公共关系策划的原则

公共关系策划原则是指导我们进行公共关系策划的思想基础和行为规范,是在公共关系工作实践中总结出来的实际经验。在公共关系工作中只有坚持这些原则,才能把公共关系工作做得更好。公共关系策划过程中应遵循的原则有:

1. 利益性原则

利益是公共关系策划和公共关系行为的原动力,可以刺激公众、激发公众,使公众萌发欲望冲动,形成利益关心和利益认识,继而产生对一定利益目标的持续。因此,进行公共关系策划时,必须使组织利益与社会公众利益相结合,使社会效益与经济效益相结合。

2. 整体性原则

公共关系策划是为组织整体目标的实现而使用的重要手段,在开展公共关系策划时,策划者必须从组织整体和公共关系整体的角度出发,考虑问题要全面、周到、细致。整体性原则要求从整体的角度去考虑目标、范围、程序、方法等问题,保证公共关系策划过程完整、有序。在公共关系方案实施过程中,还要考虑各项工作、各个环节都要相互联系、相互影响,以保证公共关系策划工作整体效应的实现。

3. 针对性原则

针对性原则也叫目的性原则，是指公共关系策划必须针对某个需要解决的具体问题，即对某个特定问题确定策划目标。针对性原则的具体内容可以针对社会公众现实的心理状态确定活动目标，促使社会公众的状态向着有利于树立良好形象的方向转化；也可以针对提高组织的知名度和美誉度，塑造良好的组织形象；还可以针对组织面临的公共关系状态来提升组织形象。

4. 可行性原则

可行性原则是指公共关系策划方案应当切实可行，符合组织的实际情况，实施后能取得良好的结果。可行性原则要求对策划方案进行合法性、严谨性、操作性、利害性、效益性和应变性等方面的分析，还要进行可行性试验和可行性评估。

5. 新颖性原则

新颖性原则是指公共关系策划活动应当新颖、独特，不落俗套。新颖性原则要求策划的公共关系活动要用新奇的方式来解决组织遇到的问题，树立良好形象；新颖性原则要以针对性原则为基础，不要盲目模仿他人，争取通过独特的方式来有效地解决组织遇到的实际问题。

【案例 6—6】

故宫的创新公关

故宫的新媒体负责人表示："故宫这两年最大的改变就是心态更开放了，希望通过社交平台呈现给大家一个有温度的紫禁城，所以故宫的官方微信、微博发布的大量内容都是带着感情色彩的。"在社交平台上推广体现了互联网流量思路。在接受新华社采访时，时任故宫博物院院长单霁翔说："展馆再多，能来故宫看看的也是少数。"为了让更多的人可以感受故宫文化，故宫上线了"每日故宫""故宫展览""皇帝的一天"等多个手机 App；故宫微博一度成了网红，皇帝趣图、雪景图被疯狂转发；文创产品在社交平台上被广泛讨论。故宫博物院全面拥抱数字化，焕发了新的活力。

2019 年春节，故宫博物院特别举办了春节大展"贺岁迎祥——紫禁城里过大年"。"宫里过大年"数字沉浸体验展于 2019 年 1 月 23 日在乾清宫东庑正式拉开帷幕。沉浸体验展融汇了故宫历史及院藏文物中所蕴藏的过年元素，运用数字投影、虚拟影像、互动捕捉等方式促成春节文化与人的互动，传统文化元素与当代艺术设计交织，打造了创新的文化体验空间。观众沉浸其中，感受到新鲜有趣的浓浓年味。

2020 年是紫禁城建成 600 周年，也是故宫博物院成立 95 周年，故宫博物院正变得越来越年轻，越来越亲民，它在社交媒体上拥有超过 770 万粉丝。年轻人正在成为故宫的主力参观人群。故宫博物院公布的数据显示，在来访故宫的游客中，30 岁以下观众占 40%，30～40 岁观众占 24%，40～50 岁观众占 17.5%。

如今故宫已经是一个超级 IP(知识产权)，迪士尼也是一个超级 IP，二者有很多相似的地方，它们不是那种简单的 IP，这种超级 IP 来自历史积淀，是古老和创新的力量，不仅仅是卖个萌那么简单。

故宫模式成功的依托是故宫资源和品牌 IP 的独特性和唯一性，这些其他景区和品牌无可比拟的先天优势使得故宫模式不可简单复制。故宫的营销虽然看起来很接地气、很卖萌，但并没有把对历史的严谨研究态度、厚重的历史感全部抛弃，而是以一种新的展现形式，让更多人了解中国的历史和文化。

（资料来源：周安华，林升栋. 公共关系：理论、实务与技巧[M]. 8 版. 北京：中国人民大学出版社,2022.)

6. 灵活性原则

灵活性原则是指公共关系策划活动要随着形势的变化,及时、主动、积极地进行,不断完善策划方案,以保证实施的效果。灵活性原则要求公共关系策划人员增强超前意识和变化意识,根据形势变化及时调整策划方案;要准确预测策划对象的发展变化趋势,掌握其变化规律,正确预测其变化的可能结果;要根据变化的情况和趋势,及时修订策划方案,使方案更加符合实际情况,实现策划目标。

(二)公共关系活动策划的方法

公共关系活动策划的方法是公关实务工作的重要内容之一。相对于公关危机事件的突发性而言,公共关系活动是组织有目的、有计划地开展的,具有主动、积极、进攻和开拓的特点,能最大限度地发挥公关人员的主观能动性,体现公关人员的智慧。

1. 逆向思维法

人们在进行思维时,往往喜欢按照习惯的思路去探求问题的答案,然而,由于这种解决问题的方法陈旧落套、缺乏新意,问题也难以解决,因此就需要人们从与习惯思路相反的角度来突破常规定势,作反向思维,以找到出奇制胜之道。逆向思维也叫求异思维,它是对司空见惯的似乎已成定论的事物或观点反过来思考的一种思维方式。敢于"反其道而思之",让思维向对立面的方向发展,从问题的相反面深入地进行探索,树立新思想,创立新形象。例如,"司马光砸缸"。有人落水,常规的思维模式是"救人离水",而司马光面对紧急险情,运用了逆向思维,果断地用石头把缸砸破,"让水离人",救了小伙伴性命。运用逆向思维去思考和处理问题,实际上就是以"出奇"来达到"制胜"。

2. 类比启迪法

这是指人们根据已知的事物或道理比喻性地启迪我们以相类似的方法去解决未知的问题。这种方法,被美国的创造学家称为"提喻法",它是以不同知识背景、不同气质的人组成小组,相互启发、集体攻关。提喻法有两个重要的思考出发点:一是变陌生为熟悉,即进行拟人类比、直接类比、象征类比、幻想类比;二是变熟悉为陌生,以已知的各种事物,运用新知识或新角度来观察、分析和处理,其过程同样必须进行各种类比。最后,通过特定的标准,对想象力产生的各种类比进行选择和判断,得出最佳的创造思维成果。

3. 审时度势法

公共关系活动具有很强的时效性,公共关系策划者必须认识到这一点,审时度势,充分利用有效的时间,抓住机遇适时开展公共关系活动,以增加信息传播的有效性。

(1)审时、借时

时意指时间、时机。所谓审时,是指详细审查、仔细研究时间、时机的特征,监测时间、时机的发展变化;借时是指借助有利的时间和时机。一般来说,公共关系人员在策划中抓住时机,可以从以下三个方面入手。

①争先。这是指要有捷足先登的意识,才可能在激烈竞争中占据优势,以获得良好的公共关系效应。

②乘机。时机或机遇总是随着时间流淌,稍纵即逝,因此,善于把握机遇,乘机策划公共关系活动的杰作,便成了策划家们驾驭时机的主要工作。对公共关系策划者来说,一般有三种时机可乘。

乘周期循环之机：周期循环之机指的是节假日、纪念日等每一年或每10年一循环的时机，这对任何策划者来说均是存在的，如果乘机得当、策划得法，就能策划出成功的公共关系活动。

乘可预料之机：有些机遇虽然不是周期性的，但是可以根据各种信息予以推测预料的，如工程竣工之日、公司开业之时等，这些机遇若加以利用，则可使组织公共关系策划获得良好的效果。

乘突如其来之机：事实上，许多绝好的公共关系机遇是无法预料、无规律可循的，对这一类机遇的把握，既能使公共关系策划获得意想不到的成功，又能显示策划者驾驭时机技艺的高超。这要求公共关系策划者：一是有灵通的信息渠道；二是要有把握可乘之机的意识，当突如其来的机遇来临时，立刻就有绝妙的公共关系策划。

③后发。后发即后发制人之意，它是在对诸多相关信息进行分析、运筹之后，策划出更为成熟的公共关系活动，以达到后来居上的效果。后发制人方法的最大好处是：能在开始时巧妙地掩饰自己的意图，并在对竞争对手及社会信息作全面准确地分析认识后，推出更有针对性、更为成熟的策划方案，其成功率也更大。

(2)度势、运势、造势

势是一种比喻的说法，指的是事物本身以及与影响事物的环境共同形成的一种倾向性的无形力量。所谓度势，意指揣度、估计形势；所谓运势，是指借助和运用一定的形势，开展公共关系活动；而造势则是指制造一种气氛，创造有利的形势。公共关系策划不仅要审时借时，而且要审时度势，借时运势、借时造势，以制定出切实可行的公共关系活动方案。度势、运势、造势是公共关系策划活动中经常采用的方法。具体可分为两种：

①借势。这是指借用比组织更受人们关注的各种事物，与组织即将要进行的公共关系活动结合起来，从而把新闻界及公众的关注目光转移到本组织方面，起到公共关系活动的良好效果。

借名人之势：名人具有一种光环效应，吸引着广大的公众，也是新闻记者追踪的对象。因此，公共关系策划者们往往借名人之势进行策划。如法国“白兰地”打开美国市场，就是借用美国总统艾森豪威尔之势，借给总统祝寿之机，一举确立了“白兰地”酒在美国市场上的知名度。

借热点之势：“热点”即新近流行或被人们普遍关注的事物或现象，公共关系策划如果能恰到好处地借用“热点”，那么往往能收到意想不到的效果。如“健力宝”的扬名就是借用洛杉矶奥运会、汉城奥运会、北京亚运会、上海东亚运动会、巴塞罗那奥运会等体育热点之势，一步步扩大知名度。一般来说，体育大赛、政治风云、战争烽火、文化盛事、社会时兴等都是人们所关注的热点。

②造势。如果说“借势”是策划者为组织的公共关系活动借用比组织更有影响力的事物，那么造势则是策划者通过巧妙思维，利用某一表面看来微不足道的契机，为组织与公众关系建立和发展烘托出一个有利的趋向与势头。

无中造有，即在没有任何可资凭借的事物的情况下，公共关系人员经过策划，酿造了有利于组织的舆论势头。

小中造大，即抓住一个微不足道的小事或小细节，将其中动人的或丰富的蕴涵通过公共关系传播予以放大，造成一个有利于组织公共关系建立和发展的良好态势。北京长城饭店的公关经理布朗女士借服务员将小纸条夹进客人翻开的书中一事，在饭店里掀起公关意识教育的活动，引起新闻媒体的注意和报道，一件不起眼的小事最后演变成较有轰动效果的公关活动，这便是小中造大的策划。

4. 强化特色法

特色即一个组织所独具的区别于其他组织之处。在公共关系活动中，组织的特色得到强化突出，经过传播后，组织的形象便会很鲜明地在公众心目中得到确立，因此在公共关系策划中，强化特色法也经常被采用。

四、公共关系策划的步骤

（一）确定公共关系策划目标

公共关系目标是组织在一定时期内公共关系工作所要达到的目的以及衡量这一目的是否达到的具体指标，而公共关系策划目标是组织通过公共关系活动的实施所希望达到的形象状态和理想标准。确定公共关系策划目标是科学开展策划工作的重要一步，它既指导公共关系活动的开展，又是评估组织公共关系具体活动方案实施效果的标准。公共关系策划目标的确定可以是定量的，也可以是定性的；既可以规定时间，也可以规定责任，但一定要具体、明确。

1. 公共关系策划目标的分类

（1）按照策划目标的时间长短划分。公共关系策划目标可以分为长期目标和短期目标。长期目标涉及组织的长远发展，时限一般为五年或更长；短期目标是长期目标的具体化，旨在适应组织短期内的需要，并为长期目标服务。

（2）按照策划目标的性质划分。公共关系策划目标可以分为战略目标和战术目标。战略目标是组织公共关系的总体目标，是全局性和长期性的安排。战术目标是组织局部的、短期的或是应对特殊情况而制定的目标。

（3）按照策划目标的功能定位划分。公共关系策划目标可以分为以传播信息为公共关系目标、以联络感情为公共关系目标、以改变态度为公共关系目标、以引导行为为公共关系目标。

2. 公共关系策划目标的内容

当目标确定之后，所有的工作都要以目标为核心，无论是开展公共关系策划，制定具体方案，还是将方案付诸实施，对公共关系效果进行评价都要围绕既定的目标进行。公共关系目标是一个复杂的目标系统，其内容可以包括：

（1）提高组织的知名度、信任度和美誉度；

（2）使组织与公众保持沟通，并完善其渠道；

（3）依据社会环境的变化趋势，调整组织的行动；

（4）妥善处理公关活动中的纠纷，化险为夷；

（5）帮助企业提高产品及服务的市场占有率等。

3. 公共关系策划目标的要求

公共关系策划的目标是组织公共关系活动的导向，在确定目标时要注意以下事项：

（1）公共关系目标应与组织的整体目标相一致。公共关系人员在策划目标时，应有全局观念，通盘考虑，使该项公共关系活动方案不仅要实现该项活动的特定目标，而且要有助于在公众中不断完善和提高组织整体形象。

（2）公共关系目标应有一定的灵活性。公共关系目标是组织为完善、提高在社会公众中的形象而努力的整体目标，必须具有一定的稳定性。但在保持相对稳定的前提下，也要有一定的灵活性，要使目标随组织内部和外部环境的变化而具有调整的灵活性。

(3)公共关系目标应按重要程度和执行的先后顺序排列。按重要程度和执行的先后顺序排列公共关系目标，有助于按轻重缓急分别实施。

(4)公共关系活动目标应尽可能具体化。对每一个目标应尽可能分解为若干更为具体的小目标，同时对每个小目标都应有具体规定和定量指标，并指明完成的时间期限。

(二)分析策划目标的对象公众

确定与组织有关的公众即确定目标公众。这就应选择与本组织的信念和发展利益相同、相近，或利益关系特别重要的公众作为目标公众。由于他们对组织的支持和信赖程度直接关系组织的生存和发展，因此组织应考虑他们的权利和要求。这就需要作必要的公众分析研究。

在进行公共关系策划时，对目标公众的分析应包括以下内容：

(1)目标公众分属于哪些不同的社会组织和社会群体？他们居住在什么地方？他们当中谁是意见领袖？

(2)目标公众的共同利益要求及特殊利益要求是什么？

(3)目标公众习惯读什么书刊？喜欢收看什么电视节目及收听哪些广播节目？

(4)目标公众对本组织的看法如何？他们对本组织感兴趣的原因是什么？

(5)目标公众与本组织目前的关系如何？

对这些问题分析得越透彻，公共关系目标就越有针对性，策划就越有可行性。

(三)制定公共关系策划方案

制定公共关系策划方案是及时确定公共关系活动的运行程序和运行手段的过程，是寻找公共关系目标并使之得以实现的过程。在制定具体方案的过程中，要采用多种方法进行思考与创新，以保证提出的方案富有新意、具体可行，能够实施顺畅，达到预期的效果。有时可以根据可行性与现实性，制定出多种可供选择的方案。制定公共关系策划方案是组织公共关系活动策划的中心，主要包括设计活动主题、选择传播媒介、预算活动经费和完善审定方案等几个环节。

1. 设计活动主题

公共关系活动主题是对公共关系活动内容的高度概括，对整个公共关系活动起着主导作用，是贯穿整个活动过程的主线和核心，是公共关系活动目标的具体化。公共关系活动的主题有多种表现形式，可以是一个口号，也可以是一个简单的陈述。设计公共关系活动的主题要做到以下几点：

(1)针对性强，充分体现活动目标。公关活动主题必须与组织的公共关系目标保持一致，主题必须服务于目标。偏离目标的主题，会给公众造成错觉，从而起到误导的作用，因此策划者一定要慎重。

(2)独特新颖，有鲜明的个性。在传播技术长足发展，各种信息扑面而来的当今社会，没有个性的信息如同过眼烟云，不会给人留下深刻的印象。只有通过主题将策划对象的信息个性体现出来，使其新颖独特，才能产生强烈的感召力和巨大的影响力。

(3)形象生动，适合公众心理需求，可亲可信。公关活动主题要能真正打动公众的心，切中公众的心意，同时还要注意其可信性，一味地哗众取宠、迎合低级趣味的主题是要不得的。

(4)简明扼要，易于理解、记忆和传播。据心理学的研究表明，人们对评议的记忆，其音节在16个以下为最佳效果，超过16个音节便容易产生排斥心理。因此，主题的表述必须通俗易懂、简短凝练，以期为公众所理解和接受。例如，美国得克萨斯州奥斯汀市的一家“良愿”旧货店，在扩大和改建之后、重新开张之前，他们设计了为期3天的庆祝开张活动，主题是“再看一眼”，获得了顾客的青睐，使公关活动空前成功。

2. 选择传播媒介

公共关系活动是一种传播活动，必须选择适当的传播媒介，建立起组织与公众进行信息交流的最佳渠道和最佳方式，保证组织与公众有效地进行双向沟通。不同媒介的权威性、客观性、公共性、技巧性、人情味的差异会对传播活动的影响力有很大的影响，因而公共关系人员在传播活动开始之前必须进行精心的策划和选择。

3. 选定公共关系活动模式

公关活动模式有明显的针对性，一种模式往往只适用于特定的目标和任务。在组织公关策划中，选择公关活动的模式时，绝不能生搬硬套，而应根据企业的特点和特定要素，科学地选择。可供选择的公关活动模式主要有两大类共十种形式，即上一节介绍的战略型公共关系活动模式和战术型公共关系活动模式。

4. 预算活动经费

公共关系活动经费预算包括行政开支和项目开支两部分。行政开支经费包括劳务工时报酬、设备设施费用、日常行政办公费用(如房租、水电费、电话费、办公费)等。项目开支经费包括传播媒介费用、实际活动费用、突发事件开支及机动费用等。编制组织公共关系活动预算的常用方法有：

(1)投资报酬法。投资报酬法就是把公共关系开支当作能获得报酬的投资，按投资报酬率来分配公共关系活动经费的方法。这种方法的优点是注意经济效益，但公共关系的效益常常是间接、长期、分散和无形的，难以确切进行计算。

(2)销售额比例法。销售额比例法是指组织按一定时期内的销售金额作为计划基数，抽取一定比例作为活动预算经费。这种方法简单易行、计算方便，但难以确定最佳比率，缺乏弹性，而且销售额本身在一定程度上也取决于公共关系活动投入的力度，出现了因果关系的倒置。

(3)项目目标作业法。项目目标作业法是指按活动目标和工作计划详细列出完成公共关系任务所需各项活动的经费，然后进行汇总。有时为了防止意外情况的发生，可在经费预算上适当留有余地的情况下，核定最后的预算金额。这种方法要求公共关系活动计划本身制订得合理，并充分考虑组织的财务状况。

(4)平均发展速度预测法。平均发展速度预测法是指运用历史资料计算出公共关系经费实际开支的发展速度，根据这一发展速度确定组织公共关系活动经费预算额度。这种方法可以保证组织的公共关系活动经费预算适应组织的发展，但对组织管理水平要求较高，要求组织有丰富的管理经验和科学的管理方法。

每种公共关系活动预算方法都有各自的优点和缺点，组织应该在实际的公共关系活动中，根据组织的情况和活动的特点来选择合适的预算方法。

5. 完善审定方案

完善审定方案是对策划的活动方案进行再分析，然后修改、完善和定稿的过程，是公共关系策划工作中的重要环节。策划方案的审定过程也就是方案的比较优化过程，即如何增加方案合理值的过程。方案的完善和优化一般要从强化方案的目的性、增强方案的可行性、降低耗费三个方面来考虑。

完善和审定活动方案一般由组织领导、专家和具体工作人员通过咨询、答辩、论证等方式共同完成，一般应注意以下几个问题：

(1)目标的合理性。主要考察公共关系目标是否准确，目的是否明确，能否得到组织内部、外部公众的理解和支持。

(2)方案的可行性。公共关系活动方案不仅要有利于实现组织的公共关系目标，而且要考虑行动时机是否最佳，活动是否可行，能否抓住公众的心理、兴趣和需要。

(3)费用的合理性。公共关系活动费用应该与活动效果成正比，但我们经常会发现相同的投入却未必有相同的回报，所以公共关系策划人员要对活动方案的成本和效益进行认真的分析比较，以实现资金的合理使用。

(4)问题的预防性。任何一项公共关系活动方案在实施过程中都有可能会遇到意想不到的情况和问题。公共关系策划人员在审定方案时，要从不同角度进行分析，提出可能遇到的情况和问题，并事先提出相应的预防和补救措施。

(四)撰写公共关系策划书

策划人员设计好方案之后，必须将方案的内容写成公共关系策划书，以便企业领导审批和下一步组织实施方案。从方案设计完毕到具体的实施，策划书是一个中介点。策划书的内容一般包括：(1)活动主题；(2)活动目标；(3)活动基本程序；(4)传播与沟通方案；(5)经费预算；(6)效果预测。

策划书的格式如案例6—7所示。

【案例6—7】

×××学院四十周年校庆公关策划方案

一、活动背景

20××年金秋时节，××学院将迎来四十年华诞，这是××学院发展史上的一个重要里程碑。学院决定筹备启动校庆工作是为了回顾学校四十年的历史，展现四十年的办学成就，展望美好的未来，扩大知名度，在与高等院校的竞争中占优势，凝聚各方力量，推动学院全面、快速发展为全国一流大学。

二、活动主题

总结办学经验，展示学校风采，增进校友之情，共谋发展前景。

三、活动目标

1. 扩大学校在社会的影响力，塑造良好的社会形象，提升社会的认知度与美誉度

2. 营造出学校特有的丰富的文化氛围和学术风采，激发老师和学生的集体荣誉感和自豪感

四、活动程序

为了推动学院教育事业，增强学校办学实力，同时为四十周年校庆活动提供必要的财力、物力支持，要广泛动员社会关心支持教育的力量，共襄校庆盛举。制定捐赠办法，做好筹资规划，落实鸣谢措施。

1. 邀请领导、来宾、校友

2. 编印(出版)校史、校友录、学术报告集

3. 举办新闻发布会

第一次新闻发布会定于20××年7月1日，在当地电视台举行，到时媒体将对学校四十周年的消息向社会进行大范围的宣传报道，第二次新闻发布会将在近9月初举办，届时也将通过媒体把学校四十周年校庆筹备的情况向社会进行公告，同时进行“四十周年校庆”的一些活动类方案，如大型文艺汇演时间的通告。

4. 制作专题宣传片

为了迎接校庆，一方面，挖掘学校历史辉煌及成就；另一方面，学校在条件允许的情况下，对校园文化进行添加和补充，同时对学校文化建设进行统一的布置，力求突出发展成果及自我办学特色，做到能够以崭新的面貌迎接学校四十周年的到来。

5. 开展一系列相关活动

(1)委托电视台请专业人士制作学校校歌的MV，同时在媒体上推出学校的宣传纪录片。

(2)开展有关学校历史的征文及“我的母校”演讲活动。

(3)发动和号召届时到会的所有师生的签名活动，体现师生对母校的情深，表达出“我以××学院为荣”的自豪感。

(4)开展多样的绘画展、摄影展、书法展，构建“文化长廊”。

(5)组织文艺活动排练和师生活动布展，准备校庆文艺晚会活动。晚会尽可能邀请部分校友参与演出并把学校领导到各地参加庆祝活动的录像穿插到文艺晚会中播出。

(6)开展校友座谈会。

(7)发动和组织广大校友，鼓励并引导各地校友会在当地各类媒体上刊登、播发各类祝贺母校四十周年华诞消息报道或纪念文章，营造喜庆气氛，联系媒体参与、跟进并对活动实况进行录像和录音，树立学院四十周年名校卓越形象，共造学院四十周华诞喜庆气氛。

6. 起草校庆文稿，印制文字资料

7. 登记接收礼品和钱物并进行展示

8. 举行庆祝大会

9. 组织各类校庆相关活动

五、活动实施方案

(一)启动阶段

1. 成立筹备领导机构和工作机构

2. 研究确定校庆日和名称，在校内外营造迎校庆氛围

(1)以“今天是你的生日——我的母校”为题举办激扬文字、真挚祝福主题征文活动，加强本次活动的宣传力度，引起学生的注意，力争在学生中产生情感共鸣。

(2)以“我的老师”为主题开展多样的绘画展、摄影展、书法展，以此搭建老师与学生的情感交流平台。

(3)面向校园开展校歌征集活动，目的是完善校园软件工程与开拓在校师生的参与途径，也用于凸显校园文化的独特性，与其他校园区别开来。

(4)校徽征集活动，目的是完善学校的文化建设，并成为师生的情感归属标志。

(5)“母校，我为你骄傲”庆祝××学院四十周年演讲活动，以突出校园40年来取得的成就和社会影响为主题，并将获奖作品编入校历。

3. 启动活动经费筹集工作

学校接受来自社会各界人士的捐赠，用于庆典活动和校园建设。

4. 研究确定规划项目和校园景观项目

5. 完成学校校庆筹备领导小组确定的其他任务

(二)筹备阶段

1. 学校内部公关活动

(1)建设各地校友联络点,编辑“校友通信簿”,设立并公开校友网站。

(2)编撰校史,并编印画册,同时将校史制成专题片。

(3)出版校庆主刊,让全校师生以及社会人士关注校庆。

(4)设计校庆宣传佳品,并作为嘉宾的赠送礼品,如精美时尚的手提袋、书签、皮质公文包、相册、挂历、保温杯等。

(5)组织校园环境美化,校舍整修,如图书馆、食堂等重修工程,××活动中心、××厅的换新工程,以及校园绿化工程等。

(6)制定学术交流活动方案,设立校友论坛、高校论坛、专家论坛等。

(7)组织文艺活动排练。

(8)庆典会场的布置工作以及校区校园装扮工作。

2. 学校外部公关活动

(1)提前拟定邀请嘉宾单位及名单。例如,邀请省、区、市领导,一些社会名流(体、影、歌星),国内著名学者,其他高校代表,往届校友(尤其是一些知名的老校友),优秀毕业生代表,海外人士,新闻人士,农高会组委会领导以及家长代表等参与校庆,提前半个月至1个月将请柬送达出席人员手中,并在请柬上写明校庆活动的时间、地点、方式等具体事项。

(2)利用庆典活动,与更多的企业和单位交流接触,邀请他们参加四十周年校庆活动,并向其推荐学生,扩大学校的就业渠道,提高学校的就业质量。

(3)大量宣传。争取新闻报道,通过报纸、电视、广播、杂志、网络等公布网址、联系人、联系方式等,并大力宣传学校,让更多的社会各界人士关注校庆活动。

(三)庆典阶段

1. 举行隆重而别有创意的开幕式

首先进行奏国歌、升国旗的仪式和检阅学校仪仗队;接着是“百人激情腰鼓”并伴有舞狮,随着最后两声的戛然而止,由校长宣布“××学院校庆开幕式正式开始”,全场起立,高唱校歌;然后,学校领导、教师代表、知名老校友代表、社会各界代表、学生代表及家长代表们上台发言。

2. 举行“××学院四十周年纪念章”颁发仪式

由学生代表以及校友代表为社会各界人士颁发。

3. 举行一场庄重而盛大的在校优秀生现场入党宣誓活动

4. 举办多台文艺演出

以不同的主题或不同的形式举办,如“奋斗”“腾飞”“辉煌”“梦想”或“歌唱晚会”“曲艺晚会”“舞蹈晚会”“校友联谊”“师生共舞”等。

六、经费预算

1. 媒体宣传费用:约60 000元

2. 校庆各项活动筹办费用:约8 000元

3. 招待费用:约10 000元

4. 纪念品制作费用:约1 000元

5. 校园环境整饬费用:约1 000元

合计：80 000 元。

七、效果评价

1. 准备充分

“凡事预则立，不预则废”在这次活动中得到了充分体现，正是因为有了翔实的考虑、周全的计划和充分的准备，这次活动才有了成功开展的前提。

2. 密切配合

多部门多方面的积极协助和努力，是活动得以完成的保证。如在活动中得到了各位领导的支持与参与，并且调动起广大师生参与进来，宣传之后也得到了兄弟校的支持与他们的积极参与。

3. 分工具体、安排合理

在活动没有开始之前，负责人就已经将材料、任务合理分配，同时也注意到宣传组织及工作时间的协调。

4. 活动影响范围大

除了在校内做好庆典活动，同时将其扩展到整个省市教育行业。

5. 活动全面深入

从初期活动内容的确定到联系相关部门，宣传组织各年段师生参与活动，一直到活动全面开展及高质量地完成，后期总结讨论，充分做到了理论联系实际，并且升华了理论，提高了全体师生的认识。

（资料来源：https://wenku.baidu.com/view/49799543986648d7c1c708a1284ac850ad020480.html?f.）

五、公关策划书的写作要点

一份符合要求的公关策划书应该具备完整性、合理性等特点。所谓完整性，就是必须把公关活动的各个要素所包含的内容规范地写出来，不能缺少一些要素，尤其是某些关键要素，如背景分析、活动经费预算等。合理性表现在活动内容的策划等方面，要根据活动的规模来设计安排内容，不能动不动就设想邀请中央某部门作为活动主办单位，甚至计划请出某中央领导来造势，这样的安排并没有实际操作性和可行性。这一问题在活动经费预算中同样存在。例如，将其中的大部分费用花在了支付应邀前来助兴的几位歌星的报酬上，或者电视广告上，如此的经费安排并无合理性可言。

具体而言，公关策划书的写作需要遵循以下要求：

（一）文案的简洁性

公关策划书的文字叙述要力求简洁、明确、朴实无华。

（二）内容表述的写实性

内容表述一定要完整，即使是细节性内容，也应有专门项目加以表述。

（三）结构的条理性

借助数字序列分层次、分步骤安排写作结构，如先用“一、二、三”，之后每个条目下用“（一）、（二）、（三）”，再后用“1、2、3”之类的数字等，逐一标识出公关策划书的内容顺序。

（四）计划安排的周密性

公关策划书涉及多方面的操作性内容，一定要注意计划的周密性、严谨性，确保公关工作顺利进行。

公关策划书的表达方式主要有两种，即条文形式和表格形式。条文形式就是按照条款的逻辑顺序，逐条陈述策划书的内容。表格形式就是借助图表来简洁明晰地表述策划书的内容。在一份策划书中，一般以条文形式为主要表达方式，少量运用表格形式。

公关策划书草案编写后，应及时组织有关人员如创意人员、策划人员、执行人员、组织负责人、文学工作者、财会人员、新闻公众等，对策划书进行综合评估。

第三节 公共关系实施

一、公共关系实施的意义和特点

（一）公共关系实施的意义

公共关系实施是将公关策划变为实际行动的过程，主要是对自己计划的检验和修正的过程。这个阶段是整个公关活动中最为复杂、变化最多的环节。其重要意义体现在以下几个方面：

1. 公共关系实施是解决问题的中心环节

公共关系最终是要解决其相关的一些问题，在公关四步法中的公关调查、制定方案是发现问题、研究问题的过程，而策划方案的实施则是公关中直接解决问题的过程。

2. 公共关系实施决定着公共关系策划实现的程度和范围

成功的公关实施不仅能完成策划方案，实现策划目标，而且应由实施人员具有针对性地修改和弥补策划方案的不足。这样的公关实施活动，表现为实施人员在运作过程中选择最有效的实施途径，采用多种手段、方法和技巧。公关实施不仅决定策划方案能否实现，而且决定方案的实施效果。

3. 公共关系策划实施的结果是后续方案制定的基础和重要依据

公共关系策划方案的实施会产生一定的影响和后果。公共关系的过程是一个不断累积的过程。因此，在制订下一次的公关活动计划时，既要以前期的公关活动实施后的公关状态为依据，又要针对新出现的问题进行策划方案的修正，这是公关工作的循环往复和继承性所要求的。

（二）公共关系实施的特点

公共关系实施过程应该是一个完整的过程，其实就是利用多种传播手段，把公共关系计划所确定的内容变为现实的过程。如果说公共关系策划方案的制定是一种分析和策划的过程，那么公共关系实施就是一种行动的过程。它是整个公共关系活动的关键环节，具有如下特点：

1. 实施效应的联动性

一项公共关系策划方案涉及众多的因素和变量，它会对各类公众产生广泛的影响。然而，只有在计划实施后，这种影响才能真正地体现出来。公共关系实施所产生的联动影响主要表现在以下两个方面：其一，计划的实施会对众多的目标公众产生深刻的影响。一项公共关系策划方案成功实施后，常常会使该社会组织的异己力量变为自己的合作者和支持者。即使有时不能令目标公众的立场发生彻底的转变，也会使其在观点、态度等方面产生不同程度的变化也就是说，至少可以令目标公众从对社会组织的负态度（敌视、偏见、漠然、无知）向正态度（了解、理解、感兴趣、支持）方向有所转化。其二，公共关系策划方案的实施有时还会对整个社会的文化、习俗产生深刻影响。

2. 实施过程的动态性

公共关系实施是由一系列连续活动构成的过程，是一个思想和行为需要不断变化、不断调整的过程。这是因为：一方面，一项公共关系策划方案无论制定得多么周密、具体和细致，它总免不了与实际情况存在着一定的差异；另一方面，随着时间的推移、实施的推进、环境的变化，实施过程中总会遇到一些新情况和新问题。因此，不断地改变、修正或调整原定的实施方案、程序、方法、策略等则是实施活动中不可避免的正常现象。这种现象的出现说明计划实施正处于顺利状态，并非在实施计划中有随意性。如果不考虑社会环境的发展而引起的条件变迁，却按一个固定的模式去机械地“执行计划”，那就不仅不能实现自己的计划目标，反而会给组织自身招来新的麻烦。讲实施过程的动态性，并不意味着实施人员可以随意以一些无关大局的变化为借口而不按原计划去实施。公共关系实施的动态性与实施人员的主观随意性不可混为一谈。

3. 实施活动的创造性

由于计划的实施是一个不断变化和需要调整的动态过程，因此实施者需要依据整个实施方案中的原则和自己所处的环境、面临的条件确定自己的实施策略，比如准确地选择传播渠道、媒介与方法，合理地选择时机，正确地分配任务，灵活地调整步骤等。公共关系实施的过程绝不是一个简单的照章办事的过程，而是一个由一系列不同层次的实施者发挥主观能动性的过程。实施人员应该充分地发挥自己的积极性、主动性和创造性。从这个意义上说，公共关系实施的过程也是一个对原计划进行艺术的再创造的过程。

二、公共关系实施的原则

公共关系计划实施过程中的动态性、创造性及影响的广泛性构成了实施活动的复杂性。为了在复杂的实施活动中不偏离既定的公共关系战略目标，公共关系实施人员必须遵循以下原则：

（一）目标导向原则

目标导向原则是指公共关系策划方案与实施过程，要保证公共关系实施活动不偏离组织目标，即对实施活动进行引导、促进，以把握活动进程和方向。执行目标导向原则实际上是对实施的控制，而控制可以作为公共关系活动的一种手段。

（二）控制进度原则

控制进度原则就是根据整个公共关系策划活动的目标和需要，按照一定的程序，掌握工作的进度速度，以提高组织公共关系的信誉，达到实施效果。例如，某些赞助活动在电台和报刊已经公布，但赞助的纪念品尚未制作完成，致使赞助活动难以顺利进行，影响赞助机构的声誉。因此，在公共关系实施过程中，由于分工不同，实施人员各负其责地展开工作，也会出现一些工作不同步的现象，因此，控制公共关系活动进程是实施监督、检查的有效措施。

（三）整体协调原则

所谓整体协调原则，就是在计划实施的过程中使所涉及的方方面面达到和谐、合理、配合、互补和统一的状态的原则。这个原则强调在各个实施过程中的环节之间、部门之间及实施主体和公众之间和谐化、合理化，使之不发生矛盾或少发生矛盾，即使当矛盾产生时，也能及时加以解决。

最常见、最普遍的协调有两类:纵向协调和横向协调。无论是哪种协调,在信息沟通的过程中,都要保证信息具有明晰性、一致性、正确性、完整性的特点。

总之,协调的目的是要达到全体实施人员思想观念上的共同认识和行动上的一致,保证实施活动的同步与和谐,做到整个实施部门统一意志、统一指挥、统一行动,提高工作效率,减少或杜绝人力、物力和财力方面的浪费。

(四)反馈调整原则

反馈是指把施控系统的信息作用于受控系统(对象)后产生的结果再输送回来,并对信息的再输出产生影响的过程。

反馈调整的过程是:公共关系计划制订者确定公共关系目标,根据公共关系计划的目标制定具体的实施方案,在实施方案制定的基础上,组织有关部门和人员对方案进行评估,然后把评估结果同原定的公共关系目标进行比较,发现问题后再重新修订整个公共关系计划,这是第一步。第一步工作完成后,就开始将修订过的公共关系方案付诸实施,实施后再将实施结果与原定目标进行比较以影响、调整下一步公共关系计划的制订与实施。

(五)选择时机的原则

在公关计划的实施过程中,必须考虑一个关键因素——时机。正确选择时机是提高公关计划成功率的必要条件。正确选择时机要注意以下几个问题:

(1)避开或利用重大节假日;

(2)避开或利用国内外重大事件;

(3)不应在同一时间内进行两项公共关系活动,以免效果相互抵消。

【案例 6-8】

广州酒家"老字号品牌+年轻化玩法"

随着最早一批"00 后"成年,年轻人尤其是千禧一代正在成为中国社会消费的主力军,毫不夸张地说,年轻人主导着未来的消费格局,即使是经历岁月洗礼后保留下来的文化精品——老字号品牌,在当下消费升级和新零售的大趋势下,也都在积极推动品牌的年轻化,试图得到年轻人的青睐。

作为为数不多的最早一批"触网"的老字号品牌——广州酒家,在 2018 年中秋节通过线上线下融合推广的方式跟年轻人打成一片,拉近了品牌与年轻人之间的距离。

一、年轻人的审美:最美不过中秋夜,Ins 风遇上老字号月饼

广州酒家中秋品牌战的开端战是一场线下主题活动,在位于深圳的造酥门店举行了主题为"Ins 中秋玩乐荟"的冰皮月饼主题活动,邀请了来自广深两地的数十名时尚、美食和摄影达人,以及数百位从全国各地慕名而来的年轻粉丝共聚造酥门店,让活动现场颇具人气。

现场邀请了专业的摄影师进行全程指导,一众达人和粉丝纷纷尝试拍摄 Ins 风主题的冰皮月饼照片,并通过社交媒体对主题活动进行直播分享,大家一起感受作品清新唯美的画风。这场看起来寻常的线下活动对于广州酒家来说却蕴含着不一样的意义。

首先,"Ins 中秋玩乐荟"是一种审美的宣誓和引领。Ins 风因其简约时尚、自然、年轻却又恰如其分的略带复古温暖的风格而成为一种潮流,深受当代年轻人的喜欢,广州酒家选择用这样的风格让年轻人重新认识品牌,其实就是完成了一次跟年轻人在审美上同频率的对话。

其次，Ins风是广州酒家的一把从线下打通线上的钥匙。分享传播的内容如果能够让用户觉得给自己贴上一个正向的标签，建立自己美好的社交形象，用户参与品牌传播的意愿度就会大幅提升。

而参与“Ins中秋玩乐荟”的达人和粉丝拍摄的Ins风的照片，就是充满美感、能够彰显用户品味的素材，激发了他们的分享欲。

二、年轻人的社交方式：UGC贯穿始末引爆话题，全民创意秀图点燃中秋热情

相比被动地接收信息和观点的方式，年轻人在社交网络上更加喜欢发表态度和观点。社会化媒体时代的一个营销关键点就是如何驱动用户去主动UGC(原创)＋自发二次传播，广州酒家在整个中秋活动中都在积极引导用户进行原创，抓住了年轻人在社交媒体上的行为脉络。

以“Ins中秋玩乐荟”为例，为了在线上放大这次活动的影响力，广州酒家同步组织了全民创意秀图活动，通过奖品激励活动现场的参与者，在拍摄完Ins风主题的冰皮月饼照片后，将照片上传至广州酒家集团微信公众号。“人气奖”的设置让参与者自发完成转发，邀请好友点赞的行为，为公众号实现了一波流量导入。

通过对用户原创的引导彻底释放了年轻人的中秋热情，我们通过用户参与的数据可以看到大量现场用户上传了他们精心拍摄的Ins风主题的冰皮月饼照片，增强了用户与品牌之间的互动和交流，拉近了品牌与受众之间的距离。

鼓励用户原创的另外一个好处是，用户对于原创内容分享到社交媒体上的意愿度更高，这也直接扩大了活动在社交媒体上的影响力。广州酒家在深度研究年轻人在社交媒体上的行为方式后，尝试用年轻人自己的方式让年轻人完成与品牌之间的对话。

三、年轻人的洞察：中秋团圆夜游子难回家，趣味分屏合拍实现另类团聚

2018年9月1日至3日，广州酒家联手抖音发起“一拍即合团圆起来”挑战赛的活动，邀请大家通过“分屏”拍摄的方式，实现和家人、朋友的另类团聚。而在活动上线后短短几个小时内，点击浏览人数就达数百万，在抖音百万粉丝达人“徐浪浪 and 芒果琳”和“苦瓜哥哥”的引导下，整个活动最终获得了不错的参与度。

“一拍即合团圆起来”挑战赛折射的是广州酒家对于年轻群体细致入微和精准的用户洞察，让广州酒家赢得用户好感。农历八月十五晚上本是团圆夜，但是很多年轻人漂泊在外无法回家跟亲人团聚，年轻人漂泊的苦谁人能懂？巧的是广州酒家真的懂了，借助抖音的流量优势和技术特点，巧妙地将年轻人的伤感情绪转化为趣味化的另类团聚，打动了年轻人的心。

抖音作为全国最大的短视频平台，代表的是年轻人的时尚和潮流，广州酒家在抖音平台的布局给其品牌带来了新的活力，也激发了年轻人强烈的参与感，增加了品牌与年轻人之间的互动和交流，让品牌更容易与年轻人产生情感上的共鸣。

四、品牌传播思考总结

品牌传播的目的简单来说就是给品牌贴标签，对于已经在用户心中形成固定标签的老字号来说，年轻化寓意着需要撕掉过往的标签，重塑品牌在用户心中的认知。

提到老字号，大家脑海中最先浮现的，可能就是一幅老态龙钟的传统画面。但是广州酒家在这个中秋节举办“Ins中秋玩乐荟”完成了在审美上与年轻人同频率的对话，用年轻人热爱的社交方式激励用户用原创扩大品牌在社交媒体的影响力，深度洞察年轻人内心的小世界，巧妙地将年轻人的伤感情绪转化为趣味化的另类团聚，通过这一系列操作拉近了品牌与年轻人之间的距离，也让老字号品牌在年轻群体焕发了“第二春”。

（资料来源：https://baijiahao. baidu. com/s? id = 1612740457994242406&wfr = spider&for=pc.）

三、影响公共关系实施的主要因素

影响公共关系实施的因素有很多，一般来说，主要有计划目标障碍、传播沟通障碍、意外干扰障碍三个方面。

（一）计划目标障碍

公共关系计划的计划目标障碍是指所拟定的目标不明确或不正确、不具体而给实施带来的障碍。例如，目标损害公众利益、目标过高过低。因此，目标要切合实际，可以进行比较衡量，指出期望的结果，在实施者职权范围内等。

为排除掉计划目标障碍，实施人员在开展公共关系工作之前应当从多方面检查公关目标，就是要求计划的制订者促使活动的目标明确具体，为此必须注意以下方面：目标是否切合实际并能够达到，目标是否可比较并可衡量，目标是否可控并可操作，目标是否与组织的期望一致，目标是否规定了完成期限和完成期限的合理性，目标实施中的人员配置及其职权范围。

明确具体的计划目标是公关实施人员行动的依据，也是对计划实施进行控制、监督和评估的基础。

（二）传播沟通障碍

从某种意义上说，公共关系计划的实施过程就是组织运用各种传播媒介，将预先制作好的公共关系信息传递给以目标公众为主的各类公众，以引导他们改变态度和行为，创造出有利于社会组织存在、发展的社会环境和舆论环境的过程。但实施过程中的传播沟通往往不是一帆风顺的，它常常会因传播沟通的方式方法不妥、传播媒介选择不当等因素而使实施工作不能取得很好的实施效果。所以这里有必要对传播障碍中的几种主要障碍进行分析。

1. 语言障碍

由于语言方面的问题引起的信息传播障碍，被称为语言障碍。语言是交流思想的工具，但不是思想本身，加之人们用语言表达思想的能力千差万别，故用语言表达思想、交流信息时，难免出现误差。所以在传播沟通时，一定要强调语言的运用技巧，如修辞、比喻、音调等，否则会对某些特定的对象造成语言方面的沟通障碍。例如，一位知识分子用大量专业术语写成的新闻广播稿，就不能吸引那些只受过初等教育的人。做不同工作的人虽然都说一种语言如汉语或英语，但他们也说一些不同的“语言”，如财务部门的主管可能在与计划部门的主管交谈时用了一些专业术语而使对方迷惑，这类沟通问题就是我们所说的“行话”。另一种语言障碍就是多义词，同一句话在不同的环境或对不同的人表达的意思不同，因此，在传递信息时，传播者必须将那些易引起误解的词句表达明白、清楚。可以说由于语言沟通不畅造成沟通失误，甚至引起某些纠葛，在日常生活和工作中比比皆是。而存在于公共关系计划实施过程中的语言沟通障碍常会造成公共关系工作的被动局面。

2. 风俗习惯障碍

风俗习惯是指在一定的文化历史背景下形成的具有固定特点的调整人际关系的社会因素，如道德习惯、礼节、审美传统等。风俗习惯是世代相传的一种习俗。不仅不同国家、不同民族的风俗习惯不同，有时同一国度、同一民族因居住地区的距离远近不同也会形成不同的习俗。

3. 观念障碍

观念属于思想范畴，由一定的经验和知识积淀而成，是一定条件下人们接受、信奉并用以指导自己行动的理论和观点。观念对沟通起着巨大的作用，观念本身是传播的重要内容，同时又对信息传播有巨大的影响。有的观念是传播的动力，而有的观念可成为传播的障碍。因此，有必要认真对待沟通障碍中的观念障碍。主要的观念障碍表现为两种：

(1)封闭观念造成的沟通障碍。封闭观念主要源于自给自足的小农经济。这时人们多数从事简单劳动，不需要分工协作，也没有丰富的社会关联，经过长时间沉淀，就形成了一种排斥外来观念或事物的自我封闭，从而导致信息传播受阻。

(2)极端观念破坏沟通。由于固执地坚持某一极端的观点或立场而造成对沟通的破坏。例如，在对某一有争议的事件作出最终判断时，争论的双方都只是抓住对方沟通过程中的某一环节、方面或特点，即各执一端，彼此排斥，都无法听进对方的意见，结果常常闹得不欢而散。

当然，观念障碍还有许多其他类型。封闭的观念排斥传播活动的开展，僵化的观念窒息双向交流，极端的观念破坏传播的完成。观念障碍既可能在传播者身上存在，也可能在受传者身上存在。

4. 心理障碍

现实的传播与沟通过程还常被人的认知、情感、态度等心理因素影响，消极的心理状态常会造成传播障碍。认知不当、情感失控、态度欠妥都会导致传播障碍。例如，由于人们的认识程度不同，在说服受教育程度较低的公众时，只提供所述论点的有利方面比利弊俱陈更为有效，而对受教育程度较高的公众同时晓以利害才更为有利。

同认识程度一样，沟通信息的传播常常受人们情感的影响。例如，对一件可引起争论的事件做出裁决后，人们总是特别喜欢去寻求那些自己所喜好的信息。即使那些无可争议的事件也会出现这种情况。比如，某一品牌电冰箱广告的最热心读者是那些刚买这个牌子的电冰箱的人——因为这类广告传播的信息对他们刚刚采取购买决策起到了积极的强化作用。了解、认识并掌握在传播沟通中的公众心理障碍，可以及时排除这种障碍，以达到公共关系的沟通目的。

5. 舆论障碍

舆论障碍，是指传言、小道消息和谣言所造成的传播障碍。

所谓传言，一是指辗转流传的话，二是指某人向他人传述另一个人的话。小道消息又称小道新闻，即所谓小道传播的关于某人某事的“报道”。传言和小道消息，都是通过非正式传播渠道传播的。

传言和小道消息有积极作用的一面：一是领导者常常可以从中获得一些有价值的信息；二是通过有益的传言，可以化解矛盾，增强人们之间的协作和团结。传言和小道消息也有消极作用的一面，主要表现在：造成泄密，危害工作；给工作造成被动；影响团结；等等。

谣言是通过非正式渠道流传的无事实根据的消息。如果说小道消息有一些可能属实的话，那么谣言则纯属无稽之言。从谣言的来源看，它大致可分为有意捏造和无意讹传两类。如果说传言和小道消息还可能有积极作用，那么谣言就只有消极作用。人们常把谣言比作一把“杀人剑”。比如，一个创业功臣，在艰难困苦中没有倒下，却往往被“桃色新闻”的谣言所淹没，因为这正是怀有恶意的人毁掉好人形象的“选中点”。这种谣言一经传出，就会形成一种消极的舆论力量，给人增加精神负担和心理压力，影响人们的感情方式和行为方式，造成严重的消极影响。

除以上五种主要传播障碍外，还有由组织机构臃肿、信息传递层次过多造成的沟通缓慢、信息失真等组织沟通障碍，以及一些由于政治、生理方面的问题或技术、方法不当所造成的障碍。排除各种沟通障碍首先应注意缩小传播者与其公众之间的差异，尽量站在公众的立场上，从公众的需求出发，用较容易接受的语言或一些简单的事例来说明沟通的内容，尽量缩小传播者与公众之间在语言、习俗、态度、观念等方面的差距。其次应注意今天的公众比以往更多地接受各种大众传播媒介的影响，而他们更乐于接受那些与他们自身利益密切相关的信息以及那些符合他们的心理特点（认识、态度、情感等）的信息。

（三）意外干扰障碍

社会组织发生意外事件是不可避免的，这些事件很有可能对组织产生不利影响，这些事件主要包括人为的纠纷危机（如公众投诉、媒介的批评、不利舆论的流传等）和非人为的灾害危机（如水灾、火灾、地震等）。意外干扰具有突然发生、来势迅猛、后果严重、影响面广的特点。面对复杂多变的客观现实，公关人员必须时刻保持清醒的头脑，未雨绸缪。

四、公共关系实施的方式

公共关系方案的实施是一个复杂而又多变的过程，从客观上说，以科学的方法做指导可以让公关方案更有效地实施。在实际操作中，采用以下几种方法：

（一）直线性排列法

直线性排列法是按公共关系行动、措施的内在联系为先后顺序逐一排列出来，一步一步有序地向目标迈进（如图 6—3 所示）。

图 6—3　直线性排列法

直线性排列法的优点在于，当前一步行动没有取得成功时则不急于开展第二步工作，不易造成人力、财力、物力的浪费；其缺点是比较费时间，缺乏灵活机动性。

（二）多线性排列法

多线性排列法是将几个行动同时展开，共同向成功迈进的排列方法。这种排列方法可以缩短整个计划实施的时间，但花费的人力、物力、资金相对比第一种排列方法要多，而且一旦前面一步的工作不能获得成功，下一步工作就将造成浪费（如图 6—4 所示）。

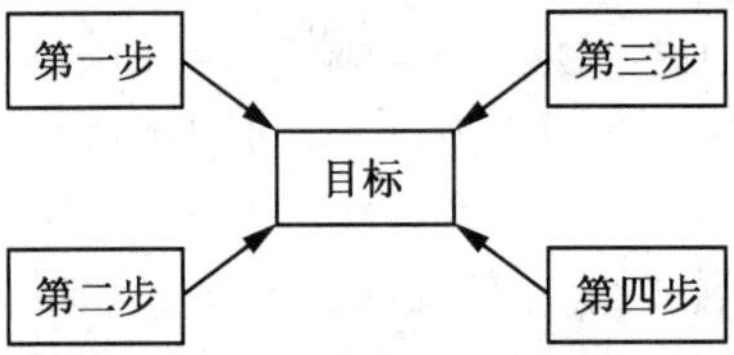

图 6—4　多线性排列法

【案例 6—9】

美国一家牛奶公司打算将该公司的消毒牛奶打入日本市场,但该公司遇到了一系列的障碍:

(1)日本消费者对喝消毒牛奶有利于健康持怀疑态度。

(2)日本消费者联盟反对此产品,担心消毒牛奶的安全问题。

(3)靠近大城市的牛奶场场主反对消毒牛奶,害怕与其竞争。

(4)由于利益集团施加压力,因此几家零售商表示不愿意经销消毒牛奶。

(5)卫生福利部门和农林部门表示,需要先观察一阶段,再决定是否赞成消毒牛奶的推销。

为了排除这种障碍,这家公司采取了以下行动:

第一步:与日本卫生部联系,使之批准销售该产品。

第二步:说服大零售商来经销消毒牛奶。

第三步:与牛奶场取得联系。

第四步:对消费者进行教育。

通过这种线性排列,该公司避免了人力、物力的浪费。

(资料来源:https://eduai.baidu.com/view/4e676a5a6f175f0e7cd184254b35eefdc9d31567.)

(三)计划评估法

凡实施一项方案或组织一项复杂的工程,事先都要有明确的目标,据此做出工作设计,绘制推进工作的网络图,并在优选后作为控制实施的蓝本。这个网络图不仅有各项工作的名称,而且表明了它们之间的相互关系以及每项工作的起止时间和关键线路。实施者可以根据这个网络图指挥控制公共关系活动,合理调配工作进度,发现问题及时解决,紧凑、有序地完成计划。

(四)测试工作法

为了保证公共关系策划方案获得成功,避免不必要的损失,实施者先将策划方案在小范围内或在样本公众内实施,待取得经验后根据反馈的信息对策划方案进行调整,最后在大范围的公众中实施策划方案。

第四节　公共关系评估

一、公共关系评估的意义

所谓公共关系评估,就是根据特定的标准,对公关计划、实施及效果进行检查、评价,从中发现问题,判断其优劣,及时修订计划,进一步调整和完善组织形象的过程。也就是说,在肯定成绩的同时,发现新的问题,不断地调整组织的公共关系目标、公共关系政策和公共关系行为,使组织的公共关系工作成为有计划的持续性的工作。

公共关系评估是公共关系工作程序的最后一步。它在整个公关计划实施过程中都具有重要作用。评估控制着公关实践的每个活动及环节。

(一)公关评估是改进公共关系工作的重要环节

通过公关活动评估,分析和评价组织形象的状况,提出报告,为领导层的管理决策提供参考依据。

(二)公关评估是后续公共关系工作的必要前提

通过公关活动评估,发现前一次或前一时期的公共关系活动的缺陷与不足,为进一步改善公关活动提供依据。

(三)公关评估也是鼓舞士气、激励内部公众的重要形式

通过公关评估,将已经取得的公关活动成效反馈给内部员工,增强全体员工的公关意识,提高公关人员的信心和公关工作水平。

(四)公关评估是有效提高公关部门效率的手段

通过公关评估,衡量经费预算,衡量人力、物力的配备与开展公关活动之间的平衡性,衡量公关活动的效率。

二、公共关系效果评估的标准

公共关系活动实施过程的各阶段有不同的评估标准。

(一)准备阶段的评估标准

1. 背景材料是否充分

2. 信息内容是否正确、充实

评估标准强调的是信息的合理性,整个评估过程要紧紧围绕"公共关系活动是否适应形势要求"而展开。

3. 信息的表现形式是否恰当

这一过程是准备阶段评估的最后一个环节,其重点是评估信息的表现形式是否合理、新颖,是否能达到引人注目、给人以深刻印象的要求。

(二)实施阶段的评估标准

1. 发送信息的数量

发送信息的数量是指组织所实施的公共关系活动在电视、广播、网络中的播出次数,发出信件、其他宣传资料以及新闻的数量。

2. 信息被传播媒介采用的数量

要特别注重信息被传播媒介所采用的数量,只有通过传播媒介才能有效地保证公众接收到信息,并受到这些信息的影响。

3. 接收信息的目标公众的数量

公关人员应对收到信息的公众进行分类统计,从中统计出目标公众的数量。

4. 注意到信息的公众数量

要清楚在接收到信息的目标公众中有多少人阅读了这些信息,他们读到了什么内容,读了多少内容。

(三)实施效果的评估标准

1. 了解信息内容的公众数量

可以在公共关系活动开展前后,对同一组公众重复进行调查,以了解开展公共关系活动前后这些公众对组织的认识、了解和理解的变化。

2. 改变态度的公众数量

这是评估实施效果的一个更高层次的标准。

3. 发生重复期望行为的公众数量

在掌握了发生期望行为的公众数量之后，还应该注意了解发生重复期望行为的公众数量。如对戒烟活动，不能单纯计算开展这一活动的第一天内戒烟者的总数，对此活动影响效果的评估要根据活动开展以后几个月甚至几年的持续观察数据来进行。

4. 达到的目标与解决的问题

这个评估标准是公共关系活动效果评估的最高标准。有时，公共关系活动产生的结果并非与目标完全一致，但有些结果同样是积极的，如节约能源宣传活动，其目标是减少总的能源消耗，结果却表现为人们增加了对节约能源的兴趣，增长了这一方面的知识，甚至改变了他们使用电器的习惯。从表面来看，这次活动的结果与既定的目标并不完全吻合，但这些结果也可以间接表明这次宣传活动是成功的。

(5)对社会发展产生的影响。这个评估标准是公共关系活动社会效益的具体化，如是否有益于净化社会风气，是否有益于改善营商环境，是否促进了社会经济发展，这些标准具有较强的主观性，不过可从受益公众的微观角度加以观察。

三、公共关系评估的程序

（一）设立统一的评估目标

统一的评估标准是检验公关工作的参照系，有了参照才能通过比较来检验公关计划及其实施的结果，即使评估目标中有较多的定性与定量的内容，也仍需要制定一个统一的评估目标，并详细规定调查结果如何运用，这也为收集与评估相关资料的工作提供参考。

（二）将评估目标具体化

通过使用可观察或可测量的标准将评估目标具体化为许多分目标，使公关活动的实施更加明确，也有利于评估工作的顺利进行；同时，目标分解还可以使公关计划的实施过程更加明确化和准确化。

（三）选择适当的评估标准

评估标准选择的正确与否直接关系到评估的价值和标准取向。通常评估标准包括定性和定量两个方面。定量标准是对评估标准给予特定的数量化，但需要指出的是数量的表示有绝对数量和相对数量两种。而定性标准是对评估对象进行性质描述。

（四）确定收集资料的最佳方法

公关评估必须以一定的资料为依据。了解公共关系活动的效果可能有多种方法和途径，如调查、组织活动记录、小范围的实验都是收集有关信息的重要途径。具体采用哪种方法收集资料，应该根据评估的目的和评估的标准来确定。

（五）研究评估资料并形成评估报告

收集到的资料必须经过充分的研究，在尊重客观事实的基础上实施评估方法，形成评估报告。

（六）将评估结果向领导报告

将评估报告及时向领导报告，一方面可以保证管理层及时掌握情况，有利于进行全面的协调；另一方面也可以体现公共关系在实现组织长期目标过程中的重要作用。

（七）总结经验和吸取教训

在评估时会对具体活动的全部资料进行认真分析、研究和提炼，对活动的成功经验和失败教训作出客观的评估并予以充分总结，找出工作中的缺点和不足，以便开展以后的公关工作。

四、公共关系评估的方法

在进行公关效果评估时，应该注意到一项公关活动总是处于一定的社会环境中，在评估公关效果时尽可能排除公关活动之外的干扰因素，以客观评估公关活动的影响。在组织进行公关评估时，常用的方法主要有以下几种：

（一）直接观察法

这是指公关人员以旁观者身份与其他公众一样接触各种公关活动，对公关工作效果进行判断。公关人员比较了解公关策划的意义，会直接参与实施，通过实地的考察能记录各个环节的进展情况与实施状况，并可以对实施效果做直接的观察与评估。采用这种方法，简单易行，评价人不需要特别的训练，费用又最省，故也最常被利用。但是评价中个人主观感情成分也较多。由于只是靠一般的观察、感觉来判断，因此评价人一般无法进行精确的量化分析。

（二）内部、外部监察法

内部监察法是由组织内部人员，如与公关部平行的部门负责人或上级负责人，对公关部的表现进行调查和评价——主要针对其所开展的工作和所取得的成果、目前存在的问题和将来的计划、必须采取的措施提出建议。

外部监察法是由组织聘请外部专家对企业的公共关系进行调查、访问和分析，对企业的公共关系活动及效果做出较为客观的衡量和评价，并就未来的活动提出建议。

有条件的组织，内部、外部监察法可同时采用。与此同时，公关部也应自己做出总结报告。这样，综合分析各方所提出的研究评价报告，就可对公关活动得出更为客观准确的评价。

（三）公众调查法

公众调查法是指选用一定数量的调查对象，用问卷、表格、访谈等方式，了解他们对一定问题的意见、态度和倾向，在充分调查的基础上，进行数据处理和分析，形成一个科学的评估报告。这种评估方法能够从多方面检测公关效果，但是由于涉及公众较广泛，因此耗费的人力、财力较大。

（四）新闻舆论分析

新闻舆论分析是指通过大众传播媒介对组织的报道来评价公关活动效果。具体方法是通过统计新闻报道的数量，推测新闻界对本组织的重视程度；通过分析新闻媒介的级别层次，推测本组织的影响范围；通过研究新闻报道的方法，推测所产生的社会效果；通过了解新闻报道后的反响程度，推测组织在各类公众中的知名度和美誉度。舆论是公共关系的基石，也是衡量公共关系成效的重要指标，但须指出的是，舆论的改善不仅仅是公共关系的功劳，舆论的恶化也不可简单归罪于公共关系所为。因此，根据新闻报道的分析来检测公关效果并不绝对可靠。

（五）成本效益法

公关评估必须考虑成本效益，公关实施是否用最少的开支使组织的公关活动效果最大化是一个重要的指标。因此，公关评估必须讲究成本效益。

五、公共关系评估的内容

公关评估的目的就是取得关于公关工作过程、工作效益的信息，作为决定开展、改进公关工作和制订公关计划的依据。全面的公共关系效果评估工作，可以分解为诸多方面分别进行，然后具体分析各自的绩效，最终形成的成果是评估报告。

（一）公共关系工作程序评估

公共关系工作程序评估，是对公共关系工作的各个步骤、各个环节的工作进行评估、估计或研究，公共关系评估研究的内容及要点如下：

1. 调查研究过程评估的要点

（1）公共关系调研的设计是否合理？

（2）调查方法的选择是否得当？

（3）获得信息资料的手段是否科学？

（4）公共关系调研对象选择是否具有典型性和代表性？

（5）调查工作的组织实施是否合理？

（6）公共关系调研的分析和结论是否科学和合理？

（7）沟通信息的表现形式是否恰当？

2. 计划制订过程的评估要点

（1）总体计划是否可行、合理；战略构想是否周密、科学？

（2）计划目标是否科学？

（3）目标公众选择有无遗漏，是否科学？

（4）媒介选择及媒介策略是否得当？

（5）经费预算是否合理？

3. 实施过程的评估要点

（1）各项准备工作、沟通协调工作是否落实到位？

（2）实施过程安排是否合理、周到、有创新？

（3）信息制作的内容是否准确？

（4）传播效果是否明显？

（5）实施过程的安排是否得当？

（6）实施效果是否达到目标要求？

4. 实施效果的评估要点

（1）了解信息内容的公众数量。就是要对开展公共关系活动前后公众对组织的认识、了解和理解等变量进行比较。

（2）改变观点、态度的公众数量。这是评估实施效果的一个更高层次的标准。因为“态度”所涉及范围很广，内容丰富而复杂，而且不容易在很短时间内发生变化。评价一个人的态度，要根据一段时期内他在所有有关问题上的立场和观点而定，而不能仅凭一时一事来判定一个人的立场和态度发生了重大变化。

（3）发生期望行为与重复期望行为的公众数量。人们行为的改变会受到多种因素的影响，这就如同态度与知识、观点的关系一样，在行为与知识和观点之间，在一定条件下也会发生联系。可以认定的是，行为发生变化的人在行为发生改变之前，肯定接受了某些信息或在某些方面被说服了。评估一项公共关系活动在改变人们长期行为方面取得的效果，需要较长时期的观察，并要取得足以说明人们行为调整后不断重复与维持期望行为的有力证据。

（4）达到的目标与解决的问题。这个评估标准是公共关系活动效果评估的最高标准。公共关系计划目标的实现，可以表现为取得理想的效果、筹措资金的数额达到预期的指标、在立法方面取得胜利等。有时,公共关系活动产生的结果并非完全与计划的目标相一致,但这些结果同样是积极的,这时就可以认为实现了计划目标的某些方面。在这种情况下,这些结果也应该作为评估公共关系活动效果的根据。

【案例 6—10】

雕牌新家观整合传播的效果评估

(1)微信端辐射人数超 1 956 万人。
(2)视频网站播放量超 1 500 万次。
(3)微博话题#雕牌新家观#阅读量达 3.3 亿次,累计曝光量超 9.5 亿次。
(4)超过 1 000 家自媒体主动热议及创作。
(5)超过 60 家电视台、300 家主流媒体(电视、纸媒及网媒)主动报道。
(6)获得相当于 0.1 亿元的免费媒体价值。
(7)#雕牌新家观#成功刷新品牌形象。
(8)销量比上一年同期提升 310%。
(资料来源:http://www.sohu.com/a/140817138 771087.)

5. 对社会经济与文化发展产生的影响

这种影响要同其他因素一起共同起作用,并在较长的时间里以复杂的、综合的形式表现出来。因此,对这种影响效果的评估并非公共关系人员所能完成,这是留给社会学家和心理学家的论题。我们这里涉及这个问题,主要是为了使公共关系活动效果评估的理论体系完整化,并希望在思想上引起人们对这个问题的认识。对于那些通过自己的职业行为履行社会责任,并对社会经济及文化的发展产生积极作用的公共关系人员,后人将给他们以公正的评价。

(二)公共关系活动类型评估

按公共关系活动形式可把公共关系划分为日常公共关系活动和专项公共关系活动两大类。按公共关系计划制订时间的长短,可把公共关系划分为年度公共关系活动和长期(3~5年)公共关系活动。公共关系活动类型评估的内容及要点如下:

1. 日常公共关系活动效果评估

具体包括:

(1)组织的全员公共关系运作情况;
(2)领导者开展内外部公共关系活动的情况;
(3)全体员工的公共关系意识和行为表现情况;
(4)组织的各部门在经营管理各环节上的公共关系投入情况;
(5)组织内部公共关系协调状况;
(6)公共关系网络和日常的组织沟通情况;
(7)组织外部公共关系和人际协调情况;
(8)组织的知名度和美誉度情况;
(9)公共关系人员的工作状况;
(10)公共关系人员与领导工作配合和沟通状况等。

2. 专项公共关系活动效果评估

具体包括:

(1)项目的计划是否合适?

(2)其目标与组织总目标、公共关系战略目标是否一致?

(3)项目的目标是否已经实现?

(4)传播沟通策略和信息策略是否有效?

(5)公共关系协调状况如何?

(6)对公众产生了哪些影响?

(7)组织的形象有何种改变?

(8)项目预算是否合理?

(9)组织管理工作的成效如何?

3. 年度公共关系活动效果评估

具体包括:

(1)年度公共关系计划目标是否实现?

(2)年度公共关系计划方案是否合理?

(3)实现状况如何?

(4)年度内日常公共关系工作成效如何?

(5)年度内单项公共关系活动的类型、数量及成效分析。

(6)年度公共关系活动经费预算和使用情况及合理程度。

(7)内外部公共关系的开展以及成效。

(8)公共关系机构与公共关系人员的绩效情况。

(9)组织的公共关系应变能力如何? 等等。

4. 长期公共关系活动效果评估

长期公共关系活动效果评估包括某一长期公共关系项目以及公共关系长期工作的成效分析,它是一个总结的过程,需要将日常工作评估结果、专项活动评估结果、阶段性工作评估结果一并吸收进来,进行系统的分析,从而获得一个总的结论。

另外,长期公共关系活动效果评估还包括对公共关系活动的经历进行客观评估;同时,应将前几种公共关系活动效果评估的内容和要点加以归纳和分析。除此之外,还要特别注重公共关系战略的得失问题、公共关系变动规律问题、公共关系与经营管理的关系问题等。

(三)公众关系状态评估

对主要公众关系状态进行评估研究,旨在通过各类公众关系的变化来评估以往公共关系工作的成效。公众关系状态分析应分两步进行,即内部公众关系与外部公众关系。

1. 内部公众关系评估

其内容包括:

(1)组织的政策在沟通中被全员接受的程度;

(2)员工的士气;

(3)组织的凝聚力;

(4)组织中的各种工作关系处理情况;

(5)双向沟通带来哪些生机和活力;

(6)影响员工关系的因素测评;

(7)分析沟通渠道需做哪些改进;

(8)分析传播策略以及目标有何欠缺;

(9)分析公共关系贯通于各种经营管理活动的各个环节中是否有障碍等。

2. 外部公众关系评估

其内容包括：

(1)消费者关系评估。要弄清消费者的态度和行为变化的特点，评估组织对消费者关系的传播沟通以及人际协调方面的工作成效。

(2)媒介关系评估。要弄清媒介态度冷漠还是热情、积极支持与否，采取何种沟通策略以及取得何种成效。

(3)社区关系评估。要了解各类社区公众对自己以及有关活动的看法。

(4)政府关系评估。要了解政府的支持情况、组织与政府的沟通效果、政府关系的沟通协调策略等。

本章小结

公共关系工作程序是社会组织塑造和维护良好形象的科学和艺术。它由公共关系调查、策划、实施和评估四个相互关联的环节构成，具有系统性、动态性和互惠性的特点。公共关系工作程序以社会公众为对象，以传播沟通为手段，以实现组织目标和公众利益的和谐统一为工作原则，以真实诚恳为信条，以注重长远为方针。

在组织管理活动中，公共关系工作程序发挥着至关重要的作用。它通过调查研究来采集信息、辅助决策，通过策划和实施来传播推广、协调沟通，通过评估来提供服务、危机管理。这些职能确保了组织能够有效地与公众互动，建立起良好的公共关系。

遵循公共关系工作程序的原则(如实事求是、互惠双赢、双向沟通、公众导向、开拓创新和全员参与)，对于公关人员来说至关重要。这些原则不仅指导公关人员在全社会树立良好的职业形象，而且是实现组织与公众之间长期、稳定关系的基础。

在当前我国改革与发展的背景下，对公共关系工作程序的研究具有特殊的现实意义。它不仅是一门科学，更是一种实践，需要公关人员运用传播学、心理学、新闻学、社会学、经济学等多学科知识，总结现代经营管理和行政管理的经验与方法，形成综合性的应用科学，以适应不断变化的社会环境和公众需求。

本章训练题

一、单项选择题

1. 实验法的本质特点在于它的(　　)。

A. 实践性　　B. 客观性　　C. 动态性　　D. 综合性

2. 能够较为直观显示组织自我形象和实际形象现实之间差距的是(　　)。

A. 组织形象要素差距图　　B. 组织形象要素调查表

C. 组织形象地位四象限图　　D. 组织形象知名度调查表

3. 小刘想对Z市人口居住情况进行一个调查，因此，他把Z市随机地分成了几个情况相似的区域，然后从中选取了10个区域并对这些区域的家庭情况进行了全面的调查。在这个例子中，小刘运用的是(　　)。

A. 分层随机抽样　B. 分群随机抽样　C. 判断抽样　D. 整群抽样

4. 能体现总体中每个子体的机会完全相等的抽样方法是(　　)。

A. 简单随机抽样法B. 系统随机抽样法　C. 分层随机抽样法D. 分群随机抽样法

5. 关于间接资料,下列说法中不正确的是(　　)。

A. 是未经加工的资料

B. 一般是以文字、图像等书面形式表达的资料

C. 获得成本低

D. 需要进一步加工处理后,才能提高其使用率

6. 根据市场调查的实践经验,市场调查的首选是(　　)。

A. 文案调查　B. 实地调查　C. 面谈调查　D. 邮寄调查

7. 问卷法一般是(　　)。

A. 直接调查　B. 间接调查　C. 口头调查　D. 非标准化调查

8. 当调查范围小而且调查项目比较复杂时,比较适宜的调查方法是(　　)。

A. 文案调查法　B. 电话调查法　C. 入户面访法　D. 邮寄调查法

9. 下列选项中,属于观察法的缺点是(　　)。

A. 直接可靠　B. 适用性强　C. 简便易行　D. 受时空限制

10. 下列市场调查方法中,不属于观察法的是(　　)。

A. 参加商品博览会　B. 商场安装摄像机记录顾客购物行为

C. 参加展销会　D. 询问商场营业员商品销售情况

11. 下列选项中,不属于策划的主要要素的是(　　)。

A. 策划实施　B. 策划目标　C. 策划对象　D. 策划方案

12. 下列选项中,不属于公共关系实施原则的是(　　)。

A. 目标导向原则　B. 控制进度原则

C. 整体协调原则　D. 把握舆论原则

E. 选择时机原则

13. 在公共关系评估的评估人中,(　　)是从自我角度来评估的。

A. 公关活动的主办者　B. 公关活动中的公众

C. 公关专家　D. 新闻媒体

14. 在公共关系评估的评估人中,(　　)是从参与者角度来评估的。

A. 公关活动的主办者　B. 公关活动中的公众

C. 公关专家　D. 新闻媒体

15. 在公共关系评估的评估人中,(　　)是从专业角度来评估的。

A. 公关活动的主办者　B. 公关活动中的公众

C. 公关专家　D. 新闻媒体

16. 公共关系实施是“四步工作法”中的第(　　)个步骤。

A. 一　B. 二　C. 三　D. 四

17. 公共关系评估是“四步工作法”中的第(　　)个步骤。

A. 一　B. 二　C. 三　D. 四

二、多项选择题

1. 第一手资料是通过实地调查获取的，实地调查的方法有（　　）。

A. 访问法　　B. 观察法　　C. 实验法　　D. 测量法

2. 市场调查方案的内容包括（　　）。

A. 前言部分

B. 市场调查课题的目的和意义

C. 市场调查课题的内容和范围

D. 市场调查将采用的方法

E. 课题的研究进度和有关经费开支预算

3. 市场调查收集资料的基本方法有（　　）。

A. 访问法　　B. 观察法　　C. 实验法　　D. 文献调查法

E. 时间序列法

4. 在具体调查中选择哪种调查方法时，作为取舍的根据为（　　）。

A. 调查的项目　　B. 收集资料的费用　　C. 资料的来源　　D. 时间紧迫程度

E. 调查方法的管理

5. 第一手资料是通过实地调查获取的，实地调查的方法有（　　）。

A. 访问法　　B. 观察法　　C. 实验法　　D. 测量法

6. 面谈调查的主要缺陷是（　　）。

A. 费用高　　B. 范围大　　C. 问卷回收率低　　D. 时间长

E. 效率高

7. 邮寄调查的优点有（　　）。

A. 成本低　　B. 不受空间限制　　C. 应用广泛　　D. 回收率高

8. 随机对比实验的调查方法的优点有（　　）。

A. 能够预算实验误差　　B. 可以提高实验结果的可靠性

C. 可以节省分析过程和时间　　D. 费用开支小

E. 应用中花费时间短

9. 统计表由（　　）部分构成。

A. 总标题　　B. 横行标题　　C. 纵栏标题　　D. 数字资料

10. 在各种平均指标中，不受极端值影响的平均指标有（　　）。

A. 算术平均数　　B. 调和平均数　　C. 中位数　　D. 几何平均数

E. 众数

11. 关于公共关系目标和组织总目标的关系，正确的表述有（　　）。

A. 两者无关　　B. 两者平行

C. 公共关系目标服从于组织总目标　　D. 组织总目标从属于公共关系目标

E. 公共关系目标服务于组织总目标

12. 在公共关系目标制定过程中，应注意计划目标的（　　）。

A. 一致性　　B. 具体性　　C. 可行性　　D. 可分解性

E. 激励性

13. 公共关系策划应遵循的原则有（　　）。

A. 利益性原则　　B. 整体性原则　　C. 针对性原则　　D. 可行性原则

E. 新颖性原则

14. 公共关系活动策划的方法有(　　)。

A. 逆向思维法　B. 类比启迪法　C. 审时度势法　D. 强化特色法

E. 有效沟通法

15. 下列选项中,属于公共关系实施效果评估的有(　　)。

A. 发送信息的数量　B. 改变公众态度的数量

C. 达到的目标与解决的问题　D. 发生期望行为和重复期望行为公众的数量

E. 产品自身存在严重缺陷

16. 影响公共关系实施的传播沟通障碍有(　　)。

A. 语言障碍　B. 风俗习惯障碍　C. 观念障碍　D. 心理障碍

E. 舆论障碍

17. 公共关系实施的方法有(　　)。

A. 直线性排列法　B. 多线性排列法　C. 曲线性排列法　D. 计划评估法

E. 测试工作法

18. 公共关系实施的特点有(　　)。

A. 创造性　B. 联动性　C. 时效性　D. 动态性

三、判断题

1. 与其他调查方法比较,文献调查法能够超越时空条件的限制,获得其他方法所不能获得的信息。(　　)

2. 在公关调查中,随机抽样法是一种准备率高,但又省时、省力、省钱的好方法。(　　)

3. 组织的自我期待形象,是一个组织自我希望具有的社会形象。(　　)

4. 开放式问卷的特点是答案比较规范,公众回答方便,结果便于定量分析。(　　)

5. 公共关系策划是"四步工作法"中的第二步。(　　)

6. 公共关系活动的主题有多种表现形式,可以是一个口号,也可以是一个简单的陈述。(　　)

7. 公共关系策划的目标必须是具体、明确的。(　　)

四、简答题

1. 什么是公共关系调查?公共关系调查的内容包括哪些?

2. 简述公共关系调查的程序。

3. 进行公共关系调查时要遵循哪些原则?

4. 常用的公共关系调查方法有哪些?

5. 公共关系策划的含义是什么?

6. 公共关系策划的原则有哪些?

7. 公共关系策划的一般程序是怎样的?

8. 公共关系策划的方法有哪些?

9. 公关活动实施的方式有哪些?

10. 公关评估分为哪几个阶段?各阶段的主要内容是什么?

五、实践操作题

休闲服饰是某知名服装公司的主打产品,公司的目标客户群主要是讲究个性时尚、注重休闲消费的都市白领消费群体。为进一步拓展全国市场,该企业决定在公司成立二十周年之际开展主题为“引领时尚,飞扬个性”的大型公关活动,以此来塑造品牌个性,吸引目标消费者,提升市场影响力,从而在激烈的服装市场竞争中保持优势。

作为此次活动的公关策划人,请简要编写策划书。

六、案例分析题

长城饭店日常的调查研究

长城饭店日常的调查研究通常由以下几个方面组成。

一、日调查

(一)问卷调查

每天将表放在客房内,表中的项目包括客人对饭店的总体评价,对十几个类别的服务质量评价,对服务员的服务态度评价,以及是否加入喜来登俱乐部和客人的游历情况等。

(二)接待投诉

几位客务经理24小时轮班在大厅内接待客人反映情况,随时随地帮助客人处理困难、受理投诉、解答各种问题。

二、月调查

(一)顾客态度调查

每天向客人发送喜来登集团在全球统一使用的调查问卷,每日收回,月底集中寄到喜来登集团总部,进行全球性综合分析,并在全球范围内进行季度评比。根据量化分析,对全球最好的喜来登饭店和进步最快的饭店给予奖励。

(二)市场调查

前台经理与在京各大饭店的前台经理每月交流一次游客情况,互通情报,共同分析本地区的形势。

三、半年调查

喜来登总部每半年召开一次世界范围内的全球旅游情况会,其所属的各饭店的销售经理从世界各地带来大量的信息,相互交流、研究,使每个饭店都能了解世界旅游形势,站在全球的角度商议经营方针。

这种系统的全方位调研制度,宏观上可以使饭店决策者高瞻远瞩地了解全世界旅游业的形势,进而可以了解本地区的行情;微观上可以了解本店每个岗位、每项服务及每个员工工作的情况,从而使他们的决策有的放矢。

综合调查表明,任何一家饭店,仅有较高的知名度是远远不够的,要想保持较高的“回头率”,主要是靠优质服务,使客人满意。怎样才能使客人满意呢?经过调查研究和策划,喜来登集团面对竞争提出了“宾至如归方案”。该方案提出在三个月内对长城饭店上至总经理,下至一般服务员进行强化培训,不准请假,合格者发证上岗。在每人每年100美元培训费基础上另设奖金,奖励先进。其宗旨就是向宾客提供满意的服务,使他们有宾至如归的感觉。

随着这一方案的推行,饭店的服务水平又有了新的提高。

(资料来源:https://eduai.baidu.com/view/be2a8ad0f9b069dc5022aaea998fcc22bcd1433f.)

问题:

1. 长城饭店靠什么赢得了顾客，赢得了市场？

2. 长城饭店在公共关系调查方面对我们有何启示？

3. 如果你是一位总经理，那你认为还应从哪些方面来做好日常的公共关系工作？

过期的面包

假设你是某面包公司的业务员，现在公司派你去偏远地区销毁一卡车的过期面包（不会致命，无损身体健康）。在行进的途中，刚好遇到一群饥饿的难民堵住了去路，因为他们坚信你所坐的卡车里有能吃的东西。这时报道难民动向的记者也刚好赶来。对于难民来说，他们肯定要解决饥饿问题；对于记者来说，他是要报道事实的；对于业务员来说，你是要销毁面包的。

说明：1. 面包不会致命；2. 不能贿赂记者；3. 不能损害公司形象。

（资料来源：https://eduai.baidu.com/view/1dddd009ab956bec0975f46527d3240c8447a121.）

问题：

现在要求你既要解决难民的饥饿问题，让他们吃这些过期的面包，以便销毁这些面包，又不让记者报道过期面包的这一事实。请问你将如何处理？

本章训练题
参考答案

第七章

公共关系专题活动

知识框架

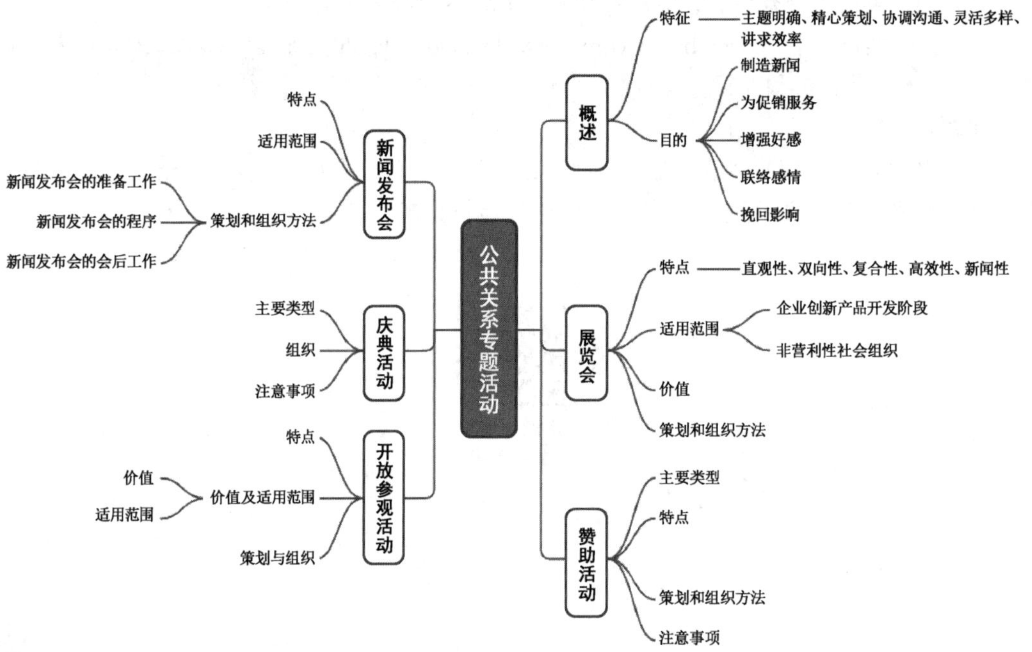

教学目标

1. 掌握各种公共关系专题活动(新闻发布会、展览会、赞助活动、庆典活动、开放参观活动)的特点和工作程序;

2. 理解公共关系专题活动的重要作用和意义;

3. 了解公共关系专题活动产生的效果及影响。

思政目标

通过开展公共关系活动与大众进行沟通,积极传播正能量,塑造自身的良好形象,扩大组织影响力,提高组织声誉。

核心概念

新闻发布会　展览会　赞助活动　庆典活动　开放参观活动

引导案例

中国数字冰雪运动会

由国家体育总局冬季运动管理中心和中国冰雪大会组委会联合主办的首届中国数字冰雪运动会于2020年8月28日开赛。中国数字冰雪运动会主题为“数字跳动，欢乐冰雪”，这项“电竞+冰雪”的新兴赛事，旨在通过数字科技的力量，“带动三亿人参与冰雪运动”和落实“北冰南展、西扩东进”，带动更多人了解冰雪运动，参与冰雪运动，享受冰雪运动带来的快乐。

（资料来源：百度百科，2020中国数字冰雪运动会，https://baike.baidu.com/.）

第一节　公共关系专题活动概述

公共关系专题活动旨在围绕特定主题，在适宜的时机下开展。作为公共关系工作的一个关键组成部分，这类活动与其他传播和沟通方式一样，构成了公共关系策略的手段之一。通过公共关系专题活动，组织能够与社会各界公众建立紧密联系，提升公众对组织的亲密度，并激发社会舆论对组织的关注与兴趣。

一、公共关系专题活动的特征

在实际操作过程中，部分公共关系活动（例如，公共关系人员处理日常事务）并不需要对活动的目标、过程及方法进行预先的深入考量，仅在某些特定的活动形式中，才需进行周密的策划。基于此，公共关系专题活动涵盖了所有具有明确主题、经过细致策划并得以执行的公共关系活动。因此，公共关系专题活动应当具备以下几个基本特征。

（一）主题明确

公共关系专题活动是在审时度势后，根据组织或公众的某种特殊需要而举办的，这就使得它的目标明确，而且每次通常只有一个主题，同时活动也比较集中，能较好地解决某一特殊问题。

（二）精心策划

公共关系专题活动必须经过精心策划，离开了策划就无法保证这些活动正常举办。策划者把活动作为一个信息传播的载体，通过活动内容把信息传达给活动参加者，并且进一步通过参与者的人际传播和大众传播媒介把信息传播到更大的范围。

（三）协调沟通

公共关系专题活动的协调沟通表现在专题活动过程的各个方面与环节。

1. 目的与内容的协调

一个既定的目的，要通过内容来兑现，只有与内容相协调，其策划构思才能实现。

2. 内容与形式协调

公共关系专题活动的形式具有多样性，运用何种形式要与专题活动的内容相协调，这样才能达到最佳的活动效果。

3. 实施操作管理的协调

公共关系专题活动在实施管理的过程中，管理的事项纷繁复杂，各个实施项目之间要综合协调，否则专题活动无法实现既定的目的。

（四）灵活多样

公共关系专题活动形式多样、方法多种，举办时间的长短各不相同，其规模大小随需要而定，活动内容可以根据需要不定期安排，在活动过程中也可以做适时调整。

（五）讲求效率

公共关系专题活动的效率性主要体现在两个方面。

1. 投入与产出概念

一个专题活动，应该讲究投入了一定数量的人力和物力，能产生多少效益。

2. 时间观念

现代社会的人们讲究时间观念，参与活动的公众付出了时间的代价，活动策划者应予以有效的回报。

【案例 7—1】

国际粮食减损大会

2021 年 9 月，来自世界上五十多个国家及国际组织、企业、非政府组织的三百多名代表，齐聚中国济南，出席“国际粮食减损大会”，围绕“减少粮食损失浪费，促进世界粮食安全”主题进行深入交流，取得了行动减损、机制减损、平台减损、生产减损等十项减损共识成果。会议发布的《国际粮食减损大会济南倡议》提出：二十国集团作为全球重要引领力量，将推动粮食减损工作，凝聚全球智慧，与世界各国携手维护国际粮食安全与营养，促进粮食系统转型，加速实现 17 个联合国可持续发展目标，共同创造零饥饿、无贫困的美好世界。

（资料来源：中国政府网，国际粮食减损大会：携手合作维护粮食安全，2021—09—13，http://www.gov.cn.）

二、公共关系专题活动的目的

公共关系专业人员精心设计的公共关系专题活动策划，能够使公共关系的日常运作充满高潮，为组织营造出有利的公共关系机遇。策划此类专题活动的主要目的在于实现以下目标。

（一）制造新闻

通过策划具备新闻价值的活动，吸引新闻界及社会大众的关注，争取报道机会，以扩大组织的社会影响力，提升组织的知名度与美誉度。公共关系专项活动通常具有明确的主题和独特设计的内容，因此往往成为新闻媒体和社会大众关注的焦点。当然，组织也可主动与新闻媒体建立联系，使新闻媒体的参与成为活动构成的重要部分。

（二）为促销服务

通过举办公共关系专题活动，减少直接推销的痕迹，促使社会公众在情感层面接纳一种新产品或新服务，营造积极的营销氛围，为后续的销售活动铺平道路。

（三）增强好感

利用社会传统的重大节日或组织自身富有意义的纪念日，举办公共关系专题活动，可以表达企业对社会公众的善意，改变企业的社会舆论和关系环境，改善企业内部的人际关系。

（四）联络感情

通过精心策划并举办公共关系专题活动，与社会各界建立广泛的联系与交流，为组织拓展良好的社会关系网络。

（五）挽回影响

当组织形象受到损害时，需要运用多种手段加以纠正，通过巧妙的设计和有效的工作来改善公众原有的印象，使受到损害的形象得以恢复。

第二节　新闻发布会

新闻发布会，又称记者招待会，是社会组织邀请有关媒体记者参加，宣布有关本组织的重要信息，并回答记者提问的一种公共传播形式，是组织与新闻机构相互沟通的最有效的方式之一，是公共关系人员广泛传播各类新闻信息的最好的工具之一。

一、新闻发布会的特点

新闻发布会是一种两级传播：组织先将信息告知记者，再通过记者所属的大众传播媒介告知公众。它一般具有以下特点：

第一，以新闻发布会的形式发布信息，信息权威、真实，其形式比较正规、隆重，规格较高，易于引起社会广泛的关注。

第二，在新闻发布会上，记者可根据自己感兴趣的方面来提问，能更好地发掘信息，充分地采访组织，同时使组织也更深入地了解新闻界。这种形式下的双向沟通，无论在深度上还是广度上都较其他形式更为优越。

第三，新闻发布会往往占用记者和组织者较多的时间，经费支出也较多，因此，成本较高。

第四，新闻发布会对于组织的发言人和会议的主持人要求很高，如发言人和主持人需要十分敏感、善于应对、反应迅速等。

二、新闻发布会的适用范围

新闻发布会是一种常见的公共关系活动，它适用于以下几种情况：

(1)产品发布：当公司有新产品推出时，可以通过新闻发布会向公众和媒体介绍产品特性、优势和创新点。

(2)公司重大事件：包括公司合并、收购、重大战略合作、领导层变动等，通过新闻发布会可以正式向外界宣布。

(3)危机公关：在公司面临负面新闻或危机时，通过新闻发布会可以及时向公众传达真实情况，并表明公司的态度和应对措施。

(4)政策解读：政府或组织发布新政策时，可以通过新闻发布会详细解释政策内容，以及对公众可能产生的影响。

(5)项目成果展示：对于完成的重大项目或研究，可以通过新闻发布会展示成果，增加公众对项目的认知和理解。

(6)节日或活动宣传：在大型节日或活动前，通过新闻发布会可以吸引媒体关注，增加公众参与度。

(7)教育和培训：教育机构可以利用新闻发布会宣布新的教育政策、课程改革或是重要的教育活动。

(8)科技进展：科研机构或科技公司在取得重要科技突破时，通过新闻发布会向公众报告最新的科研进展。

(9)社会公益：非营利组织或慈善机构可以通过新闻发布会宣布公益活动、筹款情况或是社会服务项目。

(10)法律和法规更新：法律服务机构或政府部门在法律法规有重大更新时，可以通过新闻发布会向公众传达最新的法律信息。

(11)文化和艺术：文化机构或艺术团体在推出新作品、展览或演出时，可以利用新闻发布会进行宣传。

(12)国际合作：在国际合作项目达成时，相关国家或组织可以通过新闻发布会宣布合作内容和意义。

新闻发布会的目的是建立与媒体的良好关系，确保信息的准确传播，同时也是一个展示组织形象、增加透明度和公众信任度的机会。无论是企业、政府还是其他社会组织，都应该充分利用这一平台来传递信息、塑造形象、促进交流。同时，我们也期待看到更多高质量、有深度的新闻发布会涌现出来，为社会的进步和发展贡献力量。

三、新闻发布会的策划和组织方法

(一)新闻发布会的准备工作

1. 明确主题

新闻发布会的组织者一定要明确主题，以便确定邀请记者的范围，做到有的放矢。如果主题不明，新闻记者就不可能按照组织者的目的传播信息，甚至会弄巧成拙，损害组织在公众中的形象。一般而言，新闻发布会的主题大致有三类：一是发布某一消息，二是说明某一活动，三是解释某一事件。

【案例 7—2】

企业举办新闻发布会的时机

当企业及产品(服务)已成为某类公众关注问题的一部分、新产品开发或上市、经营方针改变或新举措、组织首脑或高级管理人员更换、新组织开业和老组织扩建或关闭、组织合并、组织创立周年纪念日、企业或其他成员已成为众矢之的、重大人身伤亡事故等事件发生时，都可以举办记者招待会，以发布这些消息。

(资料来源：何伟祥. 公共关系原理与实务[M]. 3 版 . 大连：东北财经大学出版社，2009.)

2. 确定会议的时间和地点

确定的时间应尽量避开节假日和有重大社会活动的日子，以免记者不能来参加。选定的地点要考虑设施是否齐全、交通和停车是否便利、环境是否良好等。

3. 确定邀请的对象并发出请柬

根据会议的主题，有选择地邀请有关的记者参加，同时考虑根据消息发布的范围来确定记者的新闻覆盖面和级别，考虑如何选择如报纸、杂志、广播、电视等不同新闻媒体的记者。

4. 选定主持人和发言人

由于新闻记者的职业要求和习惯，他们大多会提出一些尖锐、深刻甚至较为棘手的问题，这对会议的主持人和发言人提出了很高的要求。主持人和发言人除了应具有较高的文化修养和专业水平，还要思维敏捷、口齿伶俐。主持人一般由社会组织公共关系部门的负责人来担任，发言人则应由社会组织的高级领导人来担任。不论是主持人还是发言人，都是社会组织形象的化身，其外表形象的设计也应下一番功夫，服饰仪表、言谈举止都应给人以礼貌真诚的感受。

5. 准备好发言和报道提纲，以及宣传辅助资料

根据会议的主题全面收集有关资料，考虑记者可能提出的问题，准备专业知识准确、语言生动的发言稿供发言人参考，必要时准备一些与会议主题有关的图片、实物、影像、模型等辅助资料，同时还要准备报道提纲，在会前发给记者作为采访报道的参考。新闻通稿和背景材料的封面也应加以留意，要打印公司标志，以建立公众认知。需特别注重的是，会前应将会议主题、发言稿和报道提纲在组织内部通报一下，以统一口径。

6. 布置会场，安排好工作人员

会场布置应安全舒适、大小适宜、光线合适，桌椅设置方便记者提问和记录。工作人员（礼仪人员、接待员、服务员、安保人员）应准时到位。

7. 组织记者参观的准备

必要时给记者创造实地采访、摄影、录像等机会，增强记者对会议的感性认识，同时安排好接待、介绍工作。

8. 经费预算

根据会议的规格和规模做出可行的经费预算。经费预算的项目一般包括场租费、会场布置费、印刷品费、茶点费、礼品费、文书用品费、音响器材费、邮费、电话费、交通费等，需要用餐时还应加上餐费。

9. 小型宴请的安排

必要时应安排一些小型酒会、便餐或茶会，以密切关系。

10. 礼品准备

适当准备一些具有组织特色的小纪念品、礼品，以扩大影响，加强宣传，加深友谊。

（二）新闻发布会的程序

1. 迎宾签到

会议工作人员引导来宾和记者签名，并将准备好的有关材料发给与会宾客。签到后，要有专门的礼仪、服务人员引导来宾至会场或休息室，安置席位、上茶或饮料等。

2. 宣布开会

会议主持人准时宣布记者招待会开始，致简短欢迎词，介绍议题和议程及出席招待会的嘉宾，并将本组织发言人的姓名、职业、职位、发言内容等介绍给来宾。

3. 发言、答问

发言人发表组织的有关信息；如果推出新产品，则还应安排有关专家讲话，宣读鉴定单位的鉴定报告，展示新产品。答记者问时应按分工范围，做到责任分明；同时，要掌握时间和节奏，按事先规定的时间宣布“最后一位记者提问”。

4. 闭会、欢送记者

预定时间到后，主持人宣布记者招待会结束，简短评述会议，向与会者致谢，并传达日后

继续合作的意图。闭会后，要做好欢送记者的工作，并巧妙地提醒记者及时将报道情况反馈给本组织。

【案例 7－3】

新闻发布会的注意事项

一、起草发言提纲

主题确定后，组织专门的班子起草发言提纲，估计记者可能提出的问题并预先作答。因此，要广泛收集有关主题的各种材料，归纳出宣传内容的要点和背景，做成卡片，供发言人参考。所发布的消息必须准确无误，若发现有错误，则应及时更正。

二、选择好时机

新闻发布会时机的选择一要及时，二要注意避开重大节日和社会活动。此外，确定在哪一周的哪一天、哪一天的哪一时刻也很重要。一般不宜选星期一、星期五。早报、晚报的截稿时间不同，若要安排早报记者参加，新闻发布会则应在中午、下午；若要出现在当天晚报或电视晚间新闻报道中，则最好安排在上午 9:30 或 10:00—10:30，同时，要注意协调好网络媒体。

三、确定邀请范围

新闻发布会的邀请范围要根据实际需要确定，尽量广泛邀请各级各类记者参加。要考虑谁会对本次新闻发布会的内容感兴趣。例如，经济新闻只对商业报刊记者有价值；如果是医疗新闻，那就邀请医疗报刊、电视台医疗节目的记者。邀请对象一旦确定，最好不要电话邀请，而是发请柬并提前 3～4 天送到，注意不要送得太早，以免邀请信被埋没在文件堆里。会前 1～2 天还应打电话联系确认。

四、选定会议地点

选定的会议地点要符合交通便利、设施齐全、环境良好的原则。应考虑是否方便与会记者及其他人士的进出和乘车、会议室是否能够容纳所有记者与嘉宾，还应考虑能否给记者创造各种采访的条件，如拍摄的辅助灯光、视听辅助工具、适合记者使用的桌椅等。此外，在会场布置时，不要让新闻发言人坐在镜子、窗户或其他反射光线的背景之前，以防镜头效果受损，影响组织形象。会议室大小的选择也要多留心。房子空间大、人员少，给人的印象是新闻发布会的新闻价值不大，与其这样，还不如在一个小点儿的房间里较好，给人一种座无虚席的感觉，给人的印象是肯定有重要的消息。

五、遴选发言人

举办新闻发布会，一般首先由主持人发布消息或介绍情况，随后由主要发言人详细发言。主要发言人原则上应安排总经理或厂长等主要负责人，因为他们能准确地回答有关组织的方针、计划、生产、经营等重大问题。如果公布某项新产品、新技术，分管技术方面的主要负责人也应列席。发言人要思维敏捷、反应迅速、口才较好。发言人遇到不便回答或不好回答的问题时，不要回避，更不要说“无可奉告”，而要婉转、抽象、幽默地给予回答。不要随便打断记者的发言和提问，也不要采取任何动作、表情或评议阻止他们。

六、准时开始

正式发布会前 1～2 小时，检查一切准备工作是否就绪，将会议议程精确到分钟，并制定意外情况补救措施。

（资料来源：何伟祥. 公共关系原理与实务[M]. 3 版，大连：东北财经大学出版社，2009.）

（三）新闻发布会的会后工作

为使新闻发布会这一公共关系专题活动取得预期的效果，在会议结束后，组织还应做以下几个方面的工作。

1. 整理资料

记者招待会结束后，要尽快整理记录材料，从中总结此次招待会在组织、布置、主持和回答问题等方面的成败，并将其编成档案以备今后查阅。

2. 归类分析

整理发布会音像资料，收集报刊、网络媒体、电台或电视台上的报道和稿件，综合比较，检查报道内容是否有误。若存在问题，则应及时拿出补救措施。制作发布会成果资料集（包括来宾名单和联系方式、发布会各媒体报道资料集、发布会总结报告等），作为企业资料保存，并可在此基础上制作相应的宣传资料。

3. 检查效果

收集到会记者在报刊、网络媒体、电台、电视台上的各类报道和评论，把握公众的反应和舆论走势，检查是否达到了举办发布会的预定目标，是否由于失误而造成了误会等，并以此检测发布会活动的效果。

4. 采取措施

如果是不正确或歪曲事实的报道，就应主动采取行动，说明真相，并向报道机构提出更正要求；如果是反映了事实却不利于本组织的负面报道，则应通过有关媒体向公众表示歉意，并制定改进措施，以挽回组织声誉。

第三节　展览会

展览会是公共关系活动中经常采用的形式。它是通过实物和示范表演来展示社会组织的成果与风貌的公共关系宣传活动。展览会是一种综合运用各种媒介、手段推广产品，宣传组织形象，建立良好公共关系的大型活动，比较容易引起公众和新闻界的注意。展览会上既可安排实物、模型、示范表演，也可放映幻灯片、电视、电影，还可展出照片、图片，并加以解说等，使展览会具有一定的知识性和趣味性，使公众更直观、更全面地了解组织及其产品，从而留下深刻的印象。另外，组织在展览会上还可以了解公众的反应和意见，相互沟通，增进友谊。可见，展览会的确是一种树立组织形象、推广产品的好形式。

【案例 7－4】

中国制造出征柏林国际消费电子展

2017 年 9 月 1 日到 6 日，柏林国际消费电子展（IFA）在德国柏林隆重举办，该展会共吸引了来自全球的 1 805 家参展商，其中超过 1/3 的厂商来自中国。中国企业都希望借助此次机会，向全球展示中国制造的实力和潜力，亮出中国制造的“新名片”。

在展馆内，多家中国企业的展台比往年更大，展台位置更佳，来自世界各地的观众络绎不绝。作为连续七年参加 IFA 的常客，TCL 集团董事长、CEO 李东生指出：“2011 年 TCL 的展台也只不过七百多平方米，如今已经扩大到一千八百多平方米。”展台面积和位置的变化充分说明了中国制造业在全球市场的地位崛起。作为一场盛大的国际性创新科技领域盛会，中国企业大显“肌肉”，说明中国品牌在海外市场赢得了更多话语权，不断向行业的领先者地位大步迈进。

（资料来源：中国家电网，创新与未来：央视报道中国制造出征IFA展，2017—09—08，http://digitalhome.cheaa.com.）

一、展览会的特点

（一）直观性

展览会是一种非常直观、形象的传播方式。它把实物直接展现在公众面前，并有现场操作表演，给人以“亲眼看见”“眼见为实”的感受。

（二）双向性

展览会不仅可以当面向公众展示自身形象，而且可以收集公众的反馈意见，有针对性地就个别公众或某种特殊情况进行交谈，做到良性的双向沟通。

（三）复合性

展览会是一种复合性的传播方式，它通常采用多种媒介进行交叉混合传播，往往以实物展出为主，配以文字宣传资料、图片、幻灯片、录像等媒介，再加上动人的解说、友好的交谈、优美的音乐、生动的造型艺术，综合多种媒介的传播优势，具有很强的吸引力。

（四）高效性

展览会可以一次展示许多行业的不同产品，也可以集中同一行业的多种品牌来展示，是一种高度集中和高效率的沟通方式。它为参观者提供了更多的机会并节省了大量的时间和费用。

（五）新闻性

展览会是一种综合性的大型活动，除本身能进行自我宣传外，往往还能成为新闻媒介追踪的对象，成为新闻报道的题材。通过新闻媒介的报道宣传，展览会的宣传效应将大大扩展。

【案例7—5】

2019中华品牌商标博览会

作为2019商标品牌节的重要组成部分，2019中华品牌商标博览会于7月6日至8日在宁夏银川国际会展中心举办。这次博览会的占地面积为15 000平方米，共设560个展位，分为三个展馆。其中，B馆是地理标志展馆，C馆是商品商标展馆，D馆是服务商标展馆。共有748家来自全国各地的品牌企业参展。作为一场开放度高、产品质量过硬的商标品牌博览会，展会汇聚了国内众多优质、知名品牌，行业覆盖范围广，产品品类多样化，通过更加市场化的运作，更高规格的陈列方式，向社会宣示了参展商品或服务的优异质量，为中国品牌商标走向世界构建了交流平台；展示了企业的品牌文化形象，为加强国内外品牌的交流互通，提质增效，提供了全方位、多层次、专业化的合作平台。

（资料来源：中华商标网，2019中华品牌商标博览会圆满落幕，2019—07—22，http://www.cta.org.cn.）

二、展览会的适用范围

展览会作为一种重要的市场推广和交流平台，不仅在企业创新产品开发阶段发挥着至关重要的作用，而且对非营利性社会组织具有显著的适用性。以下是展览会在这两个领域的具体适用范围。

（一）企业创新产品开发阶段

1. 产品展示与反馈收集

展览会提供了一个平台给企业展示其创新产品，并且企业可以直接从目标客户和行业专家那里获得反馈。

2. 市场调研

企业可以通过展览会调研市场对其新产品的接受程度，从而调整产品开发策略。

3. 建立合作伙伴关系

展览会是寻找潜在合作伙伴和建立商业联系的理想场所，有助于企业在产品开发过程中获取资源和支持。

4. 增强品牌知名度

通过展览会，企业可以提高其创新产品的市场知名度，为未来的市场推广打下基础。

（二）非营利性社会组织

1. 公共宣传

非营利性组织可以利用展览会来提高公众对其使命和活动的认识，增强公众参与度。

2. 资金筹集

展览会可以作为非营利性组织筹集资金的平台，通过展示其项目和成果来吸引捐赠者和赞助商。

3. 建立网络

非营利性组织可以通过展览会与其他组织、政府机构和企业建立联系，形成合作伙伴关系。

4. 教育和培训

展览会可以作为教育和培训的场所，非营利性组织可以举办研讨会和工作坊，提供专业知识和技能培训。

此外，展览会还为非营利性组织提供了展示其服务项目、宣传其理念和吸引志愿者的机会。通过这些活动，非营利性组织可以更有效地实现其社会目标。

三、展览会的价值

（一）一种可以利用多种传播语言的综合传播方式

公共关系传播是一个信息传送与反馈过程，而这个过程必须以语言为载体。在公关传播中，信息载体通常有五大类型，被称为五大信息语言系统。它们分别是文字与符号语言系统、有声语言系统、实物语言系统、实像语言系统和人体或动作语言系统。这五大语言系统各有其优缺点，不同的公关活动要求采用不同的语言系统。如举办一个图片橱窗展览，就只需文字与符号语言和实物语言。而大型的展览会却要运用包括声音、文字、模型、电视广播、工作人员等几乎所有的信息语言系统。展览会是一种可以利用多种传播语言的综合传播方式，它能使公众更全面地了解组织，使信息更容易通过复合刺激而被公众所理解和记忆。

（二）一种非常直观、形象且生动的传播方式

展览会最大的特点是通过实物展示和示范表演来宣传组织的形象，能使公众容易接受和产生较深的印象。

（三）一种直接双向沟通的传播方式

组织的员工与外部公众可以在展览会上直接交谈和听取意见，增进相互了解。这种直接双向沟通尤其有利于组织同某些特殊公众进行沟通和协调。

（四）一种高度集中和高效率的沟通方式

其一，展览会能够给公众种种方便，并使公众相对全面和深刻地认识一个组织，以减少组织与公众之间联系的诸多中间环节，从而提高传播的效果和信息的逼真度。

其二，展览会是一种综合性的大型活动，比较容易引起公众及新闻传播界的注意，因而对社会公众的影响效果很好。

其三，展览会属于主动型公共关系，它具有一定的刻意性质，能够给公众留下勇于开拓、注重社会效益的良好印象。

四、展览会的策划和组织方法

（一）明确主题和目的

每次展览都应有一个明确的主题，并将主题用各种形式反映出来，如主题性口号、主题歌曲、徽标、纪念品等。同时还要根据所拟订的主题确定相应的目的，以期达到什么样的效果，为举办展览会提供足够的理由。由于展览会的成本（人力、物力、财力等）较高，因此发起展览会的单位和参展单位都必须对此进行必要性分析和可行性分析。

（二）确定展览会的类型和形式

可从多种角度去考察展览会的类型，但至少要从以下 4 个方面去分析所办展览的形式：

（1）展览的场所是室内展览还是露天展览？室内展览适宜举办较为隆重和持续时间长的展览，它不受天气影响，且能充分发挥室内装饰、展厅布置辅助设备的作用，以提高效果。但室内展览受场地大小限制较严，不具有灵活性，且费用较高；而露天展览则易受天气影响，布景工作简单，费用低，但场地限制小，比较灵活。

（2）展览的功能或目的是贸易型展览会还是宣传性展览会？前者是以销售商品为目的，后者是以传达思想、感情或信息为宗旨。

（3）展览的性质是综合性还是专业性展览会？综合性展览会又称横向展览、可混合展览，它通常全面地介绍一个组织及其产品，内容广泛，具有一定的整体性和概括性，既要突出重点，又要照顾一般，给观众留下完整的印象。专业性展览又称单一展览或纵向展览，它通常围绕一项专业或一个专题举办，如选择某一种商品作为展览范围。专业性展览不要求全面、系统，只求重点突出。

（4）展览的规模是大型、小型还是袖珍型展览？大型展览通常是综合性的，一般由专门机构举办，展品由参展单位提供。小型展览规模较小，一般由单位自己举办，如商店结合某个社会性主题（国庆、元旦等）而举办的展销会，工厂展出自己的商品等。而袖珍型展览规模更小，常见的有橱窗展览、流动展览柜台展览等几种形式。

在举办展览会时，必须考虑上述各个方面，然后选择一种具体的较适合的展览方式。

（三）选择展览地点

通常要考虑三个因素：（1）交通是否便利？（2）周围环境是否有利；（3）辅助设施如灯光系

统、音响系统、安全系统、卫生系统等是否健全?

(四)预测参观者

先针对参观者的类型、分布范围、数量,文化层次、社会背景、年龄构成等作出预测,再根据这些预测设计解说词和宣传方式。

(五)确定参展单位和参展项目

通常采用广告或发邀请信的方式吸引参展单位。广告或邀请信应注明展览的宗旨、展出项目类型、开放对象、估计参观者的人数和范围、展览会的要求和费用预算等,以便给有关单位提供决策所需的资料。

(六)展览的总体设计

由一个总设计师构思整个展览结构,形成展览设计大纲。其内容包括总体布局、主题思想及展览各部分的划分、会标、主题画及前言,中间穿插图文说明等。

(七)绘制图纸

各分部编辑室先分头收集实物和资料,并撰写展览脚本提交给设计室,由总设计师绘制出展板小样及展品排列方式,再交美术摄影组,美术师按照参展缩样要求进行书写、绘制或放大,制作成为布置展厅用的最后图纸。

(八)加工制作

制作组根据图纸制作文字图表,裱贴图片,加工美术版面,制造需要的模型、道具、宣传资料、展厅目录、各种小册子等。

(九)培训工作人员

展览效果同展览工作人员素质有很大关系。在举办展览时应对主要的几种工作人员如讲解员、接待员、服务员、业务洽谈人员等进行培训。培训内容包括公关技能、展览专业知识和专门技能、营销技能、社交礼仪等。

(十)配备相关服务

这包括两方面:一是为展览活动服务的机构、设施和人员,如工作人员的休息与食宿服务、展览会的宣传机构(新闻发布小组)、展览的后勤服务及其他等;二是在展览会上为参观者服务的设施和人员,这根据展览会的不同级别而确定。跨地区性尤其国际性的展览会,应视情况设置产品订购邮政、运输、商检、海关、食宿、银行等服务项目及消防和卫生检疫部门。

(十一)费用预算

举办展览要花费一定的资金,如场地和设备租金、运输费、设计布置费、材料费、传播媒介租金、劳务费、宣传资料制作费、通信费等。公关人员在预算这些费用支出时,还应留有5%～10%作为备用金,供调剂补充用。

(十二)布置展厅

布置展厅包括以下内容:

1. 选择与处理展品

根据展览的性质和总体设计选择展品的品种和数量,还要对有些展品进行各种处理,如制成标本,拍成幻灯片、电影拷贝和录像片,适当做物理或化学处理等。易于损破的物品要有备用品。

2. 进行室内装饰

展厅的主色调、背景选择及灯光照明都应认真考虑。

3. 讲究展品陈设

同一件物品，由于摆设的角度、方向、部位不同，在不同的背景和光线下，在不同其他展品的衬托下，给人的视觉效果会大不一样。展览不仅仅是实物展示，更是一种艺术，要充分利用它的艺术性给参观者留下永久不灭的记忆。

（十三）展厅开放

当一切准备就绪后，就可以择日开放展厅。开放时要注意：

（1）开放前应进行适当的宣传，以引起人们的关注；

（2）选择的时日要理想，不同的时机会有不同的效果；

（3）观者人数要控制得当；

（4）名词要简洁明了，解说词要生动具体，要充分利用讲解员使静态的实物和图片活动起来；

（5）做好会务工作，要接待好每一位观众，尤其是特殊观众；

（6）在展厅入口处应设立咨询台和签到处，并贴出展览平面图和展品目录表；

（7）可适当发放一些纪念品，悬挂会标和会旗，播放会歌，以强化参观者的记忆。

此外，还应做好安全防卫工作，防止事故的发生。

（十四）会后总结

设置观众留言簿，召开观众座谈会，会后登门拜访或发放调查表等，用多种形式检测展览效果，评价活动的成败，总结经验，为今后改进工作提供参考。

以上（一）至（十四）项是举办展览的一般程序和注意事项。为了达到理想的效果，必须每一步都计划周密，考虑细致，防止出现哪怕极小的差错。其中尤为重要的是要善于使用各种展览技巧，将展览会办得生动活泼，别具一格。这里，要特别指出以下几点。

（1）参展单位或发起单位应用各种方法吸引公众的注意，以便让公众了解本组织在本次展览会中所起的作用，如用室内外条幅广告、文字说明等加以宣传。

（2）学会变不利因素为有利因素，变消极被动为积极主动。在展位不理想、效果不明显的情况下，可采取适当的补救措施。

（3）善于以情动人。举办展览，商业味不能过浓，应富有人情味，给公众留下注重社会效益的美好印象。

总之，展览会的作用是巨大的，但要办好并不容易，必须掌握一整套的技术和方法。

第四节　庆典活动

庆典活动是社会组织为庆祝某一重大节日或重大事件而举行的一种公共关系专题活动，如开业或周年庆典、新设施奠基、展销会开幕等，目的在于联络公众、广交朋友、增进友谊、扩大影响。一个组织举行一次气氛热烈、隆重大方的庆典活动，就是一次向社会公众展示自身良好形象的机会，往往成为社会公众取舍亲疏的重要标准，因此庆典活动必须进行精心策划和组织。

【案例 7—6】

中国航天日

1970 年 4 月 24 日，我国第一颗人造地球卫星“东方红一号”发射成功，这是我国航天事业发展历程中的开创性、奠基性事件。2016 年 3 月，中央批准、国务院批复，自 2016 年起将每年 4 月 24 日设立为“中国航天日”。

我国政府将这个值得纪念的日子确定为“中国航天日”，体现了党和国家对航天事业发展的高度重视，彰显了中国和平利用外层空间的一贯宗旨，展现了中国航天人自主创新、勇攀高峰的坚定信心。“中国航天日”将成为唱响“发展航天事业、建设航天强国”主旋律的重要载体，成为普及航天知识、激励科学探索、培植创新文化的重要平台，成为传承航天精神、凝聚强大力量的重要纽带，成为全世界了解中国航天的重要窗口。

国家航天局 2021 年聘请“人民科学家”、中国科学院院士叶培建，中国探月工程三期总设计师胡浩和英雄航天员费俊龙为“中国航天公益形象大使”，三位形象大使将为航天科普工作贡献力量。

（资料来源：百度百科，中国航天日，https://baike. baidu. com.）

一、庆典活动的主要类型

社会组织庆典活动的范围较广、形式较多，概括起来主要有以下几种类型。

（一）开业庆典

开业庆典是社会组织在新成立时，社会组织的重要机构组建时或重大活动开幕时，举办的庆典活动。通过开业庆典，社会组织不仅可以向社会公众和舆论传递信息、通报情况，并扩大影响，而且可以得到社会公众的祝福与祝愿，为获得今后事业的顺利发展奠定基础。可以说，一个成功的开业庆典就是社会组织事业发展的一个重要里程碑。

（二）周年庆典

周年庆典是社会组织在开业纪念日举行的庆祝活动和纪念活动，可以每年举行一次，也可以 5 年、10 年等举行一次。周年庆典是社会组织开展公共关系活动的有利时机，通过这一机会向社会公众宣传自己的历史、发展、成就和对社会的贡献等，制造出有影响力的新闻，有助于提高社会组织的知名度和声望。

（三）庆功庆典

庆功庆典是社会组织在工程竣工、建筑物落成或取得某项战略性成果时为祝贺成功而举行的庆祝活动。庆功庆典有着锦上添花的作用。社会组织趁机造势，凭借组织在公众心目中的良好印象再做出努力，有助于进一步强化并扩大这种良好的印象。

（四）节日庆典

节日庆典是为庆祝和纪念国家法定节日及纪念日（如元旦、劳动节、儿童节、建党节、建军节、国庆节等）、民间传统节日（如春节、端午节、中秋节等）、国际性节日（如情人节、妇女节、圣诞节等）及其他重大事件节日等，所举办的典礼仪式或各种联谊活动（如大型游园活动、团拜会等）。社会组织举行节日庆典活动可以借助热闹的节日气氛宣传本组织，融洽各种社会关系。

【案例 7—7】

粤港澳大湾区购物节

本次购物节选择在 2021 年 9 月 2 日开幕，以“就爱大湾区”为主题，寓意粤港澳大湾区“9＋2”城市群紧紧抱在一起。作为大湾区商家参与数量最多、规模最大的线上活动，购物节汇聚广东、香港、澳门三地超过29.8万个知名品牌，美食、美妆、数码、家电、个护、家居、服装等逾100个产业带商家带来1 300多万件商品。其中包括香港美心月饼、澳门英记流心奶黄礼盒、马百良安宫牛黄丸……活动组委会发布了由92件优质商品组成的“大湾区中国好物梦之队”商品清单，来自港澳地区的超30种美食、保健以及时尚潮品和珠三角内地九市的众多老字号、新产品尽揽其中，集中亮相。据商务部电子商务司相关负责人介绍，粤港澳大湾区是我国开放程度最高、经济活力最强的区域之一，通过举办首届“大湾区购物节”，可以充分展示粤港澳大湾区特色民族品牌和创新活力品牌精品，有力促进大湾区融合，拉动消费升级。

（资料来源：搜狐网：爱天水，共享湾区“潮”生活——首届粤港澳大湾区购物节侧记，2021—09—13，https://www.sohu.com/a/225879096 430089.）

（五）表彰庆典

表彰庆典即发奖、授勋仪式，一般以表彰大会的形式出现。社会组织举行这类庆典活动的目的在于宣传和弘扬先进模范人物或集体的优秀事迹与高尚精神，并授予其光荣称号、勋章、奖旗、奖状和物质奖品等，以此来激励组织内部员工更好地工作，并向外部公众展示自身的良好形象。

二、庆典活动的组织

庆典活动的组织工作非常繁杂，需要公共关系人员精心组织。由于庆典活动的仪式举行时间一般较短，准备工作稍有疏漏，便可能造成无法挽回的后果，影响公共关系效果，因此，庆典活动要做好以下几个方面的工作。

（一）明确目的

庆典活动不是简单地走过场、摆样子，它需要有明确的目的。就总体而言，这类活动的目的主要是扩大影响，提高组织的知名度、美誉度，协调组织和公众的关系。具体而言，庆典活动是组织向社会和公众展现自身形象，展示组织的领导能力、组织能力、社交水平、组织文化素养等。因此，庆典活动的目的一定要明确，不可贪多。

（二）组建班子

庆典活动必须有一套精明强干的工作班子。该班子一般包括：

1. 策划管理人员

他们对整个庆典活动进行整体构思和策划，并分工主管各部门、各环节的工作。

2. 实施操作人员

他们主要负责策划阶段的材料准备、文稿撰写、美工制作、广告设计、迎宾礼仪、主持司仪、摄影摄像等具体工作。

3. 其他勤杂人员

他们主要根据庆典活动的实际需要，承担起司机、厨师、清洁工、勤杂工、电工、木工等后勤人员的工作。

（三）妥善安排活动内容、形式和规模

庆典活动的内容必须是本组织发生的值得庆祝或有纪念意义的事件，要挖掘深刻的主题，既要与活动内容相结合，更要与社会热点问题、公众关心的问题相结合，使活动具有强烈的社会意义，以增强社会效果。庆典活动的形式和规模要考虑社会组织自身的性质、特点和与公众关系的密切程度等因素，同时还应考虑社会组织自身的规模大小、经济实力等条件。

（四）准确把握时机

选择最佳时机举办庆典活动容易产生广泛的社会效应。庆典活动的时机要与活动的目标和内容相适应，既要考虑宣传效果，又要考虑所邀请的公众有较合适的时间，还要让公关部门有充分的准备时间。

（五）做好准备和协调工作

庆典活动规模较大，参加人数较多，有时活动的范围也不小，因此准备和协调工作尤显重要。会前要做好准备工作，如会场的地点、设备的配置、环境的布置、座次的安排、资料和纪念品的准备、流程的安排、发言人的确定、与会者的邀请、新闻单位的联系等。会议工作人员必须明确分工、各司其职，同时要有人负责联络和协调，注意整体的形象。

（六）拟定出席庆典仪式的宾客名单和庆典流程

出席庆典仪式的宾客一般包括政府要员、组织领导、知名人士、新闻人士、同行代表、员工代表、公众代表及业务单位代表等，要提前将请柬送到宾客手中。庆典的流程一般为：签到、宣布庆典开始、宣布来宾名单、致贺词、致答谢词、剪彩、组织来宾参观等。

（七）善后工作

庆典结束后，要督促新闻界客观、迅速地报道本组织的情况，通过座谈、留言形式广泛征求意见，并综合整理，总结经验，形成庆典活动的总结报告。

三、庆典活动的注意事项

庆典活动是组织在特定时刻举行的庆祝仪式，它不仅是对过去成就的肯定，而且是对未来发展的展望。一次成功的庆典活动能够提升品牌形象，增强团队凝聚力，甚至吸引潜在客户或合作伙伴。以下是庆典活动的一些重要注意事项。

（一）明确目标与主题

确定庆典活动的目标，如庆祝公司成立周年、产品发布或其他重要时刻，并围绕目标设定吸引人的主题。

（二）预算规划

合理分配预算到场地租赁、装饰布置、嘉宾邀请、宣传推广等各个方面，并确保每一笔开支都在预算范围内。

（三）场地选择

选择符合活动规模、主题风格以及参与者便利性的场地，并考虑安全出口、紧急疏散路线等安全因素。

（四）创意内容设计

设计有创意的活动内容，如精彩的开场表演、互动环节、颁奖仪式、特色美食等，以吸引观众和媒体关注。

（五）嘉宾邀请

邀请合适的嘉宾出席，如行业领袖、知名人士、重要客户或合作伙伴，以提升活动档次并带来更多关注和影响力。

（六）宣传推广

通过社交媒体、电子邮件、广告、公关活动等多种渠道进行宣传，并提前制订宣传计划，确保信息覆盖到目标受众。

(七)细节管理

精心安排和管理签到流程、座位、现场指示牌、节目时间等细节,以确保活动的顺利进行。

(八)应急预案

准备应急预案以应对可能出现的突发情况,如恶劣天气、设备故障、医疗紧急情况等,并确保有明确的应急响应流程和责任人。

(九)后勤保障

提供良好的后勤服务,包括餐饮服务、交通安排、住宿协调等,以确保所有参与者的基本需求得到满足。

(十)反馈收集与评估

活动结束后,收集参与者的反馈意见,对活动进行总结评估,以了解活动的实际效果并为未来的活动提供宝贵经验和教训。

此外,还需遵守相关法律法规和政策要求,如申请与批准、场地选择与规划、安全保障与控制、环境保护以及知识产权保护等。对于周年庆典活动,还需要特别注意活动后的跟进,及时进行活动效果的评估和总结,并向参与者和合作伙伴致谢。如果有需要,也可以考虑制作活动纪念品,留给参与者。

第五节 赞助活动

赞助活动是社会组织无偿地提供资金或物质支持,以获得一定形象传播效益的公共关系活动。这种活动,可以使提供赞助的组织与赞助的项目同步成名,是信誉投资和感情投资行为,是一种有效的公共关系手段。

【案例7—8】

京都念慈菴冠名《吐槽大会》

2017年,以京都念慈菴冠名的《吐槽大会》创造了一个网络综艺节目的高峰,总播放量达到15亿次,单集播放量最高破2亿次。“大笑养肺,不笑浪费,宇宙养肺老字号”等广告语也给观众留下了深刻的品牌印象,使京都念慈菴在品牌曝光量方面获得了不俗的成绩。如何在“塞广告”的同时还让观众乐呵呵地接受广告?京都念慈菴和腾讯视频通力合作,利用灵活的营销形式,将品牌与节目内容紧密结合,让观众在最轻松的情况下了解京都念慈菴的产品诉求。节目还使用多样的环节设计,帮助品牌通过冠名的节目提高观众的关注度,从而使观众更了解品牌的历史及产品的卖点,让年轻人在每个开怀大笑的时刻,都可以想起养肺的京都念慈菴,推动京都念慈菴在品牌年轻化的“潮牌”之路上更进一步,销量再创新高。

(资料来源:中华广告网,http://www.a.com.cn.)

一、赞助活动的主要类型

(一)赞助体育运动

这是组织赞助中最常见的一种形式。随着我国人民生活水平和体育运动水平的提高,人们对体育运动越来越感兴趣。因此,企业通过对体育运动的赞助,往往较易增强对公众施加影响的深度和广度。

【案例 7—9】

华为助力上海大师赛

ATP1000 上海连续五年蝉联“年度最佳 ATP1000 赛事”奖项，是世界顶级的网球赛事，更是品牌传播的绝佳舞台。华为作为 2015 年上海劳力士大师赛的荣誉级赞助商，享有线上硬广、赛场品牌露出、线下活动、球员见面、票证及一系列衍生权益。

(1)在赛事主赛场现场搭建华为 LED 大屏幕。在电视转播信号中，单场获胜球员在摄像机镜头上签名的环节，在五星体育播出时，后期加入了华为手机外框及“华为荣誉赞助 2015 年上海劳力士大师赛”字样。8 天赛程，中国大陆地区的电视播出超过 100 小时。

(2)在赛事现场搭建展示体验区，进行华为品牌及产品的展示。8 天 12 场空中包厢活动，邀请区域内的运营商、经销商、忠实用户等群体，亲身体验华为作为自主品牌跻身国际一线品牌的决心，传播品牌和产品优势。

(3)现场权益。

①中心赛场比分牌电子大屏 30 秒广告不少于 2 次/天。

②中心赛场现场边线 LED 广告位不少于 80 次/天。

③中心赛场现场二层 LED 广告位不少于 40 次/天。

④二号馆现场边线 A 字板广告位 1 块。

⑤二号馆现场二层 A 字板广告位 1 块。

⑥三号馆现场边线 A 字板广告位 1 块。

⑦电子记分牌包边 6 块。

(4)活动搭建现场人气线上传播。微博扩散总曝光 4 158.3 万次＋微信扩散总曝光 93.7 万次＋官方平台外围推广。官方平台外围推广共计发布 36 条微博、44 条微信，共有 43 位意见领袖参与推广，获得曝光量达 4 252 万次。

(资料来源：瑞丽网，http://fanwen 118.com/info 38/fw 5116384.html.)

(二)赞助文化生活

组织进行文化生活方面的赞助，不仅可以培养与公众的良好感情，而且可以大大提高组织的知名度，创造良好的社会效益。这类赞助有两种形式：一种是对文化活动的赞助，如对大型联欢晚会、文艺演出的赞助；另一种是对文化事业的赞助，即定期或不定期地对某个文化艺术团体给予赞助，通过这个文化艺术团体的活动，扩大组织在社会上的影响力和知名度。

【案例 7—10】

金道集团冠名赞助《讲究》第一季

纪录片《讲究》由爱奇艺和蓝象传媒出品，内容聚焦民族传统技艺传承，旨在以“匠人的精神”记录“匠人的故事”，在浮躁的社会重新定义“匠人匠心”。节目计划推出三季。第一季共 8 集，已成功收官，收获超过 2 000 万次播放量，豆瓣评分达 8.1 分，受到观众肯定。《讲究》的节目内容是关注非物质文化遗产等有丰富文化内涵的对象，但节目的出发点不同于一般纪录片以传播知识为主，而是倡导一种更精致、有品质的生活方式，传达生活美学，这也迎合了当前中产阶级崛起、消费升级等社会经济趋势。

金道集团是《讲究》第一季的冠名赞助商，定位于“全方位投资专家”，目标用户为高净值人群。从《讲究》的收视人群画像来看：性别上男性比重较大，年龄上25～45岁的核心消费人群占比较高，地域上沿海及中部主要经济发达城市占比较高，学历上以大学本科及硕士以上人群为主——“精众”，高端的收视人群与金道的品牌定位高度契合，使品牌的触达十分精准。

从内容消费需求上看，这类人群比较注重精神层面的体验，对内容品质有更高要求，同时也是消费升级、追求高品质生活方式的主力人群。因此在营销手段上，比起直接的广告植入曝光，不露声色的品牌调性、价值观植入会使公众更有好感。因此，观众在《讲究》中并不会看到像网综、网剧中那样的“花式口播”和高频率的品牌露出，但是能从精神层面时刻感受到金道集团想要传达的理念与价值观，了解金道这个品牌的格调。

（资料来源：新营销，http://tt. newmarketingcn. com.）

（三）赞助教育事业

组织赞助教育事业是一举两得的事情：一方面，为组织与有关院校建立良好关系打下了基础，有利于组织的人才招聘与培训；另一方面，为组织树立关心教育事业的可敬形象。赞助方式可以是赞助学校建图书馆、实验楼，设置奖学金、助学金和其他有关教育方面的奖金或奖励。对组织而言，这既是一项智力投资，又是一项公共关系投资，应当给予充分的重视。

【案例7—11】

腾讯青少年科学小会，点燃孩子的科学热情

2021年1月12日，腾讯联合Science、清华大学在京举办第二届腾讯青少年科学小会。8位全球顶尖科学家、科普学者同台，在清华大学新清华学堂为青少年系统盘点天文学、数学、物理学、生命科学和化学等领域的年度科学成果，从黑洞、冷冻电镜到量子计算，不断点燃孩子们的科学热情。同时，科学小会通过腾讯新闻、快手直播等19个平台在线直播。这次科学小会还首次推出“亲子专场”，邀请家长与孩子共同参与，一起感受科学的魅力。

为加强青少年人才培养，2017年11月，腾讯联合荷风艺术基金会发起“艺术行动”，探索“互联网＋艺术教育”，为乡村孩子开启艺术启蒙。2018年9月，腾讯发布了“腾讯青少年科普计划”，涵盖包括科学小会在内的多项青少年人才培养的重要项目。腾讯还举办了三届腾讯青年营，促进广东、香港、澳门三地青年沟通交流，了解最前沿的新科技和新文创，并于2019年年初推出腾讯青年行平台，邀请了大湾区上百家名企、名校和知名机构加入，为青少年提供免费的研学交流体验，半年内服务家庭超过4 000个，超过120万名用户登录小程序参与体验。

（资料来源：读特新闻，腾讯青少年科学小会点燃孩子科学热情，2021—01—12，https://www. dutenews. com.）

（四）赞助社会慈善和福利事业

这是组织和社区、政府搞好关系，扩大组织社会影响的重要途径，是组织对整个社会承担义务和责任的重要手段，也是组织在社会上获得知名度、美誉度的重要方式，其中包括捐赠或资助慈善机构，在一些地区或单位遭受灾难时提供资助等。

【案例 7—12】

荔枝 App 上线抗灾相关音频声援河南

2021 年 7 月，河南出现持续性强降水天气，多地出现暴雨大暴雨，部分地区出现特大暴雨。其中，7 月 20 日 16：00－17：00，郑州遭遇了有记录以来的最强降雨，小时降雨量达 201.9 毫米。国家防汛抗旱总指挥部启动了防汛Ⅱ级应急响应。

灾情牵动着亿万人的心。7 月 21 日，荔枝 App 上线声援音频，充分发挥原创声音平台优势，广泛号召平台主播宣传应急救援措施，汇总各企业援救措施并广而告之。作为中国领先的在线原创音频社区、互动音频娱乐平台，荔枝 App 这次发起“声援河南”活动，主播和用户通过声音为灾区加油助威，利用平台多样化的内容形式发声援、辟谣言、提供心理疏导及情绪安抚内容，用声音抵抗灾情，并向当地老百姓、所有努力在一线抗灾救援的官兵和工作人员致敬。

（资料来源：艾媒网. 声援河南，荔枝 App 上线抗灾相关音频. 2021－07－23. https://www.iimedia.cn.）

（五）赞助学术理论研究活动

这是一种高层次的、直接追求组织的社会效益和长远影响的赞助活动。各种学术理论研究活动，有的是直接服务于整个社会的，如医学方面的研究、经济和改革理论的研讨；有的是某些社会生产技术的发展战略研究。组织可以自己设立机构，也可以长期支持某些学术研究机构的研究活动。在我国，这种赞助活动还不太普遍，有待于企业组织重视和开拓这一领域。

总之，组织进行赞助的形式很多，公共关系人员应善于设计出各种新颖的赞助形式，使组织获得最佳的信誉投资。

二、赞助活动的特点

赞助活动作为一种宣传组织的方式和途径，具有以下基本特点。

（一）效益性

社会组织在赞助时一定要考虑赞助后可能获得的效益，虽然开展赞助活动主要是树立社会组织的道德形象，表明社会组织积极承担社会责任和义务，但从长远来看，也要分析赞助后能否给本组织带来经济效益。也就是说，在肯定组织获得社会效益的前提下，还要考虑如何利用赞助为组织获得一定的经济效益。

（二）合法性

合法性主要体现在两个方面。一方面，赞助对象应是合法的，要赞助一些符合法律要求、社会道德和公众利益的人或事，否则会给人留下“助纣为虐”的印象，不仅不利于实现赞助活动的目标，反而会损害组织形象；另一方面，赞助的途径要合法，不能搞不正当之风。凭借赞助之名，获得虚名或趁机获得不正当的高额回报等都是不允许的。

（三）可行性

赞助活动要与组织的经济实力相符，赞助的经费和人力不能超越组织的承受能力。

三、赞助活动的策划和组织方法

按照赞助的形式，赞助分为组织参加赞助和组织发起赞助。组织参加赞助是对其他组织或个人的赞助邀请做出响应。组织发起赞助是一个组织为实现某个公共关系目的，主动发起的赞助活动。这两者的工作程序和内容有很大的区别。

(一)组织参加赞助

对于组织参加赞助,应从以下几个方面着手进行筹划:

(1)要考虑公众能否很和谐自然地将组织所赞助的活动与本组织联系在一起,能否对本组织产生有利的影响。

(2)要考虑组织所赞助的活动的社会影响,如媒介报道的可能性、报道频率和报道的广泛性,受益人是谁,受影响的公众的分布情况,影响的持久程度,活动本身能否引起人们的注意,能否产生"轰动效应"等。

(3)要考虑本组织在活动中与公众见面和直接沟通的机会有多少,以及赞助费用的多少和赞助的形式。

(4)要考虑赞助的监督情况,如通过何种方式对赞助活动予以控制,赞助活动是否合法,发起单位的社会信誉如何,赞助费用如何落实到受益人等。

(5)应考察赞助活动对本组织的产品销售有无赞助价值。如果发现值得赞助,便可着手落实赞助。在具体落实赞助时应有专人负责,落实过程中要主动了解活动的筹备与进展情况,争取把握有利机会。

(6)赞助活动结束后,还应对参加赞助的效果进行评价。一方面依据媒介报道和广告传播的情况测定,另一方面要对参加赞助的全过程进行回顾和总结。

(二)组织发起赞助

对于组织发起赞助,应该从以下方面着手去争取:

(1)主办单位要有良好的形象。在举办赞助时通常有发起者(或倡议者)、主办者、协办者之分,这仅仅是角色和所起作用不同而已,无论哪种角色都应有良好的组织形象,使公众感到企业确实是在参与社会公共事务。

(2)赞助活动本身要有吸引力和周密的计划。赞助的目的是什么?赞助的时间是怎样安排的?主办单位、协办单位的名称是什么?赞助的性质和方式以及活动方案的设计等都必须有一整套的策划。一般来说,可用发邀请信或公开募捐两种形式争取赞助。无论采用哪种形式,都要让对方了解活动本身是很重要的。

(3)应争取得到媒介及各种权威性公众的支持。媒介和权威性公众通常会成为很好的舆论领袖,左右着其他人的思想和行为。

(4)赞助活动的具体负责人(直接与赞助人打交道)应该有良好的个人形象,以期在具体的游说、解释、沟通和宣传过程中得到公众的认可,并能在最大限度上影响公众的支持程度。

(5)赞助活动必须给赞助人(单位和个人)可以看得见的"实惠"。如果是无偿赞助,就应颁发捐助纪念证书;如果是有奖赞助,就应提供对号券,使之有中奖机会等。这样,赞助就会成为互益性的活动,这是争取赞助的重要手段。

【案例 7—13】

唯品会的植入式营销

电商平台唯品会是从电视节目中走进大众视野的,因广撒网式的综艺赞助投放而多次被网友视作"植入狂魔"。凭借着强大的营销手段,唯品会使"天天有低价""特卖""低至三折""女装正品"等标签深入人心。

据不完全统计,仅 2021 年以来,唯品会便已经冠名《心动的信号 4》《妻子的浪漫旅行 5》

《婆婆与妈妈2》，同时赞助了《乘风破浪的姐姐2》和《做家务的男人2》等综艺节目，以及各大视频网站的热门综艺。尤其是女性题材节目中，都少不了唯品会的身影。

作为当前“她综艺”中的常驻品牌，唯品会2021年一季度营收284亿元，同比增长了51.1%。数据显示，唯品会2021年一季度活跃客户数达4 580万名，同比增长了54%；一季度总订单数为1.755亿笔，同比增长了44.2%，上一年同期为1.217亿笔。

（资料来源：百度百家号.钛媒体App.垂直类电商求生路：唯品会疯狂植入，小芒打造兴趣社区.2021－07－10.https://baijiahao.baidu.com/s?id＝1704858381609991687&wfr＝spider&for－pc，引用时有删改。）

四、赞助活动的注意事项

赞助各种有益的社会事业，在推动社会公益活动发展的同时可使本组织同步成名，这是一种行之有效的公共关系手段。任何组织为使公共关系赞助取得成功都要遵循一定的规则。进行赞助活动时须注意以下事项。

（一）传播目标明确

组织所赞助的项目要适合本组织的特点和需要，有利于提高本组织的社会影响，或有利于扩大业务领域。

（二）受资助者的声誉和影响良好

要认真研究和确认被赞助的组织、个人或社会活动本身是否具有良好的社会声誉，是否有积极、广泛的社会影响，保证赞助活动取得良好的社会效益。

（三）符合本组织的经济承受力

要考虑赞助额是否合理、适当，本组织能否承担，避免做力不从心的事情。

（四）赞助方式别具一格

一般来说，凡是符合社会及公众利益的赞助活动，都会引起社会各界特别是新闻界的关注。但是，如果能够以新鲜、别致的方式来实现赞助，则效果必定会更好。所以，赞助方式切忌雷同。

第六节　开放参观活动

组织为了达到公关交际目的，可由公关部门组织对外开放参观活动，将组织内部有关场所和工作程序对外开放。开放参观是指组织为了让公众更好地了解自己，或为消除公众对本组织的某些误解，由公关部门负责组织和邀请有关公众前来本组织参观的活动。这样可以让公众亲眼看见组织整洁的环境、先进的工艺、现代化的厂房设备、科学的管理制度、高素质的人员以及对社区和社会所做的贡献，还可以通过组织历史等资料向公众立体、全面地展示组织的过去、现在和未来前景。参观者可以是新闻工作者、消费者、本组织员工的家属等。

一、开放参观活动的特点

（一）扩大组织知名度

通过组织参观，增加组织的知名度，让公众了解组织的宗旨、功能、优势、特点，显示组织的存在有利于社会和公众。

（二）促进业务

通过组织公众参观组织的厂区、生产流程、产品，让公众产生信任感，便于推销产品，谋求投资或相互协作、拓展业务。

（三）协调社区关系

组织社区公众参观本组织完善的设施、优良的工作环境、可靠的安全系统，表明组织对社区公众不会产生危害，以求得社区公众的理解和支持。

（四）增强组织内部员工的自豪感

组织员工或其家属参观组织，往往能让员工家属感受到组织的人文关怀，更深入了解组织的优势，这既能增强员工家属全力支持员工的工作、激发员工的工作热情、增强员工及其家属的自豪感，又能让组织获得更多的宣传途径和宣传效应。

开放参观活动最大的特点就是真实性，它是以事实说服公众的。常言说得好：耳听为虚，眼见为实。开放参观活动往往比任何强大的宣传手段都更具说服力量。

二、开放参观活动的价值及适用范围

开放参观活动的价值及适用范围远不只表面上的展示与交流，它还深刻地影响着组织与社会各界的互动关系，是推动组织可持续发展和社会和谐的重要手段。

（一）开放参观活动的价值

1. 增强透明度与公信力

通过开放参观，组织能够主动向公众展示其运营情况、管理流程、技术实力及社会责任实践，从而显著提升透明度，增强公众对组织的信任感。这种透明度有助于消除误解和谣言，建立更加稳固的社会信任基础。

2. 提升品牌形象与知名度

开放参观活动为组织提供了一个展示自身特色、优势及成果的平台，有助于塑造积极向上的品牌形象，吸引潜在客户、投资者及合作伙伴的注意，进而提升组织的知名度和影响力。

3. 促进公众参与与理解

通过实地参观、互动体验等方式，公众能够更直观地了解组织的运作机制、文化理念及社会价值，从而加深对组织的理解和认同。这种参与感有助于激发公众的责任感和使命感，促进组织与公众之间的良性互动。

4. 收集反馈与改进服务

开放参观也是收集公众意见、建议及反馈的重要渠道。组织可以通过与公众的直接交流，了解市场需求、服务短板及改进方向，为产品和服务的优化升级提供有力支持。

5. 加强社会责任传播

通过展示企业在环保、公益、教育等领域的贡献，开放参观活动有助于强化组织的社会责任感，传递正能量，引导更多社会力量参与到社会公益事业中来。

（二）开放参观活动的适用范围

开放参观活动适用于各类组织，包括但不限于：

1. 企业

特别是制造业、科技型企业、服务业等，通过展示生产线、研发中心、客服中心等，展现企业实力和服务水平。

2. 政府机构

如法院、检察院、公安部门等，通过开放日活动，增强公众对政府工作的了解和信任。

3. 学校与教育机构

展示校园环境、教学设施、科研成果等，以提升学校知名度，吸引优秀生源。

4. 文化、艺术及体育机构

如博物馆、美术馆、剧院、体育馆等，通过开放参观，普及文化知识，促进艺术交流，增强公众对文化艺术的热爱和支持。

5. 公益组织与慈善机构

展示项目成果、捐赠流程、志愿者服务等，提高公众对公益事业的认知度和参与度。

所以说开放参观活动是一种高效、多赢的公关策略，对于提升组织形象、增强社会影响力、促进公众参与及理解等方面具有不可替代的作用。

三、开放参观活动的策划与组织

对外开放参观是一项繁杂的工作，因此应认真做好以下事项：

（一）确定参观日期

注意参观日期不要和重要的节日或社会组织的重要活动发生冲突。因为在重要节日，公众一般都有自己的安排；在社会组织举办重要活动期间安排对外开放参观，一方面参观者看不到日常工作的场面，另一方面也会给接待工作造成极大的麻烦。

（二）成立专门机构，配备专门人员来负责此事

成立专门机构，该机构中应至少有一名决策层的人员来负责总协调，也应有相关部门的负责人和具体的工作人员参加。

（三）重视宣传准备工作

应充分重视宣传工作，最好事先通知新闻部门，利用新闻媒介来扩大影响。同时，也应对组织内部全体员工做好宣传工作，使每个人都明白对外开放参观工作的意义与目的，人人自觉地参与这项活动。

（四）确定对外开放参观的内容

开放参观的内容一般包括情况介绍、现场观摩和实物展览三种。

情况介绍一般可采用事先准备好深入浅出、图文并茂、印刷精美的宣传小册子，发给参观的公众。

现场观摩就是让公众参观工作现场，以厂房布置、厂区环境、工作流程或员工的实际工作来说明社会组织的内在面貌。现场观摩一般以口头讲解的形式，边走边结合具体场景进行介绍。

实物展览是以资料、模型、样品的陈列等，对公众做补充说明。

（五）选择参观路线

选择参观路线的主要要求是：既可以引起参观者的兴趣并保证他们的安全，又对组织正常工作的持续干扰最小。参观路线应有明确的路标，且事先需采取安全措施；安全员应在必要的地方设置警告信号和障碍，以防止意外发生。

（六）做好解说和接待工作

对导游或解说人员要事先进行挑选、培训，使他们熟练掌握参观过程中每一个参观点的解说内容。参观点的员工应佩戴印有个人名字的标牌，并要礼貌、耐心、认真地回答参观者提出的各种问题。要热情周到地做好参观者的接待工作，安排合适的休息场所，提供必要的服务，如备好茶水、饮料等。

（七）做好欢送工作，收集参观者意见

参观结束后，要做好欢送工作，并认真听取参观者对组织的看法和建议，整理分析后提交有关部门。对组织予以采纳的意见，还应把实施情况反馈给提议者。

【案例 7－14】

工业旅游不是广告，胜似广告

工业旅游是指以工业生产过程、工厂风貌、工人工作生活场景为主要旅游吸引物的旅游。国际上一些著名的生产企业都非常重视通过开展旅游让客户了解自己的产品，提高消费者的兴趣和信任感，培养忠诚的消费群体，为消费者提供改进产品的市场信息，同时宣传企业的历史、文化、理念，进而提升自身的品牌形象。特别是一些工业企业建立的博物馆、展览馆，更是集中展示了企业的文化和产品，不仅促进了工业旅游的发展，而且在市场营销方面取得了很好的成效。可以说，工业旅游的发展，为企业发展战略确立、品牌形象定位、产品市场营销提供了新的手段和依据，为企业发展发挥了积极作用。以现代汽车工业为例，法国雪铁龙汽车制造公司早在五六十年前就组织客人参观它的生产流水线，以雷诺、标致、雪铁龙三大汽车公司为代表的法国汽车工业企业已成为吸引旅游者人数最多的工业旅游项目；总部设在斯图加特的德国奔驰汽车公司，不仅将总装配线等现代化生产流程作为重要的旅游项目向外推出，还将穿上工作服、拧几颗螺丝钉以及到工厂食堂就餐，亲身体验“奔驰人”的生活作为工业旅游活动的内容之一；大众汽车公司还特地建设了一座通体透明的生产车间，全景展示轿车的整个生产过程。这些工业旅游项目都深受广大游客青睐。

近年来，我国一些知名企业认识到开放企业、让公众参观生产流程、开办工业旅游的巨大社会效益，纷纷将这一形式引入企业。国家文化和旅游部还制定和颁布了工业旅游示范点标准，引导更多有代表性的企业积极开展、申报工业旅游项目。

青岛海尔集团于 1999 年年初推出“海尔工业游”项目，当年到海尔集团参观的中外游客就达到 24 万人次。“这些参观者对海尔树立企业形象的作用不可小觑。”海尔人说。

北京燕京啤酒集团每年在电视广告上的投入要以千万元计算，而工业旅游参观通道的投资仅为几十万元。成千上万的参观者在看到燕京啤酒的计算机管理系统和世界领先的生产线之后，带回去的口碑比任何广告都可信。在前些年就开发了工业旅游项目的燕京啤酒集团因为尝到了甜头，准备继续投资扩大旅游内容。例如，增加大麦、啤酒的实物展览，让游客不仅看得见，而且摸得着，了解整个啤酒生产过程，在旅游的过程中增长知识。

工业旅游项目比做广告花钱少，却比做广告的效果好，这正是越来越多的企业看好“工业旅游”的真正原因。

（资料来源：朱崇娴. 公共关系原理与实务[M]. 3 版. 北京：高等教育出版社，2019.）

本章小结

公共关系专题活动指组织为塑造自身形象，围绕某一公共关系主题，有计划、有步骤地组织目标公众参与的集体行动，是组织和公众沟通的有效途径。公共关系专题活动的基本特点是:主题的明确性、内容的丰富性、媒介的多样性、对象的广泛性、程序的规范性。策划公共关系专题活动是富于挑战性和创造性的工作,通过公关人员独具匠心的设计,为企业创造有利的公共关系时机。策划公共关系专题活动主要是为了达到以下目的:制造新闻、为促销服务、制造喜庆气氛、联络感情、挽回影响。常见的公关专题活动有新闻发布会、展览会、庆典活动、赞助活动、开放参观活动等。

本章训练题

一、单项选择题

1. 下列各项中,属于公关日常工作的是(　　)。

A. 庆典活动　B. 赞助活动　C. 日常接待　D. 展览会

2.(　　)是公共关系最基本的工作,也是其他一切工作的基础。

A. 日常接待工作　B. 收集和处理相关信息

C. 开放参观　D. 联谊会

3. 公共关系专题活动具有主题明确、精心策划、(　　)、讲求效率、灵活多样。

A. 协调沟通　B. 全面性　C. 时效性　D. 观赏性

4.(　　)的目的是大做实物广告,促进产品销售。

A. 贸易性展览会　B. 宣传性展览会　C. 室内展览会　D. 室外展览会

5. 按参展的种类,展览会分为单项展览会和(　　)。

A. 大型展览会　B. 综合展览会　C. 小型展览会　D. 宣传性展览会

6. 假如某企业成为 2022 年北京冬奥会主赞助商,此时召开(　　),有利于迅速提高企业知名度,塑造企业良好形象。

A. 展览会　B. 新闻发布会　C. 庆典活动　D. 节庆活动

7. 常见的庆典活动有节庆活动、(　　)、开业典礼、竣工典礼等。

A. 参观活动　B. 舞会　C. 记者招待会　D. 纪念活动

8. 2021 年 7 月,特大暴雨突袭郑州,各企业纷纷开展捐助活动。这种活动属于(　　)。

A. 赞助科技教育事业　B. 赞助节日庆典活动

C. 赞助救灾活动　D. 赞助文化事业

9. 开放参观活动主要邀请组织的(　　)、社区公众、新闻工作者以及其他对组织感兴趣的人到组织内参观,以此来联络感情,提高组织形象。

A. 所有公众　B. 员工家属　C. 非公众　D. 边缘公众

10. 如果要把信息在当天晚报或电视晚间新闻报道中刊出,新闻发布会最好安排在(　　)。

A. 下午 1:00　B. 晚上 6:00　C. 上午 9:30　D. 上午 8:00

二、多项选择题

1. 从公共关系的角度来讲,媒介研究的主要内容包括(　　)。

A. 媒介分析　B. 公众　C. 媒体分析　D. 专题活动

2. 赞助科技教育事业的赞助形式有(　　)。

A. 赞助学校图书馆　B. 建希望小学

C. 资助贫困学生　　D. 赞助科研项目

3. 开放参观的作用有(　　)。

A. 扩大组织知名度　　B. 促进业务

C. 协调社区关系　　D. 增强员工或家属的自豪感

4. 公共关系日常工作包括(　　)。

A. 日常接待　　B. 收集信息　　C. 信息处理　　D. 撰写新闻稿

5. 下列活动中,(　　)属于公共关系专题活动。

A. 联谊活动　　B. 媒介研究　　C. 庆典活动　　D. 新闻发布会

三、简答题

1. 简析新闻发布会的特点、价值和策划要点。
2. 简析展览活动的特点、价值和策划要点。

四、案例分析题

“一枚金牌,一所希望小学”

在北京奥运会期间,海尔正式启动了“一枚金牌,一所希望小学”计划,即在北京奥运会上,中国运动员每获得一枚金牌,海尔就将为贫困地区的孩子捐建一所希望小学。让金牌托起希望——海尔的这项计划不但完美地诠释了奥运精神,更使金牌“增值”,承载了更为深刻的社会意义。

为期17天的北京奥运会已经圆满闭幕,通过健儿们的奋力拼搏,中国体育代表团交出了一份堪称优异的答卷,在邹市明和张小平为中国夺得两枚奥运拳击金牌之后,中国以51枚金牌的成绩傲居金牌榜第一,并在女子体操、射箭、击剑、赛艇、蹦床、拳击等多个项目上取得历史性的突破。相应地,海尔的“一枚金牌,一所希望小学”计划也遍地开花——共捐建希望小学51所,遍布全国25个省份,其中就包括四川北川地震灾区的15所,超过3万名贫困地区的孩子也因此收获了“希望”,有了新的学校。

海尔集团新闻发言人张铁燕表示,海尔一直积极支持希望工程,将反哺社会、致力公益作为企业的使命,而北京奥运是全人类的盛会,是中国的盛事,所以海尔的“一枚金牌,一所希望小学”计划就是为了让更多贫困地区的孩子感受到奥运的喜庆气氛,分享奥运带来的“希望”。

中国青少年发展基金会出示的资料显示,迄今为止,海尔集团用于社会公益事业的资金和物品总价值已高达5亿多元,其中,在救助失学儿童、赞助萌芽工程等爱心活动中捐赠总额近1.6亿元,援建的希望小学数量也已达到78所。

中国青少年发展基金会秘书长涂猛认为,海尔对北京奥运和公益事业的支持不仅仅是提供必要的钱物,更重要的是长期的实际行动,海尔在发展壮大的同时,始终记住对社会的回馈。用高度的企业责任感为国内企业做出表率。

(资料来源:张亚. 公共关系原理与实务[M]. 北京:北京理工大学出版社,2009.)

问题:

1. 此种公共关系活动属何种类型?它具有什么作用?
2. 你认为海尔这项公共关系活动的成功之处在哪里?

本章训练题
参考答案

第八章

公共关系谈判与演讲

知识框架

教学目标

1. 了解公共关系谈判的基本原则；
2. 掌握公共关系谈判的程序和技巧；
3. 掌握公共关系谈判的策略；
4. 了解公共关系演讲的语言艺术；
5. 掌握公共关系演讲的整体要求。

思政目标

培养学生良好的语言艺术。

核心概念

公共关系谈判　公共关系演讲

引导案例

伟人演讲欣赏

1957 年 11 月 2 日，毛泽东率我国党政代表团抵达莫斯科，参加“十月革命”四十周年庆典活动，并出席世界各国共产党和工人党首脑会议。11 月 17 日，在位于列宁山的莫斯科大学礼堂里，毛泽东接见了我国留学生。当时，毛泽东即兴发表的演讲，堪称经典。在演讲中，他说:“世界是你们的,也是我们的,但归根结底是你们的。你们青年人朝气蓬勃,正在兴旺时期,好像早晨八九点钟的太阳。希望寄托在你们身上。”当时的亲历者,在回忆中提到毛泽东在莫斯科大学礼堂的演讲如同聊家常,有问有答,台上台下,欢声笑语一片。

“我没有别的,只有热血、辛劳、眼泪和汗水献给大家……你们问:我们的目的是什么?我可以用一个词来答复:胜利。不惜一切代价去争取胜利,无论多么恐怖也要争取胜利,无论道路多么遥远艰难,也要争取胜利,因为没有胜利就无法生存。”看到这段演讲词,读者是否可以联想到是谁在什么背景、什么场合发表的?这篇著名演讲词的作者是第二次世界大战时期的英国首相温斯顿·丘吉尔。当年,执行绥靖政策的张伯伦政府辞职,丘吉尔组阁。就在1940年5月13日,丘吉尔对议会下议院公开发表此演讲,使得英国下议院最终以381票对0票的绝对优势表明了对丘吉尔组建政府的支持。事实上,丘吉尔的文笔也相当优美,他曾经荣获诺贝尔文学奖。读者可以寻找相应的英文原文进行阅读。

(资料来源:束亚弟,陈小桃.公共关系学[M].2版.北京:机械工业出版社,2023.)

第一节 公共关系谈判

一、公共关系谈判概述

(一)公共关系谈判的含义

公共关系谈判是指双方或数方就一项涉及各方利益的问题,通过协商的手段,经反复调整各自的目标,在满足各方利益的前提下取得一致结果的过程。

公共关系谈判是沟通和协调的一种基本手段,而沟通与协调是公共关系的重要职能,组织在其运行过程中,要通过与各方的交往与合作来有效实现组织自身的各种目标,组织与其他各方在利益等方面发生矛盾是很难避免的。因此,通过谈判来进行沟通,化解矛盾,就成为组织公关工作的一项重要内容。从广义上说,我们每天都在进行着谈判。我们到菜市场买菜或到商店买衣服时的讨价还价,甚至一家人在一起看电视时的频道选择,都可以说是谈判。

(二)公共关系谈判的基本特征

公共关系谈判具有其他谈判形式的共性,也有其特殊性。一般情况下,公共关系谈判具有以下几个基本特征。

1. 公共关系谈判是既相互矛盾又相互合作的过程

公共关系谈判各方相互之间存在着矛盾,彼此都存在着尚未满足的需求。但是,彼此之间还需要合作,否则,各方的利益可能都要受到损失。这是谈判产生的基础,在不同的谈判场合中,谈判各方都在为保证各自的需求和利益而进行沟通协商,通过沟通协商寻求合作,在合作中求得共同发展。

2. 公共关系谈判是通过协商实现互惠互利的过程

在各种形式的谈判过程中,任何一方都在努力实现自己的需求和利益,都希望对方放弃一些要求,做出一些让步。但愿望毕竟只是愿望,并不是现实。这就要求谈判各方在想从对方那里得到自己需求的满足,也就是在考虑满足自己的方案和策略的同时,也要考虑对方的需求,考虑对方对己方提案的接受程度。优秀的谈判人员并不是一味固守立场,寸步不让的,而是要与对方充分交流，从双方的利益出发，提出各种解决方案，用相对较小的让步来取得最大的利益，而对方也应遵循相同的原则来取得交换条件。长期的信任与合作关系所带来的利益，往往会超出一次谈判的收益。公共关系任何活动的目的都是树立组织的形象，提高组织的美誉度，与不同的公共关系客体建立长期的信任与合作关系，谈判更是如此，因此，作为公共关系谈判人员，更应该重视这一特点。

3. 谈判内容具有广泛性、多变性和不确定性

实践表明，任何一项谈判活动都要涉及许多非常复杂的因素。既有人方面的因素，如谈判人员的性别、年龄、文化程度、经验、素养、性格、爱好、使用的谈话方式等；又有谈判内容方面的因素，公共关系活动涉及的所有内容，都有可能成为谈判的内容，公共关系的特征决定了其内容广泛；还有环境方面的因素，如不同国家、地区，不同民族，不同场所，从而涉及不同的礼仪和文化等；除此之外，还有其他各种影响谈判活动的因素。这些不同的因素造成了公共关系谈判内容的广泛性、多变性、不确定性。

4. 谈判结果具有相对平等性

所谓成功的谈判，谈判各方都是胜者。但是，从谈判的结果上看，不平等是绝对的，平等只是相对的。造成这种结果的因素有很多，但主要因素是谈判各方的实力不同。在一次谈判中，谈判人员可能赢在现在，也可能赢在未来。我国在加入世界贸易组织（WTO，常简称世贸组织）的谈判中，对美国做了相对较多的让步，但是从进入世贸组织后的发展空间来看，我们赢得了战略性的胜利。公共关系谈判与商务谈判的目的有很大不同，公共关系谈判所侧重的不是组织暂时的经济利益，而是组织形象的树立。

5. 重视协商和沟通，以理服人

公共关系的功能是塑造组织形象、协调组织与各方的关系、传播和沟通信息，优化环境。公共关系谈判也是为实现其功能服务的，所以公共关系谈判应该重视沟通和协商环节，强调以理服人、以信取人，不要过分计较微不足道的枝节问题，要以谈判各方的共同利益为重，将着眼点放在组织发展的长久利益上。公共关系谈判的另外一个特点是，谈判结果一般不具备法律约束效力，往往是意向性的、展望性的。谈判结束后，谈判各方一般要签署意向书、备忘录或者做出口头承诺。

二、公共关系谈判的基本原则

在公共关系谈判中，要想取得良好的结果，谈判各方需要遵循以下几个原则。

（一）友好协商原则

公共关系谈判是在谈判各方的矛盾冲突中寻求共同认可的目标，因此，谈判各方必须以友好协商的态度为基础。任何违背友好协商的态度，如欺骗、强制等，都可能会导致谈判失败。

（二）平等互利原则

这是指谈判各方身份上的平等、经济上的互利。谈判各方虽然规模的大小不同、实力的强弱不同，但在谈判桌上，谈判各方的地位是平等的。

（三）合法性原则

这是指谈判过程和内容都必须符合法律的要求。凡是不合法的谈判过程（如强制）和内容，都是无效的。

（四）时效性原则

在谈判中需讲求省时和高效，在相对较短的时间内达成共同的谈判目标，忌讳马拉松式谈判。

（五）最低目标原则

这是指在不违背谈判各方总体利益的前提下，确定谈判的最低目标。谈判中最忌讳向对方提出过高的要求和苛刻的条件，因此，多为对方着想，双方各退一步，是谈判成功的基本前提。

上述这些原则，在公共关系谈判中都很重要。在实际谈判中情况多变，有时利益、价格并不是影响谈判的最重要因素。下节所介绍的谈判技巧应在遵循上述原则的情况下适当使用，不可滥用。

三、公共关系谈判的程序

公共关系谈判往往分为若干阶段，谈判者须针对不同谈判阶段的具体情况采取不同的策略与技巧，逐渐形成具体、完备的谈判程序。正规的谈判过程通常可分为以下几个阶段。

（一）导入阶段

导入阶段主要是让谈判各方通过介绍相互认识，彼此熟悉，以创造一个有利于谈判的良好氛围。同时，通过前期的接触，找到各方关注的焦点，各自做好相应的谈判准备。

（二）概说阶段

第一次正式的会谈，谈判各方应简要介绍自己的基本想法、意图和目的，以让对方有所了解。一般来说，谈判各方此时都较为谨慎，不会出示关键的资料，只是利用这段时间互相摸底。

（三）明示阶段

谈判各方在这一阶段会根据前一阶段各自表述的意见，尤其是各方存在分歧的地方，进一步表明各自的立场和观点。

（四）交锋阶段

在谈判过程中，谈判各方都会尽力争取己方的利益，自然就会产生矛盾，而矛盾的激化就会导致谈判各方对立情况的出现。在交锋这一阶段，谈判各方彼此争论，互相交涉，讨价还价，各方列举事实和依据，希望对方了解并接受自己的条件。

（五）妥协阶段

交锋阶段结束后，谈判各方便会相互让步，寻求一致，达成妥协。妥协是谈判不可缺少的组成部分，交锋阶段不可能无休止。只要谈判各方有共同利益，想达成协议，他们就一定要互相妥协。当然，妥协是有一定范围和限度的，妥协的原则就是既不放弃己方的立场和利益，又要兼顾对方的利益。

【案例 8－1】

朱镕基总理的谈判让步

在中国加入世贸组织（以下简称“入世”）的谈判中，1999 年 11 月 15 日中美双方的谈判在最后七个问题上陷入了僵局。美方代表强硬地坚持中方必须接受这七个问题，而中方代表龙永图也坦率地表示，签订协议的前提是那七个问题免谈，谈判形势空前地紧张和严峻。就在这时，朱镕基总理亲自出马参与谈判，使几近破裂的谈判最终达成协议。龙永图副部长对此有生动的回忆，他说："1999 年 11 月 15 日，当中美'入世'谈判几乎再次面临破裂之时，朱镕基总理亲自出面，把最棘手的 7 个问题找了出来要亲自与美方进行谈判。当时，石部长担心朱镕基总理出面谈，一旦谈不好就没有回旋余地，不赞成朱镕基总理出面。朱镕基总理最终说服了我们。最后，我方决定，由朱镕基总理、钱其琛副总理、吴仪国务委员、石广生部长和龙永图共五位代表，与美方三位代表谈判。"

"谈判刚开始，朱镕基总理就对 7 个问题的第一个问题作了让步。当时，我有些担心，悄悄地给朱镕基总理写条子。朱镕基总理没有看条子，又把第二个问题拿出来，又作了让步。我又担心了，又给朱镕基总理写了条子。朱镕基总理回过头来对我说：'不要再写条子了！'然后朱镕基总理对美方谈判代表说：'涉及的 7 个问题，我已经对两个问题作了让步，这是我们最大的让步。'美国代表对朱镕基总理亲自出面参与感到愕然，他们经过商量，终于同意与中方达成入世谈判协议。"

1999 年 11 月 15 日，中美双方就中国加入世贸组织的谈判达成了一致，中国谈判代表与美国贸易谈判首席代表巴尔舍夫斯基签署协议并交换文本。中国与美国谈判成功，为中国"入世"扫除了重大壁垒。2001 年 11 月 10 日，世贸组织第四届部长级会议在卡塔尔首都多哈以全体协商一致的方式，审议并通过了中国加入世贸组织的决定。

案例分析：

美方谈判代表意想不到朱镕基总理等中方高层领导会突然出现在谈判桌前，再者还想不到朱镕基总理会果断地连续作出两次让步，这些都产生了出其不意的效果。同时，中方高层领导的出现给美方形成中方在做背水一战的印象，这些都有利于挽救几近破裂的谈判。

（资料来源：李秀忠，曲延春. 公共关系原理与实务[M]. 北京：人民邮电出版社，2017.）

（六）协议阶段

在这一阶段，谈判各方经过交锋和妥协，求同存异，在一定程度上达到了各自的目的，于是便拍板同意，各自在协议书上签字，握手言欢，谈判宣告结束。

四、公共关系谈判需要注意的问题

公共关系谈判是一场心理较量，也是一场集知识、智慧、口才、耐力和团队精神等诸多要素于一体的综合考验。成功的谈判可以使组织受益匪浅，失败的谈判则可能使组织损失巨大。因此，公关人员在组织或参与谈判时，应认真对待、精心设计、精心组织，特别要注意做好以下几项工作。

（一）谈判前的准备工作

公关人员在谈判前应进行谈判有关资料的搜集、对方背景情况的调查、组织自身实力和对方实力的评估。

（二）要善于调节或缓和气氛

特别是当谈判陷入僵局、濒于破裂时，公关人员要通过调节和缓和气氛，打破谈判僵局，使谈判各方能继续进行协商，确保谈判顺利进行。

（三）在谈判过程中，要认真倾听各方的意见

公关人员在谈判中应了解对方的确切意图，发现问题，及时为己方的主谈者出谋划策。

总之，谈判是一项非常具有艺术性的工作，它涉及的内容极为广泛，需要谈判人员具备多方面的能力，公关人员只有不断通过实践，积累经验，才能真正做好谈判工作。

五、公共关系谈判的技巧

谈判的技巧有很多，都是谈判艺术殿堂中灿烂的瑰宝，高水平的谈判往往运用了高水平的谈判技巧，最能体现谈判者的博学和智慧。下面介绍几种常见的谈判技巧。

（一）叙述技巧

叙述技巧是谈判者应该掌握的众多谈判技巧中最基本的技巧，要求谈判者恰到好处地表述己方的基本观点，准确无误地与对方沟通。

（二）发问技巧

在公共关系谈判过程中，发问需要讲究一定的技巧。谈判人员如何提问，问什么，怎样问才有针对性、方式才能得当，这些都需要讲究一定的技巧。恰当的提问往往能引导谈话、讨论和论证的方向，使谈判人员掌控谈判的进程。

谈判人员除了要能够灵活运用各种提问方法，还要能够选择适当的时机，在合适的时间提出合适的问题。前后提问要相互衔接，问题要由小到大、由易到难、层层深入，逐步进入敏感问题。另外，谈判人员还可以向对方的辅助人员进行提问，有时从辅助人员身上，可能会比从主谈人员身上了解到更多信息。

（三）说服技巧

公共关系谈判中，当对方不接受、不同意己方的观点时，谈判人员就需要耐心、巧妙地说服对方。谈判人员要诚恳地向对方说明利弊得失，既要讲明接受该意见后双方将会得到什么样的益处，也要讲明双方的损失，显示出处理问题的客观公正，这样就比较容易使对方接受。一般情况下，谈判开始时最好先讨论容易解决的问题，再讨论争议较大的问题。如果在简单的问题上谈判各方能够取得一定的共识，继续谈判就有了基础，下一步的说服工作就更容易进行。谈判人员还要注意选准时机，在对方情绪过于激动时，暂时不要进行说服，否则往往会适得其反，不如缓一缓后再寻找更有利的时机进行说服。

（四）答复技巧

公共关系谈判中，巧妙的回答与恰当的提问同样重要，回答的难度比提问的难度要大得多。

谈判人员要使自己的回答得体，除了要具有广博的知识外，还要具备一定的答复技巧。具体表现在回答问题时要能够把握回答要领，理解对方提问的真正意图，思考己方的回答范围：哪些提问应正面回答，哪些提问可侧面回答；哪些提问应全面回答，哪些提问可部分回答；哪些提问应暂不回答，哪些提问可拒绝回答，还要思考一下回答提问的后果。谈判人员回答提问时要明确、具体，不能答非所问，也不能含糊其词，否则就会让对方捉摸不定。回答提问时还要讲究回答方式，要根据对方的提问方式，灵活地选择不同的回答方式，既可以不彻底回答，也可以不确切回答，还可以将错就错，将对方提出问题的范围缩小，或者对要回答的问题进行解释和说明。总之，回答问题时应尽量做到逻辑严密、滴水不漏。

【案例 8－2】

嗯……我不知道

有一次，美国一位著名谈判专家替他的邻居与保险公司交涉赔偿事宜。谈判是在这位专家的客厅里进行的，理赔员先发表了意见："先生，我知道你是谈判专家，一贯都针对巨额款项进行谈判，恐怕我无法承受你的要价，我们公司若是只出 100 美元的赔偿金，你觉得如何？"

专家表情严肃地沉默着，表示对理赔员提出的条件不满意。

理赔员果然沉不住气了："抱歉，请勿介意我刚才的提议，我再加一点，200 美元如何？"

"加一点，抱歉，无法接受。"

理赔员继续说："好吧，那么 300 美元如何？"

专家等了一会儿道："300 美元？嗯……我不知道。"

理赔员显得有点惊慌，他说："好吧，400 美元。"

"400 美元？嗯……我不知道。"

"就赔 500 美元吧！"

"500 美元？嗯……我不知道。"

"这样吧，600 美元。"

专家无疑还是只说了"嗯……我不知道"，最后双方终于在 950 美元的条件下达成协议，而邻居原本只希望能获赔 300 美元！

这位专家事后认为，"嗯……我不知道"这样的回答真是效力无穷。

（资料来源：https://wenku.baidu.com/view/c81452e125fff705cc1755270722192e45365837.html? _wkts.）

（五）拒绝技巧

公共关系谈判中，并非对方所有的提议都应接受。当谈判人员无法接受对方所提出的要求和建议时，就要拒绝对方，要学会说"不"。但是，如果谈判人员直截了当地拒绝对方，就可能造成紧张的气氛，使双方形成对立，对整个谈判产生消极影响，所以说"不"是要讲究技巧的。谈判人员要表现出遗憾的态度，对于需要拒绝的提议一定要明确表示拒绝，不能模棱两可，让对方心存侥幸。提出新的建议来代替直接拒绝也是一种很好的拒绝方法，还可以从对方的角度来说明拒绝的利害关系。在整个拒绝对方提议的过程中，谈判人员一定要注意措辞，要委婉地拒绝对方。

（六）让步技巧

谈判要达成协议，谈判各方就必须互相做出让步。没有让步，谈判就无法顺利进行，怎样让步，大有学问。

六、公共关系谈判的策略

谈判策略是指人们在谈判中所采用的计策与方略。策略主要解决的是大的、影响局面的问题，具有相对的稳定性，策略主要体现在方案中。谈判策略是谈判人员为取得预期成果而采取的一些措施，它是各种谈判方式的具体运用。任何一次成功的谈判都是灵活巧妙地运用谈判策略的结果，一个优秀的谈判人员必须熟悉各种谈判策略与技巧，学会在各种情况下灵活运用谈判策略，以实现自己的目标。

（一）公共关系谈判的总体策略

根据不同的划分标准，可将公共关系谈判的总体策略做以下分类。

1. 按谈判的方针分类

按谈判的方针不同，公共关系谈判的总体策略可划分为软式谈判策略、硬式谈判策略和原则谈判策略。软式谈判策略是一种对人温和、以和为贵、信任对方的谈判策略。硬式谈判策略是一种对人态度强硬、向对方施加压力、让对方让步的谈判策略。原则谈判策略是一种对人温和、对事强硬的谈判策略。这三种谈判策略各有其优缺点，不能说孰好孰坏，每一种谈判策略都有其适用范围，现代谈判更推崇原则谈判策略。

2. 按谈判的姿态分类

按谈判的姿态不同，公共关系谈判的总体策略可划分为积极谈判策略与消极谈判策略。积极谈判策略是指谈判人员在谈判时采取积极的态度，努力创造良好的谈判氛围、推动双方积极合作的一种谈判策略，即采取一定的方法让对方做出有利于己方的让步，同时己方也会给予对方一定的让步，实现互惠互利。消极谈判策略是指谈判人员在谈判中采取一种相对低调、消极的态度，迫使对方主动做出让步的一种谈判策略。

3. 按谈判的方式分类

按谈判的方式不同，公共关系谈判的总体策略可划分为攻势谈判策略和防御谈判策略。攻势谈判策略是以进攻为主，主动向谈判对方施加压力的一种谈判策略。此谈判策略强调的是先发制人，先入为主，攻其无备，出其不意，从而掌握谈判的主动权。防御谈判策略是以防御为主，伺机发动进攻的一种谈判策略。此谈判策略强调的是坚固防守，后发制人。先摸清对方的虚实，一旦对方的弱点暴露出来就反守为攻。

（二）公共关系谈判主动权的谋取策略

公共关系谈判中争取谈判的主动权非常重要，可以从人员、时间两方面入手。在人员选择方面，我们可考虑采取以下策略。

1. 专家策略

在谈判中组织可派出具有一定权威的专家进行谈判。因为专家在某一方面具有较高的威信，容易使人信服，其观点也易于被对方接受。

2. 对等策略

在谈判中常讲究各方谈判人员的权利和地位对等，谈判各方若能派出职位对等的谈判人员，则往往能更好地进行沟通和交流，从而取得较好的谈判效果。

3. 升格策略

在谈判中，在级别较低的谈判人员无法取得较好的谈判效果时，谈判各方或一方派出级别更高的谈判人员来取得突破，也不失为一个较好的策略。

4. 幕后策略

在谈判过程中，有时为了应对复杂情况，组织可以让一般谈判人员先出场谈判，真正的决策人物在幕后操纵指挥，一旦谈判出现意外情况，幕后人物就可及时出来斡旋或圆场，最后拍板定夺。

5. 车轮战策略

在谈判中，为了使对方疲于应付并做出让步，可派出不同的谈判人员轮番上阵与对方谈判。

6. 中间人策略

当谈判各方分歧较大，陷入僵局的时候，为了缓解各方的关系、立场，可从外界寻求有影响力的第三方，并谋求一个各方都能接受的新方案，从而使谈判得以继续进行。

（三）公共关系谈判的互利型策略

所谓互利型策略，就是指谈判各方在互惠互利、彼此合作的基础上进行谈判的策略。在此种谈判策略下，我们可以采取以下几项具体策略。

1. 开诚布公策略

开诚布公策略是指谈判人员在谈判过程中以诚恳、坦率的态度向对方表明己方的真实想法和观点，实事求是地介绍己方的情况，客观地提出己方的要求，以促使双方通力合作，使谈判双方在坦诚、友好的氛围中达成协议。

2. 以退为进策略

在谈判过程中，首先，要为对方留下讨价还价的余地，做到以退为进；其次不要急于表露己方的要求，要诱导对方先表明其观点及要求，伺机而动；最后，在己方做出让步时要有一定的策略，可在较小的问题上先做出让步，再让对方在重要问题上做出让步。

3. 润滑策略

润滑策略是指谈判人员在谈判及交往过程中，互赠礼品以增进双方的感情。在使用此策略时，首先，要注意赠送礼品完全是为了增进感情，不要带有任何功利色彩，否则会给对方造成行贿的感觉；其次，要了解对方谈判人员的兴趣爱好，尊重对方的风俗习惯；最后，要注意选择适当的时机和场合赠送礼品，以使对方能很自然地接受礼品。

4. 假设条件策略

假设条件策略是指在谈判的试探阶段，提出某种假设条件来试探对方的底线。提出假设条件可以从两个方面来考虑：一是在己方认为不太重要的问题上提出，如果对方对此反应强烈，则说明对方对此问题比较重视。二是在适当的时机针对己方认为比较重要的问题提出假设，同时需要注意应对假设成真后可能产生的结果；否则，一旦准备不足，而己方还有其他的变动和要求，就会使己方陷入被动的局面。

5. 私下接触策略

私下接触策略是指在谈判过程中经常使用的一种非正式会谈的策略。在谈判过程中，谈判人员有目的、有意识地与谈判对方进行私下接触，这样不仅可以增进谈判双方的友谊与感情，拉近谈判双方的关系，而且可能有意外收获。私下接触的形式有很多，可以根据双方谈判人员的需要进行选择，没有具体的限制。双方谈判人员的关系越好，合作的时间越长，私下接触的效果也就越好。

（四）公共关系谈判的对己方有利型策略

公共关系谈判的对己方有利型策略，并不是意味着在谈判中必须以损害对方的利益为代价，而是指在谈判中，谈判者在努力争取己方利益的同时，也要兼顾对方的利益。

1. 声东击西策略

声东击西策略是指在谈判中，谈判一方为了某种需要，有意识地将谈判重点引到对己方并不重要的议题上来，分散对方的注意力，以达到己方谈判目标的一种策略。这种谈判策略是在对对方并不信任的情况下，故意隐藏己方的真实意图，为更好地实现谈判目标所采用的谈判策略。在谈判过程中，只有更好地隐藏己方真正的意图，才能更好地实现谈判目标，尤其是在己方不能完全信任对方的情况下，更适合采用这一策略。

2. 先苦后甜策略

先苦后甜策略是指在谈判过程中，谈判人员先向对方提出较为苛刻的条件，然后慢慢做出让步，最终达成谈判双方都能接受的方案。在运用此谈判策略时，己方开始时提出的要求不能过于苛刻，要有分寸，应尽量针对对方掌握较少信息与资料的某些方面，提出较苛刻的要求；否则，会让对方感觉己方缺乏诚意，从而中断谈判。

【案例 8—3】

霍华德·休斯购买飞机谈判中的先苦后甜

霍华德·休斯(Howard R. Hughes)是美国一位成功的航空工程师、企业家、电影导演，他也是个脾气暴躁，性格执拗的人。一次他要购买一批飞机，由于金额巨大，对飞机制造商来说是一笔好买卖。但霍华德·休斯提出要在协议上写明他的具体要求，内容多达 34 项，其中 11 项要求必须得到满足。由于他飞扬跋扈，立场强硬，方式简单，拒不考虑对方的感受，激起了飞机制造商的怒火，因此对方也毫不相让。谈判始终冲突激烈。最后，飞机制造商宣布终止谈判。霍华德·休斯不得不派他的私人代表出面洽商，条件是只要能满足他的 11 项基本要求就可以了。该代表与飞机制造商洽谈后，霍华德·休斯希望写入协议的 34 项要求中的 30 项竟然得到了满足，当然那 11 项要求也全部得到满足。当霍华德·休斯问他的私人代表如何取得这样辉煌的成果时，他的代表说："那很简单，每次谈不拢时，我就问对方，你到底是希望与我一起解决这个问题，还是留待与霍华德·休斯来解决这个问题。"结果对方自然愿意与他协商，协议就这样逐项地谈妥了。

（资料来源：https://wenku.baidu.com/view/3139ab21b868a98271fe910ef12d2af90242a8a0.html? _wkts.）

3. 最后期限策略

最后期限策略即为谈判限定一个最后的期限。作为谈判中的强者，对于各方一时难以达成妥协的棘手问题，不必强求立即解决，要善于利用谈判的最后期限，不断向对方施加压力，迫使对方在压力下放弃原来的主张，同意己方的要求。作为谈判中的弱者，也可使用最后期限策略，利用强者一方急于取得谈判成果的急躁心情，迫使其做出某些让步。

最后期限策略实施的要点：弱势方要审时度势，不能过分。

4. 攻心策略

攻心策略是指在谈判中，谈判一方利用可对对方心理产生较大影响的做法来使对方做出妥协和让步的谈判策略。具体来说，谈判一方一是以愤怒、发脾气的方式来使对方产生心理压力，在对方是谈判新手或是相对软弱型谈判者的情况下该策略更为有效；二是以软化方式使对方做出较大让步。此策略针对不同类型的谈判者，可以取得一定的成效，但一定要注意适可而止。

5. 出其不意策略

出其不意策略是指在谈判过程中，谈判一方没有任何迹象地突然改变先前的观点或要求，让对方猝不及防而产生心理压力的做法。此策略在谈判中经常被采用，因为它能在较短时间内产生一种震慑对方的作用。在遇到突发情况时，应对此策略的最好办法是给己方争取充分的思考时间、多听少说或者暂时停止谈判。

6. 得寸进尺策略

得寸进尺策略是指在谈判过程中，在对方已经做出让步的基础上，谈判人员再继续提出更多对己方有利的要求，最终达成目标的一种谈判策略。此策略的核心是：一点一点地提出要求，积少成多，以最终达到己方的目标。运用此策略一定要慎重，如果己方提出的要求过分，就可能激怒对方，如果对方进行报复，就会使谈判陷入僵局。

【案例 8－4】

朱莉娅巧妙获得毕业礼物

谈判大师罗杰·道森(Roger Dawson)曾举过一个十分恰当的案例,孩子们是天生的谈判高手,他们使用蚕食策略得到自己想要的一切。他的女儿朱莉娅(Julia)高中毕业时,想要罗杰·道森送给她一份毕业礼物。她想要3种礼物:一趟为期5周的欧洲旅行,1 200美元零花钱和一个新的旅行包。女儿非常聪明,她没有一开口就提出所有的要求。她是一个非常优秀的谈判高手。开始时,她只是提出要去旅行,过了几个星期,她又用书面方式告诉罗杰·道森,旅行时所需要的零花钱大约是1 200美元,她希望我能满足她的这个要求。然后,就在即将开始旅行时,她又告诉罗杰·道森:"爸爸,你不会让我拉着这个破破烂烂的旅行包去欧洲吧?其他孩子都有一个新的旅行包。"毫无疑问,她想罗杰·道森给她买一个新的。设想一下,如果她一上来就提出所有要求,罗杰·道森很可能会立刻拒绝买新旅行包,并且会要求她减少零花钱。

(资料来源:http://www.docin.com/p-1814802436.html.)

7. 沉默忍耐策略

沉默忍耐策略是谈判一方在谈判中处于被动时所采用的一种谈判策略。方法是己方在谈判开始时就保持沉默,迫使对方先发言、先表态。目的是给对方造成一种心理压力,使其失去冷静,在这种情况下,对方的谈判计划可能会被打乱,出现言不由衷、泄露信息的情况,此时己方可借机寻找突破口。

使用沉默忍耐策略时需要注意的是:在对方采取咄咄逼人的攻势时,头脑要保持清醒,忍耐力要强,情绪要平稳。等对方锐气稍挫后,再提出己方的主张。

8. 情感沟通策略

情感沟通策略就是指通过情感交流,在双方谈判人员之间架起情感沟通的桥梁,利用情感因素去影响对方,达到联络感情、增进友谊、使谈判顺利进行的目的。

第二节　公共关系演讲

一、公共关系演讲的基本概述

演讲是一种常用的人际传播方式,也是人类最高级、最完美的一种语言形式。通过演讲,不仅可以把组织的有关信息传播给公众,与公众进行情感的沟通和思想的交流,而且可以影响公众,左右他们的态度和行为。

(一)公共关系演讲的含义

演讲是一种运用语言艺术的手段,通过语言的表达,达到与公众沟通、宣传自己的目的。具体来说,演讲就是演讲者在特定的时间和场合,面对听众,采用有声语言和形体语言相结合的艺术方法,发表自己对某个问题的意见,抒发自己的情感,以求感召听众的一种交流思想和观点的社会活动。

公共关系演讲是指公共关系人员为了提高社会组织的知名度和美誉度,塑造良好的组织形象,争取内外部公众的支持,在特定的时间和环境条件下,运用语言艺术,向社会公众发表声明、宣传主张、抒发情感，以赢得和争取公众支持的一种社会实践活动。

（二）公共关系演讲的基本要素

公共关系演讲作为一个系统，有着复杂的内在构成。一般来说，它由以下三个相互制约、相互配合的基本要素构成。

1. 演讲者

公关演讲的主体要素指的是演讲活动的实施者、行为者，即演讲者。演讲者在演讲活动中处于核心地位，起着主导作用。因此，演讲的成功与否，在一定程度上取决于演讲者的水平。一个高水平的演讲者，除必须具备最起码的口齿伶俐、思维正常等生理基础外，还必须具备一定的素养和能力，如科学的思想素质、高尚的道德品质、良好的心理素质、丰富的文化知识、敏捷的思维及娴熟的表达和控场技能等。世上没有天生的演说家，公关人员必须注意日积月累，平时多实践、多练习。

2. 听众

公关演讲的客体要素也称对象要素，指的是演讲活动指向的对象、演讲信息的接受者，即听众。相对于居主导地位的演讲者而言，听众在演讲活动中处于被动的、从属的地位。演讲是演讲者面对听众发表的讲话，任何演讲都必须有一定数量的听众，自言自语不成其为演讲，所以听众也是演讲活动不可缺少的一个因素。演讲是演讲者与听众的双向交流活动，听众可以能动地反作用于演讲者和演讲过程。听众遵守会场纪律、自觉地配合演讲者，可以为演讲创造一个良好的氛围；听众积极的情感应和可以激发演讲者的兴致和热情；听众良好的认知素质和欣赏水平可以提高演讲的效果。反之，则会限制演讲者水平的发挥，降低演讲效果，影响演讲的顺利进行。

3. 环境

公关演讲的条件要素，指的是开展演讲活动所必要的客观条件，即环境。它包括两个方面：自然环境和社会环境。自然环境指的是会场、讲台等空间条件和扩音设备等物质条件。社会环境指的是一定的时代背景。演讲总是在一定的时间和环境中进行的，所以环境也是演讲必不可少的因素。环境状况会对演讲的成效产生重要的影响。适当的环境能给演讲增添气氛，使演讲者保持积极进取的精神状态，使听众心情舒畅、精神集中；不恰当的环境则会大大削弱演讲的效果。比如会场过大，空空荡荡，听众东一个西一个，演讲者就容易情绪低落；会场布置过于华丽、奇异，听众就容易精力分散。所以，组织演讲时只要条件允许都应选择与演讲的主题、内容相适应的环境，并尽量把环境布置得美观大方些，力求庄重、典雅、艺术化和卫生整洁。

（三）公共关系演讲的特征

公共关系演讲是人类文明的结晶，是人类社会特有的一种行为方式。与其他人类活动相比，公共关系演讲具有以下基本特征。

1. 社会公开性

公关演讲是一种公开的社会活动，其场所是特定的公开场合，或是会堂，或是街头，或是工地；其对象是一定数量的公众，少则几十人，多则成千上万人；其内容也是可以广泛传播的，具有普遍性。

2. 直接现实性

除广播电视演讲外，公关演讲都是在演讲者与听众面对面的情况下直接进行的，现场直观性强，而且演讲产生的效果表现得也比较直接。听众在现场一般会有一定的情感反应、知性认同、行为表现。另外，公关演讲不是一种艺术活动，不存在情景虚拟的现象，也不运用艺术夸张的手法，而是一种现实活动。公关演讲讲现实之事，表现实之情，评现实之理，判现实之是非。

3. 艺术性

公关演讲需要把真的东西、实的东西表现得更和谐、更具魅力，也就是说，它追求一定的美感和艺术格调。一方面，演讲的内容安排、结构布局独具匠心，讲究艺术性。在演讲的开头、结尾、叙事、抒情、说理、修辞、论证方面，演讲者总是苦心构思，巧妙组合，把深刻的思想内容寓于灵活精巧的艺术结构当中，使听众产生一种艺术的结构美感和文采美感，从而加强表现力和感染力。另一方面，演讲的表达形式讲究一定的技巧、技艺。演讲以口头语言表达为主，姿态表达为辅，只有将二者巧妙地综合运用起来，做到字正腔圆、语调动听、双目传神、表情丰富、动作优美、仪态大方、感情充沛，才能更加充分、有效地表达出深刻的思想内涵和情感态度。

4. 鼓动性

公关演讲具有强烈的宣传鼓动性。具体表现为：首先，演讲传达的是真善美的内容，而真善美是一切正直的人们所追求和渴望的，因而自然会引起共鸣，激励和鼓舞公众。其次，演讲是以理服人，以情感人。说理时应深入浅出、旁征博引、严格周密；表情时则应真实自然、准确贴切，因而极易说服听众、打动听众。再次，演讲的表达手法多样，不仅把信息以有声语言诉诸听众的听觉，而且以相应的动作、表情作用于听众的视觉，声情并茂，因而能扣动听众的心弦，牢牢地把听众吸引住。

5. 交际性

公关演讲是一种比较正式的，有组织、有目的的社会交际活动。从形式上看，它是一种群体活动，是演讲者与听众在公共场所面对面的比较规范的交往活动。从实际效果来看，在演讲过程中演讲者与听众之间不仅交流了思想，而且沟通了感情。通过演讲，演讲者、组织与听众加深了了解，增进了友谊。

（四）公共关系演讲的类型

公共关系演讲可以从不同的角度，按不同的标准划分。

1. 按演讲的内容划分

根据内容的不同，公关演讲可分为政治演讲、经济演讲、学术演讲、道德演讲、法律演讲、宗教演讲、礼仪演讲等。

2. 按演讲的表现手法划分

按演讲的表现手法不同，公关演讲可以分为叙述性演讲、论辩性演讲、说明性演讲、抒情性演讲等。

3. 按演讲的场所划分

按演讲举行的场所的不同，可以把公关演讲分为大会演讲、宴会演讲、街头演讲、法庭演讲、教堂演讲、广播和电视演讲等。

另外，根据演讲有无指定题目或限定主题范围，可分为命题演讲和非命题演讲；根据演讲的事先准备程度，可分为即兴演讲和非即兴演讲等。

二、公共关系演讲的语言艺术

公共关系演讲是一门综合性的艺术，不仅要求演讲者胆大，而且要艺高。“胆大”就是要自信、要敢讲;“艺高”就是讲起来要有艺术性,技艺要高超。所谓演讲的技巧,就是演讲者巧妙提高演讲成效的技能和方法。演讲的技巧很多,贯穿于演讲活动的整个过程,其中演讲的逻辑技巧、口语表达技巧、姿态表达技巧和场面控制技巧是演讲者必备的基本技巧。

(一)逻辑技巧

在演讲中逻辑有着极其重要的作用和多方面的功能。掌握必备的逻辑技巧,可以帮助演讲者准确地表达思想感情,有效地驳倒错误论点,清楚地说明事理,做到无懈可击。

1. 准确使用概念

概念是思维形式最基本的单位,是组成判断和推理的基石。演讲要表达观点、抒发感情,就必然要使用一系列的概念。使用概念必须准确,这是基本的逻辑要求。只有概念确切、明晰,听众才能听得清楚、理解得确切。相反,如果演讲者对自己所用的概念的含义和适用范围都不清楚,那就不可能准确地表达自己的思想,就会出现概念不明确等逻辑错误。

2. 恰当运用判断

判断是概念的发展,是概念的有机联系,同时也是组成推理的基本要素。只有判断形式运用得恰当,才能进行合乎逻辑的推理。演讲时随时都会遇到需要作出判断的情况,随时都要应用判断。演讲者只有对客观事物作出恰如其分的断定,才能把真实可靠的信息准确无误地传达给听众。

3. 正确使用推理

演讲时演讲者不能总是堆砌概念,也不能总是简单地判断事物是什么、不是什么,而需要把有某种关系的判断联结起来去反映事物之间的各种复杂关系;需要根据某些已知的判断合乎逻辑地推陈出新。可见,演讲离不开推理,而推理要正确地表达思想感情,就必须合乎逻辑,即符合逻辑学的规律和规则,做到前提真实、形式正确。

4. 遵守基本逻辑规律

同一律、矛盾律、排中律和充足理由律是逻辑学的四条基本规律,它们是人们进行思维和运用思维形式时必须遵守的最基本的准则。演讲作为一种高级智力活动也不例外。只有遵守了基本逻辑规律的要求,演讲时才能保证思维和表达的确定性、无矛盾性和明确性,从根本上做到概念明确、判断恰当、推理正确、论证有据。

(二)口语表达技巧

演讲是一门高度综合性语言艺术,所以需要演讲者掌握多种语言表达技巧,并进行综合运用。演讲的口语表达技巧主要包括发声技巧、节奏的掌握以及修辞的运用技巧三种。

1. 发声技巧

演讲者在发表演讲时,留给听众最深印象的就是演讲者的声音。声音在演讲时具有强大的感染力。掌握和提高发声技巧可从以下几方面着手。

(1)在演讲中要用标准流利的普通话,做到吐字清晰、发音准确。演讲者可以通过模仿广播、电视播音员的吐字发音等途径进行普通话练习。克服南腔北调的方言,以免在演讲中因为发音错误引起听众的误会。

(2)要在改进和提高音质方面多下苦功。演讲者应尽量达到圆润、清亮、优美、字正腔圆,听后让人感到是一种美的享受。要做到这一点,就要多下功夫练习发声技巧。要学会用“腹式呼吸法”进行发声练习,这样可以连续发出更多的音节,且发声的高低长短也易于控制。同时要训练“三腔共鸣音”,即发声时充分注意“口腔”“鼻腔”“喉腔”三腔的共鸣作用。简单地说,就是:当表达轻松、柔美的感情时,发音部位应靠前、口腔开张度要小、喉部的发音宜轻,丹田吸气的控制要缓;当表达庄重、严肃的感情时,发音部位应靠后,口腔张开度要大,丹田送气要足。

(3)要准确控制和把握音量大小。音量的控制和把握在演讲时也起着至关重要的作用。在演讲时,音量的大小的变化要自然、流畅、恰当、适度、切不能无目的地、随心所欲地忽大忽小。

(4)要克服发声中的几种毛病:第一就是喊叫——这是初学演讲者最常见的毛病;第二是朗诵腔,演讲与朗诵不同,声音要自然、朴实;第三是声音过于低弱;第四是音量忽高忽低。

2. 节奏的掌握

20 世纪的口才大师、英国前首相丘吉尔认为:口头表达艺术主要有四大要素,而其中占第一位的就是口语的节奏。节奏就是演讲时交替出现的声音抑扬顿挫、轻重缓急的有规律变化:口语的节奏像音乐的节奏一样,可以把语言变得悦耳动听。另外,节奏还具有强烈的表情作用,听众可以随着演讲者的思想感情一起波澜起伏,增强演讲的感染力。

演讲的节奏包括演讲速度的快与慢、行与止,声调的抑与扬、顿与挫,情感的浓与淡、急与缓,表情动作的静与动、间与歇,结构的疏与密、起与伏等。演讲中的节奏把握便是将上述内容运用得恰到好处,根据演讲的内容进行必要的精心安排与设计。著名演讲家邵守义先生说过这样一段话:“其结构平庸、松散甚至混乱,其声音平淡、呆板甚至沙哑,其情感淡漠、单调甚至麻木,其语言平常、无味甚至枯燥,其速度没有快慢变化、没有紧张徐缓之分、没有急促轻松之别,这种缺乏节奏感的演讲,是不能引起听众的兴趣,不能够给他们以教益和启示的。”

演讲节奏多种多样,概括起来可分为六种基本类型:轻快型、持重型、低抑型、高扬型、舒缓型、紧促型。演讲时运用的节奏类型不应该是单一的,而应随着演讲内容情节的变化而变化、随着演讲情绪的转换而转换;否则,就会由于节奏的一贯平缓低抑而使会场气氛沉闷、压抑。

3. 修辞的运用技巧

每一位演讲者都要努力成为一名语言大师,加强自身的语言训练,这首先就要学会运用修辞。修辞是美化语言的方法,是将语言规范化与艺术化的有机统一。修辞运用得好,能够增强语言表达效果。演讲中常用的修辞有比喻、排比、设问、反问等。

比喻是在演讲中运用最多的修辞方法。运用比喻时要注意贴切恰当、切忌庸俗作比。比喻要用具体、简单、浅显来比喻抽象、复杂与深奥。

排比也是演讲中常见的修辞方法,运用排比能够增强语言的气势,如浪涛奔涌、排山倒海,势不可当。比如有这样一段演讲词批判当前的金钱至上观点:“有钱能够买到名贵药材,却买不到身体健康;有钱能买到书籍报纸,却买不到知识与智慧;有钱能够买到酒肉朋友,却买不到患难知己;有钱能够买到同床共枕,却买不到真挚爱情。”这一段排比既有哲理又有新意,且气势恢宏,曾赢得一次又一次热烈的掌声。

设问是无疑而问,自问自答,用这种疑问的形式来加强表达效果。反问也是无疑而问,明知故问,但只问不答,目的是把要表达的确定意思包含在问句之中。反问与设问都能起到启发、提示、强调和抒情的作用。需要注意的是,设问与反问都要有针对性,自问自答时要有逻辑性,切忌答非所问。

(三)姿态表达技巧

姿态指的是人们在演讲过程中的身体态势,所以姿态表达也就是态势语言的表达。它主要包括站姿、手势、面部表情和眼神等。

1. 站姿

演讲时，站姿的基本要求是抬头、挺胸、直腰、收腹，双手自然下垂于身体两侧。双脚的姿势有三种：一是“一字”形，即两脚掌自然平行分开，相距与肩同宽；二是“稍息式”，即两脚之中任何一脚略向前跨步，两脚之间呈 75°角，两脚跟相距 10～15 厘米，全身力量多半在后脚，前脚只是辅助，承重较轻。两脚可以轮换移动，交替休息；三是“前进式”，即一脚在前，一脚在后，两脚之间呈 45°角，两脚跟相距 15 厘米左右，全身力量集中在前脚上，后脚跟略微提起。

演讲时，演讲者不要弯腰驼背耸肩，不要身倚桌子，不要脚尖点地抖动膝盖，双手也不要撑在桌子上或插在口袋里，否则会使演讲者显得懒散松垮、萎靡不振、意志消沉，有损演讲者的形象，令听众反感。一般情况下，站立的姿势适当，演讲者会觉得全身轻快灵活，呼吸顺畅，发声吐字流利自然，同时还能呈现出一种美的造型。

2. 手势

手势是演讲者演讲时用双手做出来的与有声语言相配合、相协调的种种动作。手势的主要作用在于补充有声语言的不足，辅助有声语言传情达意。手势主要是由手指、手掌、拳头和手臂的动作变化组成。自然而安详的手势，可以帮助演讲者平静地陈述和说明；急剧而有力的手势，可以帮助演讲者升华情绪；柔和、平缓的手势，可以帮助演讲者抒发内心炽热的情感。手势的运用要注意以下几点。

(1)简洁明了。手势作为一种辅助手段，不宜过多、过繁，当用则用，不当用则坚决不用。手势过多偏于烦琐，就会喧宾夺主，分散听众的注意力，使听众产生逆反心理。

(2)自然雅观。演讲者的手势贵在自然，美在雅观。生硬、呆板、矫揉造作的手势使人觉得别扭、不真实、缺乏诚意。

(3)准确恰当。不同的手势表现不同的思想感情，所以演讲时的手势应与演讲的内容协调一致；否则，不仅形不达意，而且会惹得听众轻蔑讥笑。

(4)因人制宜。手势的运用必须与演讲者的身份、职业、年龄等个体因素相切合。有些手势虽很优美，很具表现力，但若与演讲者的身份不相称，则会给听众一种不伦不类、过于夸张的感觉。

(5)不断变换。演讲者如果重复地做某一手势，就会显得单调乏味，毫无艺术性，容易招致听众的厌烦。所以，演讲者要根据内容的需要不断变换手势，以期生动活泼、富有朝气和魅力。

3. 面部表情

人的面目表情可以传递人的内心思想。在公共关系演讲中合理地将语言的表达与表情有机结合，可以真实表达演讲者的内在情感。常用的面部表情有喜悦、愤怒、悲哀、怨恨、沉着、振奋等类型。演讲时运用面部表情应遵循以下原则。

(1)要自然真诚。演讲者的面部表情要发自内心，保持自我本色，而不能装腔作势，故作姿态。言不由衷、做作牵强的面部表情会使听众感到滑稽或虚假，降低对演讲者的信任度，不能真正感染公众。

(2)要随着演讲内容和演讲者的情绪发展而变化。演讲时，演讲者表情单一是得不到听众的青睐的。唯有根据演讲内容和演讲者情绪的变化，喜则眉飞色舞，怒则切齿圆睛，哀则蹙额锁眉，乐则笑逐颜开，才能牵动听众的情绪。

4. 眼神

眼神即眼睛的神态。眼睛不仅会观察，而且会“说话”，即眼神能表达思想感情，甚至用语言难以表达的极其微妙的思想感情。演讲者必须十分重视和善于运用眼睛来“说话”，以辅助有声语言表情达意，维系听众的注意，使听众透过这心灵的窗户窥见演讲者的内心世界，沟通感情。演讲时运用眼神的方法主要有前视法、环视法、虚拟法和点视法。运用眼神应注意以下问题。

(1)目光要尽量落在听众身上。演讲时演讲者应看着听众说话，使每一个听众都感觉“他是在对我进行演讲”。仰视天花板、俯视地板、左顾右盼、东张西望，不仅不利于吸引听众，而且显得不庄重、不礼貌。

(2)环视和点视要结合起来运用。演讲者不停地环视，从左扫到右，从右扫到左，再从前扫到后，从后扫到前，容易显得眼神飘忽不定，令人难以捉摸。目光总是凝聚在一点上，会使被看的听众尴尬难堪，而其他听众则会有被冷落之感。所以演讲者的目光应走走停停、停停走走，在环视的基础上有针对性地对一些听众进行点视，效果达到后又继续环视，二者有机结合。

(3)眼神要根据演讲内容、演讲者情绪的变化有目的地加以转换。不同的眼神惟妙惟肖地传递着不同的信息，交流着不同的情感。所以，演讲时眼神一定要有所变化，并注意和有声语言、其他态势语言密切配合，才能充分发挥眼睛的“说话”功能。

(四)控场技巧

演讲者在演讲的过程中，由于各种因素引起的一些出乎意料的情况总是难免的，出现了对自己不利的情况，演讲者应该处变不惊，迅速找准原因，采取相应的措施。这就要求演讲者具有一定的应变能力，掌握一些基本的“控场”技巧。

1. 处理怯场的技巧

有的演讲者登上讲台心里就害怕，不知所措；也有的演讲者一开始能沉着冷静，但讲着讲着就会紧张、害怕，这就是怯场现象。怯场会严重影响演讲效果，必须及时克服。克服怯场现象除可进行自我心理调节，树立坚定的自信意识外，还可以进行自我生理调节，即深呼吸若干次。据实验表明，深呼吸有助于减轻心理压力，消除紧张心理。

2. 静场技巧

由于多方面的因素，有时演讲一开始会场会闹哄哄的，有时演讲过程中有的听众也会私下讲话，这不仅会影响演讲者的情绪，而且会严重影响演讲者的声音传播。出现这种情况，演讲者可以运用无声静场的方法，即站在讲台上，面对听众，不言不语，用目光巡视会场，把每一位听众都看到，或对说话的听众进行点视，这样能使会场很快静下来。

3. 处理失误的技巧

俗话说：“智者千虑，必有一失。”再高明的演讲者在演讲时也难免会有失误，如出现忘词、讲错、讲漏等情况。如果是忘词，演讲者就要强迫自己集中思想，争取在3秒左右回忆起应讲的内容。万一一时想不起，千万不要僵持着不说话，应即兴连缀下去，或果断地“另起一行”，即把下面的内容提上来讲。如果遗忘的内容比较重要，而且后来又想起来了，则可以采取结尾补充的做法，简要陈述几句。如果是讲错，则演讲者既不能置若罔闻，我行我素，一味讲下去，也没有必要声明讲错了。最好的办法是按照正确的讲法再讲一遍，借以纠正错误，挽回影响。

【案例 8－5】

主持人妙解尴尬

一位节目主持人参加海南省狮子楼京剧团庆典，当她用充满激情的语言介绍京剧团和来宾的时候，由于事先不了解情况，错把原本是花白头发的老汉——海南师范学院党委书记南新燕介绍成了“小姐”，面对全场哗然，她先向被介绍人真诚地道歉，然后侃侃而谈：“您的名字实在太有新意了，我一见到这三个字，立即想起了两句古诗‘旧时王谢堂前燕，飞入寻常百姓家’。这是一幅多么美的图画，今天这里出现了类似的情景，京剧一度是流行在北方的戏曲，而现在，京剧从北到南，跨过琼州海峡，飞到了海南，而且在这里安家落户，这又是一幅多么美的图画啊！”这里由于来宾名字的特殊性，让主持人将男士误以为是女士，结果造成意外情况的发生，但主持人很机智，立马将来宾的名字与诗词联系在一起，巧妙地避免了一时的尴尬。

（资料来源：倪文锦.新编语文课程与教学论[M].上海：华东师范大学出版社.）

4. 处理听众对立情绪的技巧

由于某些因素，特别是当听众对演讲者或其所代表的组织有误会或成见时，听众对演讲者的观点会持怀疑、抵触甚至对立的情绪。这时演讲者千万别和听众“顶牛”，也不要强迫听众接受自己的观点，而应创造一种和谐、宽松的气氛，对听众进行循循善诱的疏导，慢慢地扭转这些听众的戒备心理，进而说服他们。

5. 对答技巧

在演讲过程中，听众当场往往会采用递条子或口头质疑的形式向演讲者提问，有时甚至是恶意的诘责。听众中途提问虽会打断演讲，但并不是坏事。有时还可以借传纸条或回答口头质疑的时机，进一步激发听众的情绪，把演讲气氛推向高潮，而且这里还有一个尊不尊重听众的问题。所以，演讲者必须重视听众的提问。对于听众的提问，演讲者应根据演讲的主旨、气氛、环境、时间和与演讲内容相关的程度以及自身的能力等因素来决定答还是不答以及什么时候答。回答听众提出来的问题时，千万不要不懂装懂，以免使自己陷入尴尬的境地。对于那些易于解答的问题，经过简短思考后，应迅速、果断地作答；对于那些实在不懂的问题，可以向听众道歉，并表示乐意与对方一起探讨；对于听众提出的那些比较深奥或者离演讲主旨很远的问题可以暂时搁置起来，待演讲完毕后视情况再作处置；对于那些别有用心的人提出的有意刁难或挑衅性的问题，一般情况下应不予理睬或义正词严，以保证演讲有条不紊地进行。

三、公共关系演讲的整体要求

俗话说：“不打无准备之战。”在进行演讲之前也要做好各方面的充分准备，才能完成一次成功的演讲。演讲好比盖房子，绘制的蓝图再精美，工匠的水平再高，但水、沙、砖、石、钢、瓦、木等基本材料准备不齐全或是劣质产品，那么砌出来的也只能是不堪入目的一堆废物。公共关系演讲的准备大体包括了解听众、树立演讲信心、准备演讲稿三个方面的工作。

（一）了解听众

公共关系人员在演讲前，应对听众的有关背景材料做必要的了解，为演讲稿的写作及演讲的成功打基础。一定要把听众的需要与自己的优势结合起来，这样才能达到吸引听众的目的。在演讲前，需要了解听众的相关情况。

（1）了解听众的需要是政治需要、经济需要、求知需要还是伦理道德、欣赏娱乐、自我表现等的需要，对演讲有什么要求或有什么急需解决的问题等，以确定演讲主题并选择合适的材料。

（2）了解听众的文化程度和知识结构，以调整演讲的语言风格和内容的深度。

(3)了解听众关心的社会热点和急需解决的心理问题,以调整演讲内容的侧重点。也可以在结合演讲主题的前提下,通过一些渠道了解听众具体的生活、工作、学习等情况,掌握一些关键的细节问题,使听众感到熟悉,以加大听众的亲切感。

(二)树立演讲自信心

自信是演讲者必备的心理素质。演讲者要领导和诱发听众去理解并相信自己的观点,就必须充满自信地进行演讲。我们通常把当众讲话不自信称为"怯场",如何克服"怯场"是每一个演讲者必须经受的训练。当然,充分的准备和大量的演讲实践是克服"怯场"的最佳途径,但我们还可以采用一些简单的方法来减轻心理"怯场"。比如自我心理暗示法,即在演讲前,反复对自己进行暗示:我的演讲一定会成功;听众对我所介绍的内容非常感兴趣;我对这方面的内容非常熟悉,我的准备也很充分;等等。这种积极的心理暗示能够刺激演讲者,在精神上鼓励自己一定会成功,从而保持一种自信的状态,减轻"怯场"心理。切不要在上场前对自己进行负面的心理暗示,比如"我今天会不会演砸了?""听众相信我的话吗?""忘词了怎么办?""他们会不会嘲笑我?"等。实践证明,这种负面的心理暗示往往会导致演讲的失败。

(三)准备演讲稿

演讲稿是演讲者事先准备的用于演讲的文稿,属于应用文中的一种独立文体。准备演讲稿的过程是一个认真调查研究、反复思考推敲的过程,也是一个理清演讲思路、构思表达言辞的过程。演讲者应亲自完成演讲稿的准备工作,这样才能准确把握演讲内容。准备演讲稿可从以下几方面着手。

1. 准备选题

选题也就是确立演讲的主题。写演讲稿首先要确定主题。主题是演讲的中心思想,是反映和实现演讲者演讲意图的思想观点,是演讲内容的核心。只有确定了主题、意图,才能围绕主题选取材料,把握语言风格。比如,某次演讲的主题是宣传产品的功效,树立组织的形象;而演讲者在演讲时却花费大量的时间去介绍产品开发的经过与难度,那么即使讲得再清楚明白,也不能收到预期的效果。

2. 搜集材料

根据演讲的主题搜集有关材料是准备演讲稿的重要一步。演讲稿的内容是否充实,在很大程度上取决于材料搜集是否充分,选择的材料是否恰当。材料的积累与选取要注意三点:一是要围绕主题进行;二是平时就要注意知识的积累和搜集,多读书,读好书,做好笔记;三是应向社会学习、向生活学习。这些都可以说是知识和材料积累的主要途径。

3. 撰写提纲

起草前一般要先列提纲。列提纲就在于利用提要或图表等方式,把演讲的主题、论点和文章的结构框架等简明扼要地勾勒出来,体现出演讲稿的基本思路和层次安排。

4. 拟订初稿

在构思完整的基础上,初稿的写作应饱含激情,一气呵成,体现出个性和语言的风采。演讲稿的构成一般有三个部分,即开头部分、主体部分和结尾部分,这三部分也被人们分别称为"凤头""猪肚"和"豹尾",也就是说,开头要精彩、有气势、吸引人,主体部分要丰满即内容要充实,结尾部分要简洁干脆。

(1)开头部分。演讲的开头部分犹如一首乐曲的定调,为演讲定下一个基调。匠心独具的开场白,能够吸引公众,迅速在演讲者与听众之间架起沟通的桥梁,打开场面,导入正题。

(2)主体部分。主体部分是演讲稿最重要、最丰满的部分。这部分的写作要紧紧围绕主题，突出演讲的中心。选择的材料要典型，事例要有说服力，引用的数据要真实可靠；评议要准确、生动、形象；结构要合理，逻辑要严密，经得起推敲。

(3)结尾部分。结束语也是演讲成功的关键一步，精彩的结尾犹如乐曲结束时的“强音”，具有很强的震撼力，令人回味无穷。成功的结尾要做到干脆、有力，令人乘兴而来，尽兴而归。

5. 熟记演讲稿

演讲稿写好以后，演讲者要熟记讲稿，为试讲和正式登台演讲做好准备。记忆讲稿可从以下四个方面着手：

(1)从意义上入手记忆。主题和中心思想是通篇的“统帅”，从意义上入手易于记忆全篇讲稿。

(2)从结构上入手记忆。讲稿的结构通常以提纲的形式来体现。从结构上入手就是要抓住讲稿的“纲”，纲举而目张。在诵记中，可尽量把提纲中的要点压缩成几个字，到讲的时候再按点展开。

(3)从形象入手记忆。用能够产生视觉形象的语言去记忆讲稿，就容易记住。

(4)从感情入手记忆。真实而强烈的感情体验能强化记忆。

6. 练习试讲

在熟记讲稿的基础上，演讲者要进行试讲练习。可自己找一个僻静的地方单独演练，或约几个亲朋好友来试听，也可以录音后再播放分析。例如，闻一多在清华求学时，就自觉刻苦地练习试讲。据他的日记记载：有一天曾到钟台下练习演讲 8 遍，第二天晚上又外出练习 12 遍，五天后又在深夜寒风刺骨的土山凉亭里练习试讲。用嘴念，可以在修改中使语句更加简洁、顺畅、有韵味，更加符合口语特点；用耳听，可以发现书写顺畅但听起来比较费解的字句或意义相近而平仄却不相宜的用语。反复练习后，嘴里讲的、手中写的、耳朵听的就可以统一和谐起来。这样到了正式演讲时，就会胸有成竹，临场不乱。

本章小结

公共关系谈判与演讲是社会组织与公众进行有效沟通和协调的重要手段。它们是公共关系活动中不可或缺的组成部分，具有目标导向性、互动性和策略性的特点。公共关系谈判与演讲以塑造组织形象、协调组织与公众关系、传播和沟通信息为目标，以互惠互利为原则，以真实诚恳为信条，以注重长远为方针。

公共关系谈判是一种涉及多方利益的协商过程，它需要谈判者遵循友好协商、平等互利、合法性、时效性和最低目标等原则。在导入、概说、明示、交锋、妥协和协议等阶段，谈判者可以运用各种技巧和策略(如叙述、发问、说服、答复、拒绝和让步)来达到互惠互利的结果。

公共关系演讲是一种通过语言艺术进行的信息传播和情感沟通活动。它要求演讲者具备高度的语言表达能力和控场技巧，以逻辑技巧、口语表达、姿态表达和场面控制为基本技巧，有效地传达信息、影响公众态度和行为。

在组织管理中，公共关系谈判与演讲发挥着关键作用，帮助组织在与公众的互动中建立起积极的形象，促进组织目标的实现。公关人员必须严格遵守职业原则，以专业的形象和技巧，在全社会中树立良好的职业形象，为实现中华民族的伟大复兴贡献力量。公共关系学作为一门综合性的应用科学，为公关人员提供了理论指导和实践方法，使其能够在现代社会中有效地开展工作。

本章训练题

一、单项选择题

1. 让谈判各方通过介绍相互认识，彼此熟悉，以创造一个有利于谈判的良好氛围的阶段是（　　）。

A. 导入阶段　　B. 概说阶段　　C. 明示阶段　　D. 妥协阶段

2. 第一次正式会谈，谈判各方应简要介绍自己的基本想法、意图和目的，以让对方有所了解，这一阶段属于（　　）。

A. 导入阶段　　B. 概说阶段　　C. 明示阶段　　D. 交锋阶段

3. 对人温和、对事强硬的谈判策略是（　　）。

A. 软式谈判策略　　B. 硬式谈判策略

C. 原则谈判策略　　D. 基础谈判策略

4. 要求恰到好处地表述己方的基本观点，准确无误地与对方沟通的谈判技巧是（　　）。

A. 叙述技巧　　B. 发问技巧　　C. 说服技巧　　D. 答复技巧

5. 当谈判各方分歧较大，陷入僵局时，为了缓解各方的关系、立场，可从外界寻求有影响力的第三方，并谋求一个各方都能接受的新方案的谈判策略是（　　）。

A. 幕后策略　　B. 车轮战策略　　C. 中间人策略　　D. 僵局策略

6. 谈判过程中，在对方已经做出让步的基础上，谈判人员再继续提出更多对己方有利的要求，最终达成目标的策略是（　　）。

A. 得寸进尺策略　　B. 先苦后甜策略　　C. 最后期限策略　　D. 攻心策略

7. 在谈判中，一方为了达到己方的谈判目标，而有意地将谈判重点引到对己方并不重要的议题上，来分散对方注意力的一种策略是（　　）。

A. 声东击西策略　　B. 先苦后甜策略　　C. 最后期限策略　　D. 攻心策略

二、多项选择题

1. 公共关系谈判的总体策略按谈判的方针不同可划分为（　　）。

A. 软式谈判策略　　B. 硬式谈判策略

C. 原则谈判策略　　D. 基础谈判策略

2. 公共关系谈判的总体策略按谈判的姿态不同可划分为（　　）。

A. 积极策略　　B. 消极策略　　C. 攻势策略　　D. 防御策略

3. 公共关系谈判的总体策略按谈判的方式不同可划分为（　　）。

A. 攻势策略　　B. 防御策略　　C. 积极策略　　D. 消极策略

4. 谈判人员应掌握诸多的谈判技巧，包括（　　）。

A. 叙述技巧　　B. 发问技巧　　C. 说服技巧　　D. 答复技巧

5. 公共关系谈判可选择的时间策略有（　　）。

A. 时机策略　　B. 僵局策略　　C. 休会策略　　D. 车轮战策略

三、简答题

1. 公共关系谈判的原则有哪些?
2. 公共关系谈判的技巧有哪些?
3. 公共关系谈判的总体策略有哪些?
4. 公共关系谈判主动权的谋取策略有哪些?
5. 公共关系谈判互利型策略有哪些?
6. 公共关系演讲的整体要求有哪些?
7. 公共关系演讲的语言艺术有哪些?

四、案例分析

日本一家著名汽车公司刚刚在美国“登陆”,急需找一个美国代理商来为其推销产品,以弥补其不了解美国市场的缺陷。当日本公司准备同一家美国公司谈判时,日本公司的谈判代表因为堵车迟到了,美国公司的谈判代表就这件事紧抓不放,想以此为手段获取更多的优惠条件,日本公司的谈判代表发现无路可退,于是就站起来说:“我们十分抱歉耽误了贵方的时间,但是这绝非我们的本意,我们对美国的交通状况了解不足,导致了这个不愉快的结果,我希望我们不要再因为这个无谓的问题耽误宝贵的时间了,如果贵方因为这件事而怀疑我们合作的诚意,那么我们只好结束这次谈判。我认为,凭我们所提出的优惠条件在美国是不会找不到合作伙伴的。”日方代表的一席话让美方代表哑口无言,他们也不想失去一次赚钱的机会,于是谈判顺利进行下去了。

(资料来源:https://easylearn.baidu.com/edu—page/tiangong/bgkdetail?id.)

问题:

(1)美国公司的谈判代表在谈判开始时试图营造何种开局气氛?

(2)美方谈判代表应该如何扭转劣势?

本章训练题
参考答案

第九章

公共关系礼仪

知识框架

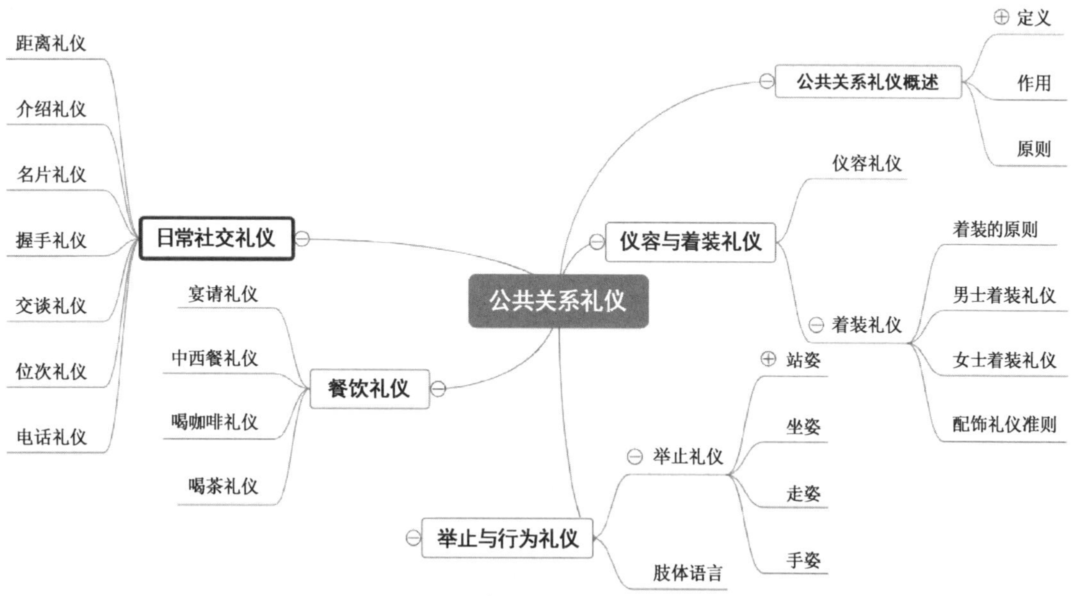

教学目标

1. 了解礼仪的特性及功能；
2. 掌握公共关系人员仪容仪表应如何修饰；
3. 掌握着装的基本原则及基本礼仪要求；
4. 明确日常社交的基本礼仪和礼节；
5. 了解不同餐饮活动中要把握的礼仪和礼节。

思政目标

引导学生弘扬中华民族礼仪传统，加强礼仪文化的传播。

核心概念

礼仪　个人形象　日常社交礼仪　着装礼仪　举止礼仪　餐饮礼仪

引导案例

雨果与稿纸推销员

有一天，法国作家雨果在大街上看到一位衣衫褴褛的稿纸推销员，心中顿生怜悯之情。他将 1 法郎丢进推销员的怀中，就急忙走开了。

走了没多久，雨果忽然觉得这样做很不妥。于是，他立即转身返回，从推销员那里取了一摞稿纸，并抱歉地对推销员笑了笑，说道："对不起，刚才我一时大意忘记取稿纸了，希望你不要介意。其实，我知道你是一个商人，你有稿纸要卖，而且上面有明确的标价。"

五个月后，雨果在一个社交场合遇到了一位着装整齐的经销商。这位经销商迎上前去，紧紧握住雨果的手，自我介绍道："先生，您可能已经忘记了我，我也不知道您的名字，但是，我永远忘不了您。您就是那个用一句话重新给了我自尊的人。遇到您之前，我一直觉得自己就是一个推销稿纸的乞丐，直到那次您告诉我，我是一个商人，我才知道我不是乞丐，而是一个商人，我要好好经营自己的生意，我要积极热情地生活。现在，我已经取得了一些成绩，我有了自己的商店。以后我还要继续努力，扩大经营，拥有自己的文具公司。先生，谢谢您！"

雨果没有想到，自己当初简简单单的一句话，竟然帮助了一个处境窘迫的人重新树立起对生活和事业的信心，并且通过自己的努力获得了一定的成功。

（资料来源：王玉苓. 商务礼仪[M]. 3 版. 北京：人民邮电出版社，2024.）

组织优质的服务离不开礼仪，公共关系礼仪是指组织对相关公众必须有的礼遇和尊重。公共关系礼仪作为一种传播和沟通的技巧，是公关工作人员在公关活动过程中必须遵循的礼节和仪式。作为公共关系的组成部分，公共关系礼仪对塑造良好的组织形象起到了不可替代的作用。了解和掌握公关交际中的基本礼仪，能够更好地开展公关活动。

第一节　公共关系礼仪概述

礼仪是在交往中体现出来的人们之间的相互尊重，是按约定俗成的方法付诸实施的不成文规定。

我国是文明古国，礼仪之邦。中华优秀传统文化源远流长、博大精深，是中华文明的智慧结晶。克己复礼的意思是，每个人都要克制自己的欲望，懂礼仪，知廉耻，按照一定的程序处理人际关系的问题。礼仪文明作为我国传统文化的一个重要组成部分，对我国社会历史发展产生了广泛而深远的影响，其内容十分丰富。礼仪所涉及的范围十分广泛，几乎渗透于古代社会的各个方面，并且延续至今。

英语中的礼仪即"etiquette"一词是从法语"etiguette" 演变而来的。法语"etiguette"的原意是指法庭上用的一种通行证，它上面记载着进入法庭时应遵守的事项。后来，其他各种公众场合也都制定了相应的行为规则。这些规则由繁变简，构成系统，逐渐得到了大家的公认，也就成了大家都有意愿自觉遵守的国际礼仪。所以，公共关系礼仪对于公关人员来说是一种交际的"通行证"，学习相关知识十分必要。

一、公共关系礼仪的定义

“礼仪”是一个复合词，礼是指道德规范形成的大家共同遵守的准则，仪是指人们的容貌、举止、神态、服饰，是一种形式。礼仪具体体现了一定的社会道德观念和风俗习惯，是人们礼节、动作、容貌、举止的行为准则。也就是说，礼仪是人们用来表达敬意、表示友好、调节行为的一种规范和制度。

公共关系礼仪简称公关礼仪，是指公共关系工作人员在公共关系活动中应遵守的尊敬他人、讲究礼节的规范和要求。公关礼仪与其他交际礼仪有很多相通之处，只不过目的、对象有所不同。

二、公共关系礼仪的作用

荀子云：人无礼则不生，事无礼则不成，国家无礼则不宁。公关礼仪的作用不可忽视，它表现在以下几个方面。

（一）体现自身修养

西方有一句谚语：行为是心灵的外衣。礼仪不是一种规格划一的机械运动，也不是形式化的例行公事，它是自身修养的体现，别人会根据你的言行举止、风度仪表等来衡量你的自我修养水平。只有当我们的良知和教养由内而外，自然而然地表现出来之后，别人才会为我们以礼相待的诚意所打动，才会由衷地赞赏。“文明生产，礼貌待人”作为著名的职业道德规范之一，其目的就是要使良好的礼仪观念和礼仪常识深入每个员工的内心，成为其习惯，进而提高其思想道德水平。公司员工是否懂得和运用现代商务活动中的基本礼仪，不仅能反映该员工自身的素质，而且会折射出该员工所在公司的企业文化水平和经营管理境界。

（二）传达感情

礼仪可表示尊重、尊敬等敬意，还可表示欢迎、友好等态度，它所传达的情感让服务对象有积极愉快的体验。以礼待人表情达意时，真诚是最重要的，应当神态自然、心口如一，切忌虚伪客套、言不由衷。如营业员小吴上班时嘴里说着欢迎光临，但他的眼神游移，面部表情平淡甚至有点不耐烦，为客户办理业务时草草了事，给客户的印象不佳，原因就是他缺乏真诚，故作姿态。

（三）提高服务水平

如果不懂礼仪常识，就很难做好服务工作，正确的礼仪可以提升服务对象对自己的认可程度，从而提升服务质量，使得双方关系更加融洽。服务工作的质量不仅能体现行风，更是社会文明程度的标志。所以很多服务部门制定了营业服务规范及其细则，供普通员工和管理人员学习参考，让每个从业人员都知道如何亲切、有礼貌地为客户服务，把服务工作提高到一个新的水平。

三、公共关系礼仪的原则

（一）平等互敬

心理学家的研究证明：任何人都有友爱待人和受人尊敬的心理需求，渴望平等地与他人沟通和交往。因此，在公关交往中，要本着尊重交往对象、以礼相待的原则，对任何交往对象都必须一视同仁，给予同等程度的礼遇。不允许因为交往对象在年龄、性别、种族、文化、职业、身份、地位、财富以及与自己的关系亲疏远近等方面有所不同而厚此薄彼，区别对待。但允许对不同的交往对象采取不同的具体方法。

互敬，包括自尊和敬人两个方面。这里的自尊是指在公关场合要自重、自爱，维护自己的人格形象。敬人就是常存敬人之心，处处不可失敬于人，不可伤害他人的个人尊严，更不可侮辱对方的人格。英国作家高尔斯华绥曾说："尊敬别人，就是尊敬自己。"俄国作家陀思妥耶夫斯基曾说："对别人不尊敬的人，首先就是对自己不尊敬。"

（二）严于律己，宽以待人

"严于律己，宽以待人"是中华传统文化特别强调的一种美德，这一美德同样适用于公共关系领域。律己以严则身正，待人以宽则彼悦。在公关交往中，只有身正、彼悦，才能获得更多的客户，才能实现预期的公关诉求。

律己即自律，主要体现在两个方面：一是要按照一定的道德标准和社交礼节，严格规范自己的言谈举止，对错误不回避、不掩饰，知错即改；二是要注重每一个细节，于细微处彰显个人品质和人格魅力，以良好的形象赢得他人的尊重和敬佩。因此，在公关交往中，要坚持"宁可让人待己不公，也不可自己非礼待人"（作家爱默生语）的原则。

宽以待人即以宽宏、大度的态度来对待客户或商业伙伴。有句古话叫作"金无足赤，人无完人"，世间没有不犯错误的人，海纳百川，有容乃大。对于对方无主观故意和非原则性的过失，可礼貌性地提醒、纠正或忽略；对于原则性问题，则要通过合理的方式、方法处理解决，以保证公关交往氛围更加和谐、融洽。

（三）诚而有信

诚乃信之本，无诚，何以言信？诚而有信，方为买卖。在人际交往中，待人处事要真诚，尊重事实，实事求是，讲求信用，一诺千金。越是真诚守信，对方接受自己的思想、观点、愿望和要求的可能性就越大，建立良好的公众关系就越容易，取得公关成功的概率也就越大。

【案例 9－1】

八万两银子买箩筐

乔致庸是我国清代著名的商人，也是乔家大院的第一位掌门人。一次，包头东城万利聚商号的吴东家因资金周转不开，向乔致庸借了八万两银子。当时，吴东家承诺一年后连本带息全部还清。可是一年的期限到了，吴东家不仅没还一分钱，而且对借钱的事闭口不提。

乔致庸正准备派人去催款，吴东家主动找上门来。他可怜巴巴地向乔致庸哭诉："我现在穷得叮当响，家里仅剩下一个用来卖花生的破箩筐了，哪里还得起你那八万两银子呀！"乔致庸心里明白吴东家无非是想赖账。他看了看吴东家，安慰道："既然你已到了这步田地，我也不能逼你，你就把那个破箩筐拿来抵债吧！"吴东家一听，心里顿时乐开了花，立即送来了破箩筐。

吴东家走后，伙计不解地问："一个破箩筐怎么能值八万两银子，您这不是白白送他吗？"乔致庸笑笑说："你照我的吩咐去做，吴东家自会把钱送来。"随后，乔致庸便让伙计把那个破箩筐挂在店里最显眼的地方，标价八万两银子出售。人们听说后，都跑来看，自然也就知道了破箩筐背后的故事。后来，很多生意人知道了这件事，都不愿意跟吴东家做生意了。直到这时，吴东家才意识到问题的严重性，只得乖乖地把欠款还清，赎回了那只破箩筐。由此可见，诚信才是商家的经商之道。

（资料来源：王玉苓．商务礼仪[M]．3 版．北京：人民邮电出版社，2024．）

（四）入乡随俗

礼源于俗，礼与俗具有密不可分的关系。《礼记·曲礼上》记载："入竟（境）而问禁，入国而问俗，入门而问讳。"问禁、问俗、问讳皆系尊敬、尊重主人之意，这一礼俗也是人们在商务交往中必须遵循的原则。地域、民族和文化背景不同，商务礼仪、习俗也有很大的差异。只有知礼明俗，入乡随俗，才能在商场游刃有余，构建和谐、融洽的商务关系，以利于商务活动的拓展。肯德基刚进入中国市场时，按照西餐的就餐习惯配备了塑料刀、叉等餐具，后来发现不少人更喜欢用手拿着食物直接吃，于是便撤掉了刀、叉等餐具，顾客就餐更方便、更舒服、更享受。后来，入乡随俗的肯德基在中国遍地开花，受到年轻消费者的青睐。

第二节　仪容与着装礼仪

服装和个人仪容是一种社会语言，传递着穿着者的文化背景、身份、收入、品味、性格、职业等信息，得体的服饰和具有魅力的仪容可以增强自己的信心，也可以使别人感觉舒服和愉悦。由于大多数人的交往是"一面之交"，即使是你的客户，他们也没有机会对你进行全面深入的了解，对你的评价完全靠他们的第一印象，第一印象的好坏直接影响今后的合作。

一、仪容礼仪

公关人员保持良好的仪容，给人以端庄、稳重、大方的印象。既能体现自尊自爱，又能表示对他人的尊重与礼貌。仪容仪表大方得体需要遵循仪容礼仪的基本要求，选择恰当的发型，并且懂得化妆之术。

（一）仪容礼仪的基本要求

仪容礼仪是个人基本礼仪的重要组成部分。仪容的基本含义是指人的容貌，但是从礼仪学的角度讲，仪容还应包括头发、面部、手臂和手掌，即人体不着装的部位。仪容礼仪主要涉及两个方面，即仪容的干净整洁和美化修饰，前者体现了仪容的自然美，后者体现了仪容的修饰美。仪容的基本要求如下：

（1）发型得体。男性头发前不盖眉，侧不掩耳，后不及领；女性根据年龄、职业、场合的不同，将头发梳理得当。

（2）面部清爽。男性宜每日剃须修面，女性宜化淡妆。

（3）表情自然。目光平和，略带笑意。

（4）保持清洁。眼屎、鼻屎、耳垢等分泌物及时去除；除了每日剃须，鼻毛也应经常检查和修剪；定期修剪指甲并保持手部洁净；特别要强调的是，干净的牙齿是仪容中不可缺少的组成部分。有的人在外貌上精雕细琢，装扮得引人注目，当开口讲话时，却露出一口黄（黑）牙，破坏了整体美。因此，保持牙齿清洁很重要。

（二）发型的选择

发型是人体自然美与修饰美的结合体现。发型在很大程度上体现了一个人的精神风貌，美观的发型能给人整洁、庄重、洒脱、文雅或活泼的感觉。发型要与性别、发质、服装、身材、脸型等相匹配，还要与自己的气质、职业、身份相吻合，这样才能扬长避短、和谐统一，显现真正的美。

人们对发型的第一印象，首先在于头发的品质，即是否干净、健康和美观。为了保持头发的健康，应该每天梳理头发，并且根据自己的发质状况决定多久洗一次头发，一般不应超过3天。除了进行日常的保养，我们还要根据不同场合选择不同的发型。一般在正式场合，男士的头发不要超过7厘米，短碎发显得干净利落、自然有型，黑色的头发更能体现男性的成熟稳重、干练大方。

对于女士来说，正式场合下应该选择整洁、干练、美观、大方的发型。不宜染发，黑色的头发更能体现出东方女性的温婉柔美、内敛含蓄。在选择发卡、发带时，要注意样式应庄重美观，切忌佩戴卡通、动物形象的发饰。在工作场合中，女士头发长度的上限是不宜长于肩部、不宜挡住眼睛。长发过肩的女士在工作场合中，可以采取一定的措施，如将超长的头发盘起来、束起来、编起来，不可以披头散发。另外，发型应与自己的体态、年龄、脸型、职业等相匹配。

（三）化妆的原则

化妆是对他人的尊重，是一种必要的礼节。女性在正式场合应该化妆，且只能化淡妆，妆容过浓会显得轻浮、不够端庄。化妆需要遵循以下几个原则。

1. 化妆要适度

化妆意在使人变得更加美丽，因此，化妆时要注意适度矫正、修饰得法，让人妆后能够避短藏拙。化妆时不要自行其是、寻求新奇。

2. 化妆要自然

“清水出芙蓉，天然去雕饰”，化妆的基本要求就是自然、生动、恰到好处。化妆的最高境界是“妆成有却无”，既没有明显的人工美化痕迹，又好似天然如此美丽。自然的修饰使人的面貌真实生动，更显精神；反之，不当的妆容则会使人显得虚假而呆板，缺少真实感。

3. 化妆要得法

化妆虽讲究个性化，但难以无师自通，只有通过学习方能掌握。工作时妆容宜淡，社交时妆容可稍浓，香水不宜涂在衣服上和容易出汗的地方，口红与指甲油应为一色。使用的化妆品应属于同一个系列。因为每种化妆品都有不同的香味，如果混杂使用就会使香味混合，弄巧成拙。

4. 化妆要协调

高水平的化妆强调的是整体效果。所以，女性化妆时应努力使妆容协调、整体协调、身份协调、场合协调，以体现自己慧眼独具、品位不俗。

（1）妆容协调，指化妆部位色彩搭配、浓淡协调，所化的妆针对脸部特点。

（2）整体协调，指妆容还应与发型、服装、饰物协调。比如，戴粉色的围巾时涂上粉色的唇彩就比较自然协调；如果唇彩是粉色的、衬衫的领子是蓝色的，就会显得反差太大，过渡不自然。

（3）身份协调，指化妆时要考虑自己的职业特点和身份，采用不同的化妆手段和化妆品。作为职业人士，应注意妆容要体现出端庄稳重的气质。

（4）场合协调，指化妆要与所去的场合气氛协调一致。比如，日常办公，妆可以化淡一些；出入宴会、舞会等场合，妆可以化浓一些，尤其是舞会，妆可以亮丽一些；参加追悼会，素衣淡妆，忌使用鲜艳的颜色化妆。女士在不同的场合化不同的妆，不仅会使化妆者内心保持平衡，而且会使周围的人感到舒适。

（四）化妆的禁忌

化妆的禁忌可以总结为“六勿”，具体如下。

1. 勿当众化妆

化妆,应事先完成,或在专用的化妆间进行。如果在公共场合当众化妆,则有卖弄表演之嫌,可能会招致别人的反感。

2. 勿在异性面前化妆

女人一般不会在异性面前化妆。对于关系密切者而言,这样会使其发现自己的本来面目;对关系普通者而言,这样则有充当花瓶之嫌。无论如何,在异性面前化妆都会使自己的形象受损。

3. 勿出现残缺妆容

女士如果妆容出现残缺,则应及时避人补妆,如果放任不管,则有损形象。

4. 勿借用化妆品

借用他人化妆品尤其是口红,是极不卫生和极不礼貌的,应尽量避免。

5. 勿非议他人妆容

化妆是个人之事,对他人的妆容不应自以为是地加以评论。由于个人文化修养、皮肤及种族的差异,每个人对化妆的要求及审美是不一样的。不要总认为只有自己化的妆才是好的。在和他人交往的过程中,即便是好朋友,也不要主动去为别人化妆、改妆及修饰。

(五)化妆的技法

1. 脸部修饰

首先要保持面部清洁,在清洁的面部涂上与皮肤相适应的化妆粉,并根据面部的不同区域,分别敷深浅不同的底色,可以增加面部的立体感。要注意发际及颈部的自然过渡,以免产生“面具”似的感觉。

2. 眉毛

修饰眉毛可衬托眼睛,改善脸型。眉毛修饰后的标准是:眉头在鼻翼与内眼角的延长线上;眉峰在鼻翼与眼珠正中的延长线上,大约在眉头的 2/3 处;眉尾在鼻翼与外眼角的延长线上;眉头与眉尾在同一水平线上。修饰方法是握住眉笔顺着眉毛的自然形状一根根描画,画眉尾时稍向下倾斜描画。

不同的脸型要配以不同的眉形,如长脸型,描画出一字眉较合适;圆脸型宜选择眉峰高或上扬眉型,以使脸部拉长;宽脸型,宜拉近眉头间的距离;窄脸型,要适当拉开眉头间的距离。

3. 眼睛

眼睛是心灵的窗户。眼睛小的,可以在眼睛上轻轻地描上眼线,但不能描得太黑太深,不要露出修饰的痕迹。单眼皮者未必一定要去拉双眼皮,有时单眼皮传达出的眼神更坦率、更真切。

如果眼睛过高,则应强调下眼线;如果眼睛过低,则应强调上眼线及眼尾部分;两眼间距离过宽,用眉笔加画眉头,眼头处应用深色眼影加以修饰;两眼间距离过窄,眉头处可拔一些眉毛,并用眼影强调眼尾;下垂的眼睛应强调上眼尾,向上画眼线,并加强眼影;上扬的眼睛要使用色调温和、适度的眼影强调下眼尾,使之平衡。

4. 嘴唇

唇部是面部最灵活的部分,俗话说:“眼取其神,唇取其色。”东方人皮肤偏黄,宜选用暖色系列口红(正红色、红色、紫色和粉红色等);口红颜色还应与服饰颜色相匹配;化唇妆,先勾画唇线,可用唇刷,也可用唇线笔;再画嘴唇的轮廓,由嘴唇中央向上以弧线画出唇峰,再向嘴角延伸,要一气呵成,左右两边的唇线应对称;画下嘴唇唇线,应由左右两侧向中间描画,然后张开嘴画嘴角轮廓，上下嘴唇的连接应自然、清晰；最后用唇刷蘸取唇膏或直接用唇膏均匀地涂满整个嘴唇，注意不能越过唇线。

5. 鼻子

修饰鼻子并不是等于去整容。可以在鼻梁上略施淡粉，因为如果灯光太亮，会使鼻子出油发亮；如果天气太热，鼻梁上也容易出汗。此外，鼻毛长的人平常要格外注意修剪。

6. 手和指甲

俗话说，手是女人的第二张脸。为充分显示个人的魅力，应保持手和指甲干净，指甲应修剪好，千万不要留过长的指甲。另外，不要涂艳丽的指甲油。淡淡的指甲油或什么都不涂，或用打蜡来代替，都适合公关人员或办公室女性。

二、着装礼仪

服饰被称为人的第二肌肤，是一个人身份、气质和内在素质的无言介绍信。在社交场合，服饰可以向对方传递公关人员的某些信息。虽然服饰本身没有高低贵贱之分，但是在当今社会，着装往往会成为一个人在公关场合的身份、地位的标志。作为公关人员，其工作是通过与人的交往，获得对方的好感，树立组织形象，为组织构建一个和谐的发展环境。

因此，服饰的选择对于公关人员尤为重要。

（一）着装的原则

每个人都有自己喜欢的服饰类型和色彩，但从公关活动角度考虑，显然不能随心所欲地选择服饰和着装。因此，要遵循基本的着装礼仪。着装礼仪的基本原则可归纳如下。

1. 符合身份着装

着装不仅能体现个性，而且能体现职业性。一个人的着装，首先应考虑其职业角色。例如，运动装可作为体育老师的职业装，但服务窗口办事人员并不可以；在校学生的着装要体现青春活力，而职业经理人则要讲究成熟稳重。

2. 扬长避短着装

扬长避短的原则几乎可以应用在任何场合，在现实生活中拥有天生完美身材的人很少。对多数人来说，需要考虑如何较好掩饰缺陷、穿出自己的亮点。例如，脖子短的人应该穿 U 领或者 V 领的服装，不适宜穿高领衫。体形较胖的人穿深颜色、竖纹的衣服可以较好地掩饰身材；而身体消瘦的人则比较适合穿着色彩鲜艳些、明亮些的浅色服装。

扬长避短着装还需要把握好一定的尺度。一般来说，既不把缺点和不足堂而皇之地展示于人，也不适宜过分张扬自己的优点。

3. 区分场合着装

正式场合：一般讲究庄重大方，比较适宜穿套装、套裙及制服，也可选择长裤、长裙和长袖衬衫。但不宜穿很流行的时装、便装和短袖衬衫。

社交场合：适合穿着时尚个性，宜穿礼服、时装和民族服装。这种情况下，一般不宜穿过分庄重、保守的服装。

休闲场合：讲究舒适自然，宜穿运动装、牛仔装、沙滩装和非正式的便装，如 T 恤等。

4. 遵循常规着装

在流行穿长裙时，裙子不要比别人的长；而在流行穿短裙时，裙子也不要比别人的短。尤其不要将最流行的服饰搬到办公室和商务场所。

(二)男士着装礼仪

俗话说:“人靠衣裳马靠鞍。”驰骋商场的男士要懂得以着装塑造良好形象,不仅要会选取服装,而且要懂得着装的礼仪规范,掌握着装的搭配技巧。只有这样,才能穿出风采,穿出气派。

1. 西装穿着礼仪规范

西装是男士常见的商务服装,也是现代社交中男子较为得体的着装。国内外很多机构,包括一些大企业,规定工作人员不能穿休闲短裤、运动服上班,要求男士必须穿西服打领带。一些剧院和公共场所也规定了活动参与者必须西装革履。为了塑造良好的个人形象,男士应该学会穿西装。

(1)西装的选择

①选择合适的款式。西装的款式可以分为英国、美国、欧洲三大流派。尽管西装在款式上有流派之分,但是各流派之间的差异并不大,只是在后开衩的部位、扣子单排还是双排、领子的宽窄等方面有所不同。不过在胸围、腰围、肩围上还是有所变化的。因此,在选择西装时,人们要充分考虑自己的身高、体型。身材较胖的人不要选择瘦型的短西装,身材较矮者不要穿上衣较长、肩较宽的双排扣西装。

②选择合适的面料和颜色。西装的选择以挺括为宜。正式礼服的西装可采用深色(如黑色、深蓝色、深灰色等)的全毛面料制作。日常穿的西装颜色可以有所变化,面料也可以不必超太讲究,但必须挺括。如果穿着皱皱巴巴的西装,就会损害自己的交际形象。

(2)男士西装的搭配

①合体的上衣与衬衣。合体西装的上衣应长过臀部、四周下垂,手臂伸直时上衣的袖子恰好过腕部,领子应紧贴后脖。

穿西装应穿长袖衬衣,衬衣不要过旧,领子要挺括,外露的部分要平整干净。衬衣下摆要掖在裤子里,领子不要翻在西装外,衬衣袖子长于西装袖子 2 厘米左右。

②注意内衣不可过多。穿西装时切忌穿过多内衣。衬衣内除了背心之外,不要再穿其他内衣。如果确实需要再穿内衣,内衣的领圈和袖口也不要露出来。如果天气较冷,在衬衣外面还可以穿上一件毛衣或毛背心,但毛衣要紧身,不要过于宽松,以免穿上显得过于臃肿,影响穿西装的效果。

③打好领带。正式场合的领带以深色为宜,非正式场合的领带以浅色、艳丽为好。领带的颜色一般不宜与服装的颜色完全一样(参加吊唁活动穿黑色西装系黑色领带除外),以免给人以呆板的感觉。具体做法:一是领带底色可与西装的颜色是同色系或邻近色,但二者色彩的深浅明暗不同,如米色西装配咖啡色领带;二是领带与西装同是暗色,但色彩形成对比,如黑色西装配暗红色领带;三是单色的西装配花领带,花领带上的其中一种颜色应尽可能与西装的颜色相呼应。

领带的打法有平结法、交叉结法、双环结法、温莎结法等。领带系好后,垂下的长度应触及腰带,超过腰带或不及腰带都不符合要求。领带要用领带夹固定。

④裤子合体。西装的裤子要合体,要有裤线,裤长要及脚面 1～2 厘米。西装裤兜内不宜放沉的东西。

⑤鞋袜整齐。穿西服时要穿皮鞋,不能穿布鞋或旅游鞋。皮鞋式样要稍保守,颜色与西装要协调。皮鞋还应擦亮,不要蒙灰尘。穿皮鞋时还要配上合适的袜子,袜子的颜色要比西装稍深一些,使它在皮鞋与西装之间起到过渡的作用。

⑥扣好扣子。西装上衣可以敞开穿,但双排扣西装上衣一般不要敞开穿。在扣西装扣子时,如果穿的是两粒扣子的西装,不要把两粒扣子都扣上,一般只扣上面一粒;如果是三粒扣子,则只扣中间一粒。

2. 西服便装及其他服装的选择

在日常工作及非正式场合的社交活动中,男士可穿西服便装。西服便装的上下装不要求严格配套。颜色可上浅下深,面料也可以上柔下挺。可以衬衫、领带配西裤,也可以不扎领带、不穿衬衫,而穿套头衫或毛衣配西裤。

男士参加社交活动时也可穿中山装、民族服装或夹克。尤其在国内参加活动时,如出席庆典仪式、正式宴会、领导人会见国宾等隆重活动,可穿中山装与民族服装。穿中山装应选择上下同色同质的深色毛料中山装,一般配黑色皮鞋。中山装要平整、挺括,裤子要有裤线。穿着时要扣好领扣、领钩、裤扣。在非正式社交场合中,男士也可穿夹克等便装。

3. 男士着正装的原则

(1)三色原则。这是在国外经典社交礼仪规范中被强调的,国内知名的礼仪专家也多次强调过这一原则。简单来说,男士身上的色系不应超过 3 种,很接近的色彩被视为同一种色系。

(2)三一定律,即鞋子、腰带、公文包三处保持一个颜色,黑色为佳。

(3)三大禁忌。第一,左袖商标要拆掉;第二,不能穿尼龙袜;第三,领带质地选择真丝,除非制服配套,否则不用免打结领带,颜色一般采用深色,短袖衬衫一般不打领带,穿夹克不能打领带。

(4)有领原则。正装必须是有领的,无领的服装,比如 T 恤、运动衫一类不是正装。

(5)纽扣原则。绝大部分情况下,正装应当是纽扣式的服装,拉链服装通常不能称为正装,即使某些款式比较庄重的夹克也不是正装。

(6)皮带原则。男士的长裤必须是系皮带的,有弹性松紧带的运动裤不是正装,牛仔裤自然也不算正装。

(7)皮鞋原则。正装离不开皮鞋,运动鞋、布鞋和拖鞋是不能称为正装的。经典的正装皮鞋是系带式的,不过随着潮流的改变,方便实用的无带皮鞋也逐渐成为主流。

(三)女士着装礼仪

国际上一般认为着装应男女有别,尤其在正式场合,一般认为女士的裤装属于便装和休闲装。因此,女士在商务场合的着装以套裙为宜。通常,套裙是西装套裙的简称。上衣是西装,下身是配套的裙子。

1. 套裙的选择

(1)面料的选择。西装套裙的面料应是天然材料,质地上乘,柔软、有垂坠感,不起球,不起皱。上衣、裙子、背心等应选用同一种面料。

(2)色彩的选择。以冷色调为主,借以体现着装者的典雅、端庄与稳重气质,不宜选择太鲜亮抢眼的色彩。套裙的色彩不要超过两种,否则会显得杂乱。选择套裙色彩时要考虑肤色、体型、年龄和性格,还要考虑是否与环境相协调。裙装不一定是深色的,可以不受单一色彩的限制。如上衣与裙子可以是一种色彩,也可以上深下浅或上浅下深,还可以是不相同的颜色,以强化它给人留下的印象。但色彩组合要庄重,要适合自己的条件与气质。

(3)图案的选择。按照国际惯例,正式场合所穿的西装套裙可以不带图案,朴素简洁。如果本人喜欢,也可以选择带格子或圆点的图案,但不宜有花卉、宠物、人物、文字等图案。

(4)大小适度。西装套裙的尺寸要求上衣不宜过长,下裙不宜过短。紧身式的上衣显得较为庄重,宽松式的上衣看起来更时尚。

(5)套裙款式。套裙款式的变化主要体现在上衣和裙子方面。上衣的变化主要体现在衣领方面,除常见的平驳领、驳领、一字领、圆形领之外,青果领、披肩领、燕子领也并不罕见。裙子的式样主要有两类:一类是西装裙、一步裙等,款式端庄、线条优美;另一类是百褶裙、旗袍裙、A 字裙等,款式新颖、优雅漂亮。

2. 套裙的搭配及穿着礼仪

(1)穿套裙时衬衫的搭配。衬衫面料轻薄柔软,基本色是白色,其他颜色只要搭配合理即可,不过不能过于鲜艳,不要有很多花或图案等。衬衫的款式很多,与套裙配套穿的衬衫不必过于精美,领型不必过于夸张、新奇。

(2)穿套裙时的鞋袜搭配。鞋子宜选择黑色高跟或半高跟船形皮鞋,以牛皮或羊皮制品为宜。系带式皮鞋、丁字皮鞋、皮靴、皮凉鞋等,都不宜与西装套裙搭配。

袜子为尼龙袜或羊毛袜。袜子可以是肉色、黑色、浅灰色、浅棕色等单色的。与套裙配套的皮鞋以黑色为宜。此外,也可选择与套裙色彩一致的皮鞋。但是,不要穿鲜红色、明黄色、艳绿色、浅紫色的鞋子。

穿套裙时要有意识地注意鞋、袜、裙三者之间的色彩是否协调。一般认为,鞋、裙的色彩应深于或近似于袜子的色彩。穿袜子时要注意大小相宜,要完好无损,鞋袜不可当众脱下,袜口不宜暴露于外。

(3)套裙应当与妆饰相协调。穿套裙时要有整体性原则,要同时考虑妆容、配饰。其一,穿西装套裙时不可以不化妆,但又不可以化浓妆。其二,穿西装套裙时可以没有配饰,如果要佩戴配饰,则以少为宜,合乎身份即可。佩戴配饰,不应超过 3 种,每种不能多于两件。

(4)注意适用的场合。西装套裙与其他服装一样,也有适用的场合。着装礼仪规定:女士在正式的交际场合中,一般以穿西装套裙为好。比如,在会议、商务谈判、演讲活动中,要穿西装套裙,或者类似西装套裙的职业装。

女士在出席宴会、舞会、音乐会时,可选择与此类场合相适应的礼服、时装或民族服装。

(四)配饰礼仪准则

配饰是指佩戴在人体各部位,对人的外表起到装饰、点缀、美化作用的饰物。从不同的佩戴位置看,配饰可分为发饰(或头饰)、耳饰、颈饰、腰饰、臂饰(手饰)、足饰和胸针、领带、眼镜、丝巾、皮包等。配饰包括装饰性饰品、实用性饰品,以及融两种功能为一体的综合性饰品,还有因价值昂贵而具备装饰和收藏双重功能的保值性饰品。

在现代社会,配饰和着装已经成为商务人士形象塑造的一门艺术,并为商务人士,特别是从事文化艺术工作,或具有一定艺术修养的商务人士所普遍接受。佩戴与衣着风格、从事职业和参加场合等搭配的饰品,可趋雅避俗、显优藏拙,弥补自我形象上的不足或强化自身形象的动人之处,给人留下深刻印象。

德国美学家格罗塞曾说:"诱使人们将自己装饰起来的最大、最有力的动机,无疑是取悦他人。"商务场合要让配饰养眼、养神、养心,就必须遵循相应的礼仪准则,这些礼仪准则具体有以下几个方面。

1. 点到为止,恰到好处

配饰不要太多,美加美并不一定等于美。浑身上下珠光宝气、挂满饰物,会让人感觉是在炫耀,给人以庸俗之感。

2. 扬长避短,显优藏拙

配饰是起点缀作用的,通过配饰可突出自己的优点、掩盖缺点。据说貂蝉虽花容月貌,但耳朵短小,她便佩戴耳坠,增加耳朵的延伸感。这说明配饰具有扬长避短、显优藏拙的功能。

脖颈短粗者,不宜佩戴紧贴脖颈的颈链,应选择细长的项链,有纵向拉长脖颈线条的效果;身材矮小者,不宜佩戴长丝巾,否则会显得身材更矮小;手指短而粗者,不宜佩戴重而宽的戒指,窄戒指才是明智的选择。

3. 突出特点,彰显个性

佩戴饰品,不仅要扬长避短,而且要彰显个性。配饰是造型利器,要选择与自己的体形、相貌、年龄、职业等相配的饰品,不要盲目模仿,不要别人戴什么就跟着戴什么。例如,西方女性嘴唇丰满、高鼻深目,戴一对大耳环会显得灵动漂亮;而东方女性身材较瘦小、五官偏扁平,大耳环显然不太合适,选择精巧的小耳饰才能体现出东方女性含蓄秀婉、温文尔雅的特质。

4. 适应场合,四季分明

不同的场合、环境对配饰的颜色、质地、款式及佩戴方式都有不同的要求。例如,参加商务谈判、发布会及其他会议时,男士应选择庄重、高雅的深色领带,塑造沉稳庄重、威严大气的形象,让谈判对手或听众在无形中感觉到一种压力或气场;参加社交聚会或联谊会时,男士宜佩戴色彩明快、款式活泼的领带,能给人留下青春浪漫、充满活力的美好印象。

配饰在适应不同场合的同时还要区分季节。季节不同,配饰的种类、款式、色彩要求也有所不同。

第三节　举止与行为礼仪

一、举止礼仪

举止是指人的动作和表情,是一种展示自己风度、气质、修养和才华的外在形态。它包括人在社会活动中坐、立、行走的各种姿态,以及手势和表情等。

举止是一种不说话的“语言”,能在很大程度上反映一个人的素质、受教育的程度及能够被别人信任的程度。在社会交往中,一个人的行为既体现他的道德修养、文化水平,又能表现出他与别人交往是否有诚意,更关系到一个人形象的塑造,甚至会影响国家民族的形象。冰冷生硬、懒散懈怠、矫揉造作的行为,无疑有损于良好的形象;相反,从容潇洒的动作给人以清新明快的感觉,端庄含蓄的行为给人以深沉稳健的印象,坦率的微笑则使人赏心悦目。因此,我们在交往中应该使自己成为举止优雅的人。

(一)站姿

站立是人们日常交往中一种最基本的举止。站姿是生活中以静为造型的动作。站立不仅要挺拔,而且要优美典雅,站姿是优美举止的基础。良好的站姿能衬托出美好的气质和风度。

1. 标准的站姿

标准的站姿从总体上给人以挺、直、高的感觉,也就是人们常说的“站如松”,即站得像松树一样挺拔。标准站姿的基本要求是:上身正直,头正目平,脸带微笑,微收下颌,挺胸收腹,腰直肩平,两臂自然下垂,两腿相靠站立,肌肉略有收缩感。

通常情况下，男士可采取双手相握、叠放于腹前的前腹式站姿，双脚稍分开与肩部同宽；女士或为前腹式站姿，双脚基本并拢，穿紧身短裙时，脚跟靠紧，脚掌分开呈“V”状或“Y”状；穿礼服或旗袍时，可双脚微分。

2. 不同场合的站姿

在升国旗、奏国歌、接受奖章、接受接见等庄严的场合，应采取严格的标准站姿，而且神情要严肃。

在发表演说、新闻发言时，为了减少身体对腿的压力，减轻由较长时间站立造成的双腿的疲倦，可以用双手支撑在讲台上，两腿轮流放松。主持文艺活动、联欢会时，可以将双腿并拢站立，女士可以站成丁字步，让站立姿势更加优美。

门迎等服务人员往往站的时间很长，双腿可以平分腿站立，双腿分开不宜超过肩宽。双手可以前握垂放于腹前，也可以背后交叉，右手放到左手的掌心上，但要注意收腹。礼仪小姐的站姿，要比门迎等服务人员更美观，一般可采取立正的姿势或丁字步。如双手端、执物品时，上臂应靠近身体两侧，但不必夹紧，下颌微收，面含微笑，给人以优美亲切的感觉。

3. 不良的站姿

不良的站姿主要有以下几类。

(1)身躯歪斜。古人对站姿曾经提出“站如松”的基本要求，这说明站姿以身躯直正为美。在站立时，若是身躯出现明显的歪斜，则会直接破坏人体的线条美，并且会给人颓废消沉、萎靡不振、自由放纵的直观感觉。

(2)弯腰驼背。弯腰驼背其实是身躯歪斜的一种特殊表现。除腰部弯曲、背部弓起之外，大多会伴有颈部弯缩、胸部凹陷、腹部凸出、臀部撅起等其他不雅体态。凡此种种，都会显得一个人健康欠佳、无精打采。

(3)趴伏倚靠。在工作岗位上，要确保自己站有站相。站立时，随随便便地趴在一个地方，伏在某处左顾右盼，倚着墙壁、货架而立，靠在桌边，或者前趴后靠、自由散漫，都是极不雅观的。

(4)腿位不雅。应切记：在站立时双腿分开的幅度，在一般情况下越小越好，双腿并拢为好；即使分开，也要注意不可使双腿之间的距离超过本人的肩宽。另外，还有双腿扭在一起、双腿弯曲等姿势也应避免。

(5)脚位欠妥。在正常情况下，双脚站立时呈现出 V 字式、Y 字式(丁字步)、平行式等脚位。注意，采用人字式、蹬踏式和独脚式则是不允许的。所谓人字式，指的是站立时两脚脚尖靠在一起，而脚后跟大幅度地分开，这种脚位又叫“内八字”。所谓蹬踏式，是指站立时为了舒服，在一只脚站在地上的同时，将另一只脚踏在椅面上、蹬在窗台上、跨在桌面上等。独脚式即一只脚抬起，另一只脚落地。

(6)手位不当。站立时，不当的手位主要有：一是将手插在衣服的口袋内，二是将双手抱在胸前，三是将两手抱在脑后，四是将双手支于某处，五是用两手托住下巴，六是手持私人物品。

(二)坐姿

端庄优美的坐姿给人以文雅、稳重、大方的美感，会给人留下良好的印象。所谓坐如钟，就是指坐姿要像钟一样端庄沉稳。

1. 坐姿的基本准则

(1)落座要轻、动作要缓，不论是坐椅子还是坐沙发，最好不要坐满。坐定后，男士双膝并拢或微微分开，两脚自然着地，双目正视他人，面带微笑。

(2)女士“坐莫动膝，立莫摇裙”，腰背挺直，手臂放松，双腿并拢，目视于人。

(3)离座动作缓慢轻稳，不能猛起猛出，不宜发出声响；离座要右脚向后收半步，然后起立，起立后右脚与左脚并齐，再从容移步；应等身份高者先离座，身份同等可同时离座。

(4)通常情况下，与他人谈话时，可把双手轻搭在沙发扶手上，但不可手心朝上；也可双手相交放在腿上，但不可相交超过手腕二寸；还可以将左手掌搭在腿上，再将右手掌搭在左手背上。

2. 不同场合的坐姿

谈判、会谈时，场合一般比较严肃，适合正襟危坐，但不要过于僵硬。要求上身正直，端坐于椅子中部，注意不要使全身的重量只落于臀部，双手放在桌上、腿上均可。双脚为标准坐姿中的摆放动作。

倾听他人教导时，对方若是长者、尊者、贵客，除了要端正坐姿外，则还应坐在座椅、沙发的前半部或边缘，身体稍向前倾，表现出一种谦虚、重视对方的态度。

在比较轻松、随意的非正式场合，可以坐得轻松、自然些，全身肌肉可适当放松，还可不时变换坐姿。

3. 男士坐姿

男士就座时，双脚可平踏于地，双膝可略微分开，双手可分置左右膝盖之上，男士穿西装时应解开上衣纽扣。一般正式场合，要求男性两腿之间可有一拳的距离。在日常交往场合，男性可以跷腿，但不可跷得过高(以免鞋底正对旁边的客人)或抖动。欧美国家的男士叠腿而坐时，是把小腿部分放在另一条腿的膝盖上，大腿之间是有缝隙的。

4. 女士的几种坐姿

(1)双腿垂直式。基本要求是：双腿垂直于地面，双脚的脚跟、膝盖直至大腿都需要并拢在一起，双手叠放于左(右)大腿上。这是正式场合最基本坐姿，可给人以诚恳、认真的印象。

(2)双腿叠放式。基本要求是：上下交叠的膝盖之间不可分开，两腿交叠呈一直线，给人以纤细的感觉。双脚置放的方法可视坐得高矮而定，既可以垂直，也可与地面呈 45°斜放。采用这种姿势时，切勿双手抱膝，更不能两膝分开。

(3)双腿斜放式。基本要求是：双腿并拢后，双脚同时向右侧或左侧斜放，并且与地面形成 45°左右的夹角。这样，就座者的身体就会呈现优美的“S”形。

(4)双脚交叉式。基本要求是：双腿并拢，双脚在脚踝部位交叉之后略向左侧斜放。坐在主席台上、办公桌后面或公共汽车上时，比较合适采用这种坐姿，感觉比较自然。

(5)双脚内收式。基本要求是：两条小腿向后侧屈回，双脚脚掌着地，膝盖以上并拢，两脚稍微张开。这也是变化的坐姿之一，尤其在并不受注目的场合，这种坐姿显得轻松自然。

5. 不良的坐姿表现

(1)动作幅度过大、过急。在入座过程中，节奏太快、动作不轻稳，易给人留下做事潦草、忙乱的不良印象；离座时出现急、快的情况，易产生刮倒座椅、发出声响等问题，也会影响个人形象。

(2)坐姿不端正。上身放松，半坐半躺在座椅上，或者完全瘫坐在座椅上；上身在坐立的过程中不停地晃动、左右歪斜、前仰后合；双手抱脑后，或抱膝盖，或夹在两腿之间。

(3)双腿姿态不规范。两腿过度叉开；腿不停抖动；双腿重叠，一条腿跷起(俗称“二郎腿”)；双脚没有平放在地面上，脚尖翘起；双腿拉开成八字形；脚伸得很远；以脚蹬踏别的物体。

（三）走姿

走姿就是人行走的姿态、体态，它是站姿的延续动作，是在站姿的基础上展示人的动态美的极好手段。无论是在日常生活中，还是在社交场合，走路往往是最引人注目的体态语言，也最能表现一个人的风度和活力。

1. 标准的走姿

上身基本保持站立体姿，挺胸收腹，腰背笔直；两臂以身体为中心，前后自然摆动，前摆约35°，后摆约15°，手心朝向体内；起步时身体稍向前倾，重心落于前脚掌，膝关节伸直；脚尖向正前方伸出。

男士应抬头挺胸，收腹直腰，上体平稳，双肩平齐，目光平视前方，步履稳健大方，显示男性刚强雄健的阳刚之美。

女士应头部端正，目光柔和，平视前方，上体自然挺直，收腹挺腰，两腿靠拢而行，步履匀称，自如、轻盈，显示女士端庄文雅的阴柔之美。

2. 不同场合的走姿

喜庆场合，步态应轻盈、欢快，有跳跃感；悲伤场合，步态应缓慢、沉重，有忧伤感；参观展览，步态应轻柔；进入办公场所、登门拜访客户，步态应轻而稳；迎接外宾，步态应稳健、节奏稍缓；办事往来于各部门之间，步态应快而稳重；陪同参观，应照顾来宾行走速度，并善于引路。

3. 不良的走姿

公关人员和商务人员行走时，应力戒下列现象：行走带响、狂奔猛跑、连蹦带跳、背手而行、左顾右盼、摇头晃脑、摆胯扭腰、低头看脚、横冲直撞、与人抢道等。

（四）手姿

手姿，又叫手势。手是人体最灵活的一个部分，所以手姿是体语中最丰富、最具有表现力的传播媒介，做得得体适度，会起到锦上添花的作用。适当地运用手势，可以增强感情的表达。古罗马政治家西塞罗曾说："一切心理活动都伴有指手画脚等动作。"

据语言学家统计，表现手势的动词有近200个，如招手致意、挥手告别、握手问好、摆手拒绝、合手祈祷、拍手称赞、拱手答谢，手抚是爱、手搡是恨、手指是怒、手甩是憾、手搂是亲、手捧是敬、手颤是怕、手遮是羞、举手赞同、垂手听命等。

1. 手势的类型

手势活动的范围，有上、中、下三个区域，还有内区和外区之分。肩部以上被称为上区，多用来表示愉悦、激昂等情感，表达积极肯定的意思；肩部至腰部被称为中区，多表示比较平静的情绪，一般不带有浓厚的感情色彩；腰部以下被称为下区，多表示不屑、厌烦、反对、失望等，表达消极否定的意思。根据手势运用的目的和情境，人的手势可以分为以下4种。

（1）情意性手势。情意性手势主要用于表达带有强烈感情色彩的内容，其表现方式极为丰富，感染力极强。比如说"我非常爱她"时，用双手捧胸，以表示真诚之情。

（2）象征性手势。象征性手势主要用来表示一些比较复杂的感情和抽象的概念，从而引起对方的思考和联想。例如，把大军乘胜追击的场面，用右手五指并齐然后手臂前伸这个手势来形容，象征着奋勇进发的大军，从而引起听众的联想。

（3）指示性手势。指示性手势主要用于指示具体事物或数量，其特点是动作简单、表达单一，一般不带感情色彩。例如，当讲到自己时，用手指向自己；当谈到对方时，用手指向对方。

（4）形象性手势。形象性手势的主要作用是模拟事物的形状，以引起对方的联想，给人一种具体明确的印象。例如，说到高山，手向上伸；讲到大海，手平伸外展。

2. 手势的运用要求

沟通时运用手势是为使话语和说话的人显得更加生动活泼，提升话语表达的效果，更加明确地表达意图。一般来说，手势运用需要注意以下几点。

(1)手势动作要自然得体

手势动作应做到上不超肩 10 厘米、下不过腰 10 厘米，上臂不贴紧身体抱于胸前或小腹前，同时避免双臂或双脚的交叉动作，避免夸张、矫揉造作、单调和呆板的手势。

(2)手势的使用目的要明确

手势要与身体姿势、眼神、表情及口头语言协调一致。在发表演讲时，配合具有鼓动性的手势，可以激发对方的情绪；在侃侃而谈时，加上富有感染力和说服力的手势，也可以起到渲染气氛、把对方代入角色的作用，使其有身临其境的感觉。

(3)手势不要过多

手势过多给人轻浮的感觉，而且容易分散对方的注意力。

(4)避免消极的手势

消极的手势主要是指抠鼻子、揉眼睛、挠痒痒、捋胡须、理头发、手插裤兜、玩弄衣扣等。另外，在与人交谈时，用手指对对方指指点点也是极不礼貌的。

(5)注意不同文化背景下手势含义的差异

受地域、文化、种族的影响，不同文化背景下的手势语也存在许多差异，它们具有独特的文化内涵。因此，在国际交流和跨文化沟通中，要理解不同文化背景下手势语的意义，避免手势语的误用，减少文化矛盾和冲突，确保沟通和交际活动的顺利进行。

二、肢体语言

在人们的日常生活中，会自觉或不自觉地做出各种动作和摆出各种姿态，这些动作和姿态往往传递着人们内心世界的诸多信息(见表 9－1)，因而被称为肢体语言。人们可以通过对肢体语言的研究，探询对方的态度、修养和内心活动。耐心观察细节和行为的细微差异。关心对方的行为举止，注意咳嗽、弹指、转笔以及其他不耐烦和紧张的信号。

表 9－1　　肢体语言代表的意义

肢体动作	隐　含　意　义
坐在椅子边上	不安、厌烦或提高警觉
沉默	默认或反对
鼓掌	赞成、高兴或反对
正视对方	友善、诚恳、外向、有安全感、自信、笃定等
眯着眼	不同意、厌恶、发怒或不欣赏
抖脚	紧张
轻拍肩背	鼓励、恭喜或安慰
打呵欠	厌烦、反对
来回走动	发脾气或受挫
眉毛上扬	不相信或惊讶

续表

肢体动作	隐　含　意　义
扭绞双手	紧张、不安或害怕
避免目光接触	冷漠、逃避、不关心、没有安全感、消极、恐惧或紧张等
咬嘴唇	紧张、害怕或焦虑
环抱双臂;双手放在背后	愤怒、不欣赏、不同意、防御或攻击
搔头	迷惑或不相信
笑	同意或满意
身体向前倾	注意或感兴趣
抬头挺胸	自信、果断
懒散地坐在椅中	无聊或轻松一下
坐不安稳	不安、厌烦、紧张或者是提高警觉
摇头	不同意、震惊或不相信
点头	同意或者表示明白了,听懂了
晃动拳头	愤怒或富有攻击性
长时间直视	挑战、怀疑

【案例 9—2】

肢体语言显人品

一个人走进饭店要了酒菜,吃罢摸摸口袋发现忘了带钱,便对店老板说:“店家,今日忘了带钱,改日送来。”店老板连声:“不碍事,不碍事。”并恭敬地把他送出了门。

这个过程被一个无赖给看到了,他也进饭店要了酒菜,吃完后摸了一下口袋,对店老板说:“店家,今日忘了带钱,改日送来。”谁知店老板脸色一变,揪住他,非剥他衣服不可。无赖不服,说:“为什么刚才那人可以赊账,我就不行?”店家说:“人家吃菜,筷子在桌子上找齐,喝酒一盅盅地筛,斯斯文文,吃罢掏出手绢揩嘴,是个有德行的人,岂能赖我几个钱? 你呢? 筷子往胸前找齐,狼吞虎咽,吃上瘾来,脚踏上条凳,端起酒壶直往嘴里灌,吃罢用袖子揩嘴,分明是个居无定室、食无定餐的无赖之徒,我岂能饶你!”一席话说得无赖哑口无言,只得留下外衣,狼狈而去。

动作姿势是一个人思想感情、文化修养的外在体现。一个品德端庄、富有涵养的人其姿势必然优雅;一个低级趣味、缺乏修养的人,是做不出高雅的姿势的。

在人际交往中,我们必须留意自己的形象,讲究动作与姿势。因为我们的动作姿势是别人了解我们的一面镜子。

(资料来源:严成根. 公共关系学[M]. 3 版. 北京:清华大学出版社,2019.)

第四节 日常社交礼仪

日常社交礼仪是指人们在人际交往过程中所具备的基本素质、交际能力等。通过社交活动，人们可以互通信息，共享资源，对取得事业成功大有获益。正确运用社交礼仪规范，有利于展示个人内在修养和素质，提高适应社会和融入社会的能力。

一、距离礼仪

美国人类学家、心理学家、方法意义学创始人霍尔博士通过大量事例说明，人在文明社会中与他人交往而产生的关系，其远近亲疏是可以用空间距离的大小来衡量的。有一个实验讲的是，在一间大厅里，有一排椅子，假定两个陌生人先后进入大厅，如果第一个人坐在南端，另一个人紧挨第一个人坐下的话，第一个人会本能地移开，与第二个人保持一定的距离。即使在拥挤的公共汽车上，当素不相识的人的身体紧紧贴在一起的时候，人们也绝不允许他人贴近自己的脸，特别是嘴唇和眼睛。这些情况都表明，无论在什么情况下，人们周围都有一个属于自己的空间，人际交往只有在这个允许的空间限度内才显得自然和安全。

在公共活动中，根据社交的对象和目的，选择和保持合适的距离是极为重要的。那么，什么样的距离才是标准且让人感觉自然和安全的距离呢?

（一）亲密的社交距离

亲密的社交距离在45厘米以内，属于私下情境。这多用于情侣，也可以用于父母与子女之间或知心朋友间。两位成年男子一般不采用此距离，但两位女性知己往往喜欢以这种距离交往。亲密的社交距离属于很敏感的领域，交往时要特别注意不能轻易采用这种距离。

（二）私人的社交距离

私人的社交距离一般为45～20厘米，表现为伸手可以握到对方的手，但不易接触到对方的身体。这一距离对讨论个人问题是很合适的，一般的朋友交谈多采用这一距离。

（三）礼仪的社交距离

礼仪的社交距离为120～360厘米，属于礼节上较为正式的交往关系。一般工作场合人们多采用这种距离交谈。在小型招待会上，与没有过多交往的人打招呼可采用此距离。

（四）公共的社交距离

公共的社交距离指大于360厘米的空间距离，一般适用于演讲者与听众、彼此极为生硬的交谈及非正式的场合。在商务活动中，根据其活动的对象和目的，选择和保持合适的距离是极为重要的。

人际交往的4种状态只是大致的划分。在不同的文化背景下，把握人际距离的准则会有所差异，但基本规律是相同的。与喜欢的人交谈要靠得近，熟悉的人之间要比陌生人之间靠得近，性格外向的要比内向的人靠得近，女人之间比男人之间靠得近。在日常生活中，科学合理地运用距离礼仪，有利于构建和谐的工作环境。

二、介绍礼仪

介绍是交往活动中相互了解的基本方式，是人们交往的第一座桥梁。有效率、吸引人的介绍方式是商务交流的一项重要活动。介绍和被介绍是社交活动中相互了解的基本方式之一。通过介绍，可以缩短人们之间的距离，扩大社交圈子，促使彼此原来不熟悉的人更多地沟通和深入地了解。

（一）自我介绍

自我介绍是进入社会交往的一把钥匙。运用得好，可为你顺利融入社会助一臂之力，反之则可能给你带来种种不便。因此，善于推销自我是至关重要的。自我介绍是推销自身形象和价值的一种方法和手段。通常需要做自我介绍的情况有以下几种：社交场合中遇到你希望结识的人，又找不到适当的人介绍，这时自我介绍应谦逊、简明，把对对方的敬慕之情真诚地表达出来；电话约某人，而又从未与这个人见过面，这时要向对方介绍自己的基本情况，还要简略谈一下要约见对方的事由；演讲、发言前，面对听众做自我介绍，此时最好既简明扼要，又要有特色，给听众一个良好的第一印象；求职应聘或参加竞选，这时更需要自我介绍，既要有书面介绍材料（个人简历），还要有口头的叙述。

自我介绍要点如下：

1. 镇定而充满自信

清晰地报出自己的姓名，并善于使用体态语言，表达自己的友善、关怀、诚意和愿望，这是体现自信的表示。如果自我介绍模糊不清，含糊其词，流露出羞怯自卑的心理，就会使人感到你不能把握自己，因而也会影响彼此间的进一步沟通和交流。

2. 根据交往目的的不同，介绍详略有差异

自我介绍的内容一般包括姓名、籍贯、职业、职务、工作单位或住址、毕业学校、经历、特长或兴趣等。在长者或尊者面前，语气应谦恭；在平辈和同事面前，语气应明快，直截了当。

3. 自我评价要掌握分寸

自我评价一般不宜用“很”“第一”等表示极端赞颂的词，也不必有意贬低，关键在于掌握分寸。

（二）他人介绍

社交场合中互不相识者的介绍常常是通过第三者进行的。每个人都有可能充当被介绍者或为他人介绍的角色。为他人作介绍时应遵循以下基本礼仪原则。

1. 注意是否有结识意愿

在向他人介绍时，首先了解对方是否有结识的愿望，最好不要向一位有身份的人介绍他不愿认识的人。

2. 注意介绍次序

按国际惯例，应该先把年轻者、身份地位低者介绍给年长者、身份高者；先把年轻的职务相当的男士介绍给女士；先把年龄低、未婚者介绍给已婚者；先把客人介绍给主人，把晚到者介绍给早到者；如果是业务介绍，就必须先提到组织名称、个人职衔等。集体介绍可以按照座位次序或职务次序进行。为他人介绍应遵守“先向尊者介绍”的原则。

3. 介绍人作介绍时，应该多使用敬辞

在较正式场合，介绍词也较郑重，一般以“×××，请允许我向您介绍……”的方式。在不十分正式的场合可随便些，可用“让我介绍一下”或“我来介绍一下”，或“这位是……”的句式。介绍时应清晰地说出得体的称谓，有时还可用些定语或形容词、赞美词来介绍对方。

4. 被人介绍时注意手势和表情

被介绍时，眼睛正视对方。除年长或位尊者外，被介绍双方最好站起来点头致意或握手致意，同时应说声“您好，认识您很高兴”或“真荣幸能认识您”等得体的礼貌语言。

三、名片礼仪

（一）名片的制作

名片的使用已成为人与人交往的一种重要手段。名片，是一个人身份、地位的象征，是一个人尊严、价值的一种彰显方式，也是使用者要求社会认可、获得社会理解与尊重的一种方式。名片上一般印有公司名称、头衔、联络电话、地址等。通过递送名片可以使对方认识你，与你联系。所以，有人把它称作另一种形式的身份证。当然，使用名片除了对个人有意义外，还体现他们所在组织的形象。在现代社会，越来越多的企业等社会组织对名片制作十分重视。

国内通用的名片规格为9厘米×5.5厘米，即长9厘米，宽5.5厘米，女士则多用8厘米×4.5厘米规格。如无特殊需要，则不应将名片制作得过大，甚至有意搞折叠式，免得给人以标新立异、虚张声势、有意摆谱之感。印制名片的纸张，宜选庄重朴素的白色、米色、淡蓝色、淡黄色、淡灰色，并且以一张名片一色为好。

最好不要印制杂色名片，以免令人眼花缭乱。也不要用黑色、红色、粉色、紫色、绿色印制名片，它们均会给人有失庄重的感觉。在国内使用的名片，宜用汉语简体字，切勿在一枚名片上采用两种以上的文字，也不要将两种文字交错印在同一面上。

（二）名片的使用

交换名片的时机有：希望认识对方；表示自己重视对方；被介绍给对方；对方想要自己的名片；提议交换名片；初次登门拜访对方；通知对方自己的变更情况；打算获得对方的名片。

如遇以下几种情况，则不必交换名片：对方是陌生人；不想认识对方；不愿与对方深交；对方对自己并无兴趣；双方之间的地位、身份、年龄差别很大。

递名片给他人时，应郑重其事。最好是起身站立，走上前去，使用双手或者右手，将名片正面面对对方，交予对方。切勿以左手递交名片，不要将名片背面面对对方或是颠倒着面对对方，不要将名片举得高于胸部，不要以手指夹着名片给人。若对方是少数民族或外宾，则最好将名片上印有对方认得的文字的那一面面对对方。将名片递给他人时，口头应有所表示。先做一下自我介绍，交换名片后，可以说“请多指教”“多多关照”“今后保持联系”等话语。

与多人交换名片，应讲究先后次序，或由近而远，或由尊而卑，一定要依次进行。当然，当他人表示要递名片给自己或交换名片时，应立即停止手上所做的一切事情，起身站立，面含微笑，目视对方。接受名片时宜双手捧接，或以右手接过，切勿单用左手接过，“接过名片，首先要看”，这一点至为重要。具体而言，就是换过名片后，立即要用30秒左右的时间从头至尾将其认真默读一遍。

接受他人名片时，应口头道谢，或重复对方所使用的谦辞敬语，如“请您多关照”“请您多指教”，不可一言不发。若需要当场将自己名片递过去，则最好在收好对方名片后再给，不要左右开弓，一来一往同时进行。

【案例9—3】

张小姐的名片

张小姐的美容小店开张在即，让她苦恼的是店铺的位置不太醒目。张小姐是个细心的人，她想到利用名片来做文章。她要求自己的名片别具一格，体现美的内涵，让客户一看见就能有一种美的享受，最好还能有提示作用，让客户循着名片就能找到店铺。一家广告公司满足了张小姐的要求，并把张小姐的店铺名称做了特殊字符处理，让客户即使匆匆一瞥也能牢牢记住，而且整张名片都是四色印刷，精美大方。另外，名片的背面是一张小小的地图，中间醒目位置标出了张小姐店铺的位置，这下再也不用担心客户找不到店址了。小店也从当初只有几个人的门面发展到在全市拥有十几家分店的美容连锁店了。

（资料来源：严成根. 公共关系学[M]. 3版. 北京：清华大学出版社，2019.）

（三）商务场合如何交换名片

1. 第一次见面交换名片

（1）用右手或双手递交自己的名片，名片的正方应对着对方、名字向着顾客，最好拿名片的下端，让顾客易于接受。

（2）如果是提前预约，对对方有一定的了解，或由第三人做介绍，就可以在面谈过程中或临别时拿出名片递给对方。

（3）异地推销，名片上留下所住旅馆名称、电话。对方递给名片时，应该用左手接，但是右手立刻伸出来，两手一起拿着名片。

（4）接过名片后要点头致谢，不要立即收起来，而是认真读一遍，注意对方的姓名、职务、职称，并轻读但不出声，以示敬重。对没有把握念对的姓名，可以请教一下对方，然后将名片放入自己口袋或手提包、名片夹中。

2. 名片的其他作用

（1）替代便函。用来对友人表示答谢、祝贺、介绍、辞行、慰问等。

（2）通报或留言。拜访名人、长辈、职务高者或其他不熟悉的人，为了避免拒见的尴尬，可先递一张名片通报或自我介绍。

（3）业务宣传。名片是公司的招牌，作用类似于广告。

（4）替代礼单。向顾客赠送小礼物，如让人转交，则随带名片一张，附几句恭贺之词，无形中关系又深了一层。

四、握手礼仪

握手礼仪是一切社交场合最常用、使用范围最广的见面致意礼节，可以表示致意、亲近、寒暄、友好、祝贺、感谢等多种含义，是世界各国通用的礼节。

（一）握手的方式

（1）手心向下。实验研究发现，地位显赫的人习惯使用该方式，但它给人高人一等的感觉，应避免使用。

（2）手心向上。实验研究发现，谦虚的人习惯使用该方式，如伸出双手相握，则更显得毕恭毕敬。

（3）手心向左，平等相握。

（二）握手的顺序

应由主人、年长者、身份职位高者和女子先伸手；客人、年轻者、身份职位低者和男子见面时先问候，待对方伸手后再伸手相握。多人同时握手时，注意不要交叉，待别人握过后再伸手。主人要主动、热情、适时地握手以增加亲切感。军人戴军帽与对方握手，应先行举手礼，再握手。

（三）握手的姿势

伸出右手，手心与身体处于垂直状态，身体微微向前倾斜，双目注视对方，面带笑容，切不可漫不经心或东张西望。

（四）握手的力度

握手时，不能有气无力地伸出手去，一般情况下，握一下即可，不必过分用力。但若是久别重逢的朋友相遇，则握手力度可大一些。男子与女子握手时，只需要微微握一下女子的手指部分即可。

（五）握手的时间

一般情况下，握手的时间不宜太长，5 秒左右即可，也不可匆匆一握，敷衍了事。

（六）握手的禁忌

我们在行握手礼时应努力做到合乎规范，避免违反禁忌而失礼。注意：一忌戴着手套与别人握手。二忌脏手相握。如果客人来了，主动向你伸手，而恰巧你在干活时把手弄脏了，你可一面点头致意，一面摊开双手说明情况，表示歉意。三忌交错握手。四忌争强握手。

五、交谈礼仪

交谈是一种有来有往、相互认识、交流感情、交换信息的双边或多边活动。由于参与交谈的各方互为发言人和听众，因此平等参与和相互补益就成为交谈礼仪的核心。交谈是公共关系人员工作能力、社交能力的综合体现。

（一）进行有效的语言表达

1. 选择合适的话题

语言学家普遍认为，成功的交谈首先应注意选择合适的话题，话题选择得当是激发出他人的兴趣点和兴奋点的关键。公关交往中，话题和谈话切入点的选择，不仅要心有他人，而且要选择双方共同点。例如，兴趣爱好，读过相同的小说，喜欢同一种体育比赛、球星或球队；共同的经历和朋友，曾经的校友、战友、同事或有共同的朋友等。当然，也可以选择日常生活中的重大事件或平凡琐事，如工作、学习、气候、娱乐、旅行、衣食住行等。以这些话题为开端，慢慢地靠近公众，拉近双方距离，随着彼此关系的加深再抛出正题，有助于交往目的的实现。

(1)交谈中宜选择的话题

①以兴趣爱好为话题。一方面，平时要注意培养自己的兴趣爱好，有意识地学习储备相关知识；另一方面，了解对方的基本情况和兴趣爱好，这样才能做到有话题、有谈资，临场不慌，应对自如。

②以工作业绩为话题。谈对方的事业、工作、能力以及骄人的业绩，通常每个人都会以此为荣，谈及这类话题会触动对方的兴奋点，让他打开“话匣子”，滔滔不绝地讲起来，也就自然而然地拉近了双方的距离。

③以亲人好友为话题。有些人喜欢将家人的照片摆放在办公桌上，不妨以此为话题从对方的家人谈起。当与对方交谈遇到冷场情况时，可以转移一下话题，先夸一夸办公桌上的照片：“这是您的妻子吗？她长得真美！”“您的孩子真可爱！”“您的家庭真是令人羡慕！”这是化解尴尬气氛屡试不爽的方法，因为任何人都不会拒绝谈论自己感兴趣的内容。

(2)交谈中避讳的话题

①对方隐私。忌询问、谈论对方的隐私，如年龄、收入、财产、婚姻等，对对方不愿回答、转移话题或其他私人生活等方面的问题不要追问。

②揭对方短处。与对方交谈，不要谈及对方的生理缺陷、过失、隐痛等，对方曾经发生的不幸也不要主动提起，以免勾起他人的伤感和造成现场氛围的低沉。当着残疾人的面不谈运动、健美，当着胖人不说其长得胖、长得壮等。

③背后指责。忌当着他人的面，议论、指责甚至谩骂自己的领导、同事和其他客户，也不要有损坏和破坏他人形象的言论或行为。

2. 准确清晰地传递信息

为了实现有效的沟通和交流，参与交谈的双方应尽可能做到准确清晰地传递信息。这主要包括以下几点。

(1)慎选用语。一般来说，在沟通过程中，如果信息的接收者不能理解发出者所传递的信息，那么沟通就是无效的。因此，选择传递信息的用语极为重要。在交谈中，应尽可能选择通俗的用语，语义表达应清晰、完整。要根据交谈对象的实际情况，选择合适的、对方容易理解的话语，尤其要选择容易让人接受、具有美好性的语言，而要避免使用有伤害性或攻击性的语言。如生活中有些人开口就说："不是这样！""你说的根本不是事实！""你在胡说八道，谁会相信这种鬼话！"试想，这样的语言谁能接受呢？因此，采用类似这样的语言是无法进行沟通的。反之，若我们在与人沟通中，时常将"您说得也很有道理"作为导语，其效果则会大不相同，这会让对方主动去改变自己。

(2)语速适度。在运用言语与人进行交流的过程中，语速对阐述效果的影响也很大，语速过快则对方易听不清、记不住；语速过缓则对方会感到拖拉冗长、难辨主次。陈述的语速应快而不失节奏、慢而不失流畅，给人以轻松、动听之感。语句之间稍微停顿一下，目光与对方交流一次再继续陈述的效果颇佳。

一般来说，电视台新闻播音员的语速较快，基本上为每分钟说 300 个字左右。平常人们的语速是每分钟说 200 个字左右。对于日常生活中非常熟悉的语言，在短时间内(几秒内)，人耳的接收能力可达每秒七八个字，甚至更多；一般情况下，人耳的接收能力，即辨析能力是每秒四五个字，即每分钟 240～300 个字。超过这个速度，听者在理解时就会有一定困难。

(3)语调的掌控。同一句话的语调不同，所赋予的含义就不同。比如"您的一番话对我启发很大呀"这样一句话，由于语调的不同，可以有赞赏、讥讽、敷衍等意思。在正式的交谈中，交谈者通过对方说话的语调，可以判断其感情或情绪的状态。语调加上表情等体态语言的艺术化运用，不仅可以有效地表达思想，而且可能创造出异乎寻常的交流效果。

【案例 9－4】

成功的悲剧表演

有一次，意大利著名的悲剧影星罗西应邀参加一个欢迎外宾的宴会。席间，许多客人要求他表演一段悲剧，于是他用意大利语念了一段"台词"，尽管客人听不懂他"台词"的内容，然而，他那动情的声调和表情凄凉悲怆，不由得使人流下同情的泪水。可一位意大利人却忍俊不禁，跑出厅外大笑不止。原来，这位悲剧明星念的根本不是什么台词，而是宴席桌上的菜单。这个例子生动地证明了语调的作用与魅力。

(资料来源：https://wenku.so.com/d/bf58e9d5f1c6deaf661c0ca370667936.)

3. 具有良好的言谈风范

正式的沟通和交流需要在良好的氛围中进行，而交谈者应具有良好的言谈风范，如用词积极正面、礼貌相待、非暴力沟通等。

(1)使用积极正面的字词

语言具有很强的能量。公关人员所说的话,其实对沟通双方的态度及情绪影响很大。在言谈中,公关人员应该有意识地使用积极正面的字词来取代消极负面的字词。

一般而言,在日常生活中所使用的字词可以分成三类:积极正面的、消极负面的以及中性的字词。消极负面的字词,如“问题”“失败”“困难”“麻烦”“紧张”等。如果我们常使用这些消极负面的字词,恐慌及无助的感觉就随之而起。高情商的人很少会用这些消极负面的字词,他们会用积极正面的字词来代替。例如,他们不说“有困难”,而说“有挑战”;不说“我担心”,而说“我在乎”;不说“有问题”,而说“有机会”。如果使用积极正面的字词,人就更积极、更有动力去面对生活。

(2)遵循礼貌规则和非暴力沟通

礼貌可谓言语沟通的基础,也是实现与各类人有效沟通的基本规则。从我们中华文化的传统来看,礼貌言谈主要体现在文雅、得体、谦逊三方面。交谈者应遵循交谈中的礼貌规则,懂得礼貌风范是言谈风范的重要体现。礼貌用语是人类文明的标志,用语礼貌的精髓是把他人放在心上。《福布斯》杂志曾经刊登过一段话:“语言中最重要的 5 个字是‘我以您为荣’,最重要的 4 个字是‘您怎么看’,最重要的 3 个字是‘麻烦您’,最重要的 2 个字是‘谢谢’,最重要的 1 个字是‘您’。”那么,语言中最次要的一个字是什么呢?那就是“我”。因为把他人放在心上,才是更重要的。“谢谢”“您好”“对不起”“再见”等,是公关交往中不可缺少的礼貌语言。

【案例 9—5】

“不急”是一种珍贵的商品

一次,一位男士与家人一起到西餐厅用餐。那天客人比较多,菜出得慢,但也陆续送了来,大家开始用餐。吃到甜点时,男士点的主菜还没送来,因为是一家人,所以大家我吃一点你的前餐,你吃一点他的主菜。

服务小姐送来饮料时,很不好意思地询问:“是不是还有一份餐未送来?”男士说“是”,服务小姐很抱歉地说了一声“对不起”就离开了。

过了不到 30 秒,老板娘带着大厨来到这位男士身边,连声抱歉,说刚把主菜放下去,还需要 20 分钟,问能不能等一下,或者是否要退掉。

这位男士回答说:“没关系,我知道你们今天忙,难免会慢一些。不急,我等一下好了,等做好了以后帮我打包,我带回家。”老板娘与大厨连声道歉后离开了。

买单时,男士惊讶地问是否算错了。老板娘在旁边解释道:“因为您的谅解与客气,更因为您的‘不急’,所以餐点打八折,没上桌的那一份免费,小孩子的附餐也免费招待。”男士笑笑说:“您太客气了,真是儒商经营。”老板娘回应了一句:“因为您的客气,所以不得不让我们更客气。因为您的‘不急’,我自然要度量它的价值。”

男士笑着离开了,不是因为少花钱,只因“不急”变成了一种珍贵的商品。

(资料来源:王玉苓. 商务礼仪[M]. 3 版. 北京:人民邮电出版社,2024.)

沟通的礼貌风范要求人们掌握“非暴力沟通”的技巧。在我们的日常生活中,“暴力沟通”十分普遍。例如,妻子对丈夫说:“你还知道回来啊,你怎么不死在外面呢?”又如,老师对学生说:“你这么不爱学习,将来长大了能有什么出息?”类似的暴力沟通在生活中随处可见。人们习惯被情绪控制，以暴力沟通的方式发泄情绪，导致矛盾激化，让他人和自己都陷入痛苦。非暴力沟通提供了一种新的沟通方式，它帮助人们认识到日常沟通中潜藏的“暴力”，强调以诚实和倾听的方式与人交流。道德评判、比较、强人所难、回避责任等异化的沟通方式非但不能解决问题，反而容易造成心灵隔阂。非暴力意味着让爱融入生活，让尊重、理解、欣赏、感激和友爱而非自私自利、贪婪、憎恨、偏见、怀疑和敌意来主导生活。

（二）运用好交谈的艺术

交谈是一门艺术，要想把握好，就必须将交谈建立在对对方感情、人格和自尊心尊重的基础上。在交谈中可以运用的艺术主要有以下几个方面：

1. 善于倾听

在人际沟通过程中，倾听起着非常重要的作用。一方面，听是获取信息的基本手段，面对面沟通中大量信息要靠倾听对方来获得。另一方面，交谈者在沟通过程中对听的处理本身也可以向对方传递一定的信息。认真地听，既能向对方表明你对他的讲话十分感兴趣，也能表示你对对方的尊重，从而起到鼓励对方更充分地阐述，使己方获得更多信息的作用。

要做到善于倾听，首先应学会耐心倾听，不随意打断对方的发言；其次对对方的发言做出积极的回应，通过适当的面部表情和身体动作，对对方的表述做出回应，鼓励对方就有关问题做进一步的阐述；最后应保持开放的心态，从肯定对方的角度去倾听。例如，“我相信你是有理由这么做的，我认为你的想法值得听听”。

2. 善于提问

善于诱导、启发和提出话题，并转到中心主题上，或者通过有效提问打开僵局，打破沉默。

据语言学家的分析，人们的任何提问几乎都可以转化为这种模式，即先将疑问的内容用陈述句式表述，再在陈述句式之后附以一些疑问词，与此同时配以赞许的一笑，这样的提问就会有效。即使要对方按照你的意见去做，也要用这一模式提问。例如：“我知道要做很多工作，可是我们必须在今晚干完它，行吗？”这种提问方式能调动对方回答的积极性，启发对方更深层的智力资源，充分满足对方的社会赞许动机，即渴求社会给予嘉许与肯定的心理。这种提问之所以有效，是因为陈述句后面加了疑问词，具有一种向他人征询、洽商，顾及他人的意味。

3. 懂得赞美

赞美源于人性，源于人的欲望和需求。心理学家威廉·詹姆士曾说：“人类本质中最殷切的需求是渴望被肯定。”出身贫寒的美国总统林肯曾总结说：“人人都需要赞美，你我都不例外。”

赞美是一种肯定和友好的表示，赞美能创造出和谐融洽的交往氛围。真诚的赞美，于人于己都有重要意义。以别人来说，他的优点和长处，因你的赞美而显得更加有光彩；对自己来说，表明了你已被别人的优点和长处所吸引。赞美要恰如其分，不能太离谱，适当的赞美应当是在对方原有期望的基础上略加提高，既不会贬低别人，也能满足对方且不至于令其飘飘然。措辞也要适当、具体，不能太笼统，否则会给被赞美者虚无缥缈的感觉，令对方产生怀疑，从而感到你赞美的虚伪。但赞美不可太夸张、用陈词滥调、触及他人忌讳等。

4. 幽默处理

幽默是一种有趣的、富有感染力的传递艺术，是为人处世高情商的表现。在人们的交谈中，交谈者所具有的幽默感，不仅能令其自身谈吐生辉，而且能为交谈增添一种轻松、愉快、和谐的气氛，并可消除疑虑和隔阂。所以，人们恰当地使用幽默的语言不失为一种促进人际沟通的有效方式。不可否认，有时在交谈中交谈者会处于十分尴尬的境地，这时便需要以幽默的话语作为润滑剂。

【案例 9－6】

聪明的蚊子

美国作家马克·吐温有一次到某地旅店投宿，他在服务台登记房间时，一只蚊子正好飞来。换作其他人，可能会毫不犹豫地批评旅店的卫生没有做好。但马克·吐温对服务员说："早听说贵地蚊子十分聪明，果不其然，它竟会预先来看我登记的房间号码，以便晚上对号光临，饱餐一顿。"服务员听后不禁大笑，立马和其他的旅馆职员进行驱蚊工作，为了不让这位博得众人喜爱的作家被"聪明的蚊子"叮咬。

（资料来源：龚荒. 商务礼仪——理论、案例与实训[M]. 北京：人民邮电出版社，2023.）

幽默的话语不仅能化解尴尬的局面，而且以愉悦的方式表达了对对方的真诚、大度和友善。幽默如同一座桥梁，有助于建立良好的人际关系，也能表现交谈者机智地处理复杂问题的应变能力。正如心理学家特鲁·赫伯所说的，幽默是现代人必备的文明品质，幽默是一种才华，是一种力量，是人类面对共同的生活困境而制造出来的一种超脱方式。

但应注意的是，实际交谈中的语言有多种幽默风格，如高雅的、通俗的、含蓄的、滑稽的语言等，因此，只有根据不同的场合、时机，选择恰当的幽默方式才能收到良好的效果。

六、座次礼仪

座次礼仪是指由交往双方的座次所产生的情感意义。通常意义下，座次礼仪也体现了待人之道。

（一）会议中的座次礼仪

1. 大型会议

（1）主席台排座。主席台上一般有主持人座席、发言人座席和主席团座席。

①主持人座席。其座席可设在前排正中央、前排的两侧或按具体身份安排。

②发言人座席。其座席一般在主席团的正前方或主席团的右前方。

③主席团排座。主席台座次排列，领导为单数时，主要领导居中，2 号领导在 1 号领导左手位置，3 号领导在 1 号领导右手位置；领导为偶数时，1、2 号领导同时居中，2 号领导依然在 1 号领导左手位置，3 号领导依然在 1 号领导右手位置。

（2）群众席排座。第一，可以自由式择座；第二，可以按单位就座：前排高，后排低；不同楼层，楼层越高，排序越低。

2. 小型会议

居中为上，面门为上，自由择座。

（二）会客、会谈的座次礼仪

会客、会谈的座次礼仪通常遵循"面门为上，以右为上，离远为上"的原则，具体要求如下。

1. 会客座次礼仪

会客座次分为相对式位次和并列式位次。

（1）相对式位次。双方就座时分为左右两侧，面对面。通常以右为上，即进门后，右侧一方为上座，应留给客人，左侧一方为下座，留给主人。双方陪同人员分别在主人或客人一侧就座。

(2)并列式位次。并列式位次多运用于礼节性会客。宾主双方并排就座,暗示双方平起平坐。宾主双方一同面门而坐,主人应请客人坐在自己的右侧,双方随从人员同样分别在主人或客人一侧就座。

宾主双方一起并排坐在室内的右侧或左侧,这时讲究"以远为上",即距门远处为上座,让给客人;距门近处为下座,留给主人。

如果宾主双方就座沙发交谈,则长沙发座位为上,给客人,单人沙发为下,留给主人。

2. 会谈座次礼仪

商务会谈或者谈判时,使用长条桌或者椭圆桌,各方主谈人员应在自己一方居中而坐。若是有翻译人员,则坐在主谈人员右侧,其他人员应遵从右高左低的原则,依照职位高低自近而远分别在主谈人员两侧就座。各方座次的安排有两种情况。会谈桌横放在厅内,正对门一侧为上座,留给客方;会谈桌竖放在厅内,以进门时右侧为上座,留给客方。

需要说明的是,在会谈座次的排列上,一般来说,"居中为上""前排为上""以远为上""面门为上"这些规则是统一的,没有争议,只有以右为上这个规则有时要做一些变通。按照国际惯例,以右为上是普遍适用的次序原则。但在我国,从古至今,"尊左"还是"尊右"不是一成不变的,有年代和地域的区别,至今仍存在争议。因此,不能简单地认为我国是"以右为尊"。在座次安排上,首先要看会议的性质。政务会议、国企内部的大型会议,一般仍然遵守"以左为上"的原则;但目前国际流行右高左低,因此会议主办方安排商务会议、涉外会议时,应按国际惯例安排。正式会议每个座位的桌前要安放好姓名牌,既方便入座,也便于台下与会者和新闻采访人员辨认有关人士。

(三)宴会中的座次礼仪

1. 桌次的安排

宴会中主桌的确定:以面门为依据,居中为上、以右为上、以远为上。桌次的高低以离主桌位置远近而定。以主人的桌为基准,右高左低、近高远低。

2. 中餐的座次礼仪

中餐一般以圆桌为主,圆桌上主位的排列可分为两种,以国际惯例"以右为尊"为例。

(1)每桌一个主位的排列方法。其特点是:每桌只有一名主人,主宾在其右侧就座,每桌只有一个谈话中心。

(2)每桌两个主位的排列方法。其特点是:主人在面对房门的位置,第二主位在主人的对面,1 号客人在主人的右手,2 号客人在主人的左手,3 号客人在第二主人的右手,4 号客人在第二主人的左手,其他人依序排座。

有时,倘若主宾的身份高于主人,为表示尊重,则可安排其在主人座位上就座,主人坐在主宾的座位上。

若本公司出席人员中有身份高于主人者,则可请其在主位就座,而实际上的主人坐在其左侧。

3. 西餐的座次礼仪

西餐的座次排列与中餐相比,既有相同之处,也有一些不同之处。

(1)座次排列的原则

西餐的座次排列原则一般有以下五项。

①女士优先。在西餐礼仪里,女士处处受尊重。排列位次时,一般女主人为第一主人,在主位就座;而男主人为第二主人,坐在第二主人的位置上。

②以右为尊。前文多有述及,此处不再重复。

③面向门为上。

④距离定位。西餐桌上席位的尊卑,是由其距离主位的远近决定的。距主位近的位置的位次要高于距主位远的位置的位次。

⑤交叉排列。西餐排列位次时,讲究交叉排列的原则,即男女应交叉排列,熟人和生人也应交叉排列。一个就餐者的对面和两侧往往是异性或不熟悉的人,这样便于广交朋友。

(2)座次排列方法

最普遍、最正规的西餐桌是长桌。

长桌排位方法之一:男女主人在长桌的中央相对而坐,女主人面门而坐,1 号客人在其右手,2 号客人在男主人的右手,3 号客人在女主人的左手,4 号客人在男主人的左手,依次类推,餐桌的两端可以坐人,也可以不坐人。

长桌排位方法之二:男女主人分别就座于长桌的两端,客人的座位类同方法一。

(四)乘车时的座次礼仪

在比较正规的场合,乘坐轿车时一定要分清座次的尊卑,并选择适当位置就座。而在非正式场合,则不必过分拘礼。轿车上座次的尊卑,在礼仪上来讲,主要取决于以下 4 个因素。

1. 轿车的驾驶者

驾驶轿车的司机,一般可分为两种情况:一是主人驾车,二是司机驾车。我国目前所见的轿车多为双排座与三排座,下面分述其驾驶者不同时,车上座次尊卑的差异。

(1)主人亲自驾驶轿车。一般前排座为上,后排座为下;以右为尊,以左为卑。

①双排 5 人座轿车,座次由尊而卑应当依次是:副驾驶座,后排右座,后排左座,后排中座。

②三排 7 人座轿车(中排为折叠座),座位由尊而卑应当依次是:副驾驶座,后排右座,后排左座,后排中座,中排右座,中排左座。

主人驾驶的轿车,最重要的是不能令前排座空着。一定要有一个人坐在那里,以示相伴。由先生驾驶自己的轿车时,则其夫人一般应坐在副驾驶座上。由主人驾车送其友人夫妇回家时,友人之中的男士一定要坐在副驾驶座上,与主人相伴,而不宜形影不离地与其夫人坐在后排——那将是失礼之至。

2. 专职司机驾驶轿车

专职司机驾驶轿车通常仍讲究右尊左卑,但座次同时化为后排为上,前排为下。

(1)双排 5 人座轿车,座位由尊而卑应当依次为:后排右座,后排左座,后座中座,副驾驶座。

(2)三排 7 人座轿车(中排为折叠座),座位由尊而卑应当依次为:后排右座,后排左座,后排中座,中排右座,中排左座,副驾驶座。

3. 轿车上座次的安全系数

从某种意义上讲,乘坐轿车理当优先考虑安全问题。从客观上讲,在轿车上,后排座比前排座要安全得多。最不安全的座位,当数前排右座;最安全的座位,则当推后排左座(驾驶座之后),或是后排中座。当主人亲自开车时,之所以以副驾驶座为上座,既是为了表示对主人的尊重,也是为了显示与之同舟共济。由专人驾车时,副驾驶座一般也叫随员座,通常坐于此处者多为随员、译员、警卫等。有鉴于此,一般不应让女士坐于专职司机驾驶的轿车的前排座,孩子与尊长也不宜坐在此座。

4. 轿车上嘉宾的本人意愿

通常，在正式场合乘坐轿车时，应请尊长、女士、来宾坐在上座，这是给予对方的一种礼遇。但也不要忘了尊重嘉宾本人的意愿和选择，并应将这一条放在最重要的位置。必须尊重嘉宾本人对轿车座次的选择，嘉宾坐在哪里，即应认定那里是上座。即便嘉宾不明白座次，坐错了地方，轻易也不要对其指出或纠正，务必要讲"主随客便"。

七、电话礼仪

电话已成为最便利的通信工具。在日常工作中，使用电话的语言很关键，它直接影响一家企业的声誉；在日常生活中，我们通过电话也能粗略判断对方的人品、性格。因此，掌握正确的、礼貌待人的打电话方法是非常有必要的。

（一）接电话礼仪

接听电话不可太随便，得讲究必要的礼仪和一定的技巧，以免横生误会。无论是打电话还是接电话，我们都应做到语调热情、大方自然、声量适中、表达清楚、语交简明、文明礼貌。

1. 及时接电话

一般来说，在办公室里，电话铃响3遍之前就应接听，6遍后就应道歉："×××，对不起，让您久等了。"如果受话人正在做一件要紧的事情不能及时接听，则代接的人应妥为解释。如果既不及时接电话，又不道歉，甚至极不耐烦，就是极不礼貌的行为。尽快接听电话会给对方留下好印象，让对方觉得自己被看重。

2. 确认对方

对方打来电话，一般会自己主动介绍。如果没有介绍或者你没有听清楚，就应该主动问："请问您是哪位？我能为您做什么？您找哪位？"但人们习惯的做法是，拿起电话听筒盘问一句："喂！哪位？"这在对方听来，陌生而疏远，缺少人情味。接到对方打来的电话，拿起听筒应首先自我介绍："您好！我是×××。"如果对方找的人在旁边，就应说："请稍等。"然后用手掩住话筒，轻声招呼同事接电话。如果对方找的人不在，就应该告诉对方，并且问："需要留言吗？我一定转告！"

3. 讲究艺术

接听电话时，应注意使嘴和话筒保持4厘米左右的距离；要把耳朵贴近话筒，仔细倾听对方的讲话。

最后，应让对方自己结束电话，然后轻轻把话筒放好。不可"啪"地一下扔回原处，这极不礼貌。

4. 调整心态

当拿起电话听筒时，一定要面带笑容。不要以为笑容只能表现在脸上，它也会藏在声音里。亲切、温情的声音会使对方马上产生良好的印象。如果绷着脸，声音就会变得冷冰冰。

接、打电话时不能叼着香烟、嚼着口香糖；说话时，声音不宜过大或过小，吐字清晰，以保证对方能听明白。

5. 随时记录

用左手接听电话，右手准备纸、笔，便于随时记录有用的信息。

（二）打电话礼仪

打电话时，需注意以下几点。

1. 选好时间

打电话时，如非重要事情，则尽量避开受话人休息、用餐的时间，而且最好不要在节假日打扰对方。

2. 掌握好通话时间

打电话前，最好先想好要讲的内容，以便节约通话时间，不要现想现说。每次通话不应长于 3 分钟，即所谓的“3 分钟原则”。

3. 态度友好

通话时不要大喊大叫。

4. 用语规范

通话之初，应先做自我介绍，不要让对方“猜一猜”。请受话人找人或代转时，应说“劳驾”或“麻烦您”，不要认为这是理所应当的。

（三）使用手机注意事项

在手机越来越普及的今天，在使用手机时，应遵循以下几点原则：

（1）不要在医院或者在机场用手机，以免影响机场及医院的电子设备。

（2）打电话时，请注意此处是否允许使用手机。如加油站、某些餐馆、酒吧、剧院、电影院等地都禁止使用手机。

（3）当不使用手机时，请锁住手机按钮，以防意外拨打诸如 119、110、120 等特殊的电话号码。

第五节　餐饮礼仪

现代社会，餐饮活动已经成为一项重要的交际形式。因此通晓宴请礼仪，熟悉中、西餐礼仪差别，并能规范地品茶、喝咖啡，不但能展示出公共关系人员的素养与品位，更能提高其社交能力。

一、商务宴请形式

宴请是商务交往中企业与客户之间沟通感情的重要手段之一，也是公务、社交乃至国际交往中十分常见的活动。商务宴请规范到位与否，关系到企业的商务形象和经济效益。商务宴请形式有很多，下面详细讲解。

（一）宴会

宴会通常指的是以用餐为形式的商务聚会。按隆重程度、出席规格，宴会可分为正式宴会和非正式宴会。

1. 正式宴会

正式宴会是一种隆重而正规的宴请，往往是为宴请专人而精心安排的、在比较高档的饭店或其他特定的地点举行的、讲究排场及气氛的大型聚餐活动。正式宴会对于到场人数、穿着打扮、席位排列、菜肴数目、上菜次序、音乐演奏、宾主致辞等，往往都有十分严谨的要求和讲究。

2. 非正式宴会

非正式宴会中常见的有便宴和家宴两种形式。

（1）便宴，常见的有午宴、晚宴，有时也举行早宴。便宴的安排比较简单，通常不预先排座位，对来宾的服饰也没有严格的要求，不做正式讲话，菜肴的数量和酒水可以根据主人的实力和客人的喜好而定。便宴气氛较轻松、亲切，便于交往和交谈。

(2)家宴，即在家中举行的便宴。其特点是主人亲自下厨烹饪，并由主人自己担任招待员。用家宴方式招待客人是中国人十分常见的宴请方式。西方人也用这种方式招待客人，以表示对客人的亲切友好。

(二)招待会

招待会通常是指不备正餐的、较为灵活的宴请方式，一般备有食品、酒水及饮料；不排座位，客人可以自由走动。与宴会相比，招待会的宾客人数多而不容易确定。与宴会的依次上菜不同，招待会上的食品、酒水、饮料都是预先准备好的。

招待会的主要特点是比较轻松自由，宾主都不用受太多的约束。客人不用固定于餐桌旁的某个座位，面对很多人谈论同一话题。他们可以自由走动，找自己喜欢的人聊自己喜欢的话题。主人也不用花太多的精力去招待客人，包括不停地向客人敬酒、组织客人愉快交谈等。客人一般会自己找食物招待自己，也会自己去找朋友聊天，主人只需准备足够的食品和饮料就可以了。

常见的招待会包括以下形式。

1. 自助餐

自助餐也可称为冷餐会，通常是在大型庆典活动后用来招待众多宾客的。它是目前国际上通行的一种非正式的西式宴会，在大型的商务活动中尤为多见。它的具体做法是：不预备正餐，而由用餐者在用餐时自行选择食物、饮料，然后或立或坐，自由地与他人在一起用餐，或是独自一人用餐。一般而言，自助餐具有如下明显的特点：第一，免排座次；第二，节省费用；第三，各取所需；第四，招待多人。每逢需要为众多的人士提供饮食时，自助餐不失为一种首选。它不仅可用于款待数量较多的来宾，而且可以较好地处理众口难调的问题。

自助餐需遵循的礼仪规范：第一，排队取菜；第二，循序取菜；第三，多次少取；第四，避免外带；第五，送回餐具；第六，积极交际。

2. 酒会

酒会又称鸡尾酒会，尽管我国历史上也曾有以酒会友的习俗，但这并没有成为一种普遍的生活方式。中国人普遍习惯在宴会上请人喝酒，较正规的宴会都被人们称为酒席。因此，现代意义上的酒会可以说是一种西方文化。它在我国的流行与我国的对外开放和国际交往的增加密切相关。

经过多年的发展，现代鸡尾酒已不再是若干种酒及乙醇饮料的简单混合物。虽然种类繁多、配方各异，但它们都是由各位调酒师精心设计的佳作，其盛载考究，装饰华丽，除不错的口感外，观色、嗅香都让人有享受、快慰之感。

(1)酒会的特点

酒会这种招待形式较为灵活，便于参加者广泛接触和交谈。招待品以酒水为主，略备小吃、菜点。酒会提供的酒一般比较丰富，食品一般是可用牙签或手抓起来吃的小吃，如三明治、炸春卷、小香肠、面包等。在酒会上，一般有招待员专门为客人调酒和斟酒，而食品可以让客人自己取或是由服务员一趟一趟送到各位客人面前供他们选用。酒会上不设座椅，仅摆小桌或茶几，以便参加者随意走动。

酒会举行的时间比较灵活，中午、下午、晚上均可。请柬上通常注明酒会的起止时间，客人可在此期间的任何时候入席、退席，来去自由，不受约束。

(2)酒会的礼仪

主人在酒会开始之初应站在离门较近的地方,便于迎接客人。主人有义务为不认识的客人相互介绍,以保证不让任何一位客人孤独地待在某个角落里;如果人太多,无法为客人一一介绍,则可以拜托几个好朋友做这件事。另外,主人还应尽量同每一位客人交谈几句。

在酒会进行过程中,主人要随时注意观察烟灰缸是否太满了、酒和食物是否充足。当酒会快结束时,主人也应站在离门较近的地方,便于与客人作别。客人在酒会上应大胆地自我介绍,去跟尽量多的客人交谈,去结识尽量多的新朋友。自始至终地一个人坐着喝酒或是只跟一个人交谈,都是不合时宜的,醉酒当然就更不应该了。

3. 茶会

茶会是一种更为简单的招待形式,以招待客人喝茶为主,辅以一些水果、糕点。茶具和茶叶通常是比较考究的。茶会一般只邀请三五个朋友参加,其风格比酒会更为清新淡雅。茶会的时间可以在上午,也可以在下午,一般持续一到两个小时。

茶会通常设在客厅里,厅内设茶几、座椅,不排座位。每位客人应有一个茶杯(配有茶托和茶匙)以及一个小碟。客厅内除了茶几,还应有一张用来放茶壶、茶叶缸、热水壶、牛奶壶、糖罐以及食品的桌子。

(三)工作餐

工作餐在商界有时也称商务聚会餐或餐会,是指在商务交往中,有业务关系的合作伙伴为了进行接触、保持联系、交换信息或洽谈生意,而借用餐的形式所举办的一种商务聚会。站在商务礼仪的角度来看,正规的工作餐既不同于正式的宴会,也不同于亲友的会餐。在一般情况下,工作餐通常具有下述显著特点。

1. 重在创造一种氛围

与正式的宴会相比,工作餐所强调的不是形式与档次,而是以餐会友,创造出一种有利于商界人士进一步接触的轻松、愉快、和睦、融洽、友好的氛围。

2. 具有某种实际目的

商界人士讲究的是务实,工作餐自然也不例外。与亲友之间的会餐相比,工作餐并非无所事事,单纯为了让大家谈心、联络感情,实际上,它是以另外一种形式继续进行的商务活动。换言之,它只不过是一种以餐桌充当会议桌或谈判桌进行的非正式的商务会谈。

3. 往往要求较小规模

就参加者的人数而言,工作餐通常与声势浩大的宴会或招待会难以相比。因其重在处理实际问题,为了防止众口难调,故工作餐的实际参加人数往往较少。一般来说,工作餐大多不是多边性的聚会,而是以双边性聚会为主。它既可以是两个人之间的单独约会,也可以是有关双方各派几名代表参加。参加工作餐的总人数以不超过 10 人为佳,与事无关者、配偶、子女等,均不宜到场。

4. 通常在午间举行

为了合理地利用时间,不影响参加者的工作,工作餐通常被安排在工作日的午间,利用工作间歇举行。因此,工作餐在欧美国家往往被叫作工作午餐或午餐会。

5. 可以随时随地举行

在举行工作餐之前,主人不必向客人发出正式的请柬,客人也不必为此而提前向主人正式进行答复。一般而言,只要宾主双方感到有必要坐在一起交换一下彼此之间的看法,或是就某些问题进行磋商,大家就可以随时随地举行一次工作餐。它的具体时间不必早早商定,地点也可以临时选择。它可以由一方提议，也可以由双方共同决定；它可以提前若干天约好，也可以当天临时决定。总之，只要有关各方同意参加，工作餐即可举行。

6. 由提议者出面做东

工作餐多在外面营业性餐厅举行，所以对做东者有一定的要求。根据惯例，哪一方首先提议举行工作餐，就应由哪一方出面做东。而东道主方面，出席工作餐时的行政职务最高者，通常就是主人。从名义上说，为工作餐所进行的一切准备性工作均应由主人负责。但在实践中，由于名义上的主人位高、事繁，着手张罗工作餐的多半是其秘书或公关人员。

二、商务宴请的程序和礼仪

正式的商务宴请，从宴请设计到宴请的组织实施，每个环节、每个步骤都要考虑周到，以确保宴请的顺利进行。因此，宴请成功、达到主人预期的目的与宴请前的筹备礼仪、现场接待礼仪密切相关。另外，作为被邀请的宾客，也应注意赴宴礼仪。

（一）商务宴请的筹备礼仪

1. 确定宴请目的和规格形式

商务宴请的目的和名义有很多，如欢迎、欢送、答谢、庆贺、招待、交流等。有的宴请以公司部门等单位名义，也有的宴请以经理等个人名义；有的宴请有明确地为解决某个或某些问题而举行的目的，也有的是保持关系、联络感情、沟通信息、结识朋友等无直接实质内容和目的的宴请。大多数的商务宴请会以特定时刻、特定事件为由举办。

宴请的规格形式与宴请的目的、性质、主宾身份有关，同时要考虑经费开支。采用正式宴会还是非正式宴会，是用中餐宴请还是西餐宴请，是用酒会宴请还是茶会宴请，要根据宴请缘由、主宾的职务身份、宴请对象的风俗习惯确定。规格影响形式，国宴、正式宴会规格高，便宴、工作餐之类的规格低。

2. 确定宴请的时间、地点

宴请的时间，要考虑主宾双方是否觉得合适和方便，但有些宴请要选择有特定意义的时间。同时要考虑宴请的性质和形式，正式宴会多在晚上进行，便宴则可以安排在其他时间。此外，宴请外宾和有特殊风俗习惯的宾客，还要顾及禁忌。

地点选择要适当，要考虑宴请规格、餐饮特色、环境情调及服务水准等因素。宴请地点选定后，宴请组织者应同餐厅服务员一起安排场所，放置餐台和座位卡，如对餐桌布置有特殊要求，也可提前告诉服务员。

3. 确定邀请对象和发出邀请

要斟酌宴请的对象，范围过大会造成费用压力，而且不符合节省成本的商务原则；范围太小则可能影响今后的交往。宴请范围的确定应在照顾各方面关系的前提下，控制范围，减少人数。同时，主人应考虑被邀请人之间的关系，防止互有敌意的双方出席同一宴会，以免彼此尴尬，影响宴会氛围。

邀请对象一经确定，便可发出正式邀请。一般情况下，主人可根据实际情况发出口头邀请或电话邀请。正式宴会应该准备请柬，而且要在一周至两周前发出，以便被邀请人及时安排。有时为了周到起见，在宴请活动的前夕，不妨再用电话联系，对被邀请人是否收到请柬和是否能出席宴请予以确认。

4. 预定宴会菜单

宴会菜单应根据宴会的规格而定，做到“突出特色，客随主便”。也就是说，要根据宴请的规格及宴请地的特色来定菜单，同时兼顾主宾的年龄、性别、健康、民族禁忌、饮食习惯及口味。

菜品的道数、分量要适当。要符合国家有关规定，不要铺张浪费。有特殊需要的，可以单独上菜。

正式宴会要印制菜单，一桌一份或人手一份。

5. 做好现场布置及服务

正式宴会活动的现场要适当布置，现场包括宴会大厅和休息厅，现场布置要严肃、庄重、大方，适当点缀鲜花，有些宴会要悬挂会标。要准备话筒等音响设备，一般在主桌背后设一立式话筒。要有专门的工作人员负责宴会的各项准备及服务工作，安排好迎宾人员、接待人员和引导人员。

6. 做好席位安排

正式宴会都要排定席次，包括桌次和座次。有些宴会也可以只排主桌和外宾座次，其余只排桌次或者自由入座。中餐餐桌通常采用圆形桌，西餐餐桌则多采用长条桌。桌数较多时，要摆放桌牌。

（二）宴会现场接待礼仪

作为主人，在宴会进行过程中应该注意礼仪，要表现得十分热情好客，以保持宴会的热烈气氛，达到预期的目的。具体地讲，在宴会进行过程中，应注意以下几个方面。

1. 引客入座

作为宴请者，在开宴前，应该准备妥当、衣冠整洁、精心打扮，当客人相继到来后，应面带微笑，站立于门前迎接客人。对客人态度应该热诚恳切、一视同仁，对所有的客人表示热烈欢迎，不能冷落任何一位客人。如果客人相互间有初次见面的，主人就需要逐一介绍，使客人对彼此有所了解，以营造宴会的友好气氛。然后主人按预先排好的座位，依次引客入座。

2. 按时开席

客人落座后，应按时开席。不能因个别客人误时而影响整个宴会的进行。如果主宾到开席时尚未到达，宴请者就应尽快弄清原因，根据情况采取应急措施，并向其他客人表示歉意。一般来说，宴会延迟开席的时间不该超过 15 分钟，万不得已时，也不能超过 30 分钟。等待过久，其他客人会不耐烦，同时会破坏宴会气氛。

3. 致祝酒词

在宴席中，主人应是第一个敬酒的人。桌次多时，应按桌敬酒，不能顾此失彼，冷落一方。祝酒时，应由主人和主宾先碰杯，碰杯时应目视对方，以示敬意。人多时可同时举杯示意，但不一定碰杯。切忌交叉碰杯。当前流行的致辞祝酒礼仪是：主人在第一道菜上来后，即举杯邀请所有客人同饮，并致以简短的祝酒词。一般由主人敬三杯酒，然后由第二主人敬酒或主人与各位客人及客人与客人之间相互敬酒。祝酒词是宴会敬酒的必要礼仪。好的祝酒词能够活跃宴会气氛，增进彼此友谊，加深感情，同时达到宴请的目的。

4. 亲切交谈

宴会进行过程中，主人与宾客双方应就彼此都感兴趣的话题亲切交谈。交谈的范围不妨广一些，主要应从增进友谊、加深了解方面选择话题。谈话不要涉及一些彼此都避讳的话题。同时，参加有一定目的的宴会时，主人与宾客应该"只叙友情，不谈工作"，切不可把餐桌当作办公室，以免陷入僵局，使双方都不愉快。交谈时，主人要能控制局面，不断提出大家共同关心的话题，注意引发每个人的谈话兴趣，不要只和熟悉的人交谈，要让每个人都有谈话的机会，要让大家保持精神饱满，使宴会的热烈气氛贯穿始终。

5. 热情送客

当客人进餐完毕后，应征求大家的意见，适时以委婉的方式提出结束宴会，并真诚地感谢各位宾客的光临和赏识。主人应热心过问并安排宾客返回住处，如亲自叫出租车，并详细叮嘱交通线路和车辆等。

（三）赴宴礼仪

无论是在国内还是在国外，赴宴都被视为一种仪式、一种社交。作为被邀请的客人，在宴会期间也有诸多应该注意的礼仪。因为一次宴会进行得是否顺利，不仅仅取决于主人是否热情好客、真诚待友，而且取决于客人是否以诚相待、彬彬有礼。因此，在赴宴的时候，赴宴者应该时刻注意自己的举止和言谈，掌握赴宴礼仪。作为被宴请的客人，在礼仪上应做到以下几个方面。

1. 应邀

接到出席宴会的邀请后，应及时答复举办者，便于主人安排。客人一经答应赴宴，就不能轻易改动。遇有特殊情况，不能如期赴宴，要及时通知主人，说明原因，诚致歉意。主宾如果不能如期赴宴，则应尽量亲自登门道歉。接到邀请后，既不答复，又不赴宴，是极不礼貌的。

2. 注重仪表仪容

仪容整洁，修饰边幅，是赴宴者应注意的礼仪之一。正式宴会的请柬上，多注有着装要求，赴宴时应按照要求穿着。如果请柬上没有注明着装要求，赴宴时就应按照宴会性质和当地的习俗，选定例行服装。赴宴前，女宾应当修饰自己的仪容。女宾应认真梳理头发，适度化妆。出席晚宴的妆容可比白天浓艳，在灯光作用下，肤色会更加红润。发型可根据自己的身材、脸型和年龄选择，突出女性魅力。男宾赴宴前，要理发、修面，手要洗净，指甲修短，力求大方优雅，给人以沉着谨慎、仪容干净的印象。

3. 准时赴宴

掌握赴宴时间，按照请柬标明的宴会时间，准时到场。遵守宴会时间，适时抵达，这在一定程度上反映了赴宴者对主人的尊重，也反映了赴宴者自己的素质。所谓适时、准时，一般情况下，是指在宴会开始前3～5分钟到达。如因故不能准时赴宴，则应提前电话通知主人，诚恳说明原因。同样，赴宴也不宜去得过早，去早了会给主人增添麻烦，使之尴尬。在国外，如果客人过早赴宴会遭人笑话：太急于进餐了！如果宴会已开始，迟到的客人就应向其他客人致歉，适时招呼主人，表示已经到宴。

4. 按位落座

如约到达宴请地点后，赴宴者由服务人员引导，先到衣帽间寄存外衣和帽子，然后去迎宾处，主动向主人问好、签到。如带有礼物（如花束、花篮等），则可恭敬献上，并和先到的客人相互致意。

与同桌客人交谈时，要热情大方，同新朋友彼此介绍时应稳重诚恳，交换名片时注意应有礼节。上茶时，不要过多与服务人员说话，以免影响他们的正常工作，必要时说声“谢谢”即可。

5. 热情话别

宴会结束，赴宴者应起身离座，不可贪杯恋菜、拖延撤席，不能因余兴未尽而说笑不停。男宾应先起身，为年长者或女士移开座椅。主宾先向主人告辞，随后一般是客人向主人表示谢意。作为应邀的赴宴者，如果可能，则可向服务人员表示感谢，称赞他们服务优质、菜肴可口，感激他们的辛勤准备、周到服务。这实际上是人与人之间的基本礼貌。

6. 宴后致谢

从礼仪角度讲,宴会后再给主人打个电话致谢,或者在一个星期以内发一封感谢信去,也很有必要。除感谢主人盛情款待之外,赴宴者还要重申宴会上的友谊,以加深相互之间的良好印象,为今后的进一步合作打好基础。这虽属宴请余音,但也是赴宴者不应忽视的。

三、中餐礼仪

中华饮食文化源远流长。在礼仪之邦、讲究民以食为天的中国,饮食礼仪自然成为饮食文化的一个重要组成部分。

(一)中餐上菜次序

一顿标准的中餐,不管什么风味,上菜的次序都大致相同。中餐一般讲究:先凉后热,先炒后烧;咸鲜清淡的先上,甜的、味道浓郁的后上;最后是主食。有规格的宴席,热菜中的主菜如燕窝、海参、鱼翅,应该先上,即最贵的热菜先上,再上熘炒烧扒的菜。

中餐宴席上菜的大致顺序如下。

(1)茶:在酒店里,因为要等待,所以先上清口茶,但不是必需的。

(2)凉菜:分冷拼、花拼。

(3)热炒:视规模选用滑炒、软炒、干炸、爆、烩、烧、蒸、扒等组合。

(4)大菜:指整只、整块、整条的菜肴,如整头乳猪、全羊等,这不是必需的。

(5)甜菜:包括甜汤,如冰糖莲子、银耳甜汤等。

(6)点心:一般宴席不供米饭,而代之以糕、饼、团、粉,或者面条、包子、饺子等。

(7)饭:如果客人需要米饭,则可以上一些米饭。

(8)水果:要求爽口、消腻。

以上顺序并非一成不变,如水果有时可以算在凉菜里,点心可以算在热菜里。较浓的汤菜应该按热菜上,贵重的汤菜如燕窝等为热菜中的头道。

至于季节的考虑,则冬宜红焖、红烧、红扒、砂锅、火锅等,夏宜清蒸、清炒、白汁、凉拌等。此外,颜色搭配、原材料的多样化也应予以考虑。

(二)中餐的餐桌礼仪

1. 用餐行为礼仪

上桌后不要先拿筷,应等主人邀请、主宾动筷后再拿筷。

照顾他人时,要使用公共筷子和汤匙。

喝汤时不要将汤碗直接就嘴喝,要用汤匙舀汤,喝汤时不要发出响声。

嘴里有食物时,不张口与人交谈。嘴角和脸上不可留有残余食物。

剔牙时用手挡住嘴。咳嗽、打喷嚏或打哈欠时,应转身低头用手绢或餐巾纸捂着,转回身时说声“抱歉”。

不可高声谈话,影响他人。说话时不可喷出唾沫,嘴角不可留有白沫。

当其他客人还没吃完时,不要独自先离席。在宴会餐桌上,进餐速度快慢不要依个人习惯,而应适应宴会的节奏,等大家都吃完,主人起身,主宾离席时再致谢退席。用完餐离座时,将椅子往内紧靠桌边。

2. 餐具使用的礼仪

中餐餐具可以分为主餐具和辅餐具两类。中餐的主餐具是指进餐时主要使用的、必不可少的餐具,通常包括筷、勺、碗、盘、碟等。中餐的辅餐具是指进餐时可有可无、时有时无的餐具，主要在用餐时发挥辅助作用，如水杯、湿巾、餐巾、牙签等。使用中餐餐具时，应重点注意以下几点。

(1)筷子使用的礼仪。不能一横一竖交叉摆放筷子，不能一根是大头，一根是小头；筷子要摆放在碗的旁边，不能搁在碗上；在夹菜时，不能拿筷子在菜盘里挥来挥去、上下乱翻，遇到别人也来夹菜时，要有意避让，谨防"筷子打架"；在用餐中途因故需暂时离开时，要把筷子轻轻搁在桌子上或餐碟边，不能插在饭碗里。

(2)碗使用的礼仪。食用碗内盛放的食物时，一般不要端起碗来进食，尤其不要用双手端起碗来进食。正确的做法是以筷、勺加以辅助。碗内若有食物剩余，不可将其直接倒入口中，也不能用舌头伸进去舔。

(3)餐碟使用的礼仪。用餐时，餐碟在餐桌上一般应保持原位，不能擅自移动，而且不宜摞放在一起。尤其要注意用餐者面前的餐碟是用来暂放从公用的菜盘里取来食用的菜肴，在使用时，要注意不要一次从菜盘里夹取过多的菜肴，否则使餐碟看起来不雅观。不宜入口的残渣、骨、刺不要吐在地上或桌上，而应将其轻轻放在餐碟的前端，必要时再由服务员取走、换新碟。

(4)水杯使用的礼仪。水杯适用于盛放清水、汽水、果汁、可乐等饮品，但不宜用其去盛酒，盛酒有专用的酒杯。

(5)使用湿巾的礼仪。用餐前，通常服务员会为每位用餐者上一块湿毛巾。它只能用来擦手，绝对不可用以擦脸、擦嘴、擦汗。擦手之后，应将其放回盘中，由服务员取回。有时，在正式宴会结束前，会再上一块湿毛巾。与前者不同的是，它只能用来擦嘴，不能用来擦脸、擦汗。

(6)餐巾使用的礼仪。将餐巾放在膝盖上，不可用餐巾擦脸，可用餐巾角轻轻沾嘴唇与嘴角。用餐完毕后，将餐巾叠放在餐桌上，不可揉成团。

(7)洗手盅使用的礼仪。中餐中有些菜肴需要手持进食，所以餐桌上往往摆有一个洗手盅，专门用来洗手。在洗手盅里洗手时，可将两手手指轮流置于其中，轻拨水沾湿，然后将手放在餐桌下，用纸巾擦干。不可将两手完全置于洗手盅中搓洗、乱甩、乱抖。

(8)牙签使用的礼仪。用餐时，尽量不要当众剔牙；非剔不可时，应以另一只手掩住口部进行。剔出来的东西，切勿当众观赏，也不要随手乱弹、随口乱吐。剔牙之后，不要长时间叼着牙签。

四、西餐礼仪

在国际商务宴请中，通常以西餐为主。吃西餐讲究"4M"：Menu(精美的菜单)、Mood(迷人的气氛)、Music(动听的音乐)、Manners(优雅的进餐礼仪)。西餐又分为法式、英美式和国际式，基本要领是一致的。

(一)西餐上菜次序

西餐菜单上有几种分类，分别是开胃菜、汤、沙拉、海鲜、肉类、点心等。应先决定主菜，主菜如果是鱼，开胃菜就选择肉类，这样在口味上就比较富有变化。如果不是很正式、大型的宴会，其实不必从菜单上的单品菜内配出全餐，只要开胃菜和主菜各一道，再加一份甜点就够了。可以不要汤，或者省去开胃菜，这也是很理想的组合。

正式的全套西餐的上菜次序如下。

1. 开胃菜

西餐的第一道菜是开胃菜，也称头盘。开胃菜的内容一般有冷头盘和热头盘之分，常见的品种有鱼子酱、鹅肝酱、熏鲑鱼、奶油鸡酥盒、焗蜗牛等。因为要开胃，所以开胃菜一般都有特色风味。它多以各种调味汁凉拌而成，色彩悦目，口味宜人，味道以咸和酸为主，而且数量少，质量较高。

2. 汤

与中餐不同的是，西餐的第二道菜就是汤。西餐的汤大致可分为蔬菜汤、清汤、奶油汤和冷汤等。热汤有各式奶油汤、牛尾清汤、海鲜汤、意式蔬菜汤、俄式罗宋汤、美式蛤蜊汤、法式葱头汤等。冷汤的品种较少，有俄式冷汤、德式冷汤等。

西餐中的汤，大多口感芬芳浓郁，具有很好的开胃作用。按照传统说法，汤是西餐的“开路先锋”。只有开始喝汤时，才算正式开始吃西餐了。

3. 副菜

鱼类菜肴一般作为西餐的第三道菜，也称副菜。品种包括各种淡水和海水的鱼类、贝类及软体动物类。通常，水产类菜肴与面包类、蛋类、酥盒类菜肴都称副菜。因为鱼类等菜肴的肉质鲜嫩，比较容易消化，所以放在肉类菜肴的前面，叫法上也和肉类菜肴有区别。

4. 主菜

肉、禽类菜肴是西餐的第四道菜，也称主菜。肉类菜肴的原料取自牛、羊、猪等动物的各个部位的肉，其中有代表性的是牛肉或牛排。牛排按其部位又可分为沙朗牛排（也称西冷牛排）、T 骨牛排、菲力牛排、牛小排等。其烹调方法常用烤、煎、铁扒等。肉类菜肴配用的调味汁主要有西班牙汁、蘑菇汁、白尼斯汁等。

禽类菜肴的原料取自鸡、鸭、鹅，通常将兔肉等也归入禽类菜肴。禽类菜肴品种较多的是鸡，其原料有火鸡、山鸡、竹鸡等，可煮、炸、烤、焖，主要的调味汁有咖喱汁、奶油汁、黄汁等。

5. 蔬菜类菜肴

蔬菜类菜肴可以安排在肉类菜肴之后，也可以与肉类菜肴同时上桌，所以可以算为一道菜，或称为一种配菜。蔬菜类菜肴在西餐中称为沙拉。与主菜同时上的沙拉，称为生蔬菜沙拉，一般用生菜、西红柿、黄瓜、芦笋等制作。沙拉的主要调味汁有法国汁、油醋汁、奶酪沙拉汁、千岛汁等。

还有一些蔬菜是熟的，如炸土豆条、花椰菜、煮菠菜等。熟食的蔬菜通常和主菜的肉类菜肴一同摆放在餐盘中上桌，称为配菜。

6. 甜品

西餐的甜品是主菜后食用的，可以算作第六道菜。从真正意义上讲，它包括所有主菜后的食物，如布丁、冰激凌、奶酪等。

7. 果品

接下来，用餐者还可在力所能及的情况下，酌情享用干果、鲜果。常用的干果有核桃、杏仁、榛子、开心果、腰果等。菠萝、草莓、香蕉、苹果、葡萄、橙子等则是在西餐桌上常见的鲜果。

8. 热饮

在用餐结束之前，应当为用餐者提供热饮。正规的热饮是红茶或黑咖啡，二者只能选择其一，而不同时享用。它们的作用主要是帮助消化。西餐的热饮可以在餐桌上喝，也可以换一个地方，如离开餐桌去客厅或休息厅里喝。

（二）西餐餐具的使用礼仪

西餐餐具较多，应了解和掌握其名称与用途，并正确地使用。西餐的餐具主要有刀、叉、匙、盘、碟、杯等。需要注意的是，吃不同的菜肴用不同的刀叉，饮不同的酒要用不同的酒杯。其摆法为：正面放汤盘，左手位放叉，右手位放刀，右前方放酒杯。餐巾放在汤盘上或插在水杯里，面包碟摆放在左前方。常用的刀叉、餐匙、餐巾的使用礼仪简述如下。至于西餐桌上出现的盘、碟、杯、牙签等餐具，其用法与中餐大同小异，在此不再赘述。

1. 刀叉

刀叉是对餐刀和餐叉两种餐具的统称。多数情况下，刀叉同时配合使用。使用刀叉应注意以下几点。

一是正确识别刀叉。在正规的西餐宴会上，通常讲究每道菜都有专门的刀叉，要吃一道菜换一副刀叉，既不可乱用，也不可自始至终只用一副刀叉。

二是正确使用刀叉。刀叉用法分英国式和美国式两种。英国式用法是右手持刀，左手持叉，一边切一边叉而食之。美国式用法是先右刀左叉，把餐盘中要吃的食物切完，再把右手里的刀斜放在餐盘前方，将左手的叉换到右手里叉着吃。通常认为英国式吃法更加文雅。

三是正确用手取食。西餐桌上的食物一般都是用刀叉进食，但有些食物是可以用手取食的。一般情况下，如果一定要用手吃，则会附上洗手水，当饭菜与洗手水一起端上来时，即意味着“请用手吃”。在吃一般菜时，如果弄脏了手，则可以请服务员端上洗手水。

四是知道刀叉的暗示语。通过刀叉的摆放可以向服务员暗示是否加菜、是否收走餐具等信号。刀右、叉左、刀口向内、叉齿向下，呈“八”字形放置在餐盘上，表示“我只是暂时不吃，但是我还没有用餐完毕”，提示服务员不要把餐具收走；刀右、叉左、刀口向内、叉齿向上，并竖放在餐盘里，表示“吃完了或不想再吃”，提示服务员可以收走餐具了；刀叉呈十字形摆放在餐盘上，这就是提醒服务员“我第一盘菜已经吃完了，可以给我上第二盘菜啦”；刀叉的头往右横放在餐盘中央，表示“我觉得这道菜很好吃，很美味”；把刀和叉呈八字形交叉在一起，这就是差评的意思，表示“你这道菜味道不行，有待提高”。

2. 餐匙

使用餐匙时，主要应注意两点。

一是要区分不同餐匙。汤匙通常放在餐盘右边。餐盘上方放的是吃甜食专用的匙和叉及咖啡匙。

二是要正确使用餐匙。餐匙除可以用于饮汤、吃甜品之外，不可直接舀取其他主食、菜肴。

3. 餐巾

使用餐巾时要注意以下几个方面。

一是餐巾的铺放。宴会开始，主人拿起餐巾，这是准备进餐的信号，客人应跟着拿起餐巾。进餐时将餐巾平铺在双腿上，不要塞在脖子处或系在裤腰带上，不要用餐巾擦拭杯、盘，这是对主人或餐厅的不尊敬。

二是餐巾的用途。餐巾的第一个用途就是宴会开始、结束的标志，也就是说，主人拿起餐巾意味着宴会开始，而当主人把餐巾放到桌子上时，就表示宴会结束。此外，餐巾是用来擦嘴的，手洗过之后也可以用餐巾擦，但不能用来擦鼻子或擦脸。

三是餐巾有暗示作用。就餐期间离席，应把餐巾放在椅子上，表示自己还会回来吃。如果把餐巾放到桌子上，则表示自己不想再吃，示意服务员不必继续上菜。

五、喝咖啡礼仪

(一)咖啡的选择

每一种咖啡因品种、产地不同而有着各自显著的特性。这里简单介绍几个咖啡品种的特点,帮助大家做出适合自己口味的选择。

1. 曼特宁咖啡、爪哇咖啡等

该类咖啡是经过深炒重焙的印尼或非洲出产的咖啡豆制成,口味强烈,常给人爱恨分明的联想,比较适合贪恋味觉刺激的人。

2. 巴西咖啡、牙买加蓝山咖啡等

该类咖啡口感醇厚、香气芬芳,是对黑咖啡情有独钟的人的首选。

3. 摩卡咖啡、哥伦比亚咖啡等

该类咖啡因含酸性,是性喜清淡的人的选择。

4. 综合咖啡

该类咖啡是用数种咖啡豆调配而成,性格模糊,口味却取巧讨好,初尝咖啡的人可由此入门。

5. 混合咖啡

该类咖啡是在咖啡中加入其他饮料,味由浓至淡分别是:牛奶咖啡,如拿铁、卡布奇诺、欧蕾、玛其哈朵;调酒咖啡,如爱尔兰咖啡(威士忌)、皇家咖啡(白兰地);巧克力咖啡,如美式摩卡、维也纳、荷兰咖啡等。

(二)喝咖啡的礼仪

1. 拿咖啡杯

在餐后饮用的咖啡,一般是用袖珍型的杯子盛出。这种杯子的杯耳较小,手指无法穿过去。但即使用较大的杯子,也不要用手指穿过杯耳再端杯子。咖啡杯的正确拿法是拇指和食指捏住杯把儿再将杯子端起。

2. 给咖啡加糖

给咖啡加糖时,可用咖啡匙舀砂糖,直接加入杯内;也可先用糖夹子把方糖夹在咖啡碟的近身一侧,再用咖啡匙把方糖加在杯子里。如果直接用糖夹子或手把方糖放入杯内,有时可能会使咖啡溅出,从而弄脏衣服或台布。

3. 咖啡匙的使用

咖啡匙是专门用来搅咖啡的,饮用咖啡时应当把它取出来,而不是用咖啡匙舀着咖啡一匙一匙地慢慢喝,也不要用咖啡匙来捣碎杯中的方糖,当咖啡太热时,可以用咖啡匙在杯中轻轻搅拌使之冷却,或者等待其自然冷却。用嘴试图去把咖啡吹凉,是很不文雅的动作。

4. 杯碟的使用

盛放咖啡的杯碟都是特制的,它们应当放在饮用者的正面或者右侧,杯耳应指向右方;饮用时,可以用右手拿着咖啡的杯耳,左手轻轻托着咖啡碟,慢慢地移向嘴边轻啜。不宜满把握杯、大口吞咽,也不宜俯首去就咖啡杯;喝咖啡时,不要发出声响;添加咖啡时,不要将咖啡杯从咖啡碟中拿起来。

5. 食用点心

有时候饮咖啡可以吃一些点心,但不要一手端着咖啡杯,一手拿着点心,吃一口喝一口地交替进行。饮咖啡时应放下点心,吃点心时则放下咖啡杯。

另外还应该注意，咖啡要慢慢啜饮且全部喝完，而不能一口气大口喝完，这样才显得有礼貌。

六、喝茶礼仪

坐，请坐，请上座！茶，上茶，上好茶！这充分体现了以茶待客之礼。待客时，应该准备好茶水、咖啡或饮料等多种饮品供客人选择。以茶待客需掌握必要的敬茶礼仪。

（一）茶具要清洁

客人进屋后，先让座，后备茶。冲茶之前，一定要把茶具洗干净，包括茶杯、茶壶、托盘及装茶叶的罐、盒。尤其是久置未用的茶具，难免沾上灰尘、污垢，更要细心地用清水洗刷一遍。在冲茶、倒茶之前最好用开水烫一下茶壶、茶杯。

（二）取茶要规范

一方面取茶叶要用专门的器皿——竹制或木制的茶勺，也可用不锈钢或陶制的勺代替，不要用手抓。取茶叶的量要适当。茶叶不宜过多，也不宜太少。茶叶过多，则茶味过浓；茶叶太少，则冲出的茶没啥味道。假如客人主动介绍自己有喝浓茶或淡茶的习惯，那就按照客人的口味把茶冲好。

（三）茶水要适量

为客人倒的第一杯茶，无论是大杯还是小杯，通常都不宜斟得过满，太满了容易溢出，把桌子、凳子、地板弄湿，不小心还会烫伤自己或客人的手脚，使宾客和主人都很难为情。当然，也不宜倒得太少，以杯深的 2/3 处为宜。

（四）奉茶有顺序

上茶应讲究先后顺序，一般应为：先客后主，先女后男，先长后幼。如第一杯茶敬给来宾中的年长者，如果是同辈人，则应当先请女士用茶。

（五）端茶要得法

按照我国的传统习惯，上茶应在主人与宾客未正式交谈前。正确的步骤是：双手端茶从客人的左后侧奉上。要将茶盘放在临近客人的茶几上，然后右手拿着茶杯的中部，左手托着杯底，杯耳应朝向客人，双手将茶递给客人同时要说“您请用茶”。对有杯耳的茶杯，通常是用一只手抓住杯耳，另一只手托住杯底，把茶端给客人。无论怎样，手指都不能触及杯口。

（六）续水讲时机

添茶续水要以不妨碍宾客交谈为佳，不能等到茶叶见底后再续水。当然，添茶的时候要先给上司和客户添茶，最后才给自己添。

本章小结

公共关系礼仪是公共关系工作的组成部分，对塑造良好的组织形象起到了不可替代的作用，懂得公共关系礼仪能够体现自身的文化修养，可传达感情，提高服务水平。任何时候都不能忽略公关礼仪，同时需要遵循平等互敬、严于律己、宽以待人、诚而有信、入乡随俗等原则，使公关礼仪由内而外强化渗透。公共关系礼仪包括仪容与着装礼仪、举止与行为礼仪、日常社交礼仪、餐饮礼仪等。

仪容仪表大方得体需要遵循仪容礼仪的基本要求，如选择恰当的发型，并且懂得化妆之术;在社交场合,服饰可以向对方传递公关人员的某些信息,着装往往会成为一个人在公关场合的身份、地位的标志,男士、女士既要遵循统一的着装规则、配饰礼仪准则,又有不同的着装要求。

在社会交往中,一个人的行为既体现他的道德修养、文化水平,又能表现出他与别人交往是否有诚意,更关系到一个人形象的塑造,甚至会影响国家民族的形象。它包括人在社会活动中坐、立、行走的各种姿态,以及手势和表情等。

正确运用社交礼仪规范,有利于展示个人内在修养和素质,提高适应社会和融入社会的能力。在日常社交活动中,公关人员需要掌握的礼仪有距离礼仪、介绍礼仪、名片礼仪、握手礼仪、交谈礼仪、座次礼仪、电话礼仪等。

餐饮活动是现代社会一项重要的交际形式。商务宴请形式包括宴会、招待会、工作餐;正式的商务宴请有其完备的程序和礼仪;中、西餐在餐具、菜肴、礼仪要求等方面有很大的差别;品茶、喝咖啡,在杯具使用、饮用等方面也有规范的礼仪要求。

掌握了这些礼仪,不但能展示公共关系人员的素养与品味,更能提高其社交能力。

本章训练题

一、单项选择题

1. 公关礼仪作为一种(　　)的技巧,是公关人员在社会交往中必须遵循的礼节和仪式。

A. 形态与手势　　B. 传播和沟通

C. 语言艺术　　D. 体态与非自然语言

2. 讲究礼仪,在个人、在组织、在社会,都能对(　　)、形象和风气具有改进、提高、创优等推动作用。

A. 文化　　B. 文明　　C. 素质　　D. 风度

3. 良好的(　　)是一切公关活动的起点,是一切社交场合所必备的"通行证"。

A. 个人礼仪　　B. 文化素养　　C. 体态与表情　　D. 组织形象

4. 服装给人的第一印象就是款式,可以使用于不同的场合,表达不同的意义。由于服装的样式非常多,因此我们只能简单地将其分成(　　)、社交装和便装三种。

A. 套装　　B. 正装　　C. 工作服　　D. 西装

5. 站姿的基本要领是:男子在站立时,应(　　),具有稳定感。

A. 挺直　　B. 端正　　C. 端正、庄重　　D. 庄重

6. 坐在较低的椅子上或坐沙发时,最好采用(　　)这种坐姿。

A. 双腿垂直式　　B. 双腿叠放式　　C. 双脚内放式　　D. 双腿斜放式

7. 在一般公关活动场合,避免匆忙地(　　),即使有急事时,也要尽量使脚步放轻,不要带出声响。

A. 快跑　　B. 奔跑　　C. 急走　　D. 大步走

8. 中国人认为竖起大拇指表示赞赏、夸奖,暗示某人真行。而在(　　)、英国、澳大利亚等国,这种手势则有三种含义:搭便车,表示OK,骂人。

A. 德国　　B. 日本　　C. 法国　　D. 美国

9. 重视社交场合的服饰与仪表是对人际关系敬重、礼貌的表现,服饰与仪表可帮助公关

人员(　　)形象。

A. 树立个人　　B. 完善自我　　C. 树立自我　　D. 树立良好

10. 握手礼仪的顺序,一般应遵循(　　)的原则,即根据握手双方的社会地位、年龄、性别和宾主身份来确定握手有无必要。

A. 女士优先　　B. 尊者决定　　C. 尊者居后　　D. 尊者优先

二、判断题

1. 在交往关系的适应阶段中,恋爱双方会在不经意间学习对方的说话方式。(　　)
2. 依附阶段属于人际交往过程中双方必然同时到达的阶段。(　　)
3. 人体语言的一致性决定其不可能出现矛盾性。(　　)
4. 看到比自己辈分高或者级别高的人,应该远远就伸出手迎接上去并握手。(　　)
5. 正式的聚餐场合中,站起来夹远处的菜时需要注意衣服不能沾到其他菜肴。(　　)
6. 模仿体语对拉近双方关系可以起到积极的作用。(　　)
7. 语言障碍主要指的是语言种类上的交流困难。(　　)
8. 人际交往过程中可以通过让朋友看自己的家庭相册表示出友善。(　　)
9. 严于律己宽以待人可以帮助我们克服一部分交往中的心理障碍。(　　)
10. 恰当使用微笑可以使人际关系更加和谐。(　　)

三、简答题

1. 为什么说礼仪是一种文化现象?
2. 为什么公关人员必须注重自己的形态礼仪?
3. 在公关活动中,微笑可表达多种含义。你能说出微笑有几种含义表达?
4. 请你说出三种以上服装的色彩所表现的感觉及其象征意义。

四、案例分析题

一次成功的宴请

南茜在一家著名跨国公司的北京总部做总经理秘书工作。一天中午,她要随总经理和市场总监参加一个工作午餐会,主要是研究未来一年市场推广工作的计划。这不是一个很正式的会议,主要是利用午餐时间彼此沟通一下。南茜知道晚上公司要正式宴请国内最大的客户张总裁等一行人,答谢他们一年来给予的支持,她已经提前安排好了酒店和菜单。午餐是自助餐的形式。与总经理一起吃饭,南茜可不想失分。在取食物时,她选择了一些都是一口能吃下去的食物,放弃了她平时喜爱的大虾等需要用手帮忙才能吃掉的美食,因为她知道自己可能随时要记录老板的指示,而总经理是法国人,十分讲究。

下午回到办公室,南茜再次落实了酒店的宴会厅和菜单,为晚上的正式宴请做准备。算了算宾主双方共有8位,南茜安排了桌卡,因为是熟人,又只有几位客人,所以没送请柬,可她还是不放心,就又拿起了电话,找到对方公关部李经理,详细说明了晚宴的地点和时间,又认真地询问了他们老总的饮食习惯。李经理告诉说,他们的老总是山西人,不太喜欢海鲜,非常爱吃面食。南茜听后,又给酒店打电话,重新调整了晚宴的菜单。南茜还是决定提前半个小时到酒店,看看晚宴安排的情况并在现场做点准备工作。到了酒店,南茜找到领班经理,再一次讲了重点事项,又和他共同检查了宴会的准备情况。

宴会厅分内外两间，外边是会客室，是主人接待客人小坐的地方，已经准备好了鲜花和茶点，里边是宴会的房间，中餐式宴会的圆桌上已经摆放好各种餐具。南茜知道对着门口桌子上方的位子是主人位，但为了慎重人事，还是征求了领班经理的意见。从带来的桌卡中先挑出写着自己老板名字的桌卡放在主人位上。再将对方老总的桌卡放在主人位子的右边。想到客户公司的第二把手也很重要，就将他放在主人位子的左边。南茜又将自己的顶头上司市场总监的桌卡放在桌子的下首正位上，再将客户公司两位业务主管的位置分放在他的左右两边。为了便于沟通，南茜就将自己的位子与公关部李经理放在了同一方向的位置。应该说晚宴的一切准备工作就绪了。南茜看了看时间还差一刻钟，就去酒店的大堂内等候。提前10分钟看到总经理一行人到了酒店门口，南茜就在送他们到宴会厅时简单地汇报了安排。南茜随即又返回酒店大堂，等待张总裁一行人的到来。几乎分秒不差，她迎接的客人准时到达。晚宴按南茜的精心安排顺利进行着，宾主双方笑逐颜开，客户不断夸奖菜的味道不错，正合他们的胃口。这时领班经理带领服务员像表演节目一样端上了山西刀削面。客人看到后立即哈哈大笑起来，高兴地说道，你们的工作做得真细致。南茜的总经理也很高兴地说，这是南茜的功劳。看到宾主满意，南茜心里暗自总结着经验，下午根据客人的口味调整菜单，去掉了鲍鱼等名贵菜，不仅省钱，而且获得了客人的好感。

（资料来源：龚荒. 商务礼仪——理论、案例与实训[M]. 北京：人民邮电出版社，2023.）

问题：

1. 你如何评价南茜的宴请筹划准备工作？
2. 根据上文的描述，请画出宴请的座次图。

本章训练题
参考答案

第十章

CIS 策划与导入

知识框架

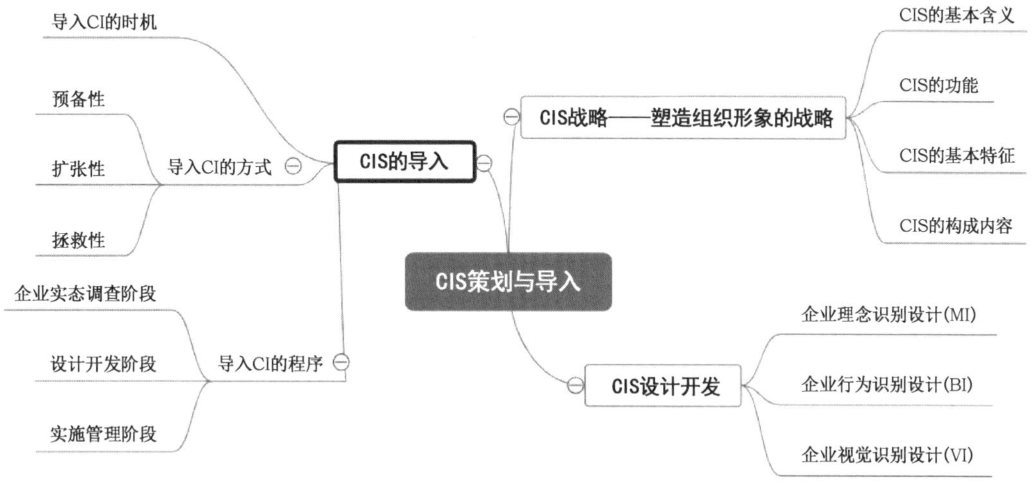

教学目标

1. 明确实施 CIS 战略的意义和作用；
2. 了解 CIS 的基本特征与功能；
3. 了解 CIS 的内容；
4. 具备 MI、BI、VI 策划的能力；
5. 了解 CIS 导入的时机、程序和方式。

思政目标

培养学生战略管理思想，形成战略思维。

核心概念

CIS 战略　理念识别　行为识别　视觉识别

引导案例

IBM 公司 CIS 战略策划

美国国际商业机器公司(IBM)创建于 1924 年。开业伊始，公司就实行了标准化管理，员工服饰也在统一之列。进入 20 世纪 50 年代，计算机新技术沉重打击了公司老产品，在市场与效益严重滑坡的危难之际，小托马斯·沃森（Thomas J. Watson Jr.）于 1955 年接替父亲就任公司总裁。上台不久，他就制定和实施了一系列战略决策：第一，集中公司人力、物力、财力，同步开发计算机硬件系统和软件系统，并且重点整合联网技术。第二，推行全天候、全方位、全球性的限时维修服务，特别是全过程联网化、系列化、伙伴化的潜在市场外发性服务。第三，统一产品识别标志和企业识别标志，并将其系统地应用于产品系列、时空环境、信息流程等企业经营活动全过程。

该公司的识别标志由几何图形造型的 I、B、M 三个大写字母并列构成（如图 10－1 所示），M 的体量恰好是 I、B 两者的体量之和，名称、字体、图形三者合为一体。首先，IBM 是公司英文全称“International Business Machines Corporation”的缩写，以此表明立足于企业。其次，突出 M，实际上是强调计算机。最后，I、B、M 三个字母并列组合，既象征计算机产品系列及其联网技术，又使人联想到公司开发企业发展和提供优质服务的企业行为规范。以企业识别标志 IBM 为中心的企业识别系统，简洁明了，易读易写，一目了然。

图 10－1　IBM 公司的标志设计

小托马斯·沃森实施的三大战略抓到了公司发展的关键：一是企业发展战略，规定了企业经营性质和发展方向，这是企业经营的精神动力和智力支持；二是企业行为规划，以高素质的文化服务开发带动高科技潜在市场，这是推行实现企业发展战略的必要途径和根本保证；三是企业识别标志，形象地传播和展示了既独特又统一的企业发展战略和企业行为规范。三者相辅相成、相互作用，使 IBM 公司成为美国公众信任的“蓝色巨人”，并在美国计算机行业占据了霸主地位，IBM 的产品识别标志也进入了世界十大驰名品牌识别标志行列。

（资料来源：严成根. 公共关系学[M]. 3 版. 北京：清华大学出版社，2019.）

第一节　CIS 战略——塑造组织形象的战略

CIS 是英文 corporate identity system 的缩写，译为企业识别系统，常简称 CI。它产生于市场经济，成熟于国际商品大战。纵观历史，它发源于美国，深化于日本，得益于韩国等国家和地区的进一步推广。

一、CIS 的基本含义

CIS(以下简称 CI)是指一个企业(社会组织)为了塑造自身的形象，通过统一的视觉设计，运用整体传达沟通系统，将企业的经营理念、企业文化和经营活动传递出去，以彰显企业的个性和精神，与社会公众建立双向沟通的关系，从而使得社会公众产生认同感和共同价值观的一种战略性的活动和职能。

从 CI 的目标看，它是为塑造企业组织的形象而服务的。做 CI 的最主要的目的在于塑造良好的企业形象，使企业赢得公众，立于不败之地。因为在以形象竞争为导向的时代，只有企业的形象好、知名度高、美誉度增强，才能得到公众的认同、理解和支持。当然，这需要企业把自己的特色、理念、文化、行为活动通过整体的视觉设计体现出来，并需要运用一定的技法和手段推向公众。

从 CI 的职能看，它要处理好企业与内外公众之间的关系。这也是搞好 CI 活动的基础和前提。企业总是处于不断变化的环境中，其生存和发展须解决、处理好各方关系，才能走向成功。CI 中所追求的良好的公众关系是指企业与消费者、企业内部员工、社区公众、国际市场、新闻媒介单位、地方公众团体、政府、同行同业人士、潜在就业人员、股东(投资者)、金融机构、供应商、代理商等之间的关系。处理好关系的关键是使得企业的理念、文化、行为活动等，符合时代的要求和社会发展的趋势。这就要求企业有社会使命感且企业利益与社会利益一致，从而达成社会对企业的认同并形成共同的价值观。

从 CI 所运用的方式和手段看，它是利用整体传达沟通系统进行信息传播。塑造企业形象最为快速、最为便捷的方式和手段就是 CI，它是以理念识别(MI)、行为识别(BI)及视觉识别(VI)等融合而成的情报资源，建立了一套完整独特的系统。

从 CI 的活动效果看，其表现是长期性、全局性、战略性的。企业推行、导入、实施 CI(战略)，必须树立长期、全局、整体的观念，考虑企业的发展与整合，而不能头痛医头、脚痛医脚。只有经过长期扎实地工作、持续不断地努力，企业形象才能在各种公众中建立。可见，其影响是深远的、长期的、全局性的。

综上所述，从 CI 的定义中，可以清楚地了解到 CI 特有的属性，其本质是一种以塑造企业形象为目标的组织传播行为。

二、CIS 的功能

CI 的主要功能就是通过传播媒介，整体性传达企业应有的态度，以表现企业本身和外界所共同承认的存在意义，进而树立良好的企业形象，最终目的则是为企业带来更好的经营效果。CI 的具体功能，主要体现在以下几个方面。

(一)管理功能

在开发导入 CI 的过程中，要做出理念的确定、行为活动的规范、视觉的设计，相应需要配合战略管理，开展企业形象调研及其定位与策划，总结企业历史，做广告、公共关系，进行市场开拓等，其最终结果是要制定出一个 CI 手册。把它作为企业内部“宪法”，让企业全体职工共同遵守并执行，进而塑造企业形象，增强企业实力，提高经济效益。

(二)识别功能

导入 CI 以后，能够区分企业形象，展现企业间形象的差异以及企业内部形象的统一；同时，树立起企业产品、服务、环境、职工等良好形象，使得社会公众对企业产生偏好，建立信心，取得他们的同情、理解与支持。

（三）协调功能

对大企业、集团公司而言，其组成单位部门很多，地域很分散，通过运用 CI 可以加强各环节的归属感和向心力，使其齐心协力地为整个企业的美好未来效力，从而形成强大的竞争群体，发挥群体效应。

（四）应变功能

CI 不是静止、固定不变的，它也要随机应变。在一定时期保持相对稳定的条件下，随着企业内部条件和外界环境的发展，CI 也允许做出一些局部的相应调整，甚至全部改变。要以足够的应变能力来塑造企业形象，适应时代的变化要求。世界上一些著名公司也曾对 CIS 做出过调整。

（五）传播功能

搞 CI 离不开利用各种媒介、采用各种方式方法在企业内、外传播企业的理念、表现规范的活动及表现视觉统一，以实现企业的规范化、标准化、同一性、一致性，同时展现出企业的特征、差异以树立企业良好形象；否则，无法取得社会认知，更谈不上取得社会公众的接受、同情、理解和支持。当然，传播时要注意做到：传播要经济有效；传播内容要统一；加强信息传播的频率和强度，增强传播效果。

（六）文化教育功能

导入 CI 能够使企业处在一种最佳的文化生存环境之中，将理念提升为一种文化氛围，产生口号、标语、座右铭等，用标准、规范指导人们的统一行为。具体表现就是：

（1）通过实施 CI 增强文化整合功能，对相关要素作出重新组合、重新协调、重新确定，进而增强企业整体性、统一性和凝聚力，使得企业有序、协调和统一运转。

（2）通过实施 CI 增强文化导入功能，推动企业发展，包括提供知识更新的认知，在企业中采用最新的科学技术理论等，以提高管理水平。

三、CIS 的基本特征

CI 的定义和功能，决定了其基本特征是客观性、社会性、战略性、系统性、整体性、独创性、标准性和稳定性。

（一）客观性

企业导入实施 CI，首先必须遵循实事求是原则，从自身的实际情况出发，这是开展 CI 并取得成功的坚实可靠基础。导入 CI 要注意做好调研工作，对企业原有的形象进行科学分析评估，不能人云亦云，这样形成的 CI 相关概念、企业形象的定位等，才能符合企业的实态。可以说，CI 是企业主观作用于企业客观，主观和客观的和谐统一，而客观性恰好是塑造企业形象的基础。

（二）社会性

由于企业是社会系统中进行生产、服务、流通的一个有机组成部分，因此企业的生存和发展就离不开社会公众的理解、支持和合作。从这个意义上讲，企业利益和社会利益是一致的，两者并不矛盾，还要相互联系、相互促进。所以，企业的 CI 必然具有社会性的特征，也只有这样，CI 才能被传播、为社会认同。讲 CI 的社会性，首先，应把社会利益、公众利益放在首位；其次，企业领导要有社会责任感和历史使命感，这一点极为重要；最后，理念的准确表达必须建立在企业目标与社会需求的完美结合上，它不能是恩赐性的。

（三）战略性

CI 着眼于企业全局和长远发展目标，在方方面面、时时刻刻表现战略思想。坚持 CI 战略观念，首先需要强化企业领导者的战略意识，企业领导特别是高层管理者要有战略眼光；其次，当企业的近期利益或眼前利益与战略目标发生矛盾冲突时，应把长远的战略目标放在首位，甚至为了长远利益要牺牲或者舍弃眼前利益；最后，CI 战略还表现在当企业形象价值与企业经济效益发生不可调和的矛盾冲突时，应把企业形象摆在首位，牺牲经济效益以换取企业的形象利益。

（四）系统性

从 CI 的构成内容看，CI 主要由企业的理念识别系统（MI）、行为识别系统（BI）和视觉识别系统（VI）组成，它们是有机联系的，缺一不可，不能偏废，我们必须在统一的企业理念的指导下，规范标准地表达企业系统、整齐划一的形象，而不能是对企业实行简单的平面外表包装，零敲碎打、花里胡哨地设计。另外，CI 应以理念为灵魂，向行为规范、视觉传达的设计扩展，“3I”（MI＋BI＋VI 的简称）交相辉映，形成一个内在密切联系、不可分割的整体。

（五）整体性

CI 的整体性特征表现在两个方面：其一，CI 是 MI、BI、VI 三个方面的整体性表现，而不是一个或两个方面；其二，CI 体现企业内、外活动的整体性。

（六）独创性

强调 CI 应具有“新、特、奇”的特点，不能千篇一律。雷同，就没有生命力；机械模仿，会缺乏存在价值。

（七）标准性

标准性是指 CI 必须在企业整体上得到贯彻，并施行标准化的管理，如标准字、标准色的使用都应有严格的规范。企业在导入 CI 时也应得到企业员工的认同，逐步接受和实施 CI 的具体规定。

（八）稳定性

CI 在现实的稳定中求得变化，在动态的发展过程中求得发展。变与不变、变化多少取决于企业所处的环境、经营规模、消费者的认同结构。那么，一旦改变 CI，其理念、行为和视觉表现也应作出相应的调整，结果必然达成企业理念、行为和视觉传达的和谐性，能够实现企业整体形象与产品、员工、环境等的一致性，做到企业经营方针、精神与文化的同步性，用整合的 CI 不断塑造企业新形象。

四、CIS 的构成内容

总体来说，CI 主要由企业的理念识别系统、行为识别系统和视觉识别系统三个部分构成，是这三个子系统相互协调运作的整合性成果，三者共同塑造企业形象。

（一）理念识别系统

它是企业在生产经营活动过程中的经营理念、经营信条、企业使命、企业目标、企业哲学、企业文化、企业性格、企业座右铭、企业精神和企业战略等的统一化。换言之，企业理念是企业在开展生产经营活动中的指导思想和行为准则。它包括企业的经营方向、经营思想、经营道德、经营作风和经营风格等具体内容。

例如，美国 IBM 公司的经营理念是“IBM 就是服务”。这句话就概括了 IBM 公司经营全过程的基本风貌、传统习惯、成功经验和经营道德的基本特色。北京同仁堂的经营理念是“济世民生”。上海幸福摩托车厂以“创造幸福”为企业的理念。

（二）行为识别系统

它是指企业在实际生产经营活动中的一切具体行为，在操作活动中的规范化、协调化、系列化，以便达成经营管理的统一化。

例如，长春国贸商场早晨营业前举行的宣誓升旗仪式，可口可乐分销点的班前宣誓，各大宾馆、饭店营业前的短会、宣誓等。行为识别系统要以理念识别系统作为核心和依据，体现理念识别的内涵。它是 CI 中的动态识别形式，主要包括企业的对内行为识别系统和对外行为识别系统两项内容。

（三）视觉识别系统

它是指纯属视觉信息传递的各种形式的统一。视觉识别系统是企业识别系统中分列项目最多、层面最广、效果最直接的部分，它受到理念识别系统的制约，配合行为识别体现理念识别的内涵。它是 CI 中的静态识别系统，包括基本要素系统和应用要素系统。

可见，以上三个系统共同构成了 CI，其中理念识别系统是 CI 的灵魂，是企业的基本精神所在，是建立其他子系统的基础和依据，也是整个系统运作的原动力。它影响着企业内部的动态、活力和制度、组织的管理和教育，并扩展到对社会公益活动、消费者的参与行为的规划，即影响企业的行为识别系统；视觉识别系统则是配合行为识别系统，传达企业营销的外在信息，易于直接塑造企业形象，达到企业识别目标的外在体现。

值得一提的是，有人把 CI 形象地比喻为一棵大树，认为理念识别系统是树根，行为识别系统是树枝，视觉识别系统是树叶。只有根深，树枝才能繁茂，树叶才能郁郁葱葱。还有人作出这样的比喻：理念识别系统相当于人的心，行为识别系统相当于人的手，视觉识别系统相当于人的脸。这些都有助于对 CI 及其构成的记忆、理解和应用。

第二节　CIS 设计开发

一、理念识别系统设计

古今中外，理念在指引人的行为和形成组织凝聚力方面都有其独特的、不可替代的作用。凡是优秀的企业，都拥有了不起的企业理念。这些企业理念成为企业活动的准则、员工奋斗的目标。松下幸之助说：“一家企业的成功，当然涉及许多方面的条件和因素，而是否有正确的理念，无疑是最重要的因素。”海尔在创名牌方面的理念是：“要么不干，要干就要争第一。”这样的企业理念使企业拥有强劲的竞争动力。

理念识别系统是通过企业经营理念定位来传达企业宗旨、企业精神、企业目标，从而展示企业的独特形象。理念识别系统是企业识别系统中的灵魂和原动力，也是 CI 设计的基本依据和核心，属于思想、文化层面。企业可以通过它由内向外扩散企业精神和经营思想，启动认识识别的目标，使之成为塑造企业形象的源泉。

企业理念识别系统在设计开发时，首先，要对企业现有的理念做进一步的明确和调整；其次，要浓缩提炼企业形象的标语和企业文化；再次，要思考企业自身定位问题，即企业定位、市场定位、产品定位等；接着，确立企业竞争者和进行竞争性定位；最后，制定竞争性营销策略。具体如下所述。

（一）企业精神

这是企业的最高思想境界。创业企业在树立自己的企业精神时要有特性。如果企业把质量当成命根子，那么精神就定为"一点都不能差"（冠球公司的企业精神）；如果企业把创新当成看家宝（IT 业、广告业等），那就可以采用"我们每天都是新的"。浙江宁波雅戈尔集团的企业精神——"装点人生，服务社会"，充分地突出了行业特点，有独具一格的文化魅力和丰厚的内涵。

（二）工作作风（行动口号）

工作作风是对全体人员的工作态度要求，是企业行为的个性表达。金塔王的工作作风是"想在前头，做得更好"，而一家广告公司创业之初的行动口号是"努力就有机会"，一眼便看出企业的鲜明个性。

（三）客户观

理念识别系统的客户观不同于原来的服务观念，是一种由注重企业内部资源转向注重外部（客户）资源的管理文化变革，树立与客户建立一对一互动沟通的观念，由提升企业自我价值转为提升客户价值。例如金蝶公司，一开始便确立了"帮助顾客成功"的经营理念。

（四）诚信观

真诚守信是立业之本，创业企业极易因一时之利而背离此道，最后把企业带入死胡同。树立诚信形象观是沟通员工、赢得商誉的法宝。

（五）质量观

创业必须确保质量，树立"100－1＝0"的质量危机意识。金塔王的"始终超越国标，永远满足客户"是全体员工恪守的质量目标。

（六）学习观

树立团队学习观念和建立学习型组织是新时代创业企业快速抢占先机，营造整体竞争优势的必由之路。这一点往往被千头万绪、忙得不可开交的创业者所忽视。

（七）道德规范

虽然受社会道德观念的影响，但企业应有自身鲜明的特点。

【案例 10－1】

宜家的企业理念

宜家以"提供种类繁多、美观实用、老百姓买得起的家居用品"为经营理念，以"为大众创造更美好的日常生活"为企业愿景，把大众家居用品作为企业的战略范围，致力于以实惠的价格为大众提供设计精巧、功能实用的产品。为此，宜家的产品设计遵循"民主设计"原则，即要设计美观、功能强大、可持续、质量上乘、价格实惠。基于保证产品性价比的原则，宜家在包装、运输产品时采用了节省空间的平板包装，以压缩运输和储存成本。宜家的"节约"不仅体现为节约购买成本，更在于节约长期的使用成本和环境成本。宜家的产品生产与使用注重能源的可再生和消耗减少。凭借在风力发电机和太阳能电池板领域的巨额投资，宜家在 2020 年就实现了生产和消耗的可再生能源持平。这种可再生、可持续的美好生活也成为宜家公关宣发的重要理念，持续为宜家的品牌声誉增光添彩。

（资料来源：周安华. 公共关系：理论、实务与技巧[M]. 8 版. 北京：中国人民大学出版社，2022.）

二、行为识别系统设计

行为识别系统，是CI的动态识别系统，包括对外回馈、参与活动，对内组织、管理和教育，是企业实现经营理念和创造企业文化的准则，可称为CI的“做法”。与理念识别系统的深奥、抽象相比较，行为识别系统追求的是具体、实际。

通过企业行为识别系统的运行，把企业的理念点点滴滴地渗透于社会公众，以表企业之“心”。企业内部活动识别开发包括增强企业内部组织的活化性，强化企业内部的宣传、教育、培训工作，具体活动有：编写制作CI说明书、幻灯片、企业报、CI简讯、员工手册、宣传海报，奖励使用公司产品活动，设置企业留言板、意见箱，促进自我启发，改善电话应对态度，推行礼貌运动，借助企业影响力表现企业的精神和风范，形成强大的凝聚力。企业外部活动识别开发主要有：市场调查、新产品开发、流通对策、公共关系活动、促销活动。当代市场竞争日趋激烈，产品日新月异，企业必须不断更新产品，以适应产品生命周期日益缩短的趋势。特别是企业要注意形象广告宣传，注重奉献社会，立足情感诉求，以治理公害为己任，树立企业形象。

【案例10—2】

阿米尔的改变

阿尔米公司是美国钢铁公司和国民制酒公司的一家子公司，是一家生产钛产品的联合企业。多年来，它的生产效率和利润一直比较低下。被称为“大块头”的吉姆·丹尼尔(Jim Daniel)出任总经理以后，采取了一项特别的计划。华尔街日报把这项计划形容为“一个由感人肺腑的口号、相互交流和满脸堆笑组成的大拼盘”。丹尼尔的工厂里到处贴着告示，上面写着：“倘若你看到有谁无笑容，那就请对他报以微笑吧。”

该公司的标志就是一张笑脸，信笺上、厂门口、厂徽和工人安全帽上，这张笑脸无所不在。大块头吉姆的大量时间用于骑车巡视工厂，他和工人们打招呼，开玩笑，倾听他们的意见，彼此称兄道弟……这一切的结果呢？在最近三年里，几乎未增加任何投资，而生产效率却提高了大约80%。

（摘自：https://wenku.baidu.com/view/d4768bfb6194dd88d0d233d4b14e852458fb39e4.html? _wkts_=174161500609.）

三、视觉识别系统设计

视觉识别系统是理念识别系统和行为识别系统在直观视觉上的体现，是一个严密而完整的视觉符号系统，它的特征在于展示清晰的“视觉力”结构，从而准确地传达独特的企业形象，通过差异性面貌的展现，达成公众对企业的认知与识别的目的。

视觉识别系统设计主要针对企业名称、品牌名称、图案、颜色等设计。视觉识别系统设计的基本原则是：以理念识别系统为核心，人性化，民族化，化繁为简、化具体为抽象、化静为动，习惯化，法制化。其设计开发工作包括：基本要素设计系统开发和应用要素设计系统开发等。

（一）视觉识别系统的基本内容

1. 基本要素设计系统

基本要素设计系统包括企业名称、企业标志、标准字体、企业标准色、企业常用印刷字体、企业造型、象征图案、基本宣传标语和口号等。

2. 应用要素设计系统

应用要素设计系统包括办公用品、办公设施、招牌旗帜、建筑外观、衣着服饰、产品设计、广告宣传、交通工具、包装设计等。

（二）视觉识别系统的特征

视觉识别系统设计主要呈现四个方面的特征：

1. 现代性

在科技盛行的新时代，在视觉设计的领域，视觉设计的效果随处可见，视觉设计以艺术的形态存在于社会的每个角落。当人们对千篇一律的静态信息感到厌烦时，新媒体技术让动态视觉效果得以呈现，冲击着人们的视觉反应。视觉传达设计已经发展成一个新的领域。

2. 商业性

如今，视觉传达多为商业品牌服务，有品牌标志、城市徽章、电视广告等。视觉传达设计将商业品牌理念转变成视觉印象，让人们通过视觉可以看到企业形象和观念，让消费者更直白地了解品牌，拉近了消费者与企业的距离。

3. 多元性

视觉传达设计早已成为一项专业学科，融合了市场营销、广告学、社会学、新媒体技术学及心理学科等学科知识，从传统的平面理论内涵中获得释放，视觉传达的方式和手段也在不断更新，于是一项多元性的语言得以诞生。

4. 交流性

视觉传达是产品与受众之间的交流，消费者依靠自身的视觉去感受企业想要表达的理念与思想，而企业利用最先进的设备和科技为消费者从多方面展现其产品与形象。每个人的生活阅历都不相同，使得每个人对视觉所感受到的事物产生不同的情感。

（三）核心要素的设计

这里主要介绍企业标志、标准字、标准色、企业造型及企业象征图案五个方面的设计。

1. 企业标志

（1）标志的分类

①连字类。这是以企业、品牌名称的文字或字母按次序连接而成。这类商标的设计主要是字体、字形的设计。

②组字类。这是由企业、品牌名称的字首组合而成，一般只用一两个商标名或企业机构名的打头字母，其组合无一定的规律。

③字形类。这是以企业、品牌名称（或字首文字）与图形相结合，是文字与图形标志的完美结合，其说明性及表现力较强。

④抽象类。这是以企业、品牌名称的含义，或以产品造型、经营内容、经营理念及精神文化用抽象的图形符号来表示。

⑤象形类。这是以企业、品牌名称的含义转化为具体的图形，或以产品造型、经营内容、经营理念及精神文化用具体的图形符号传达出来。

⑥图画类。这是直接用卡通、漫画、版画、剪纸、照片等手法刻画形象以表达标志的含义。

⑦综合类。这是运用前几种方法进行的综合创造。

（2）标志设计的原则

①有效传达企业理念。企业标志是向社会公众传达企业理念的重要载体，脱离企业理念的标志只是一些没有生命力的视觉符号。最有效、最直接地传达企业理念、突出企业个性是

企业标志设计的核心原则。广东太阳神集团的企业标志就十分成功地体现了企业理念。

【案例 10—3】

Yeo Valley 酸奶的标志

Yeo Valley 酸奶品牌标志的包装设计极具风格特色，如图 10—2 所示。水滴状的牛奶将“Yeo Valley”字样包含在其中，突出放大了此产品的品牌名称，也表明了其在奶制产品中的地位。标志清晰明确，能让消费者第一眼就注意到它的存在，而且容易记住。产品的底色为绿色，绿色是大自然的代表色，绿色的底色更加自然清新，体现了品牌主打的环保概念。这种简明大方的产品包装能有效地博取消费者的好感，使消费者体会到该品牌的环保、绿色有机的品牌理念。

图 10—2 Yeo Valley 酸奶的标志

（资料来源：https://wenku.baidu.com/view/69455a3625d3240c844769eae009581b6bd9bdd5.html?fr.）

②突出人性化。现代工业设计越来越重视人性设计，以消除现代工业所带来的人性异化。与人产生关系，使人感到被关心，创造出互相信任、彼此融洽的亲和感和人文环境，是企业视觉识别设计应追求的目标。著名的 Apple 标志，在设计上就表现出一个充满人性的动态画面。

③实现强力视觉冲击。企业视觉识别设计所要做的是通过设计，使社会公众对企业产生鲜明、深刻的印象。所以，所设计的视觉形象必须给人以强烈的视觉冲击力和感染力，达到引人注目和有效传播的目的。日本三菱公司的企业标志就是一个成功的典范。

④保持风格统一。设计风格的统一性是充分体现企业理念，强化公众视觉的有效手段。强调风格统一并不是要求千篇一律，没有变化，而是一种有变化的统一，是在基本原则不变的前提下的统一。可口可乐公司至今已有一百多年历史了，在全世界一百多个国家都建有装瓶厂，但在全世界，可口可乐的视觉识别是统一的。

⑤具有艺术表现力。视觉符号的识别功能的发挥，与人的情感有着密切的关联。视觉符

号是一种视觉艺术，而接收者进行识别的过程同时也是审美的过程。因此，企业标志设计必须具有强烈的美学特性。如果企业标志缺乏美感和艺术表现力，那就不能唤起接收者的美感冲动，识别的作用也就无从发挥。

2. 标准字

(1)标准字的概念

从设计层面来看，标准字是泛指将某种事物、团体的形象或全称整理、组合成一个群体性的特殊字体。

标准字是视觉识别系统中的基本设计要素之一，由于其种类繁多，运用广泛，几乎涵盖视觉识别符号系统中各种应用设计要素，因此其重要性不亚于标志。标准字能将企业的经营理念、规模性质等，通过文字的可读性、说明性等明确化的特性，以及个性独特的字体创造表达出来，从而达到企业识别的目的，塑造独特的企业形象。

标准字与普通铅字、书体的最大差异，不仅体现在外观造型上，更在于它是根据企业或品牌的个性来设计的。通过对字体结构、笔画粗细、字间连接、间距布局以及统一造型等要素的精细规划，标准字强调整体风格与个性形象，与普通字体相比更美观、更有特色。

(2)标准字的特征

①识别性。这种特征体现在独特的风格与强烈的个性上。应依据企业的经营理念、文化背景和行业特征等因素的差别，创造不同个性的字体，以传递企业性质与商品特性，达到识别企业的目的。

②易读性。标准字要传播明确的信息，说明内容宜简要易读，以免造成辨别的困难，难以达到传达企业情报和信息的效果。

③造型性。标准字设计成功与否，造型因素是决定性的条件。唯有符合造型原理与结构法则的设计，同时追求创新感、亲切感和美感，创造美的企业形象，才能让公众有艺术的享受。

④系统性。这是指应有一系列的相同风格的标准字，适用于各种场合。标准字的系统性不仅包括不同材料、不同技术、不同情况应用时具有放大/缩小、反白、线框的柔性表现，而且要考虑与其他视觉识别中的基本要素和谐组织、搭配，设计多种组合形式，以贯彻视觉传达的统一感。

(3)标准字的分类

根据标准字的不同功能，可分为以下种类：

①企业标准字。这主要是指通过统一的字体形象来传达企业精神和经营理念，以建立企业和产品的信誉和品格。

②字体标志。这是指将标准字与企业标志组合在一起。字体标志能达到精简要素、统一视听、易识易记的目的。“SONY”“IBM”就属于此类字体标志。

③品牌名称标准字。依据企业经营业态和发展战略的需要来塑造品牌性格，如国际化经营、市场占有率的提高、企业形象的保护作用等。企业往往强化品牌的个性特点，在这种情况下就需要设计品牌名称标准字，如“太阳神”“松下电器”等。

④产品名称标准字。企业为了开发新市场而推出新产品，为了突出个别产品的性质，采用具有亲切感、个性强的字体设计，以方便传播和广告宣传。

⑤活动标准字。这是专为新产品推出、节令庆典、周年纪念、展示宣传等特定活动设计的字体。

⑥标题标准字。这是通过标题的个性设计来明确区别不同的空间，以产生醒目的视觉效果。

3. 标准色

(1)标准色的含义

标准色是指企业为塑造独特的企业形象而将确定的某一特定的色彩或一组色彩系统运用在所有的视觉传达设计的媒体上,通过色彩特有的知觉刺激与心理反应来表达企业的经营理念和产品服务的特质。

标准色由于具有强烈的识别效应,因此已成为经营策略的有力工具,日益受到人们的重视,在视觉传达中扮演着举足轻重的角色。色彩除了自身具有知觉刺激,引发生理反应外,更由于人类的生活习惯、宗教信仰、自然景观等的影响,使得人们看到色彩就会产生一定的联想或抽象的感情。可口可乐的红色洋溢着热情、欢快和健康的气息,七喜汽水的绿色给人以生命活力的感受等,二者都是借助色彩的力量来确立企业品牌形象的成功范例。

(2)标准色的设定

①基于塑造企业形象的考虑。根据企业的经营理念或产品特质,选择能够表现企业形象的色彩,一般来说,电脑高科技企业多用蓝色作为企业的标准色,而餐饮连锁企业则与红黄两色联系紧密。

②基于经营战略的考虑。企业标准色的设定必须符合企业的经营理念和企业文化,应当能够反映企业的个性特征。为扩大企业之间的差异性和市场影响力,选择与众不同的色彩,可达到识别企业、突出品牌的目的。

③基于成本和技术的考虑。色彩的运用在传播媒体上非常广泛,并涉及各种材料和技术。为了使标准色精确再现与便于管理,应该尽量选择理想的印刷技术、合理的分色制版方法,使之达到与标准色统一的色彩。另外,应避免选用特殊的色彩,避免选用金银等昂贵材料或金色印刷,以免增加不必要的制作成本。

4. 企业造型

为了塑造企业识别的造型符号,给人以强烈的视觉印象,选择特定的人物、动物、植物做成具体形象化的造型,以其风格夸张、亲切可爱、幽默滑稽的形态捕捉消费大众的视线,以强化企业性格。企业造型要表达产品或服务的特质,与消费者贴近。

企业造型的设计题材大致有如下几类:

(1)人物类,如麦当劳快餐的"麦当劳叔叔"、肯德基炸鸡的"山德斯老先生"、桂格燕麦片的"桂格老人"、星辰表的"星辰宝宝"、歌林电器的"歌林服务员"等。

(2)动物类,如彪马运动鞋的"飞豹"、鳄鱼服装的"鳄鱼"、大荣百货的"猩猩"、韩国国民银行的"喜鹊"、三菱汽车的"野狼"、太平洋房屋公司的"袋鼠"等。

(3)植物类,如日本劝业银行的"玫瑰"等。

(4)产品类,如法国米其林公司的"米其林轮胎汉"、中国台湾台塑公司的"普拉士弟"等。

企业造型的基本形态设定后,可依照企业经营内容、宣传媒体、促销活动进行各种变体设计,并赋予不同的动态、姿势、表情,以加强企业造型的说明性与亲切感,使其在视觉传达中发挥更好的影响力和表现力。

5. 企业象征图案

在视觉识别系统中,象征图案是作为一种附属与辅助性的要素出现的,配合标志、标准字、标准色、企业造型等基本要素而被广泛灵活地运用,起着不可忽略的功能作用。

象征图案与视觉传达设计系统中的基本要素是一种主从与宾主的关系,以配合设计的展开运用。作为往往带有一种线或面的视觉特征的设计要素,往往能与具有点的特征的标志、标准字、企业造型等基本要素一起在画面上形成主次、强弱、大小等对比呼应关系，丰富与强化画面的视觉传达效果，增强视觉传达的力度与感召力。

第三节　CIS 的导入

企业导入 CI 的目的和原因有很多，但一般情况下都要针对企业面临的实际需要，有针对性地设定 CI 导入目标，实施 CI 战略。

一、导入 CI 的时机

20 世纪 80 年代中后期，我国有些企业就开始推行 CI，但因导入时机选择不当，CI 推行得好的企业反倒有曲高和寡之感。应该说，实施 CI 对企业应具备的条件有比较严格的要求，不是所有的企业都有能力或有必要实施 CI，因此从 CI 的实施面来看有一定的局限性。比如，由于 CI 一旦定型就不能轻易改变，这要求企业的组织结构、经营理念、产品和业务相对定型、稳定，并且有固定的地盘或势力范围。又因为 CI 涉及所有的形象因素，需要部分或分段实施，或中间导入，这些都会给企业带来设计、控制和管理方面的难度，所以在设立新企业、推出新产品，或产品进入新市场、企业进入新阶段等的时候，导入 CI 就比较合时宜。此外，CI 需要高投入，因此财力有限的企业往往难以负担。

总之，实施 CI 不仅对应用条件有严格要求，而且其局限性也较为显著。任何企业在发展、导入 CI 时，都必须具备一定的条件，选择适当的时机，只要时机恰当，就会收到事半功倍的效果；反之，只能是事倍功半。一般来说，企业导入 CI 的最佳时机包括以下几个。

（一）企业初创时期或合并时期

目前越来越多的企业在战略重组后挂牌上市。企业借着成为上市公司的契机，对企业进行全新的形象包装，向企业注入现代经营理念，使企业以新的形象、前卫的理念出现在股东和社会公众面前，这无疑是企业吸引资金、推动企业快速发展的必要手段。习近平指出，在伟大斗争、伟大工程、伟大事业、伟大梦想中寻找新的方位，把握好新的战略定位。[①] 因此，上市前是企业导入 CI 的最佳契机之一。

国内许多中小企业面临企业再发展的机遇或被市场淘汰的挑战，这时导入 CI 将会助它们一臂之力。

一旦创业成功的中小企业已形成一定的规模乃至走上专业化、多元化、集团化的发展道路，其创业初期的商号、标识、商标等就可能出现过时、陈旧、零散、混乱等问题，需要统一规范，以便系统化对外集中传播。统一公司形象，树立集团形象，增强对子公司、关系企业的号召力，以形成整体优势，就成为迫切任务，此乃导入 CI 的良机之一。

（二）新产品开发与上市时期

一个新产品在开发成功后、上市推广前，引入 CI 对产品进行形象包装，提炼产品理念，引入品牌概念，创作全新的创意广告，运用 CI 手段制订周详的上市推广计划，将产品的广告、新闻、公共关系、促销、直销等手段整合传播，既能达到促销效果，又能迅速建立自己的品牌，无疑体现了 CI“开拓市场利剑”的作用。国内许多名牌产品借助新产品上市的契机导入 CI，取

---

① 习近平总书记在庆祝海南建省办特区 30 周年大会上的重要讲话。

得了显著效果，但至今仍有许多企业在新产品上市之前，匆匆忙忙、不得要领、毫无计划，甚至连产品的商标、公司商号等基本形象识别都顾不上，就匆匆忙忙请广告公司设计包装、创意广告。当走了弯路后发现问题再进行规范时，企业已进退两难，损失惨重。

（三）创业周年纪念日

创业周年纪念日往往是导入CI的好时机，因为任何一家企业都有光辉历程，纪念日活动可以唤起社会公众对企业所做贡献的美好回忆，使他们加深对企业的印象并形成新的认识。

（四）企业国际化经营时期

企业在创业初期，一般都以国内市场为经营服务对象。随着时代的变迁，产业结构的改善，交通运输的发展，资本、市场、技术等日益转向国际化，进军海外市场的机会逐渐增多，企业原有的传递信息的视觉符号系统已不再适应国际市场的经营需要，因此修正原有的标识、标准字等识别符号与开发CI，就成为企业开辟国际市场、树立品牌新形象的有效策略。

【案例10－4】

联想为适应国际化发展更名

联想原来的英文名叫“Legend”，即“传奇”。2002年，首席执行官杨元庆计划在全球范围推广联想品牌时发现“Legend”早已被不少企业使用，失去了独特性和辨识度。因此，2003年，他将公司更名为“Lenovo”。“Lenovo”由取自“Legend”的“Le”和拉丁语中意指“新”的“novo”组成，寓意“创新的联想”。

（资料来源：周安华.公共关系：理论、实务与技巧[M].8版.北京：中国人民大学出版社，2022.）

（五）追求设计系统化、管理效率化之时

企业在经营发展过程中，由于产品种类与日俱增，风格样式日益复杂，包装设计尺寸不一，广告宣传、信息多种多样等，因此企业的信息传递无法统一表现企业精神与经营观念，而且企业内部作业烦琐、混乱，此时导入CI，可以使企业产品规格化、统一化、组织化，健全内部管理系统的运作程序和统一企业信息的传递，提高管理效率。例如，“淘宝商城”改名为天猫，便是阿里巴巴集团形成并进一步完善生态体系的战略决定。

企业实施CI的理由、动机有很多，除以上所述，还有企业多角化经营，解决企业经营危机，重整企业经营观念，强化宣传、公共关系、促销，以及导入新的市场战略等。

二、导入的方式

CI的开发是十分必要的，同时企业开发CI必须根据我国企业现状确定导入CI的不同模式。一般而言，主要有以下三种方式：

（一）预备性CI导入方式

这是针对新建的企业而言的。在筹划新企业时，同时对企业的未来形象及企业文化进行有目的的设计和策划，包括对企业经营思想、口号、信条、标志、吉祥物、标准色、标准字体、企业形象的社会定位、战略选择、计划实施方案、管理办法以及应用系统的设计与策划等。

（二）扩张性CI导入方式

这是企业在成长过程中为了实现资本扩张，把企业带入新的高一级的发展阶段而导入CI的方式。它是对企业革新换面、脱胎换骨的改造。这时的企业形象策划应该立足于企业原有基础而着眼于发展层次和境界，对企业形象进行完全创新性的策划。

（三）拯救性CI导入方式

拯救性CI导入方式也称医疗性CI导入方式。对于众多传统型企业来说，为了重塑企业形象，改变旧的经营模式而重新调整经营理念、经营观念和经营者的视觉形象，以期通过CI的导入拯救企业的生存与发展前景。我国绝大部分营销企业面临着这样的转换。而拯救性CI的实施比预备性CI的实施更显困难。因为拯救性CI导入既要创立新的形象又得益于原有的基础，需要对传统形象进行甄别、分析、摄取和扬弃的改造，而在对旧的东西的改造之中常常会碰到巨大的阻力，这种来自旧传统的阻力对新形象的树立所起的负效应不能低估。因此，拯救性CI导入将伴随着企业管理体制、组织机构的一系列改革。

企业的整体形象战略是企业经营的总体战略框架，是企业的行为准则。但企业整体形象战略的具体内容不是一成不变的，而是在市场营销的实践中不断地完善和成熟的。不管是哪种模式导入的CI经营理念，都要在市场实践的过程中不断加以充实和完善。

三、导入的程序

虽然根据企业性质的不同，CI系统各具特色，但经过对诸多企业CI的调查，所有企业在导入CI时都有着共同的导入顺序和模式——只有这样，才能保证导入的CI能够符合企业的实际。但是，不同的企业由于其自身的特殊性，在具体内容上可能会有所不同，企业要根据自身的具体情况仔细推敲、决定。

CI计划开发的作业程序大体上可以分为以下三个阶段：

（一）企业实态调查阶段

进行CI计划的开发作业之前，先应从企业内部与外部两个方面对企业现存的实态做调查工作，以获取必要的客观资料。

（二）设计开发阶段

这一阶段的任务是将第一阶段所设定的识别理念转换成系统化的视觉传达形式，以具体表现企业精神。其中可分为三个步骤：

（1）将识别性的抽象概念转化成象征化的视觉要素；

（2）开发基本设计要素，以奠定整理传播系统的基础；

（3）以基本设计要素为基础，展开应用设计要素的开发作业。

（三）实施管理阶段

设计系统开发完成后，就进入全面导入实施CI的阶段，此时需由最高经营阶层至基层的员工来全面贯彻，内部统一后，方能对外进行传播。

CI导入之初，规模较大的企业应在企业内部设立CI委员会，负责规划、执行、管理CI的运作，并定期实施CI进度、品质、成本的核对与检查。继续聘用担负识别计划开发的设计顾问公司为企业顾问，从事日常执行情况的处理，协助企业全面推行CI，并监督长期实施的效果。

在企业导入CI后，就要制订全面的实施计划，并根据计划和内容进行全面执行和推广，企业导入CI的具体实现和实施效果将在这一阶段得到全面的检验。因此，这是一个长时间需要严格管理的阶段。在企业全面实施CI战略时，要切实做好以下几个方面的工作：

1. 保证企业管理理念和企业战略的全面实施

只有全面实施企业管理理念和战略，才能让企业内外的所有有关组织及人员都明了本企业在干什么、为什么而干,从而能够获得更多的“认同”,进而获得一种亲和力与心理上的共鸣。只有这样,企业的理念与战略才能真正发挥它应有的作用。

2. 促进企业价值观的形成

所谓企业主体性,主要是指企业员工拥有高度统一的理念和价值观,使企业的经营理念与企业行为以及企业的视觉传达相一致,使部门之间协调配合,使企业的一切活动都围绕着核心展开,使企业各方面的资源都得到充分的应用。要真正促进企业主体性的成形,就要对企业 CI 进行不间断的灌输、教育,更重要的是靠具体的事实对抽象理念进行诠释,靠故事、靠人,尤其是企业管理者的身体力行逐步形成。

3. 全方位地应用视觉识别

CI 系统中最直观、最表象、最容易被人们接受的,便是其中的视觉识别部分,每家企业都有外部标志,但企业是否已引进 CI 的一个很大区别就是系统的视觉识别全方位的应用。在 CI 全面实施中,必须强调企业标志、标准字、标准色等要素的使用标准和方法,必须严格按照企业制定和下发的“CIS 手册”贯彻实施,任何变形或特殊使用都要有严格的审批制度。只有这样,才能够保证企业 CI 的深入贯彻和推广,这对于提高企业外在形象具有极大的推动作用。

4. 规范企业行为

企业一旦导入了 CI 识别系统,便要真正地将其执行下去,用企业理念识别规范企业的经营理念,树立起企业的愿景,确定企业遵循的价值观,凝聚全体员工的努力推动企业的发展;用行为识别制定和完善企业的各项规章制度和岗位描述,使全体员工行有规范、做有制度、奔有方向、动有目标,以实际行动推动企业的和谐发展;用视觉识别完善企业的外在表象,规范企业行为,树立企业形象,扩大企业社会影响,树立起差异化的企业内涵。

本章小结

CIS 是英文 corporate identity system 的缩写,译为企业识别系统,简称 CI。从 CI 的目标看,它是为了塑造企业组织的形象而服务的;从 CI 的职能看,它要处理好企业与内外公众之间的关系;从 CI 所运用的方式和手段看,它是利用整体传达沟通系统进行信息传播;从 CI 的活动效果看,其表现是长期性、全局性、战略性的。CI 的主要功能包括管理功能、识别功能、协调功能、应变功能、传播功能、文化教育功能。CI 的定义和功能决定了它的基本特征是客观性、社会性、战略性、系统性、整体性、独创性、标准性和稳定性。

CI 主要由企业的理念识别系统(MI)、行为识别系统(BI)和视觉识别系统(VI)三个部分构成,CI 是这三个子系统相互协调运作的整合性成果,共同塑造企业形象。企业要针对其面临的实际需要,有针对性地设定 CI 导入目标,实施 CI 战略。一般情况下,企业导入 CI 战略的时机有:企业初创时期或合并时期、新产品开发与上市时期、创业周年纪念日、企业国际化经营时期、追求设计系统化与管理效率化之时。CI 导入的方式有预备性 CI 导入方式、扩张性 CI 导入方式、拯救性 CI 导入方式。CI 导入的程序大体上可以分为三个阶段:企业实态调查阶段、设计开发阶段、实施管理阶段。

本章训练题

一、单项选择题

1. 企业形象识别系统中起主要作用的是(　　)。

A. 理念识别系统　B. 行为识别系统　C. 视觉识别系统　D. 感觉识别系统

2.(　　)是企业的灵魂、核心和原动力。

A. 理念识别系统　B. 行为识别系统　C. 视觉识别系统　D. 感觉识别系统

3. 下列选项中,不属于行为识别系统的是(　　)。

A. 员工教育培训　B. 市场调研　C. 公关促销　D. 经营理念

4. 下列选项中,不属于视觉识别系统的是(　　)。

A. 事务用品　B. 标识系统　C. 交通工具　D. 员工教育培训

5. 下列选项中,属于设计要素中的辅助符号的是(　　)。

A. 企业标志　B. 标准字　C. 标准色　D. 企业象征图案

6. 专为新产品推出、周年纪念、节令庆典、展示活动、各类竞赛活动设计的标准字属于(　　)。

A. 企业名称标准字 B. 品牌称谓标准字　C. 标题标准字　D. 企业活动标准字

7. 企业名称属于企业视觉识别系统的(　　)。

A. 应用要素　B. 基本要素　C. 理念要素　D. 商标要素

8. 下列选项中,属于企业视觉识别系统中的应用要素的是(　　)。

A. 标准色　B. 企业标志　C. 企业标准字　D. 包装用品

9. 在企业形象识别系统中,被称为“手”的是(　　)。

A. 理念识别系统　B. 行为识别系统　C. 视觉识别系统　D. 感觉识别系统

10. 在企业形象识别系统中,被称为“脸”的是(　　)。

A. 理念识别系统　B. 行为识别系统　C. 视觉识别系统　D. 感觉识别系统

二、多项选择题

1. CIS 的构成要素有(　　)。

A. MIS　B. VIS　C. BIS　D. CS

2. 企业导入 CIS 的时机包括(　　)。

A. 新公司成立时　B. 创业周年纪念　C. 进军海外市场　D. 缩小经营范围时

3. 企业理念的适用范围包括(　　)。

A. 企业经营策略　B. 企业经营方针　C. 企业的价值定位 D. 企业使命

4. 下列选项中,属于企业的对内行为识别的有(　　)。

A. 员工培训　B. 作业精神　C. 生产福利　D. 公共关系

5. 下列选项中,属于企业的对外行为识别的有(　　)。

A. 员工培训　B. 广告活动　C. 市场调查活动　D. 公共关系

6. 下列选项中,属于企业视觉识别系统中的应用要素的有(　　)。

A. 办公用品　B. 招牌　C. 企业标准字　D. 包装用品

7. 下列选项中,属于企业视觉识别系统中的基本要素的有(　　)。

A. 标准色　B. 企业标志　C. 企业标准字　D. 包装用品

8. 企业标准字的类型包括(　　)。
A. 企业名称标准字B. 品牌称谓标准字　C. 标题标准字　　D. 企业活动标准字

三、判断题

1. 为了保持视觉的统一性,企业造型设定后,在任何场合都不能变动。　(　　)
2. 企业形象识别是针对企业形象进行的一种有目的、有计划的塑造和传播。　(　　)
3. 企业形象识别系统中起主要作用的是理念识别系统。　(　　)
4. 理念识别系统是企业的灵魂、核心和原动力。　(　　)
5. 行为识别系统主要包括企业经营过程中对内对外的一切具体活动。　(　　)
6. 视觉识别系统是最直观的形式和最具差别化的符号特征,并运行于企业行为识别系统的每一个细节。　(　　)
7. 我国最早全面导入 CIS 的企业是广东太阳神集团。　(　　)
8. CIS 系统中最具传播力和感染力的层面是行为识别系统。　(　　)
9. 标准字的造型要能够表现出独特的企业性质和商品特性。　(　　)
10. 标准色设计应体现企业的经营理念和产品的特性,选择适合该企业形象的色彩,表现企业的生产技术性和产品的内容实质。　(　　)

四、简答题

1. 行为识别系统的设计原则是什么?
2. 视觉识别系统的特征是什么?
3. 企业何时导入 CIS? 在实施 CIS 中应该注意哪些问题?

五、案例分析题

如家酒店的 CIS 策划

2002 年首都旅游集团联手携程旅游服务公司创建了如家连锁酒店。作为经济型连锁酒店的领军企业,如家始终以人的感觉为着力点,为海内外的客人提供标准化、干净、温馨、舒适、贴心的住宿服务,传递简约生活理念。经过四年多的发展,如家在美国纳斯达克成功上市,成为中国酒店行业海外上市第一股。截至 2023 年 9 月,在全国 349 个城市拥有逾 2 700 家酒店,形成了业内遥遥领先的最大的连锁酒店网络体系。如家能有这样的成绩,其鲜明的企业形象起到了至关重要的作用。

1. MI(理念识别)

如家从成立开始就着力塑造良好的形象、打造鲜明的特点,强调与同行业竞争者的差异,突出独特的精神,打造适合自己的理念——“把我们快乐的微笑、亲切的问候、热情的服务、真心的关爱,献给每一位宾客和同事”。

不同于严肃刻板的企业理念,如家的理念显得异常温暖。如家的使命也与此契合:为宾客营造干净温馨的“家”,为员工提供和谐向上的环境,为伙伴搭建互惠共赢的平台,为股东创造持续稳定的回报,为社会承担企业公民的责任。从企业核心理念到宣传语——“不同的酒店,一样的家”,处处都体现了宾至如归的“家”文化。

如家的 MI 系统不仅涉及顾客,而且兼顾员工、伙伴、股东以及对社会的责任。面面俱到的周密考虑有利于企业树立良好的社会形象,提高知名度与美誉度。

2. BI(行为识别)

如家内部建立了一套完整详细的管理制度,约束并规范组织和员工的行为。对于服务行业,其提供的服务本身就比较难约束。对此,如家的管理团队提出“像制造业一样生产服务”,主要就是强调服务质量的标准化。“我们对服务的质量要求,要像从事制造业的企业一样。在制造业,次品率往往低于千分之一或者万分之一;在服务业,能够达到90%以上的客户满意度就非常不错了。其实90%的客户满意度说明还有10%的次品率,即使是99%的满意度,也还有1%不满意,这是不可以的。我们现在提倡零缺陷,虽然与客户接触的服务环节非常多,但是我们仍然要求全过程的次品率在1%以下。要做到这一点非常不容易,因为服务并不是容易做到标准化的东西。需要对每个过程、每道工序完全进行控制和测量。在服务的过程中,服务人员每次与客户接触时说的每句话、客户每个不同的要求,都会让服务人员遇到不同的情况。达到服务标准化是一件很困难的事情,但困难并不是不可克服的。换个角度看,可以把服务像制造产品一样分解成一个个环节。能够保证按照恒定的质量标准永远重复下去,才是最为成功之处。”如家主要负责人如是说。

扩展到企业外部,如家致力于各种社会公益活动、公共关系活动、营销等。比如迎接世博会,推出多项绿色环保活动;赞助东方卫视,全程参与“加油!好男儿”活动;举办员工运动会、技能比拼大赛等活动;制定反舞弊政策;制定商业行为和道德规范等。如家一直都在通过制定及实践各种行为准则,策划媒体活动,打造充满活力、管理高效、热心公益、注重人文关怀的形象,使如家品牌在大众中的知名度、美誉度和特色不断提升,从而树立了良好的形象。

3. VI(视觉识别)

如家的标识由红、黄、蓝三色构成,颜色鲜艳,对比强烈,可识别性高。标识中小房子样式的设计,HOME INN标志,“I”做成弯月的样子,“如家”两个字嵌在房门中,整体标识巧妙而简洁,给人温馨的家的感觉,如图10—3所示。

图10—3　如家酒店标识设计

店面的设计主要是黄、蓝两色,这样鲜艳的色调在城市中很少看到,故而识别性很高。有很多新闻报道直接用“黄房子”来代替如家,其高识别度可见一斑。

酒店内部的设施也高度标准化:棕黄色的地板、粉红色的床单、白色的窗纱、蓝色的窗帘,都区别于其他酒店那种令人难以接近的一片白色,营造家的感觉。

总体而言,如家的VI设计与其理念完美地契合,充分体现了“不同的城市,不一样的家”的理念。在如家的CI设计中,“家”文化贯穿始终,MI、BI、VI三者相互融合,打造出全方位、立体化的企业形象。

(资料来源:周安华. 公共关系:理论、实务与技巧[M]. 8版. 北京:中国人民大学出版社,2022.)

问题：

1. 请阐述如家 CI 设计的特点。
2. 说明如何运用 CI 设计吸引公众？

本章训练题
参考答案

第十一章

危机公共关系

知识框架

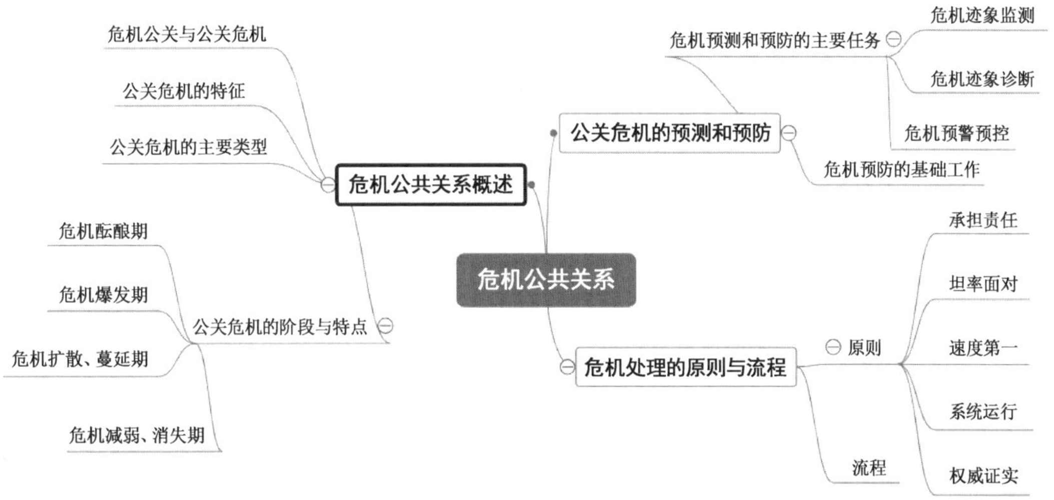

教学目标

1. 分辨危机公关与公关危机的异同；
2. 掌握公关危机的特征；
3. 了解公关危机的类型；
4. 掌握公关危机的阶段及各阶段特点
5. 了解危机预测和预防的任务；
6. 掌握危机公关处理的原则和流程。

思政目标

树立学生的危机意识，培养学生应对各种危机的能力。

核心概念

危机公关　危机类型　危机预警　危机处理原则

引导案例

康师傅老坛酸菜牛肉面的危机公关

2022年3月15日，在中央广播电视总台“3·15”晚会上，曝光了湖南插旗菜业、锦瑞食品有限公司是一家为多家企业代加工酸菜制品的公司，其很大一部分酸菜是从外面收购的“土坑酸菜”，其中最为著名的是康师傅老坛酸菜牛肉面也是使用该企业的酸菜。

据“3·15”报道，湖南插旗菜业有限公司对外售卖老坛酸菜，其产品分为两种：出口的老坛酸菜是在干净的车间里腌制的，而在国内销售的老坛酸菜则是在周边的“土坑”中生产的。

报道画面发现，土坑中并不干净卫生，有村民直接光脚踩上去，甚至把烟头丢到满是酸菜的土坑中。

插旗菜业公司的官网显示，其与康师傅、统一等一大批知名企业建立了产品代加工和原料直供等方面的战略合作关系。

2022年3月16日，经过一晚发酵，事件热度持续上升。“央视财经”“中国新闻网”“湖南日报”等媒体持续跟进报道事件相关进展，引发网民积极参与讨论，助推事件热度于当天到达传播最高峰。此后事件热度逐渐回落，相关信息主要围绕“土坑酸菜对酸菜相关行业的影响”“腌制食品的食品安全问题”。

康师傅第一时间发布公关声明并且紧急下架老坛酸菜牛肉面。

康师傅方面向《每日经济新闻》记者表示，公司四家工厂与插旗菜业有合作，为确保所有酸菜包供应商质量，含酸菜包的产品已全部下架，与此同时，配合相关监管部门后续抽查、企业自查并找第三方检测。

其公告函提到，根据2022年“3·15”晚会央视曝光的老坛酸菜事件，市场监督管理局于2022年3月16日对康师傅老坛酸菜牛肉面所使用的酸菜料包进行全面检查。检查发现：该公司生产的老坛酸菜牛肉面使用的老坛酸菜料包供应商分别为“四川厨之乐食品有限公司”和“四川天府味道食品有限公司”，可见有质量问题公司的供应商商品已被全部下架。康师傅相继开展了以下工作：

2022年3月15日晚：(1)致歉，承认湖南插旗菜业系公司供应商之一，但与其他3家公司无合作关系；(2)立即中止其供应商资格，取消一切合作；(3)封存相关酸菜包产品；(4)成立专门小组，配合监管部门调查。

2022年3月16日：(1)公布调查进展——终止供应商资格并下架回收相关产品；(2)再次致歉，并表示将持续加强供应商管理。

这些应对措施使得康师傅赢得了部分消费者的信任，同时也加强了企业的核心竞争力。

(资料来源：https://chihe.sohu.com/a/533540632_120161848.)

现代社会中，危机发生、发展的速度越来越快，任何的社会、组织和个人都会面对各种各样的危机，企业危机的发生带有普遍性。世界上许多跨国公司，如雀巢、可口可乐、三星等，在其发展过程中遇到过不同性质、表现形式各异的危机。危机公关是组织公共关系工作的重要内容，在组织的发展道路上，危机事件的出现是在所难免的。特别是现代社会中，在信息知识“爆炸”、社会变动复杂、企业竞争激烈的情况下，组织危机事件出现的可能性和严重性更是大大增加。及时控制、降低或清除危机事件的不良影响，应是每一个组织中公共关系人员必须认真对待的重大问题。

第一节　危机公共关系概述

一、危机公关与公关危机

（一）危机公共关系

危机公共关系实际上就是组织在处理危机时为维护组织形象所采取的手段和策略，是指用来解决组织因外部客观环境或内部主观因素给组织机构带来的各种不利影响，避免损失或是将损失控制在最低限度，及时挽回组织声誉，重新建立起新的形象和信誉的公关活动。危机公关是公共关系的特殊表现形态，是复合型公共关系。

2018 年 2 月 22 日，由食品伙伴网发起的“2017 年食品行业十大热门词汇”评选活动结束。投票结果显示，评选出的十大热门词汇中，“危机公关”高居榜首，由此可见危机公关的重要性。

英国公共关系危机处理专家迈克尔 · 里杰斯特(Michael Regester)指出：“若一个组织不能就其发生的危机与公众进行合适的沟通，不能告诉社会它对灾难局面正在采取什么补救措施，不能很好地表现它对所发生事故的态度，则无疑将会给组织的信誉带来致命的损害，甚至有可能导致组织的消亡。”所以，处理危机型的公共关系活动是最为迫切、最为关键又颇有处理技巧的公共关系实务。

“危机公关”体现的不仅仅是企业的管理水平，更是企业的价值观；往往只有危机来临之时，企业才会露出“真面目”。

当然，危机公关不是拯救企业的良药，不可能通过危机公关将企业存在的食品安全隐患全部纠正，只不过良好的危机公关能处理好公共关系，维持住品牌的形象。危机发生时，除了诚恳的认错态度以外，主动承担责任，积极解决问题，才能赢得消费者的信任，赢得产品市场。

（二）公共关系危机

危机公关与公关危机是两个不同的概念，只有将两者区分开来，才有利于针对组织面临的不同危机采取有效的处理方式。

人们通常所说的危机，一般是指由非正常因素所引起的某种非常事态，其外延十分广泛，如财政危机、金融危机、经济危机、能源危机、军事危机、管理危机等。公关危机是各种危机中的一种特殊类型，它是由组织内外的某种非正常因素所引发的公共关系非常事态或失常事态，是一种特殊的公共关系状态，是企业公共关系状态严重失常的反映，它不但影响企业正常运营，甚至危及企业的发展乃至生存。

造成企业公共关系危机的原因，从企业内部环境来看，主要有自身素质低下、管理缺乏规范、经营决策失误、法制观念淡薄和公关行为失策等；从企业外部环境来看，主要有自然环境突变、恶性竞争、政策体制不利、科技负面影响、社会公众误解、社会公众自我保护意识增强和全新传媒的出现等。而危机公关是危机发生时，组织采取的公关策略。

二、公关危机的特征

公关危机主要有以下几个典型特征：

(一)突发性

几乎所有的危机事件都是在人们无法预料的情况下突然发生的。这类事件往往会令组织措手不及,由于组织毫无准备,因此往往会陷于混乱与惊恐之中。危机何时发生、怎样发生、在什么地方发生等都带有极大的偶然性,难以提前做出预测。当然,有些危机在萌芽状态时是可以被察觉到并能着手解决的,但不被组织所重视,也会酿成大祸大难,如组织与公众关系不协调时,会产生一些不利于组织发展的谣言等,由此而引发祸患的事件是不可预测的,这也体现了危机事件的突发性特点。公共关系组织要处理好此类事件,必须具备很强大的灵活性和随机应变能力,能够随时应对突发危机事件。

(二)危害性

任何危机事件不仅会给组织的经济利益和声誉造成不利的影响,破坏组织的正常运转或生产经营秩序,带来严重的形象危机和巨大的经济损失,而且会给社会造成严重的危害,给社会公众带来恐慌,甚至造成直接的损失。危机越严重的事件,其危害性越大。因此,组织必须迅速及时地予以处理;否则,其后果不堪设想。

(三)紧迫性

信息时代,传播媒体的多样化和快速化也决定了危机事件在短时间内爆发时,留给企业反应和做出决策的时间很短,如果企业反应迟缓,公众无法感受其利益受到企业重视,危机就会严重恶化。所以考验更加严峻,危机处理的决策者也必须有机敏的反应,必须牢记"兵贵神速"这一格言,注重危机公关的时效性。危机发生后,组织应首先想方设法防止事态进一步扩大,然后采取具体而有效的手段修复和提高组织形象。

(四)聚焦性

信息技术高速发展,已经把人们带入了信息时代,在这个时代,关于危机事件的信息传播速度也会非常快,甚至信息传播速度比危机本身的发展还要快很多。媒体借了信息这个"东风",会将危机扩散得更快。企业的任何危机都可能在渠道多样、时效高速等条件下发展成社会舆论关注的焦点,让企业的任何举动都处于广众之下,成为媒体炒作的素材和线索。所以,在这个时候,危机的利益相关者会更加关注企业处理危机的态度和采取的措施,而企业则一定要妥善处理危机,以防裂变式发展成为很大的恶性事件。

(五)可变性

危机事件是可变的,可以发生,也可以消除。在现代市场经济条件下,处于动态环境系统中的组织面临复杂多变的局面,难免发生危机。即使是处在顺境中的组织,发生危机事件也是可能的。另外,危机事件的发生有一个从"准备期"到"爆发期"的变化过程,在这个过程中,矛盾发展到一定程度,达到临界点。外部的任何一个突发因素都可能导致危机爆发。如果组织能居安思危,注意监测环境,积极预防,就能防患于未然,把危机消灭在萌芽状态。再有,危机事件是不规则的,表现为每一次危机事件产生的原因、表现的形式、事件的范围、影响的层次、损失的程度都不尽相同。因此,对危机的防范和处理的模式也不应是固定不变的。

三、公关危机的主要类型

一个组织所面临的公关危机是多方面的,有时甚至是无法想象的。因此,了解和分析危机类型,有助于我们科学地解决组织的危机问题。

(一)组织的产品与服务缺陷造成的危机

随着人们生活水平的提高,对卫生、环保、绿色的需求越来越强烈,一旦营利性组织提供给大众的产品存在产品与服务缺陷，对人体的健康、人类的生存和发展带来危害，就会成为公关危机事件。例如，南京老字号“冠生园”月饼事件就是典型的此类公关危机。“冠生园”将往年没有销售出去的月饼回收后，用陈馅重新制作新的月饼，这一行为被中央电视台记者曝光后，在社会上引起了轩然大波，南京“冠生园”在各方面的压力下被迫停产整顿。

处理此类危机的首要任务是尽快赔礼道歉，以防止敌意的产生和蔓延，采取回收有缺陷的产品或其他补救措施，消除消费者的不信任感，尽快挽回商誉，减少业务上的损失。美国可口可乐公司曾由于消费者在可乐瓶中发现玻璃碎片而遭投诉。可口可乐公司公关部门面对这一事件，及时采取措施回收该批饮料，并刊登广告，及时向公众公开承认错误，同时宣布了今后的预防措施。由于处理及时得体，成功地控制了事态的发展，因此公司避免了一场危机。

【案例 11—1】

三只松鼠的危机事件

2017 年 8 月，三只松鼠 1 批次开心果因霉菌超标 1.8 倍登上国家食品药品监督管理总局(现为国家市场监督管理总局)“黑榜”。三只松鼠快速反应，将锅甩给了“运输存储环节”，甚至推到上游企业，并在官方微博上声称“将同批次产品进行第三方送检，结果均为合格”。2017 年 10 月，芜湖市食品药品监督管理局对此立案调查，三只松鼠被没收违法所得 2 505.89 元，并罚款 5 万元。就霉菌超标，三只松鼠回应可能是存储、运输不当引起，但芜湖市食品药品监督管理局调查发现，三只松鼠并未按规定对采购的食品原料进行检验。有部分网友认为，在出现质量问题时，三只松鼠不够有诚意，没有主动承担责任，而是把所有问题推得一干二净。

（资料来源：https://baijiahao.baidu.com/s? id＝1582117684705502794&wfr＝spider&for＝pc.）

（二）由组织管理方面的责任所引起的危机

组织管理混乱往往会导致重大工伤事故、重大生产责任事故、废水排放、废气泄漏、劳资纠纷、罢工、股东丧失信心、内部人员贪污腐化等事件发生。这类事件同组织管理直接相关，对组织的形象和声誉会造成巨大的危害。有时，会出现组织内部员工存心破坏、报复或搞恐怖活动等事件，这类事件尽管同组织的整体管理无直接关系，但由于当事人是组织成员，因此常常与组织的员工教育和管理联系在一起，从而对组织形象产生较大的危害。

（三）由不可抗拒的外部力量所引起的危机

这包括自发性的自然灾害(如山脉、河流、海洋、气候等所形成的灾害)和突发性的全国或世界性商业危机、经济萧条、社会政治大变革、战乱等。这类灾害是不以人们的意志为转移的，它往往给组织带来意想不到的打击，正所谓：“人在家中坐，祸从天上降。”自然灾害中的洪涝、干旱、台风、森林大火、火山爆发、泥石流、海啸等，具有突然性、无法回避性、重大损害性等特点，常常使遭受打击的组织面临灭顶之灾。

由不可抗拒的外部力量所引起的危机，处理方式如下：一是采取公共关系补救手段，尽可能做好善后工作，使受损害的公众及社会有关方面感到满意，在人们心目中留下组织高度认真、负责的印象。灾难事件处理好会使组织在公众心目中留下美好的形象，会大大提升组织的美誉度。二是做好舆论宣传工作，制止各种谣言流传，确保危机处理有一个较公正、有利的舆论环境。

(四)舆论的负面报道引起的危机

由舆论引发的负面报道一般有两种情况:一种是对组织损害社会利益行为的真实报道,如违章排污、生产的产品有质量问题或不符合卫生标准、内部员工有伤害消费者的言行等;另一种则是对组织情况的一种失真报道,它往往是由部分公众向媒体的投诉而引起的,也有部分是因为组织与传媒界的个别记者有过节而受到恶意中伤。

传媒的舆论导向作用是非常显著的,从某种程度上讲,传媒宣传起到树立某种社会评价标准的作用,往往直接影响民众对某种社会现象的评价态度与关注程度。

对前一种负面报道,组织应首先以负责的态度向公众表明自己改正的决心,并主动采取行动,解决引起负面报道的有关问题,对因此类事件而受到伤害的目标公众给予某种补偿,再进一步告诉公众,组织本身将以此为鉴。对后一种负面报道,则应以严正的态度,用最有说服力的证据,如专家鉴定、权威部门评议、各类证明等,通过舆论告诉公众,进行公开驳斥,并利用包括新闻发布会、公开声明等手段进行正当的商誉防卫,抑制谣言传播,还组织及相关产品以清白。

【案例 11-2】

海南椰树集团的危机处理

2019 年 2 月,作为国民饮料知名品牌之一的椰树牌椰汁,因“我从小喝到大”的广告语具有歧义而引发危机,成为继产品质量危机之外,因信息传播不当而引发的危机,因此有一定的典型性。

2019 年 2 月 12 日,财经网、人民网、头条新闻、新华网等媒体纷纷对椰树牌椰汁涉嫌虚假宣传产品具有丰胸功能一事进行报道,引发公众持续关注。究其原因,主要是椰树集团 2019 年的产品新包装继续沿用“大胸美女”形象,并在瓶身配以“我从小喝到大”的文案。

2 月 13 日,海口市龙华区工商局对海南椰树集团涉嫌违反广告法进行立案调查。14 日,海南椰树集团上传新的视频广告,将原有的丰满模特替换为不同年龄阶段的女性,意指从儿时喝到长大成人。16 日,该集团官微称“‘我从小喝到大’的广告词不违反广告法,得到中国广告协会批准”。此回应一方面受到部分网友的质疑,认为问题不在于广告词而在于广告所指向的低俗趣味,另一方面也得到部分网友的支持,称的确是从小喝到大的,还有网友在评论区建议椰树开设官方旗舰店,方便消费者购买。

从此次组织公关处理来看,其应对方式较为专业,起到了化解舆论风险的作用,尽可能避免了企业品牌受损,同时还借助各大媒体平台的免费宣传机会,扩大了品牌影响力,可谓“危中寻机”。从组织“人设”角度看,椰树牌椰汁的独特包装一直被调侃为设计界“泥石流”,醒目的大字体、冲击的对撞色、土味十足的宣传词,构成了其在消费者心目中的“人设”,并且得到了消费者的认可。此次危机公关,各种手段也与其“人设”相吻合,没有偏离公众预设,因此取得了较好的效果。

(资料来源:https://cj.sina.com.cn/articles/view/1376642052/520de40401900g1dr.)

(五)竞争对手或个别敌对公众的故意破坏引起的危机

由于社会复杂和人们道德水平的差异,一些社会组织可能会遭遇由于人为的恶意破坏所造成的危机事件。比如,在竞争对手的产品中投放有害物质,散布竞争对手不良财务信息,散播不利于竞争对手的社会谣言等,都可能对组织造成重大伤害,形成公共关系危机事件。这些事件虽然不是组织自身的过错所引起的，但或多或少与组织有关，因为它常常起因于组织缺乏自我保护的能力和措施，或者缘于组织没有处理好与某些公众的关系，作为当事的组织，第一反应不是如何为自己辩护，而应迅速采取措施，抢救受害公众，最大限度地降低人身危害程度，同时完善、强化组织内部管理和相关产品的安全保护措施，争取以真诚的态度求得公众的谅解与支持。

四、公关危机的阶段及特点

公关危机不仅具有突发性、严重危害性，而且具有扩散性。危机常常成为社会舆论关注的热点和焦点，更是新闻媒体报道的素材与报道线索，有时甚至牵动社会各界的神经。“好事不出门，坏事传千里”，一个负面消息的传播足以抵消千百篇正面的报道和千万次广告。

正是由于组织危机易扩散和受舆论关注的特征，组织的公共关系人员在整个危机处理的过程中发挥着重要的控制危机传播的作用。了解危机传播的阶段和特点是进行危机传播管理的前提。

（一）危机酝酿期

危机酝酿期指的是危机的孕育时期。这个阶段的特点是：危机有时有些预兆和端倪，但更多的危机是难以察觉的，如果能察觉，危机就有可能被扑灭。

危机的酝酿是一个长期的过程，在实践中，危机的爆发只在瞬间，但其隐患可能存在很长时间。比如，员工无礼对待消费者，可能是思想教育或管理出了问题；产品存在瑕疵，可以从产品开发、原料采购、质量控制、成品生产和运输等环节找到源头。

（二）危机爆发期

危机爆发期指的是危机的发生时期。这个阶段的特点是：危机已经浮现，细心敏锐的人肯定能够察觉，忽视和迟钝则会导致对危机熟视无睹。在这个阶段，危机虽已经暴露，但可以逆转，也可以转化。

（三）危机扩散、蔓延期

危机扩散、蔓延期指的是危机发生后，通过媒介、人员、组织的传播，危机不断扩散，受众知晓率爆炸式上升。从传播的角度来说，此时信息的内容复杂化，有准确的，也有不准确的；有目击的，也有猜测的。信息传播渠道呈多样化，有从现场得到的（信息的原始起源），有从相关组织或人员得到的，也有从媒体得到的（比如一些媒体会转载来自其他媒体的信息）。现场的人物，媒体自身，企业自身，相关的组织、人物，因为事态的进一步发展，都有可能成为信息传播源。另外，人们的好奇心需要满足，原因又在进一步调查中，造成信息真空，这时媒体、公众会寻求从各种渠道来填补信息真空。这个时期的特点是：危机事态正在发展，本质原因却不一定很明确，现象则在传播中不断复制。

（四）危机减弱、消失期

在此时期，随着事态的发展、对事件的处理、对原因的调查，事情有了结果，公众、媒介的关注逐渐减弱、消失。

第二节　公关危机的预测和预防

公关危机的预测与预防是指社会组织对其危机隐患及其发展趋势进行监测、诊断与预控的一种危机管理活动。

一、危机预测与预防的主要任务

（一）危机迹象监测

危机迹象监测是指对社会组织中已经或可能出现的危机迹象进行监视和预测，收集各种反映危机迹象的信息。

1. 要确定危机迹象监测的对象

一般把最可能引发危机的影响因素或最可能出现危机的实践领域作为重点对象。

2. 要明确危机迹象监测的任务

一是过程监视，即对监测对象的活动过程进行全过程监测，对监测对象同整个社会组织各活动环节和外部环境的关系状态进行监测。二是信息处理，即对大量的监测信息进行整理、分类、存储，建立监测信息档案，形成系统有序的监测信息成果。

3. 要选择危机迹象监测的有效手段

一般地说，危机迹象监测指标体系及其测量工具就是危机迹象监测过程必不可少的基本手段，而像电子计算机及其他的现代化手段则是进行危机迹象监测的重要辅助手段。

（二）危机迹象诊断

危机迹象诊断是指根据危机迹象识别的结果，利用与危机迹象相关的各种信息，对已被识别的危机迹象进行基本成因分析、发展趋势预测和可能损失评估，为危机预警预控提供依据。

1. 必须进行准确的危机迹象识别

危机迹象识别是指根据危机迹象监测收集有关信息，在比较分析的基础上，判断危机迹象的实际存在状态。

首先要注意采用确定的识别指标。识别指标有两类：一是通用的公共关系状态指标，主要用于比较分析；二是专用的公共关系危机状态指标，可以直接测量。

其次要进行综合的比较分析。也就是说，要从每一个系统、每一个环节、每一个层次上进行综合分析，反复比较，多方判断。

最后要进行准确有效的描述。即表述要准确，不能含糊其词、文不达意；能够有效地说明问题，不仅要作质的描述，而且要作量的描述。

2. 深入分析危机迹象产生的原因

成因分析是科学预测的基础。一般而言，可以从社会组织内部和社会组织外部两个方面来查找原因。

（1）内部原因。内部原因是最基本的原因，社会组织内部原因主要有以下四个方面。

①自身素质低下。主要指人员素质，包括领导者素质和员工素质。

②管理缺乏规范。如管理制度不健全，以至于工作无定额、技术无标准、操作无规程、组织管理混乱，给公众留下诸多的隐患；员工行为无规范，以至于员工不讲作业规程，不讲工作质量，不讲职业道德，不讲交往礼仪，不尊重公众的合法权益等。

③经营决策失误，如投资失误。

④公关行为失当，如传播信息不真实、技巧运用不恰当等。

（2）外部原因。社会组织外部原因主要有三个方面。

①环境突变原因。一类是自然环境的突变，如地震、雷击、水灾、风灾、瘟疫等；另一类是

社会环境突变，如战争、政变、经济危机、激烈的社会动荡等。

②政策体制原因。国家规定的管理体制和制定的管理政策对社会组织的运营和发展有着重大的影响和制约作用。

③恶性竞争原因。一些不正当竞争者或散布谣言故意损害竞争对手的形象，或进行比较性广告宣传有意贬低竞争对手的能力，或采取恶劣行径严重扰乱竞争对手的经营秩序，这些恶性竞争行为，都可能造成社会组织严重的公共关系危机。

④公众误解原因。公众的误解主要包括服务对象的误解、内部员工的误解、传播媒介公众的误解、权威性公众的误解等。

3. 合理预测危机迹象的发展趋势

任何公共关系危机都有一个发展过程，在进行预测时，要根据危机迹象之间的因果关系对危机迹象进行合理的发展趋势预测、过程分析，把握其规律性，以保证预测符合逻辑，真正有效。

4. 恰当评估危机迹象可能带来的损失

已被确认的危机迹象可能带来的损失的评估任务主要有两个：一是对其正在造成的损失进行评估，二是对其在将来一定时期内可能造成的损失进行评估。对危机迹象可能带来损失的评估结论是进行危机预警预控的决策依据。

（三）危机预警预控

危机预警预控是指根据危机迹象的现实情况和发展趋势，对可能出现的危机事态发出必要的警示和做出必要的控制。

1. 预警

预警就是对可能出现的危机事态发出警示，以便人员及时离开危机险境，有效避开危机危害。许多危机在爆发之前会出现某些征兆，因此，应该建立预警系统来及时捕捉这些危机的预兆。

建立预警系统可由公共关系人员协同各个管理部门进行，主要包括：加强公共关系信息与组织经营管理信息的收集分析工作；密切注意国家经济政策的变化；加强与重点客户的沟通；经常分析竞争对手的生产经营策略和市场发展情况；定期或不定期进行自我诊断；开展多种调研活动，并在此基础上研究和预测可能引起组织危机的突发事件，将危机消除在萌芽状态。

2. 预控

预控就是对可能出现的危机事态进行提前控制，通过采取措施，将危机扼杀于萌芽状态。危机公关中的危机预控工作主要有：建立危机处理小组；指定组织发言人；建立以媒体关系为核心的紧急事件处理联络网；对组织潜在的危机形态进行分类；制订预防危机的方针、政策；为处理每一项潜在的危机制定具体的战略和战术；确定可能受到危机影响的公众；在制订危机应急计划时，多听外部专家的意见；写出书面报告；对有关方案进行不断的试验性演习；为确保处理危机时有一批训练有素的专业人员，平时应对他们进行专门的训练。

二、危机预防的基础工作

尽管危机的发生是不可预测的，但组织的公关危机大多是可以预防的，任何组织都应该重视公关危机的预防工作。一旦发生危机，组织就应立即采取有力措施，尽快度过危机状态。

在对世界500强企业的董事长和总经理的调查中发现，这些企业被危机困扰的时间平均为8周半，没有应变计划的公司要比有应变计划的公司的被困时间长2.5倍；世界500强企业危机后遗症的波及时间平均为8周，没有应变计划的公司也比有应变计划的公司长2.5倍。可见，对危机进行预防是必要的。公关危机的预防是指对公关危机的隐患进行监测、预控的危机管理活动。危机预防的基础工作主要有以下五个方面：

(1)有效开展危机教育。通过危机应对演习等帮助组织成员增强危机意识，优化自身行为。

(2)设置危机管理机构。危机预防管理的日常性决定了设置公共关系危机日常管理机构的必要性。危机管理机构一般是由职位较高的组织者、公共关系部门负责人及有关的专业负责人组成。

(3)建立危机管理制度。

(4)训练危机应急队伍。

(5)准备各种物质条件。

第三节　危机处理的原则与流程

在危机公关活动中同样有着必然性与偶然性的辩证统一。危机必然发生，而偶然性的突发事件也很多，在冲突的两面性上，谁能善用公关活动处理问题，谁就能占得先机。从社会组织到企业、国家，冲突问题的多元化和多样性使得解决方式不断调整，从危机公关解决问题的手段来看，在及时沟通的原则上秉持真实性和公开性的原则，将公众利益放在首位，为解决冲突问题提供了方式方法。

一、危机公共关系处理原则

(一)承担责任原则

在危机发生后，企业积极主动承担责任是前提，不论这个危机事件起因是什么，属于什么性质或类型。通过换位思考，不难发现，危机发生后，危机的利益相关方最关心的应该就是以下两方面的问题：

1. 利益

因为利益永远是当事人第一关心的问题，所以无论在此次危机中企业是否承担主要责任，都应该主动承担。即使是公众错在先，企业也不应该着急追责于公众。要敢于担当责任，诚恳道歉，切记不要遮掩、避讳、得过且过，只有勇于承担责任才能维护企业良好的形象。

2. 情感

从人情的角度出发，公众一旦注意到危机，就会非常在乎企业是否在意自己发出的诉求和感受。因此在这个时候企业于情于理，都应该先对公众进行安抚和表达同情。可通过媒体向公众道歉，从精神的层面解决问题，以防危机进一步恶化。

【案例11—3】

“跪雪讨薪”的危机处理

2013年12月，多位农民工身穿文化衫在大连联通门前“跪雪讨薪”。事件源于一家公司承揽大连联通建设工程，大连联通已按期向该公司支付工程款项。未能得到应得报酬的农民工，无奈之下直奔大连联通“找东家”“讨说法”。大连联通事发次日凌晨微博发表声明告知起因，下午又开新闻发布会再次澄清、说明。重要的是大连联通的担当，主动以项目建设单位的身份出面协调承建单位内部纠纷，帮助农民工尽快拿到工资。

（资料来源：https://rirt.cuc.edu.cn/2014/1218/c3806a99289/page.html.）

（二）坦率面对原则

一般情况下，一旦危机发生，就会把企业完全暴露在公众的视线之下，企业俨然已经成为公众和媒介的焦点，公众和媒体会对企业充满猜忌，并随时捕捉信息准备传播。所以在这种情况下企业显然不能企图蒙混过关，而必须认识到只有真诚坦率的态度才是从根本上解决问题的唯一途径，因为无论是公众还是媒体，都没有办法接受企业的各种敷衍或欺骗。所以企业最好是在危机事件发生后，主动与媒体建立联系，并坦然面对公众，说明事情的真实情况，在与公众沟通中，做到诚实、诚恳、有诚意。

（三）速度第一原则

“好事不出门，坏事行千里。”在危机出现的最初12～24小时内，消息会像病毒一样，以裂变方式高速传播。危机事件的发生，会非常高速地扩散，其速度之快有时会让人无法想象，尤其是在危机刚刚发生的短时间内。由于信息渠道的多元化，这时候会有劈天盖地的信息扑过来，同一事件的内容和重点差异可能会很大。企业的一举一动将是外界评判企业如何处理这次危机的主要根据。媒体、公众及政府都密切注视企业发出的第一份声明。面对这样的境况，企业就要快速反应。

企业得知危机的存在时，必须第一时间成立危机处理小组，迅速查明原因，并分析危机发生的缘由和可能的危害，进而尽快把事件的真相向公众、媒体宣布。危机发生后，能否首先控制住事态，使其不扩大、不升级、不蔓延，是处理危机的关键。但要注意，第一份对外的声明虽然时间紧急，但一定要是系统分析后的结果，确保信息的统一可靠。

（四）系统运行原则

危机爆发过程中，会伴随着很多不确定的因素干扰，多米诺骨牌效应时有发生，由一个问题而引发系统性的灾难，将会是致命的打击。因此，在危机发生的整个过程中，企业必须始终保持高度的警惕性，时时关注事态变化，同时要有预见性，及时分析可能产生的其他问题，统一协调部署，系统运作，切不可顾此失彼，招致更大的灾难。此外，危机管理者也应当采取逆向思维的方式，在系统化运作过程中寻找、放大、使用有利的机会点，挖掘出危机事件中蕴涵的机遇。

【案例11—4】

强生公司药物中毒事件的危机处理

在20世纪80年代，强生公司曾面临一场关乎生死存亡的中毒事件危机，在芝加哥地区有7人服用其主打的产品泰诺止痛胶囊而死于氰中毒，后又传在美国各地有25人中毒死亡或致病。泰诺胶囊的消费者十分恐慌，94%的服药者表示绝不再服用此药。医药、药店纷纷拒绝销售泰诺。面对这一危机局面，公司果断地砍出环环相扣的四板斧，命中要害。第一板斧：立即在全国范围内收回全部价值近1亿美元的泰诺止痛胶囊，投入50万美元利用各种渠道通知医院、诊所、药店、医生停止销售。第二板斧：以真诚和开放的态度与新闻媒体沟通（无论是对企业有利还是不利的信息）。第三板斧：积极配合美国食品药品监督管理局的调查。

第四板斧：为泰诺止痛药设计防污染的新式包装，以美国政府发布新的药品包装规格为契机，重返市场。强生公司时时关注事件的进展，系统运作，成功战胜了危机，并赢得了更为广阔的销售市场。

（资料来源：https://wenku.baidu.com/view/34268c78856fb84ae45c3b3567ec102de2bddf93.html?fr.）

（五）权威证实原则

危机发生之后，如果企业自己去证实和辩解，反而会引起公众的进一步质疑或留下笑柄，所以可采取更值得相信的渠道去证实，一方面可以让利益相关者，如消费者自己实话实说，譬如通过公关活动报道的方式；另一方面由权威专家实话实说，通过专业鉴定的方式，让谣言不攻自破，也可以使公众消除警戒，重新给予企业信任和认可。

【案例 11－5】

海底捞的危机公关

2017 年 8 月，《法制晚报》的媒体记者卧底海底捞暗访，通过拍摄老鼠钻食品柜、火锅漏勺掏下水道、扫帚簸箕与餐具一起洗等照片，揭露了餐饮行业的标杆企业——海底捞的卫生状况堪忧的问题。在事件爆发三个小时左右，海底捞给出了一个堪称企业危机公关范本的案例，很多公关行业的业内人士也将海底捞的危机公关策略概括为：锅我背、错我改、员工我养。同时，海底捞还公布了后续整改的负责人职位、姓名、电话、事件最新进展的信息获取渠道，让整个危机变得再透明不过，这对遏制危机的进一步传播起到了极为关键的作用。

为了消除粉丝及各方的担忧和疑虑，海底捞聘请专业的第三方公司对自身各个角落的卫生进行全面排查，杜绝类似问题的二次发生。更进一步，海底捞积极开展透明厨房活动，将之前隐藏在背后的厨房，用摄像器材实时拍摄出来并播放给门店的食客监督。这种将自己置身于群众的广泛监督下的改正做法，极大地加强了食客对海底捞的信任。

与其他企业的危机公关不慎会引发二次危机不同，海底捞的危机公关不但成功挽回了海底捞的声誉，而且因为其态度端正、应对得人心而广受赞誉，成功为本次危机止损。

危机发生过后，海底捞依然门庭若市。很多食客坦言，与其他的火锅店相比，海底捞整改后的透明厨房更令人放心。由此可见，海底捞不仅没有受到此次危机的重大影响，反而成功地化危为机，赢得了网民的赞誉、食客的信任、内部员工的信赖。

（资料来源：https://zhuanlan.zhihu.com/p/28801166.）

二、危机处理的一般程序

危机中开展公共关系工作，这是公共关系的一种特殊表现形态，是组织公共关系水平的综合体现。有效的危机公关不仅有助于避免组织不期望的事情发生，而且是组织自我保护、维护形象的客观要求，它对于防止组织形象受损、维护已有的公共关系工作成果有着不可替代的作用。同时，有效地开展危机公关活动有助于在广大公众心目中树立一种特殊的危机公关形象，有助于提高组织的公共关系水平，提高组织成员的公共关系意识。因此，不能把危机事件完全看成坏事，它也可以转变为好事。正因如此，所以必须制定一个反应迅速、正确有效的危机处理程序，以避免情急之下的盲目性和随意性，防止危机公关中的重复和空位现象。

（一）采取紧急措施，防止事态发展

组织遭受突发性的危机，往往是猝不及防的，在此关键时刻，需要的是冷静，并采取紧急措施，防止事态的蔓延。现代社会信息传播高度发达，任何组织的危机事件都有可能被迅速传播，如不加以紧急控制，组织就可能遭受灭顶之灾，损失惨重。采取紧急措施，一方面可以使组织的形象与声誉损失降到最低，另一方面能赢得宝贵的时间，使组织了解危机事件的真相，并妥善地处理危机。

（二）坦诚告知，表明诚意

组织一旦发生危机，便会受到社会与公众的关注，人们急于了解危机发生的真相，作为舆论的代表，新闻界必然要来采访。此时，组织只有两种态度：一是掩盖问题，隐藏真相；二是坦诚告知，表明诚意。事实证明，隐瞒事情真相，往往会助长公众的怀疑，扩大危机的波及面，最后势必无法处理危机；唯有坦诚告知，表明诚意，才是最佳的选择。

（三）调查情况，收集信息

对于突发性危机的处理，最终要建立在针对事件真相，采取相应、得体的公共关系措施的基础上，因此，调查危机事件的真相就显得非常重要。也就是说，在灾难得到遏制、危机得到初步控制后，就要立即展开对危机的范围、原因和后果的全面调查，查明原因既是为危机处理决策提供依据，也是成功处理危机的关键所在。

【案例 11－6】

爱奇艺到底有没有“财务造假”

2020 年 4 月，在瑞幸咖啡被曝财务造假后，爱奇艺也受到调查机构质疑。财务研究和尽职调查公司 Wolfpack Research 于 4 月 7 日发布研究报告称，爱奇艺在 2018 年上市之前已存在欺诈行为，还指出爱奇艺将 2019 年营收夸大了约 80 亿～130 亿元，用户数量夸大约 42%～60%。爱奇艺股价瞬间跳水。

随后，爱奇艺官方回应称，已了解并审查了该报告，认为该报告包含大量错误、未经证实的陈述以及与爱奇艺有关的误导性结论和解释，而爱奇艺披露的所有财务和运营数据均是真实的，符合美国证券交易委员会要求，对于所有不实指控坚决否认，并保留法律追诉权。同时，爱奇艺创始人兼首席执行官龚宇在朋友圈表示：“邪不压正，看最后谁赢！”

2020 年 4 月 8 日，龚宇再次回应，“感谢大家的信任和鼎力支持，老老实实做人，踏踏实实做事。”一连串调查和回应之后，爱奇艺的股价开始出现反涨，至 4 月 9 日 17 点 30 分，爱奇艺股票报价为每股 16.51 美元。

（资料来源：周安华. 公共关系：理论、实务与技巧[M]. 8 版. 北京：中国人民大学出版社，2022.）

（四）针对对象，确定对策

在对危机事件真相调查分析的基础上可以针对不同的对象确定相应的对策。这些对策大体上包括以下几个方面。

1. 对组织内部的对策

首先，迅速成立处理危机事件的专门机构，由一名本组织的主要负责人担任机构的领导；其次，判明情况，采取措施，通告全体内部人员，以统一口径共同行动；最后，可以奖励处理危机事件的有功人员，处罚事件的责任者，并通告有关部门，以平息众怒，求得公众的理解、同情、支持和合作。

2. 对受害者的对策

(1)认真了解受害者的情况,实事求是地承担相应的责任,并诚恳地道歉。

(2)冷静地倾听受害者的意见,及时了解和满足有关赔偿损失的要求。

(3)给受害者尽可能多的安慰和同情,并尽可能提供他们所需要的服务。

(4)设专人负责与受害者接触,在整个事件处理过程中不随意更换工作人员。

3. 对上级主管部门的对策

(1)及时汇报。危机事件发生后,及时向上级主管部门汇报,不能文过饰非,更不能歪曲真相、混淆视听。

(2)及时联系。在事件处理中,应定期报告事态的发展情况,及时与上级主管部门取得联系,求得主管部门的支持和指导。

(3)总结报告。事件处理后,要形成详细报告,内容包括处理经过、解决办法和今后的预防措施。

4. 对业务往来单位的对策

(1)传递信息。尽快如实地传递事件发生的信息。

(2)告知对策。以书面形式通报正在采取何种对策。

(3)当面解释。如有必要,就应派人员到各单位去当面解释。

(4)说明处理经过。事件处理过程中,定期向各单位和各界公众通报处理情况。事件处理完毕,要以书面形式向对方表达诚恳的歉意。

5. 对其他公众的对策

(1)传播渠道。通过各种渠道向其他公众说明事件梗概,介绍事件经过、处理方法和今后的预防措施。

(2)接待来访。如果有人来访,则不能拒绝,对于提出的问题,不能隐瞒事实真相,要坦诚回答、热情接待。

(3)公开道歉赔偿。可根据事件的性质和造成损害的程度,以组织或个人名义向公众表示歉意。必要时,应该赔偿经济损失。

(五)评价总结,改进工作

组织在平息危机事件后,一方面要注意从社会效应、经济效应、心理效应和形象效应等方面评估消除危机的有关措施的合理性和有效性,并实事求是地写出处理报告,为以后处理类似事件提供依据;另一方面要认真分析事件发生的深刻原因,收集公众对组织的看法、意见和议论,总结经验教训,以便改进组织工作,从根本上杜绝类似事件再度发生。

本章小结

危机是一种使组织遭受严重损失或面临严重损失威胁的突发事件。危机公关就是组织在发生危机或预测到即将发生的危机时所采取的一系列与社会公众积极沟通从而把损失降低到最低限度的公共关系传播、沟通的活动。危机具有突发性、危害性、紧迫性、聚焦性、可变性等特点,危机随时随地都可能发生,组织的产品与服务有缺陷、组织管理失误、不可抗拒力、舆论的负面报道以及竞争对手或个别敌对公众的故意破坏等都会引发危机,做好危机公关具有重要意义。

危机不仅具有突发性、危害性，而且具有扩散性。一般情况下，危机会经历爆发期、酝酿期、扩散期、消失期四个阶段，有效的危机公关会促使其尽快进入消失期，做好危机的预测与预防就成为关键环节。危机预测与预防的主要任务包括公共关系危机迹象监测、识别、诊断，分析危机的成因，合理预测危机迹象的发展趋势，恰当评估危机迹象可能带来的损失，在预测的基础上对危机进行预警和预控。

危机预防的基础工作包括：有效开展危机教育、设置危机管理机构、建立危机管理制度、训练危机应急队伍和准备各种物质条件。在危机处理中，应该遵循的原则主要有：承担责任原则、坦率面对原则、速度第一原则、系统运行原则、权威证实原则。危机处理要有条不紊，按照一定的流程进行，包括：采取紧急措施，防止事态发展；坦诚告知，表明诚意；调查情况，收集信息；针对对象，确定对策；评价总结，改进工作。

本章训练题

一、单项选择题

1. 在某阶段，危机信息开始传播，危机已经暴露，但是只要及时反应，采取果断正确的手段，还是可以将其控制住，这是危机的(　　)。

A. 危机爆发期　B. 危机酝酿期　C. 危机扩散期　D. 危机消失期

2. 农夫山泉、统一陷入"砒霜门"事件，这是属于(　　)。

A. 经济危机　B. 社会危机　C. 政治危机　D. 以上三种皆不是

3. 丰田汽车的"霸道广告"，引发了国人的强烈不满，认为该广告侵犯了中国人的民族尊严，丰田公司陷入了(　　)。

A. 经济危机　B. 政治危机　C. 信用危机　D. 社会危机

4. 在某时期，由于媒介和公众的关注，危机成为社会舆论关注的热点和焦点，此时如果沟通有误，公众和媒体就会出现信息真空，谣言四起，危机爆炸式扩散，呈现失控状态，这是属于危机的(　　)。

A. 危机爆发期　B. 危机酝酿期　C. 危机扩散期　D. 危机消失期

5. 危机发生后，当公众"有图有真相"，确定责任方在己方时，企业应当(　　)。

A. 第一时间站出来承认错误

B. 绝不能站出来承认错误

C. 经过仔细观察，视情况决定是否要承认错误

D. 把责任推脱给他人，或始终保持沉默

6. 即使责任不在己方，企业也必须承担责任的情况是(　　)。

A. 政府或其他权威机构在短时间内证实不是己方责任

B. 一旦被认定是己方责任，企业将必死无疑时

C. 媒体和公众先入为主地认为责任在己方

D. 其他机构或个人主动承担了责任

7. 在危机公关的系统运行原则中，首要步骤是(　　)。

A. 建立舆情监督体系　B. 建立组织机制

C. 突发事件应急预案　D. 新闻发布制度

8. 危机事件的处理，对新闻界的策略一般是(　　)。

A. 各抒己见　　B. 有结论再与新闻媒体联系

C. 统一口径　　D. 封锁消息

9. 真诚沟通原则告诉我们，在危机事件发生时，企业最重要的是(　　)。

A. 态度　　B. 方法　　C. 认识　　D. 魅力

10. 下列选项中，属于"权威证实"原则中的权威主体的是(　　)

A. 公司领导　　B. 公关小组组长　　C. 意见领袖　　D. 受害者

二、多项选择题

1. 下述情形中，可能引发公关危机的有(　　)。

A. 产品质量不合格　　B. 知假售假

C. 经济合同纠纷　　D. 严重的自然灾害

E. 针对组织的失实新闻报道

2. 危机事件的特点有(　　)。

A. 突发性　　B. 协调性　　C. 紧迫性　　D. 可变性

E. 危害性

3. 危机公共关系处理的原则有(　　)。

A. 承担责任　　B. 速度第一　　C. 坦率面对　　D. 系统运行

E. 权威证实

三、判断题

1. 危机公关并不是常规的公共关系工作，它只是在组织发生危机事件时才存在。(　　)

2. 经过加强教育、建立危机防范机制，公关危机就可能不发生。(　　)

3. 危机管理就是组织对危机进行有效的防范和全面的处理并使之转危为安的一整套工作过程。(　　)

4. 2008 年 11 月初，重庆出租车停运风波，既是公关危机，又是危机公关。(　　)

5. 在危机出现的最初 12～24 小时，消息会像病毒一样以裂变方式高速传播。(　　)

6. 在与对手的危机公关大战中，妥协并不意味着失败。(　　)

7. 危机发生后，应当首先由老板站出来承担责任。(　　)

8. 危机发生后，企业为了和媒体处好关系，显示自己的真诚，可以将自己的所有信息都告诉对方。(　　)

四、简答题

1. 请分析危机公关与公关危机的区别。

2. 公关危机的特点有哪些?

3. 简述公关危机的阶段及各阶段的特点。

4. 说明危机公关关系处理的原则与流程。

五、案例分析题

乐事薯片毛发事件

某消费者在联华超市上海浦东新店购买了三包乐事薯片，在吃薯片时发现带有一撮莫名毛发的薯片，但不知该毛发具体是什么。联华超市回应称，消费者应该直接联系乐事厂家，超市的权限只能赔付一包薯片。该消费者希望乐事方面能够检测成分并给出一个合理答复。

此消息一出，便迅速在网络传播发酵，很快冲顶微博热搜。

面对消费者的喊话和网友的关注，乐事的公关反应神速，在热搜登顶的同一时间发布了官方声明。乐事在声明中解释，所谓“毛发”只是土豆的根茎，属于天然马铃薯自身组成部分，是极个别马铃薯未脱落根茎造成的，其存在不涉及任何食品安全问题，“可以吃，就是不太好吃”。同时，乐事工作人员也第一时间联系了消费者，称按照食品安全法赔付 1 000 元，并将问题薯片返厂，与其达成和解。而在乐事发表声明后，消费者也已撤销了其所发布的视频。不同于传统食品安全事件中网友一边倒的“讨伐”，面对此次险些“塌房”的乐事薯片，网友们对于品牌的理解和宽容度似乎都远远高于往常。

从事件曝光之初，有不少网友表示：“如果是乐事塌房，自己可以装作没看到。”

而在乐事第一时间回应之后，网友们这种对于乐事品牌信任和喜爱的态度更是体现得淋漓尽致。

即便是乐事存在未将土豆根须清理干净的纰漏，大家也可以将其解读为“证明是货真价实的真土豆”。而在小红书、微博评论区里，也都很少再出现谈及乐事薯片的食品安全问题的评论，反而是很多以饭圈“花墙”形式的应援控评占据了评论区，大家热烈争论哪个口味才是乐事王者。乐事此次品牌危机也在欢乐的气氛下消解。

（资料来源：https://mbd.baidu.com/newspage/data/dtlandingsuper? nid=dt_4438097073284570497&sourceFrom=search_a.）

问题：

1. 乐事在面对危机事件时做了哪些工作？
2. 网友的反应说明了什么问题？

本章训练题
参考答案

参考文献

1. 张耀珍. 公共关系学理论、方法与案例[M]. 3 版. 北京：人民邮电出版社，2021
2. 严成根，王进云. 公共关系学[M]. 3 版. 北京：清华大学出版社，2019
3. 周安华，林升栋. 公共关系：理论、实务与技巧[M]. 8 版. 北京：中国人民大学出版社，2022
4. 何伟祥. 公共关系原理与实务[M]. 3 版. 大连：东北财经大学出版社，2009
5. 朱崇娴. 公共关系原理与实务[M]. 3 版. 北京：高等教育出版社，2019
6. 张亚. 公共关系原理与实务[M]. 北京：北京理工大学出版社，2009
7. 李秀忠，曲延春. 公共关系原理与实务[M]. 北京：人民邮电出版社，2017
8. 吴少华. 公共关系原理与实务[M]. 3 版. 北京：人民邮电出版社，2024
9. 王伟青，姬静. 公共关系原理与实务[M]. 北京：机械工业出版社，2022